新 エッセンシャル

# 子ども家庭福祉論

Essential

千葉 茂明 編

みらい

○ Essential エッセンシャル
# 新 子ども家庭福祉論

●**執筆者紹介**（五十音順）

|  |  |  |  |
|---|---|---|---|
|  | 芦田 麗子（あしだ れいこ） | （大阪歯科大学） | 第11章 |
|  | 大竹 智（おおたけ さとる） | （立正大学） | 第6章 |
|  | 甲斐 寿美子（かい すみこ） | （東京医療学院大学） | 第7章 |
|  | 阪野 学（さかの まなぶ） | （四條畷学園短期大学） | 第5章 |
|  | 田中 賀奈子（たなか かなこ） | （千葉女子専門学校） | 第2章 |
| 編者 | 千葉 茂明（ちば しげあき） | （元目白大学） | 第1章・第9章 |
|  | 戸田 典樹（とだ のりき） | （神戸親和女子大学） | コラム① |
|  | 中川 千恵美（なかがわ ちえみ） | （大阪人間科学大学） | 第14章 |
|  | 宮武 正明（みやたけ まさあき） | （江戸川学園おおたかの森専門学校） | 第4章 |
|  | 向出 圭吾（むかいで けいご） | （北陸学院大学） | 第8章 |
|  | 望月 隆之（もちづき たかゆき） | （田園調布学園大学） | コラム② |
|  | 矢島 卓郎（やじま たくろう） | （元目白大学） | 第10章 |
|  | 山田 勝美（やまだ かつみ） | （山梨県立大学） | 第12章 |
|  | 山田 利子（やまだ としこ） | （元武蔵野大学） | 第13章 |
|  | 和田上 貴昭（わだがみ たかあき） | （日本女子大学） | 第3章 |

# はじめに

　本書は、2007（平成19）年にエッセンシャルシリーズの1冊として初版を刊行し、改訂を重ねたものである。

　1度目の改訂は、2000（同12）年より行われた社会福祉基礎構造改革により、21世紀の日本の福祉の姿が示され、10年がたった時期であった。社会福祉現場においては、福祉サービス利用者主体の支援へと変化していき、そして、子ども家庭福祉の分野も例外なくその流れに沿って改革が進められてきた。主体者である子どもの尊厳、人権、権利を尊重することは当然のことながら、子どもは家族を含めて支援することが重要であること、さらに、子どもと家族が地域で自立するために、地域福祉の視点が大切であることが認識された。

　すでに幾度かの改訂を重ねているが、いまだ改革は終わらず、社会福祉基礎構造改革そのものが日本の福祉の根幹として定着しつつある今日である。

　こうしたことから本書は、「子ども（児童）家庭支援」の視点を重視し、本書で学ぶ者が、すべての子どもの健全育成を担う者として、子どもの権利、制度、政策その基本となる法律を学ぶとともに、地域の社会資源を知り、子ども家庭福祉分野の広がりを理解しながら学べるようにと構成されている。そのために、最新の制度・政策、法律を含めて、子ども家庭福祉に関する専門的知識を網羅するとともに、これからの課題についてもふれている。

　子どもを取り巻く環境の変化は、時代とともに良くも悪くも子どもたちに大きな影響をもたらしている。少子化の問題だけではない。脆弱化した今日の家族・家庭は、不適切な養育や虐待など深刻な問題を引き起こしており、また、不健全な社会環境は、子どもたちの育ちにさまざまな問題として表出し、重大な課題となっている。このように、子どもの健全育成を阻害する課題は数多くある。課題を解決し、子どもを取り巻く環境を改善するために、子ども家庭福祉を担う有能な専門職員が求められ、その働きは重要となっている。

　こうした社会のニーズに応えるために、本書が子ども家庭支援を志す者の基礎的な学びとなり、さらに子ども家庭福祉に関心を深められることを願っている。

　なお、本シリーズは、学習の便宜を図るために編集上、次の点に配慮している。

①小見出しを読んだだけで概要がわかるように整理したこと。
②欄外に語句等の説明を盛り込んだこと。
③調べたい内容がすぐわかるようにインデックスを入れたこと。

　本書が、福祉系・保育系の養成校で学ばれる学生や実践者に活用されることを願ってやまない。また、多くの社会福祉専門職の方々に活用されれば幸いである。

2019年2月

編者　千葉茂明

# 目次

はじめに 3

## 第1章 子ども家庭福祉の理念と権利保障 ………… 13

### 1．子ども家庭福祉 13
1. 児童福祉とは 13
2. 子ども家庭福祉とは 14
3. 社会福祉基礎構造改革と子ども家庭福祉 15

### 2．子ども家庭福祉の理念 15
1. 日本国憲法における子ども家庭福祉の理念 15
2. 児童福祉法の理念 16
3. 児童憲章の理念 17
4. 子どもの権利条約の理念 17

### 3．子どもの権利保障―子どもの権利条約― 18
1. 「子どもの権利条約」採択までの経緯 18
2. 「子どもの権利条約」とは 19
3. 子どもの最善の利益（第3条） 20
4. 意見を表明する権利（第12条） 20
5. 市民的自由諸権利（第13条から第17条） 21

## 第2章 現代社会における子どもと家庭 ………… 24

### 1．少子高齢社会 24
1. 少子高齢社会とは 24
2. 少子高齢社会の要因とその背景 26

### 2．子どもと家庭を取り巻く環境の変化と生活問題 28
1. 地域社会と子ども 28
2. 家庭と子ども 29
3. 学校と子ども 30

### 3．子どもの成長と発達 30
1. 成長と発達 30
2. 子どもの発達段階 31
3. 子どもの生きる力 33

## 第3章 子ども家庭福祉の歴史的展開 ………… 35

### 1．イギリスにおける子ども家庭福祉の歴史 35
1. 救貧法の時代 35
2. 児童問題の発見と保護 36
3. 子ども家庭福祉の形成 37

### 2．アメリカにおける子ども家庭福祉の歴史 39
1. 20世紀初頭までの状況 39
2. 社会保障法の成立と子ども家庭福祉の展開 39

### 3．日本における子ども家庭福祉の歴史 40
1. 明治期の児童救済 40
2. 大正期から昭和初期の児童保護 43

3　児童福祉法の成立　44
　　4　児童福祉法の展開　44
　　5　近年の法改正　47

## 第4章　子ども家庭福祉に関する法律　…………………… 50

### 1．子ども家庭福祉の法体系　50
　　子ども家庭福祉の法律とは　50

### 2．児童福祉法の概要　52
　　1　総　　則（第1章）　52
　　2　福祉の保障（第2章）　54
　　3　事業、養育里親及び養子縁組里親並びに施設（第3章）　56
　　4　費　　用（第4章）　57
　　5　雑　　則（第7章）　57
　　6　罰　　則（第8章）　58
　　7　1997（平成9）年の改正　58
　　8　2000（平成12）年以降の改正　59

### 3．子ども家庭福祉関係諸法の目的と要旨　60
　　1　児童扶養手当法　60
　　2　特別児童扶養手当等の支給に関する法律　61
　　3　児童手当法　62
　　4　母子保健法　62
　　5　母子及び父子並びに寡婦福祉法　63
　　6　児童虐待の防止等に関する法律　64
　　7　児童買春、児童ポルノに係る行為等の規制及び処罰並びに
　　　　児童の保護等に関する法律　65
　　8　売春防止法　65
　　9　配偶者からの暴力の防止及び被害者の保護等に関する法律　66
　　10　少年法　66
　　11　次世代育成支援対策推進法　67
　　12　少子化社会対策基本法　68
　　13　子どもの貧困対策の推進に関する法律　68
　　14　子ども・子育て支援法　69

## 第5章　子ども家庭福祉の実施体制と財源　…………………… 70

### 1．子ども家庭福祉における国および地方公共団体の役割　70
　　1　国の役割　70
　　2　都道府県・指定都市等の役割　70
　　3　市町村の役割　71

### 2．子ども家庭福祉における審議機関　71
　　1　児童福祉審議会　71
　　2　社会保障審議会　72

### 3．子ども家庭福祉における実施機関　72
　　1　児童相談所　72
　　2　福祉事務所・家庭児童相談室・市町村　75
　　3　保健所・市町村保健センター　77
　　4　児童委員・主任児童委員　78

        5　児童家庭支援センター　79
  **4．子ども家庭福祉関連分野の機関・組織**　79
        1　司法・警察関連機関　79
        2　教育機関　80
        3　医療機関　81
        4　その他の民間団体　82
  **5．子ども家庭福祉の施設体系**　82
        1　児童福祉施設の種類と形態　82
        2　保育を必要とする子どものための施設　85
        3　保護を要する子どものための施設　85
        4　母子のための施設　86
        5　障害のある子どものための施設　86
        6　子どもの健全育成のための施設　87
        7　児童福祉施設の課題　88
  **6．財源と費用負担**　89
        1　国および地方公共団体の財政　89
        2　措置費制度　89
        3　認定こども園・保育所運営費　90
        4　障害児入所（通所）給付費等　90

# 第6章　子ども・子育て支援と児童健全育成　…………… 92

  **1．少子化対策から子ども・子育て支援に向けた取り組み**　92
        1　少子化対策の変遷　92
        2　「出生率の動向」をふまえた対策―エンゼルプラン―　94
        3　「少子化への対応と必要性」に基づく対策　94
        4　総合的な少子化対策―新エンゼルプラン―　94
        5　「少子化の流れを変える」ためのもう一段の対策
            （次世代育成支援対策）の推進　95
        6　「少子化対策」から「子ども・子育て支援」へ
            ―子ども・子育てビジョン―　96
        7　子ども・子育て支援新制度　96
        8　「新たな少子化社会対策大綱」の策定と推進　98
  **2．子ども・子育て支援の課題と展望**　100
        1　子ども・子育て支援の課題　100
        2　子ども・子育て支援の展望　101
  **3．児童健全育成**　103
        1　児童健全育成とは　103
        2　児童健全育成の内容　104
  **4．児童健全育成施策の現状**　105
        1　児童健全育成対策の関係機関　105
        2　児童手当制度とは　105
        3　児童厚生施設（児童館・児童遊園）とは　106
        4　児童福祉文化の振興　107
        5　地域組織活動　108
        6　放課後児童健全育成事業（放課後児童クラブ）と
            子ども・子育て支援新制度　108

5．児童健全育成の課題と展望　109
　　　1　児童健全育成の課題　109
　　　2　児童健全育成の今後の展望　110
　　コラム①　子どもの居場所づくり　112

## 第7章　母子の健康と母子保健・医療・福祉サービス　114

　　1．母子の健康と社会環境　114
　　　1　高度経済成長による生活水準の向上と新たな課題　114
　　　2　労働環境と母子の健康　115
　　2．母子保健・医療・福祉施策の変遷　117
　　　1　母子保健法制定以前の施策　117
　　　2　母子保健法制定以後の施策　117
　　　3　母子保健法の改正　119
　　3．母子保健・医療・福祉サービスの現状　119
　　　1　保健指導　119
　　　2　健康診査　122
　　　3　療養援護　123
　　　4　その他の医療対策等　124
　　4．健やか親子21　125
　　　1　「健やか親子21」とは　125
　　　2　「健やか親子21」の最終評価　126
　　　3　健やか親子21（第2次）　127
　　5．これからの課題と展望——子どもが育ちやすい地域社会　129
　　　　女性の生き方の変化と子どもをもつ意義の変化　129

## 第8章　保育に関するサービス　131

　　1．保育の目的と制度　131
　　　1　保育所における保育とは　131
　　　2　保育所の設置主体と運営主体　132
　　　3　保育所の設備・運営基準　132
　　　4　子ども・子育て支援新制度における保育の必要性の認定　132
　　　5　保育所への入所手続き　134
　　2．保育所の現状　134
　　　1　保育所の設置数と利用児童数　134
　　　2　保育所等の利用児童数の増加　135
　　3．子ども・子育て支援新制度における保育サービス等　135
　　　1　特定教育・保育施設　135
　　　2　地域型保育事業　136
　　　3　地域子ども・子育て支援事業　137
　　4．認定こども園の現状とその他の保育サービス　139
　　　1　認定こども園とは　139
　　　2　認定こども園制度の改善　140
　　　3　その他の保育サービス　141
　　5．最近の動向と今後の展望　141
　　　　保育に関する最近の動向と今後の展望　141

## 第9章　養育環境に問題がある子どもと家庭の福祉 …… 144

### 1．今日の児童養護　144
1　児童養護とは　144
2　社会的養護と家庭養護　145
3　子どもの養護問題の現状　147

### 2．社会的養護の主な内容　148
1　乳児院　148
2　児童養護施設　149
3　里親制度　150

### 3．わが国における子ども虐待　152
1　子ども虐待による親子分離の現状　152
2　子ども虐待の定義と基本的視点　153
3　子ども虐待への対応　154
4　子ども虐待への対応に関する問題点　154
5　被措置児童等虐待の防止　156

### 4．ドメスティック・バイオレンス　157
1　ドメスティック・バイオレンスとは　157
2　ドメスティック・バイオレンスへの対応と相談体制　158

### 5．社会的養護における子どもの自立　160
社会的養護における子どもの自立とは　160

### 6．子どもと家族の支援――家族の再統合に向けて　161
1　子どもの心の声に応える支援　161
2　ファミリーソーシャルワークとは　162
3　子ども家庭支援の視点　163
4　子ども家庭支援のプロセス　164
5　子ども家庭支援マネジメント　165
6　子ども家庭支援マネジメントのプロセス　166
7　子ども家庭支援と地域資源の統合化（ネットワーク化）　167

### 7．児童養護の課題と展望　169
社会的養護という場を取り巻く課題と展望　169

## 第10章　障害のある子どもの福祉 …… 172

### 1．障害の概念　172
1　障害児の定義　172
2　身体障害児の定義　173
3　知的障害児の定義　174
4　重症心身障害児の定義　175
5　発達障害児の定義　176
6　国際生活機能分類（ICF）　177

### 2．障害児福祉サービスの概要　178
1　近年における障害児・者福祉施策の変遷　178
2　早期発見・早期療育　180
3　障害者総合支援法に基づく福祉サービス　182
4　児童福祉法に基づく福祉サービス　186
5　利用者負担　188

6　サービス利用の仕組み　190
　**3．障害児とその家族への経済的支援**　192
　　　公的経済支援　192
　**4．これからの課題と展望**　193
         1　ライフステージを見据えた支援の必要性　193
         2　発達障害児などの子どもと家族の支援　196
         3　障害児福祉の課題　198
      コラム②　障害のある子どもの意見表明権を支える援助　200

## 第11章　ひとり親家庭の福祉　……………………………………202

　**1．ひとり親家庭の現状**　202
         1　子どもの貧困問題とひとり親家庭　202
         2　ひとり親家庭の現状と生活問題　203
　**2．ひとり親家庭に関する施策の変遷**　204
         1　母子家庭に関する施策の変遷　204
         2　父子家庭に関する施策の変遷　206
         3　「母子及び寡婦福祉法」から「母子及び父子並びに寡婦福祉法」へ　206
　**3．経済的支援に関する施策**　207
         1　遺族基礎年金・遺族厚生年金　207
         2　児童扶養手当　207
         3　母子福祉資金・父子福祉資金・寡婦福祉資金の貸付け　208
　**4．就業支援に関する施策**　209
         1　マザーズハローワーク　209
         2　母子家庭等就業・自立支援事業　209
         3　母子・父子自立支援プログラム策定等事業　209
         4　母子家庭自立支援給付金および父子家庭自立支援給付金事業　210
　**5．養育・家庭生活支援に関する施策**　211
         1　ひとり親家庭等日常生活支援事業　211
         2　ひとり親家庭生活向上事業　211
         3　子育て短期支援事業　212
         4　その他の施策　213
　**6．ひとり親家庭に関する福祉施設**　213
         1　母子生活支援施設　213
         2　母子・父子福祉センター　214
         3　母子・父子休養ホーム　214
　**7．これからの課題と展望**　215
　　　子どもの生活を保障するために　215

## 第12章　心理的困難・非行問題のある子どもの福祉　……217

　**1．心理的困難・非行問題のある子どもとは**　217
         1　心理的困難のある子どもとは　217
         2　非行問題のある子どもとは　219
　**2．心理的困難・非行問題の現状**　220
         1　心理的困難の現状　220
         2　非行問題の現状　223

3．心理的困難・非行問題の背景的要因　225
　4．心理的困難を抱える子どもへの福祉サービス　226
　　1　児童相談所における対応　226
　　2　保健・福祉サービス　226
　　3　児童心理治療施設における対応　228
　5．非行問題を抱える子どもへの福祉サービス　230
　　1　児童相談所等における対応　230
　　2　家庭裁判所における対応　231
　　3　児童自立支援施設における対応　232
　6．これからの課題　233
　　1　心理的困難・非行問題につきまとう無理解・偏見　233
　　2　対応上の課題　234
　　3　心理的困難・非行問題の早期発見・対応システムの課題　234

## 第13章　子ども家庭福祉サービスの担い手　　　　　　　236

　1．子ども家庭福祉にかかわる専門職の役割と資格制度　236
　　1　子ども家庭福祉の専門職に求められる役割　236
　　2　子ども家庭福祉の専門職に求められる専門性　237
　　3　子ども家庭福祉分野の専門資格制度　239
　2．子ども家庭福祉分野の行政機関における専門職　240
　　1　児童相談所の専門職　240
　　2　市町村の専門職　242
　　3　福祉事務所の専門職　242
　　4　その他の福祉機関の専門職　244
　3．児童福祉施設における専門職　245
　　1　児童福祉施設の設備及び運営に関する基準等に規定された専門職　245
　　2　施設の機能強化を図るための専門職　248
　4．関連分野における専門職　250
　　1　司法分野の専門職　250
　　2　教育分野の専門職　251
　　3　その他の分野における専門職　252
　5．ボランティア、NPO、民間団体、企業　252
　　1　ボランティア　252
　　2　NPO、民間団体、企業　255
　6．子ども家庭福祉にかかわる専門職・組織間の連携　256
　　1　連携の重要性　256
　　2　多職種間の連携とネットワーキング　257

## 第14章　子ども家庭への相談援助活動　　　　　　　259

　1．子ども家庭への相談援助の基本　259
　　1　子ども家庭に対する相談援助活動の視点　259
　　2　ニーズ理解　260
　　3　援助者の価値観　263
　2．個別援助　263
　　1　子ども家庭への個別援助　263
　　2　個別援助の展開過程　265

### 3．集団援助　267
　　1　子ども家庭への集団援助　267
　　2　集団援助の展開過程　269
### 4．地域援助　270
　　1　子ども家庭への地域援助　270
　　2　地域援助の展開過程　272
### 5．虐待傾向のある母親への個別援助事例　272
　　1　個別援助事例　272
　　2　援助の視点　274
### 6．児童福祉施設での集団援助事例　275
　　1　集団援助事例　275
　　2　援助の視点　276
### 7．地域子育て支援の地域援助事例　277
　　1　地域援助事例　277
　　2　援助の視点　278

## 索　引　280

# 第1章 子ども家庭福祉の理念と権利保障

● キーポイント

わが国は、子どもたちにとって幸せに暮らしていける国なのであろうか――。最近、わが国の子どもを取り巻く悲惨な事件が報道されない日はないといっても過言ではない。

子どもが子どもとして尊重され、調和のとれた発達をしていくためには、よき家庭環境のもとで豊かな愛情と理解のある幸福な暮らしが保障されなくてはならない。そのために子ども家庭福祉の果たす役割は大きい。

本章では、基本的な子ども家庭福祉の目的と役割、そして子ども家庭福祉の理念について学ぶ。さらに、子ども家庭福祉を推進していく専門職として何を大切にしていく必要があるのか、また、何を守り、何を保障するのか、子どもの権利保障を理解することも含めて考えていく。

## 1. 子ども家庭福祉

### 1　児童福祉とは

子ども期は、誰もが手厚い保護を受け、温かいまなざしと特別な配慮のもとで愛護され、また、周到な教育的配慮のもとで育まれなければならない。

　児童福祉は、社会福祉のなかでも特に重要である。それは、子ども期は人生の出発点であり、人としての基礎が形づくられる大切な時期だからである。したがって子ども期には、誰もが手厚い保護を受け、温かいまなざしと特別な配慮のもとで愛護され、また、周到な教育的配慮のもとで育まれなければならない。こうした基本的なことが子ども期に保障されるように、子どもの家庭と協働し健全育成が図られ、不幸にも、保障されずにいる子どもたちへの支援を行うことが児童福祉の目的である。

　人間の赤ちゃんほど無力なものはなく、依存的な存在として必ず保護・支援を受けなくてはならず、子どもが成人として社会的に自立していくまでには、長い年月を必要とする。さらに、子どもは無抵抗な存在でもある。自ら主張し、訴え、生活を構築することはできず、すべておとなから与えられた環境のなかで成長していかなければならない。この意味でも子どもは、社会的弱者である。

　こうした子ども期の特性をふまえて、子どもの生命の尊重、豊かな愛情、健全な生活環境、心身の成長、教育の機会などの保障が十分に行われ、子どもが健やかに調和のとれた発達をするための基本的諸条件が整えられなければならない。児童福祉とは、子どもが子どもとして尊重さ

れ、人としての尊厳、権利の保障並びに主体的権利の行使ができること、意見が自由に表明できること、また、それらができない子どもの声なき声に対する代弁（アドボケート）を行い、最善の考慮を行い、子どもの健全育成を保障することである。

## 2　子ども家庭福祉とは

子どもの問題は家族の問題でもある。子どもと家族を統合して支援していくことが重要である。

▶1
社会福祉士養成課程では「児童福祉論」→「児童や家庭に対する支援と児童・家庭福祉制度」に（2009年度施行）、保育士養成課程では「児童福祉」→「児童家庭福祉」→「子ども家庭福祉」（2019年度施行）に改称された。

▶2　第1回ホワイトハウス会議
第26代大統領セオドア・ルーズベルト（Theodore Roosevelt）が招集して開催された最初の国際連盟による児童福祉会議で、要扶養児童問題が論じられ、「家庭生活は文明の最高・最善の産物」と宣言された。第3章39頁参照。

▶3
日本国政府による訳では「児童の権利に関する条約」とされているが、①児童に対して子どもの方が広い意味として使われていること、②国も「子どもの権利条約」と使用することを認めていることから、本書では主として「子どもの権利条約」と記述する。

最近、「児童福祉」を「子ども家庭福祉（児童・家庭福祉）」という用語に換えて使われる傾向にある▶1。それは特に、1990（平成2）年の「老人福祉法等の一部を改正する法律」（いわゆる福祉関係八法改正）で在宅福祉が法的に位置づけられて以降、子どもと家庭を統合して支援する考え方が進んでからのことである。

子どもが家族のなかで育てられることの大切さについては、1909年、アメリカで開催された第1回ホワイトハウス会議▶2のなかで、「児童は緊急やむを得ない理由によるほか、家庭を奪われるものではない」と宣言された。この思想は、「児童福祉法」や「子どもの権利条約」▶3にも記述されていながら、日本においては、子どもの福祉問題は多くの場合、縦割り行政の影響もあり、家族や家庭から切り離して子どもだけを保護し支援してきた。特に、戦後において戦災孤児・引き揚げ孤児など家族・家庭を失った子どもを保護することが児童福祉の中心的な役割であったことも要因の1つである。

しかし、今日では、親のない子どもの問題は少なくなり、その代わりに家庭のなかから発生する子どもの福祉問題が圧倒的に多くなってきている。特に、子どもと家庭を取り巻く社会的変化は著しく、価値観の多様化、地域コミュニティの崩壊、地域の養育力の低下、世代間の価値格差の拡大が進んだ。一方では家族環境の変化として核家族化の進行、家庭機能・養育力の低下、女性の社会参加・就業率の増加など家族・家庭の脆弱化が進んでいる。

このように今日の子どもの福祉ニーズは、家庭問題と密接にかかわっており、家庭を包括した支援を行わなければ、真の子どもの福祉は実現しない。また、社会福祉基礎構造改革以降、子どもとその家庭が主体的に問題を取り組むための自立支援が重要であると考えられている。市区町村では「児童家庭支援センター」の設置や「要保護児童対策地域協議会」などが組織され、子どもの福祉について予防的に取り組み、また、要支援の子どもと家庭が主体的に地域と各種機関と結び付き、自立が行われるように支援が行われている。また、保育施策では、仕事と子育ての両立をめざす家庭養育支援策としての保育改革が行われている。

こうした子どもとその家族・家庭を含めて支援することの重要さを、「子ども家庭福祉」という用語を使うことによって、積極的に意識するようになってきた。

### 3 社会福祉基礎構造改革と子ども家庭福祉

今日の社会福祉は、救貧的、救済的、最低生活保障といった伝統的な福祉（ウェルフェア：welfare）から、予防的、支援的、人権の尊重、自己実現、権利擁護の福祉（ウェルビーイング：well-being）へと理念の進展が図られている。

1990（平成2）年の「老人福祉法等の一部を改正する法律」（福祉関係八法改正）、また、1998（同10）年の「社会福祉基礎構造改革について（中間のまとめ）」、さらに、2000（同12）年の「社会福祉の増進のための社会福祉事業法等の一部を改正する等の法律」が施行された福祉改革の流れは、21世紀の日本の社会福祉体制を提示したものである。

それにより、今日の社会福祉は、救貧的、救済的、最低生活保障といった伝統的な福祉（ウェルフェア：welfare）から、予防的、支援的、人権の尊重、自己実現、権利擁護の福祉（ウェルビーイング：well-being）へと理念の進展が図られている。

その理念を実現するため、改革のなかの特に重要な事項としては、「中央集権から地方分権へ（住民に身近なことは市町村を軸に）」「利用者本位の福祉社会の創造」「利用者と提供者の対等な関係」「地域での総合的な支援」「サービスの質と効率性の向上」「福祉サービスの選択と情報開示」「福祉の市場原理の導入」「多様なサービス提供業者の参加」がある。

子ども家庭福祉については、「子どもの権利条約」の基本理念である子どもの最善の利益を遵守した福祉の展開が図られている。

## 2．子ども家庭福祉の理念

### 1 日本国憲法における子ども家庭福祉の理念

日本国憲法では、子どもを含めた国民の権利を保障するための国家責任が明確にされている。

日本国憲法において子ども家庭福祉の理念を規定する条文としては、まず、第25条の国民の生存権と国家責任による福祉の推進（「生存権及び国民生活の社会的進歩向上に努める国の義務」）が挙げられる。その他、第11条「基本的人権の享有」、第13条「個人の尊重、幸福追求権」、第14条「国民の平等性」、第18条「奴隷的拘束及び苦役の禁止」、第19条「思想及び良心の自由」、第20条「信教の自由」、第21条「思想表現の自由」、第24条「家族生活における個人の尊厳と両性の平等」、第26条「教育を受ける権利及び教育を受けさせる義務」などがある。このように、子

もを含めた国民の権利を保障する公的責任が明確にされている。

## 2　児童福祉法の理念

児童福祉法では、要保護児童の保護にとどまらず、すべての子どもを対象にし、予防の原則と子どもの権利を認め、これを国および社会の責任として保障することが規定されている。

　児童福祉法は、日本国憲法の理念に基づき制定された法律であり、児童福祉法の基本理念は、第1条から第3条に規定されている。日本は国連で採択された「子どもの権利条約」を批准した締約国であることから、2016（平成28）年の児童福祉法改正では、子どもの権利条約の趣旨が理念等に反映され子どもが権利の主体であることを明確にした。

　本法では、日本国憲法第25条と子どもの権利条約の精神に基づき子どもの生存権を保障し、人間らしく生存する権利があること、妊娠中から子どもの身体的発達の保障と発達に配慮されること、子どもは誰でも無差別平等に愛護される権利があること（第1条）、また、子どもの健全育成は、子どもの最善の利益が優先され、国および地方公共団体および子どもの保護者とともに責任があること（第2条）、以上の規定は児童福祉全体にかかわる原理として常に尊重されること（第3条）を示している。

> **第1条〔児童福祉の理念〕**
> 　全て児童は、児童の権利に関する条約の精神にのっとり、適切に養育されること、その生活を保障されること、愛され、保護されること、その心身の健やかな成長及び発達並びにその自立が図られることその他の福祉を等しく保障される権利を有する。
>
> **第2条〔児童育成の責任〕**
> 　全て国民は、児童が良好な環境において生まれ、かつ、社会のあらゆる分野において、児童の年齢及び発達の程度に応じて、その意見が尊重され、その最善の利益が優先して考慮され、心身ともに健やかに育成されるよう努めなければならない。
> ②　児童の保護者は、児童を心身ともに健やかに育成することについて第一義的責任を負う。
> ③　国及び地方公共団体は、児童の保護者とともに、児童を心身ともに健やかに育成する責任を負う。
>
> **第3条〔原理の尊重〕**
> 　前2条に規定するところは、児童の福祉を保障するための原理であり、この原理は、すべて児童に関する法令の施行にあたつて、常に尊重されなければならない。

## 3 児童憲章の理念

児童憲章は、国民全体が、家庭、学校、地域社会などあらゆる場において児童福祉の主旨が啓蒙されることを意図して制定された。

児童憲章は法律ではないが、子ども家庭福祉の理念を示すものとして重要である。国民多数の意見を反映し、子どもの問題について有識者が自主的に制定しており、国民によりつくられた社会協約といえる。

1951（昭和26）年5月5日に児童憲章が制定されたため、それ以来5月5日は「こどもの日」として祝日になっている。これは、子どもの基本的人権を尊重し、次代の社会の一員としてふさわしく育成すること、つまり子どもの福祉を図ることが、国民全体の責任であるという考え方を徹底し、家庭、学校、地域社会などあらゆる場において児童福祉の主旨が国民全体に啓蒙されることを意図としている。

児童憲章は、前文と綱領からなる総則と、さらに12条の本文からできている。その前文において「われらは、日本国憲法の精神にしたがい、児童に対する正しい観念を確立し、すべての児童の幸福をはかるために、この憲章を定める」とし、「児童は、人として尊ばれる」「児童は、社会の一員として重んぜられる」「児童は、よい環境のなかで育てられる」と謳われている。

また本文は、第1に「すべての児童は、心身ともに、健やかにうまれ、育てられ、その生活を保障される」とし、第2および第3においては、子どもが健やかに育成されるための家庭環境、第4から第8においては、子どもの個性と能力に応じた教育や教育環境および職業指導や労働環境、第9においては、よき社会環境、第10および第11においては、人権擁護についてそれぞれ規定しており、第12に「すべての児童は、愛とまことによって結ばれ、よい国民として人類の平和と文化に貢献するように、みちびかれる」として結ばれている。

## 4 子どもの権利条約の理念

子どもの権利条約では、子どもは子どもとして尊重されるとともに、子どもに対して最善の利益を与えることを人類の義務と考え、また、子どもを保護の対象としてだけでなく市民的権利保障と権利行使の主体者としてとらえている。

子どもの権利条約では、「子どもの最善の利益」の尊重が、子どもにかかわるすべての活動の基本原則であることが明示されているが、これは本条約における児童福祉の理念として位置づけられるものである。特に子どもにかかわりのあるあらゆる判断には、「その子の最善の利益」が基準となる。子どもの受動的権利とともに、意見表明権、思想信条の

自由、表現の自由などの能動的権利を子どもに保障したものであり、子どもは愛護されるだけの存在ではなく、権利行使の主体であることが認められている。

## 3．子どもの権利保障——子どもの権利条約——

### 1 「子どもの権利条約」採択までの経緯

「児童の権利に関するジュネーブ宣言」は、子どもが人間として固有の価値や人権を認められることの重要性から、子どもの権利に関して「宣言」されたが、さらに法的拘束力のある「条約」に高めた「子どもの権利条約」が、1989年11月20日の第44回国連総会で採択された。日本は1994（平成6）年4月22日に批准し、158番目の締約国となった。

▶4 アリエス（P. Aries, 1914-1984）
フランスの歴史家。著書に『〈子ども〉の誕生』（1960年）がある。

▶5 ルソー（J. J. Rousseau, 1712-1778）
ジュネーブで生まれ、フランスで活動した思想家。著書に『社会契約論』、教育論『エミール』などがある。

▶6 ペスタロッチ（J. H. Pestalozzi, 1746-1827）
スイスの教育思想家、実践家。「生活が陶冶する」という思想が有名。

▶7 フレーベル（F. Fröbel, 1782-1852）
ドイツの教育家。著書に『人間の教育』（1826年）がある。世界で最初の「幼稚園」を創立した。

▶8 オーエン（R. Owen, 1771-1858）
イギリスの社会主義者、社会運動家、紡績工場経営者。工場内に学校を開設して、幼児、児童、成人に教育の機会を開く。著書に『新社会観または性格形成論』（1816年）がある。

▶9 ケイ（E. Key, 1849-1926）
スウェーデンの女性思想家。著書『児童の世紀』（1900年）で有名となる。

幼い子どもを愛し慈しみ育むことは、人間の感情と行動において歴史的に永久不変のものであるはずだという暗黙の了解の考え方に疑問を呈したのが、フランスの歴史家アリエス▶4である。子ども観の歴史的考察を行ったアリエスは、中世の社会では「子ども期」という概念は存在していなかったと述べている。これは子どもを軽視しているからではなく、子どもは知識や経験のない「小さなおとな」としてとらえられ、子ども特有のものが存在するという概念が存在しなかったからである。

18世紀から19世紀にかけて、ルソー▶5、ペスタロッチ▶6、フレーベル▶7、オーエン▶8などの社会思想家や教育者たちによって、子どもは「小さなおとな」ではないと指摘され、おとなと子どもを分離させる新たな子ども観を確立するのに大きく寄与した。これ以後、子ども時代に表現する、おとなとは異なる子どもの特殊性が注目されることになり、保護され、愛され、教育される対象としての「子ども観」が誕生した。しかしながら、愛護される受動的権利は保障されたものの、おとなと同等の能動的権利があると認識されるまでには至らなかった。

1911年、スウェーデンの思想家エレン・ケイ▶9の労作『児童の世紀』の第2版に「子どもの親を選ぶ権利」や「婦人の選挙権と子どもの権利」という章題がつけられ、子どもにある権利について述べられている。ここでケイは、子どもの保護のために親の権利を制限する立法を提案したり、工場における児童労働の廃止を訴えたりしている。また当時は「肉体的懲罰」がどの家庭でも普通で、ケイ自身もスパルタ式の厳格な家庭教育のもとで育てられたが、体罰については厳しく批判し、懲罰と権勢による訓戒からは何もよきものは生まれないと述べている。そして、子どもは自分の特性を伸ばして、自分の自由で他を害さないかぎり、一個の独立した個人にならなければならないと主張している。ケイが、20世紀は「児童の世紀」と提案して以来、国際的に子どもの権利について法

律や宣言などでまとめられるようになった。権利を明記した法律として最も早いものとして、1922年にイギリスの児童救済基金団体がまとめた世界児童憲章草案がある。この草案は、第一次世界大戦など、いつの時代でも戦争や暴力、差別や貧困などにより、子どもに犠牲を強いている現状など悲惨な状況下の事態に対して、1924年に国際連盟が採択した「児童の権利に関するジュネーブ宣言」(「ジュネーブ宣言」または「ジェネバ宣言」とも称される)に受け継がれた。これが、子どもの権利が世界規模で認められた最初のものとなった。

第二次世界大戦後、世界平和の願いをこめて組織された国際連合は、「国連憲章」「世界人権宣言」を採択し、「児童の権利に関するジュネーブ宣言」をもとにして、1959年、「児童権利宣言（児童の権利に関する宣言）」が採択されたが、宣言だけでなく実際に効力のあるものにできないかと模索し、1978年に「子どもの権利条約」の草案がポーランド政府から提出された。1979年に「国際児童年」を迎え、世界中の人々が子どもの権利について考える機会となり、国連人権委員会のなかに、子どもの権利条約の作業部会が設置された。そして、法的に拘束力をもつものとして、1989年11月20日に「子どもの権利条約」が第44回国連総会で採択され、1990年9月2日、国際条約として発効し61か国が署名した。同年9月21日、日本は109番目の署名国となり、1994（平成6）年4月22日に批准し、158番目の締約国となった。

## 2 「子どもの権利条約」とは

「子どもの権利条約」は、子どもは権利の客体であり保護されるなどの旧来からの受動的権利とともに、主体的に自分の権利を行使できる能動的権利を認めている。

前述の通り「子どもの権利条約」は、18歳未満のすべての人の保護と基本的人権の尊重を促進することを目的として、1989年11月の国連総会において全会一致で採択された。この条約の内容は、特定の国の文化や法制度を偏重することなく、先進国であれ、開発途上国であれ、すべての国に受け入れられるべき普遍性を有するものとされている。

従来、子どもは権利の客体として位置づけられてきたが、「子どもの権利条約」では、子どもは保護される権利とともに、主体的に自分の権利を行使できるものとして位置づけられた。本条約は、理念を掲げた前文と、第Ⅰ部（第1～41条）の子どもの権利について、第Ⅱ部（第42～45条）の締約国の義務等について、第Ⅲ部（第46～54条）の条約の運用についての3部54条から本文が構成されている。

「子どもの権利条約」の特徴は、大きく分けて「生きる権利」「育つ権利」「守られる権利」「参加する権利」の4つの子どもの権利を守ることが

定められていることである。

第1条では、「子ども」を18歳未満のすべての者と定義し、第2条では差別の禁止、第3条では子どもの最善の利益（下記参照）、第4条では締約国の条約実施義務、第5条では父母の責任、権利、義務を謳っている。さらに、第6条では生命に対する権利および生存と発達の確保、第12条では意見表明権（下記参照）、第13条では表現の自由についての権利、第14条では思想・良心・宗教の自由についての権利、第15条では結社・集会の自由についての権利などが本条約の特徴として挙げられる。

## 3　子どもの最善の利益（第3条）

子どもに関するあらゆる決定の判断基準は、子どもの最善の利益が考慮されることである。

子どもにかかわるあらゆる決定をするとき、「子どもの最善の利益」の尊重が基本原則である。社会福祉機関はもとより、立法、司法、行政の三権による措置も、第一義的に子どもの最善の利益が考慮されなければならない。「子どもの最善の利益」という考えは、1924年の「児童の権利に関するジュネーブ宣言」から引き継がれたものであるが、本条約の第9条、第18条、第20条、第21条、第37条、第40条にも繰り返し謳われており、本条約の中心的な考えである。

> **第3条**
> 1　児童に関するすべての措置をとるに当たっては、公的若しくは私的な社会福祉施設、裁判所、行政当局又は立法機関のいずれによって行われるものであっても、児童の最善の利益が主として考慮されるものとする。
> 2　締約国は、児童の父母、法定保護者又は児童について法的に責任を有する他の者の権利及び義務を考慮に入れて、児童の福祉に必要な保護及び養護を確保することを約束し、このため、すべての適当な立法上及び行政上の措置をとる。
> 3　締約国は、児童の養護又は保護のための施設、役務の提供及び設備が、特に安全及び健康の分野に関し並びにこれらの職員の数及び適格性並びに適正な監督に関し権限のある当局の設定した基準に適合することを確保する。

## 4　意見を表明する権利（第12条）

自分に関する重要な事柄について子ども自らの意見を表明し、事柄の決定にその意見を反映させる権利を子どもに認めたものである。

子どもは、自分に関する重要な事柄についても、子どもの能力が未熟で十分に発達していないことを理由に意見を表明する機会が与えられず、一方的に周囲のおとなによって決定されることがある。こうしたことに対して、子どもに自らの意見を表明し、その意見を周囲のおとなの人たちに聞いてもらい、事柄の決定にその意見を反映させる権利を認めたも

のである。従来のように、子どもに関係する重要な決定を行う過程で、一方的におとなだけで決定するのではなく、子どもも参加して意見を述べる機会が保障されたり、子どもの年齢と成熟度に応じて子どもの意見を聴取されたりする機会が与えられ、子どもの意見に対しておとなは傾聴し、その意見を考慮しなければならない。

> 第12条
> 1　締約国は、自己の意見を形成する能力のある児童がその児童に影響を及ぼすすべての事項について自由に自己の意見を表明する権利を確保する。この場合において、児童の意見は、その児童の年齢及び成熟度に従って相応に考慮されるものとする。
> 2　このため、児童は、特に、自己に影響を及ぼすあらゆる司法上及び行政上の手続において、国内法の手続規則に合致する方法により直接に又は代理人若しくは適当な団体を通じて聴取される機会を与えられる。

## 5　市民的自由諸権利（第13条から第17条）

子どもは、自らが市民として自由な諸権利を有することを明示したことが、本条約の特徴である。

　本条約は、子どももおとなと同様に市民として自由な権利を有していることを明示している。単に未熟な存在としてではなく、市民の一員として、自らの権利を自由に主張する主体として保障されている。
　「表現の自由」（第13条）
　子どもの表現の自由を保障し、必要な情報を求め、受け、伝える権利を保障している。
　「思想・良心・宗教の自由」（第14条）
　子どもの能力の発達に応じて、子どもの内心の自由を保障している。
　「結社・集会の自由」（第15条）
　他人に迷惑をかけないなど民主主義のなかにおいて、子どもたちが集会・結社を行う権利を保障している。
　「プライバシー・名誉の保護」（第16条）
　発達途上にある子どものプライバシーや名誉などは軽視されがちであるが、子どもも一個人として尊重され保護される権利を保障している。
　「情報及び資料の利用」（第17条）
　子どもはマス・メディアなど多様な情報源を活用することができるように国が保障すべきことを定めた。また、国は有益な情報等の普及に努めることも定めた。

表1−1　子どもの権利保障の動向

| 年 | 動　向 |
|---|---|
| 1909（明治42）年 | ●アメリカで第1回ホワイトハウス会議が開催 |
| 1920（大正9）年 | ●国際連盟設立 |
| 1922（大正11）年 | ●ドイツで「児童法」制定<br>●世界児童憲章草案策定（イギリス：児童救済基金団体セーブ・ザ・チルドレン） |
| 1924（大正13）年 | ●「児童の権利に関するジュネーブ宣言」が国際連盟で採択（9月26日） |
| 1945（昭和20）年 | ●国際連合設立 |
| 1947（昭和22）年 | ●日本で「児童福祉法」制定（12月12日） |
| 1948（昭和23）年 | ●「世界人権宣言」が第3回国連総会で採択（12月10日） |
| 1951（昭和26）年 | ●日本で「児童憲章」制定（5月5日） |
| 1959（昭和34）年 | ●「児童権利宣言（児童の権利に関する宣言）」が国連総会で採択（11月20日） |
| 1966（昭和41）年 | ●国際人権規約の採択（世界人権宣言の条約化）。子どもを人権享有・行使の主体として初めて法的に承認 |
| 1978（昭和53）年 | ●ポーランドから国連人権委員会に「児童の権利に関する条約（子どもの権利条約）」の草案が提出 |
| 1979（昭和54）年 | ●国際児童年<br>●ポーランドが「児童の権利に関する条約」の2度目の草案を提出<br>●国連人権委員会で、最終草案を作成するための作業部会が設置 |
| 1980（昭和55）年 | ●「国際的な子の奪取の民事上の側面に関する条約」、通称「ハーグ条約」が国際私法ハーグ会議で採択 |
| 1983（昭和58）年 | ●「ハーグ条約」が発効（12月1日） |
| 1989（平成元）年 | ●「児童の権利に関する条約」が国連総会で採択 |
| 1990（平成2）年 | ●「児童の権利に関する条約」を61か国が署名（1月26日）<br>●「児童の権利に関する条約」が発効（9月2日）<br>●日本が109番目の署名国となる（9月21日）<br>●「子どものための世界サミット」が国連本部（ニューヨーク）で開催（9月29、30日）、世界71か国の元首参加 |
| 1991（平成3）年 | ●「児童の権利に関する条約」1周年記念までに、130か国が署名、70か国が批准（1月26日）<br>●「児童の権利に関する条約」締約国の第1回会合がニューヨークで開かれ、子どもの権利委員会の委員10人が選出（2月27日） |
| 1992（平成4）年 | ●国際労働機関（ILO：International Labor Organization）により児童労働撤廃国際計画（IPEC：International Programme on the Elimination of Child Labour）がスタート |
| 1994（平成6）年 | ●日本が「児童の権利に関する条約」を批准し、158番目の締約国となる（4月22日）。5月22日、日本で発効 |
| 1995（平成7）年 | ●子どもの権利委員会の委員数を10人から18人へ増大<br>●「児童の権利に関する条約」第43条2の改正が、国連総会において承認 |
| 1998（平成10）年 | ●子どもの権利委員会が最終所見（案）を採択（6月5日）。最終所見の確定（6月24日） |
| 1999（平成11）年 | ●日本で「児童買春、児童ポルノに係る行為等の処罰及び児童の保護等に関する法律」公布（5月26日）、11月1日施行<br>●ILO総会において「最悪の形態の児童労働の禁止及び撤廃のための即時の行動に関する条約」が採択（6月17日） |
| 2000（平成12）年 | ●「条約」の2つの選択議定書（「児童の売買、児童買春及び児童ポルノに関する児童の権利に関する条約の選択議定書」および「武力紛争における児童の関与に関する児童の権利に関する条約の選択議定書」が国連総会で採択（5月25日）<br>●日本で「児童虐待の防止等に関する法律」制定（5月24日）<br>●「就業が認められるための最低年齢に関する条約」を日本が批准（6月5日）<br>●「最悪の形態の児童労働の禁止及び撤廃のための即時の行動に関する条約」が発効（11月19日） |
| 2001（平成13）年 | ●「最悪の形態の児童労働の禁止及び撤廃のための即時の行動に関する条約」を日本が批准（6月18日） |
| 2002（平成14）年 | ●「児童の売買、児童買春及び児童ポルノに関する児童の権利に関する条約の選択議定書」が発効（1月18日）<br>●「武力紛争における児童の関与に関する児童の権利に関する条約の選択議定書」が発効（2月12日） |

| | | |
|---|---|---|
| | | ●国連子ども特別総会が国連本部（ニューヨーク）で開催され、「子どもにふさわしい世界」が採択（5月8～10日） |
| 2004（平成16）年 | | ●「武力紛争における児童の関与に関する児童の権利に関する条約の選択議定書」を日本が批准 |
| 2005（平成17）年 | | ●「児童の売買、児童買春及び児童ポルノに関する児童の権利に関する条約の選択議定書」を日本が批准（1月24日） |
| 2013（平成25）年 | | ●「ハーグ条約」について国会で承認（5月22日） |
| 2016（平成28）年 | | ●日本において「児童福祉法」改正。児童の福祉を保障するための原理が明確化 |

【参考文献】
1）福祉小六法編集委員会編『福祉小六法　2018年版』みらい　2018年
2）千葉茂明・宮田伸朗編『四訂　新・社会福祉概論』みらい　2008年
3）阿部謹也『世界子どもの歴史3　中世』第一法規　1984年
4）フィリップ・アリエス（杉山光信・杉山恵美子訳）『〈子供〉の誕生　アンシアン・レジーム期の子供と家族生活』みすず書房　1980年
5）フィリップ・アリエス（中内敏夫・森田伸子編訳)『〈教育〉の誕生』新評論　1983年
6）宮澤康人編『社会史のなかの子ども　―アリエス以後の〈家族と学校の近代〉』新曜社　1988年
7）トールビョルン・レングボルン（小野寺信・小野寺百合子訳）『エレン・ケイ教育学の研究』玉川大学出版部　1982年
8）下村哲夫編『新版　児童の権利条約』時事通信社　1994年
9）子どもの権利条約フォーラム実行委員会編『検証　子どもの権利条約』日本評論社　1997年
10）保育用語辞典編集委員会編『保育用語辞典［第2版］』一藝社　2007年
11）松原康雄・山縣文治編『社会福祉養成テキストブック　児童福祉論』ミネルヴァ書房　2001年
12）神戸賢次・喜多一憲編『新選・児童家庭福祉［第2版］』みらい　2014年

# 第2章 現代社会における子どもと家庭

● キーポイント

子どもの育ちを目にしたとき、それは誰にとっても喜ばしく微笑ましい姿として映るだろう。子どもが初めて言葉を発したり、歩いたときの喜びは親にとっての励みにもつながる。子どもは日々「成長・発達」する存在であり、子どもの健やかな「成長・発達」を保障することが子ども家庭福祉の目標とするところである。したがって、子どもたちが今、家庭や社会のなかでどのような状況にあり、どのような生活をしているのかを知り、その「成長・発達」の保障を考えていくことが求められる。

また、現在、わが国は人口に占める高齢者の割合が増加し、子どもの割合が減少するという、いわゆる「少子高齢社会」である。そこで、本章では現代の少子高齢社会のなかで育つ子どもや家庭の状況を知り、その生活問題や課題について考え、学んでいく。

## 1. 少子高齢社会

### 1 少子高齢社会とは

高齢化社会とは高齢化率7％以上の社会をいい、高齢社会とは、高齢化率14％以上の社会をいう。少子化とは、合計特殊出生率が人口置き換え水準を下回り、かつ、子どもの数が高齢者人口（65歳以上人口）よりも少なくなった社会である。

❶ 合計特殊出生率の低下

少子高齢社会とは、言葉の意味する通り、子どもが少なく高齢者が多い社会という意味である。わが国の出生率は過去数十年にわたり低下傾向にあり、第2次ベビーブーム以降人口置換水準を下回り続けている。また、1989（平成元）年には、1人の女性が一生の間に産む平均的な子どもの数とされる合計特殊出生率[1]が1.57となり、丙午（ひのえうま）の年（1966（昭和41）：1.58）を下回る戦後最低の数値を記録した（1.57ショック）。これがきっかけとなり、緊急に少子化施策の必要性が叫ばれるようになった。厚生労働省が発表した2017（平成29）年人口動態統計では、合計特殊出生率が1.43であることが示され、2005（同17）年の過去最低の合計特殊出生率（1.26）をやや上回ったものの、依然として減少傾向にあるといえる（図2-1、図2-2）。

❷ 高齢化の進行

わが国の2017（平成29）年の高齢者の平均寿命は男性81.09歳、女性87.26歳であり、世界でも長寿国として知られている（表2-1）。また、

▶1 合計特殊出生率
出産可能な15歳から49歳までの各年齢ごとの出生率をそのまま合計したもので、1人の女性が生涯に何人の子どもを産むか推計した値である。以下の算出式によって求められる。
合計特殊出生率＝15歳から49歳の女子の年齢別出生率（母の年齢別出生児数／年齢別女子人口）の合計

## 図2-1　出生数および合計特殊出生率の年次推移

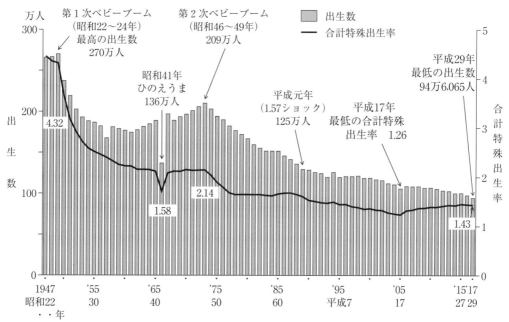

資料：厚生労働省「人口動態統計」より作成

## 図2-2　合計特殊出生率の国際比較

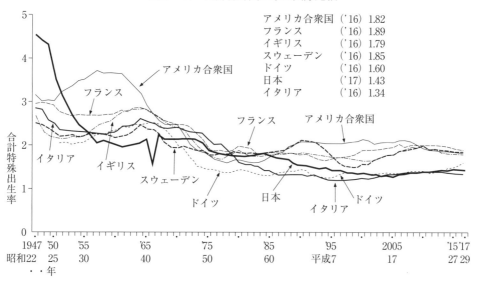

注：1）ドイツの1991年までは旧西ドイツの数値である。
　　2）イギリスの1985年まではイングランド・ウェールズの数値である。
資料：厚生労働省「人口動態統計」
　　　UN「Demographic Yearbook」
　　　Council of Europe「Recent Demographic Developments in Europe」
　　　U.S.Department of Health and Human Services「National Vital Statistics Reports」
　　　Eurostat「Population and Social Conditions」
　　　EU「Eurostal Vital Statistics」

表2−1 平均寿命の年次推移

(単位：年)

| 和暦 | 男 | 女 | 男女差 |
|---|---|---|---|
| 昭和22 | 50.06 | 53.96 | 3.90 |
| 25−27 | 59.57 | 62.97 | 3.40 |
| 30 | 63.60 | 67.75 | 4.15 |
| 35 | 65.32 | 70.19 | 4.87 |
| 40 | 67.74 | 72.92 | 5.18 |
| 45 | 69.31 | 74.66 | 5.35 |
| 50 | 71.73 | 76.89 | 5.16 |
| 55 | 73.35 | 78.76 | 5.41 |
| 60 | 74.78 | 80.48 | 5.70 |
| 平成2 | 75.92 | 81.90 | 5.98 |
| 7 | 76.38 | 82.85 | 6.47 |
| 12 | 77.72 | 84.60 | 6.88 |
| 17 | 78.56 | 85.52 | 6.96 |
| 22 | 79.55 | 86.30 | 6.75 |
| 27 | 80.75 | 86.99 | 6.24 |
| 28 | 80.98 | 87.14 | 6.16 |
| 29 | 81.09 | 87.26 | 6.33 |

注：1）平成27年以前は完全生命表による。
　　2）昭和45年以前は、沖縄県を除く値である。
資料：厚生労働省「平成29年簡易生命表の概況」

▶2
高齢化率が7％に達すると「高齢化社会」、14％に達すると「高齢社会」といわれる。日本が高齢化社会を迎えたのは1970（昭和45）年、また高齢社会を迎えたのは1994（平成6）年のことである。高齢化社会から高齢社会に要した期間の短さ（アメリカ73年、フランス115年、ドイツ40年、日本24年）が日本の高齢化の特徴を表している。

同年の内閣府の調べでは、高齢化率▶2（総人口に占める65歳以上の人口の割合）は27.7％であり、4人に1人が65歳以上であることを示している。なお、国立社会保障・人口問題研究所の「日本の将来推計人口」（2017（平成29）年推計）によれば、出生中位推計では2036年に33.3％で3人に1人、2065年には38.4％、すなわち2.6人に1人が老年人口となるとされる。高齢化率が増加することを「高齢化」とよぶが、これは、総人口に占める子どもの人数が減少する「少子化」の影響も大きく関係している。このことから、「少子化」と「高齢化」は同時に考えていく必要がある。

## 2　少子高齢社会の要因とその背景

高齢化は医学・保健の進展によって進行している一方、少子化は、社会の変化に伴って生じている現象であり、夫婦や個人の考え方の変化の要因も大きく関係している。未婚化や、晩婚化、夫婦出生児数の減少等がそれにあたる。

### ❶　未婚化、晩婚化の上昇

わが国の少子化の原因としてまず挙げられるのは、未婚化と晩婚化の上昇である。婚姻件数の推移は、昭和40年代後半には100万組を超えたが、その後は組数・率とも低下傾向となり、既婚者の減少を表している。そして2017（平成29）年の婚姻件数は60万6,863組で、婚姻率（人口千対）は4.9を示している（図2−3）。

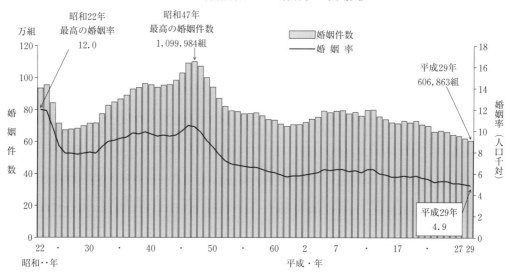

図2-3 婚姻件数および婚姻率の年次推移

図2-4 子どもの有(子どもの数)無の年次推移

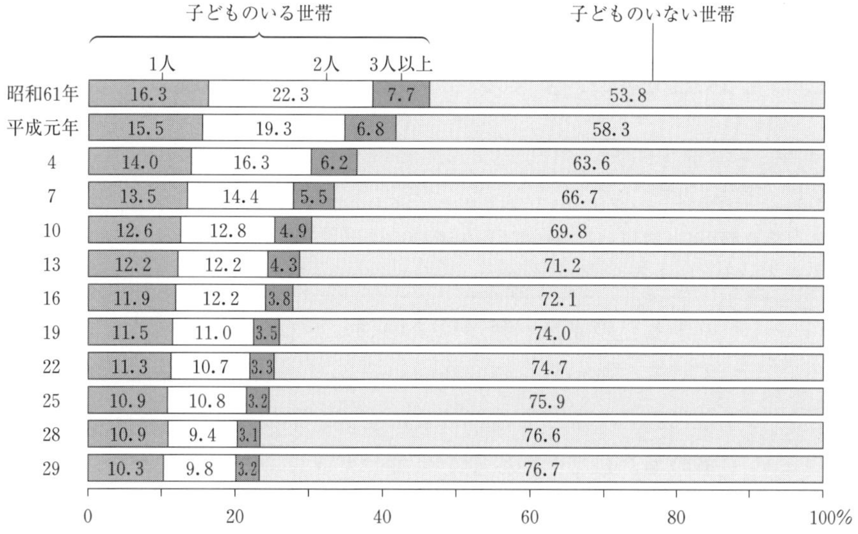

注:1)平成7年の数値は、兵庫県を除いたものである。
2)平成28年の数値は、熊本県を除いたものである。
資料:厚生労働省「平成29年 国民生活基礎調査の概況」一部抜粋・改変

また、平均初婚年齢も男女ともに上昇してきており、2017(平成29)年度には、夫31.1歳、妻29.4歳となっている。こうした未婚化と晩婚化の要因には、女性の高学歴化やそれに伴う社会進出が考えられる。

❷ 夫婦の出生児数の低下

未婚化、晩婚化の上昇とともに、婚姻関係にあっても子どもを産まないケースや、多く産まないケースも増えている(図2-4)。また、晩婚化により、出産時の母親の年齢も上昇し、高齢出産の傾向もみられる。

表2-2　第1子出生時の母の平均年齢の年次推移

| | 昭和40年 | 50 | 60 | 平成7年 | 17 | 22 | 27 | 28 | 29 |
|---|---|---|---|---|---|---|---|---|---|
| 平均年齢（歳） | 25.7 | 25.7 | 26.7 | 27.5 | 29.1 | 29.9 | 30.7 | 30.7 | 30.7 |

資料：厚生労働省「人口動態統計」より作成

　2017（平成29）年では、女性の第一子の出産平均年齢は、30.7歳となっている（表2-2）。

　夫婦の出生児数の低下の理由として考えられるのは、養育や教育に費用がかかる経済的負担、そして、育児にかかりきりになることにより自分の時間がなくなり、余裕がもてなくなるといった精神的負担や身体的負担などが挙げられる。

　では、こうした少子高齢社会のなかで、子どもはどのような生活を送っているかということについて、その環境の変化に視点を置き、学んでいくことにしたい。

## 2．子どもと家庭を取り巻く環境の変化と生活問題

### 1　地域社会と子ども

> 経済活動の動きは地域社会の変化としてあらわれ、子どもの生活にも影響を及ぼしているといえる。こうした地域社会の脆弱化に対して、地域住民の活動やボランティア等の新たなネットワークづくりが必要になってきているといえる。

　子どもの成長・発達には、家庭、学校、その地域社会が大きくかかわってくることから、この3つがそれぞれの役割を発揮していくことが求められる。なかでも地域社会は家庭と学校の中間にあり、子どもの社会勉強の場としてその役割を果たしてきた。しかしながら、高度経済成長期の影響をきっかけとし、経済を中心とする考え方が主流となり、地域社会は従来の役割を発揮しにくい状況に変化してきた。

　高度経済成長により、地方から都市部への人口移動がみられるようになり、現在の都市化を生み出した。都市化により、交通機関は発達し、時間を短縮できる便利な社会が誕生した。しかし一方で、子どもにとっては交通事故等の危険が伴う環境になったといえる。また、子どもの遊び場であった自然環境は減少し、経済活動が活発になるにつれ、テレビ、インターネット、携帯電話等の普及により、「モノ」や「情報」が溢れ、外遊びではなく家でゲーム遊び（一人遊び）をするようになる等、子どもの遊び方にも影響が出てきた。最近の子どもの体力の低下や人間関係の希薄化が叫ばれるのも、外遊びや人とのかかわりの減少からのあらわ

れといっても過言ではないだろう。「モノ」や「情報」は多くあるほうが便利なことは確かであるが、その影響は子どもの社会的経験不足にもつながる。子ども同士のかかわりが減少すれば親同士のかかわりも少なくなり、それは、子育ての孤立化を進行させることにもなる。

このように経済活動の動きは地域社会の変化としてあらわれ、子どもの生活にも影響を及ぼしているといえる。こうした地域社会の脆弱化に対して、地域住民の活動やボランティア等の新たなネットワークづくりが必要になってきているといえる。

また地域子育て支援拠点事業等の充実が図られているが、保護者がそのサービスを積極的に利用しなければ、子育ての孤立化の歯止めはかからない。2015（平成27）年4月から本格的に始まった子ども・子育て支援新制度の基本方針として、「地域や社会が保護者に寄り添い、子育てに対する負担や不安、孤立感を和らげることを通じて、保護者が自己肯定感を持ちながら子どもと向き合える環境を整え、親としての成長を支援し、子育てや子どもの成長に喜びや生きがいを感じることができるような支援をしていくこと」が挙げられているが、これを保護者が実感していけるような施策となっていくことが重要である[3]。

▶3 子ども・子育て支援新制度等については、第6章等を参照。

## 2　家庭と子ども

共働き家庭のなかで、仕事と子育ての両立に悩む母親も増加している。親も含めた家族全体を支える子育て支援が求められている。

高度経済成長は、家庭を支える親の就労形態にもその影響を及ぼしていった。かつて家内生産業労働者であった父親が雇用労働者となったことで、就労時間は延び、通勤時間もかかることから在宅時間が少なくなっていった。また、母親に関しても、パートタイム労働者の需要の増加により、既婚女性労働者が増加し、より豊かな生活を求め、共働きをするようになった。従来大家族であった日本の家族も、こうした社会の変化のなかで、核家族化が一般化していった。しかし、子育てと仕事の両立は、時間的にも精神的にも母親にとって苦しいものである。

現在では、父親が仕事で不在の時間、育児の負担は母親一人で抱える傾向があり、大きな重圧となっている。また、晩婚化、未婚化により、子育てについて話せる仲間が少ないことや、近所とのかかわりの希薄化も母親の孤立を生む原因と考えられる。一人で子どもを育てる重圧や、孤立感、また仕事との両立による負担がイライラとなり、それが子どもにぶつけられ、「虐待」という形で表面化することも考えられる。

このような家庭の現状から、子どもだけでなく、親も含めた家庭全体を支える子育て支援が求められている。

### 3　学校と子ども

受験競争による塾通い等で、子どものストレス増加や問題行動が指摘されている。健全な成長・発達のため、文部科学省による学校教育の見直しが行われている。

　就学すると、子どもたちは多くの時間を学校で友達と過ごすことになる。学校生活は、子どもたちが知識や社会性を身につけ、バランスのとれた成長・発達を促すために不可欠なものである。子どもたちは、集団のなかでルールやマナーを体得し、友達同士のかかわりのなかで人間関係を学んでいく。しかし、近年においては、高学歴化が叫ばれ、将来豊かな生活をするために、受験競争が繰り広げられている。学校での勉強以外に塾通いをしている子どもも少なくない。学校のなかで、よきライバルをみつけ、励まし合い、ともに学ぶことは子どもの心身の成長にとって不可欠であるが、過剰な競争は、逆に子どもの心身の緊張を高め、解消しきれない大きなストレスを生んでしまうことになる。

　また、しつけや生活習慣等の家庭の問題が学校に持ち込まれることもあるが、現状の学校現場のなかではそれらの十分な対応は難しいといえる。今日では、発達障害や不登校など、複雑で多様な問題も増えてきている。

　文部科学省はこのような状況に対し、少人数指導の実施や、チームティーチング等の取り組みを行っているが、今後も地域社会、家庭、そして学校の連携のなかで子どもの成長・発達を考えていくことが必要であるといえるだろう。では次に、子どもの成長・発達についてみていく。

## 3．子どもの成長と発達

### 1　成長と発達

成長とは、主に「量的な育ち」をさし、発達とは、主に「質的な育ち」をさす。

　子どもがおとなになっていく「育ち」は、日々の生活の過程で少しずつ積み重ねられていくものである。子どもの「育ち」は、よく「成長」「発達」という言葉で表されるが、この言葉のさす意味には違いがある。一般的に「成長（growth）」とは、身長や体重の増加といった量的な育ちをさして使われる用語であり、身体測定で把握される数値をさして使われている。一方「発達（development）」とは、言葉の獲得や、言葉を通してコミュニケーションをとれるようになるといった、質的な育ちをさして使われている。つまり、この「発達」という言葉は、子どものみを対象とした意味だけではなく、成人をも含めて使われる用語であり、「発

達」という言葉が、おとなへの終着点ではなく、各年齢に沿った内面的な、質的な育ちを表している。人間は子どもの間だけ「発達」するのではなく、人生において人々とのかかわりを通した日々の生活のなかで、喜びや悲しみ、苦しさを体験することによって、思いやりの心を養ったり、忍耐力を身につけて発達し続けるのである。

## 2　子どもの発達段階

　人間が成長・発達していくなかで、子ども期の育ちは最も著しい。現代精神分析学の代表者エリクソンは、人間の8つの発達段階を「『肯定的側面』対『否定的側面』」という表現で示し、それぞれの発達段階で生じる心理的危機を問い、解決したり、克服したりするなかで、人間は自己同一性の確立をめざし、人格的発達を遂げると提唱している。

▶4　エリクソン（E. H. Erikson, 1902-1994）
ドイツ出身でアメリカの発達心理学者、精神分析家。幼児の心理の研究から始め、年齢が上がっていくにつれて、青年期、成人期、老年期へとその関心を移していった。アイデンティティという概念を提唱したことで知られる。

　ここでは、子どもの成長と発達についてエリクソン▶4の発達段階から学んでいくことにする。エリクソンは人生を8つの段階に分けて、各段階には「『肯定的側面』対『否定的側面』」といった、対立する2つの特徴があると示した。ここでは「子どもの発達段階」として、5つの段階までを紹介していく。

❶　乳児期（0歳～1歳6か月）……「基本的信頼」対「不信」

　生まれて間もない乳児期には、食事、排泄、衛生管理等すべての生活事項において母親（またはその他の養育者）からの働きかけが欠かせない。子どもは不快を感じたときに泣き、母親は泣いている子どもに声をかけ、抱き上げる。そして、子どもがなぜ泣いているのか、何が不快かを知ろうとする。子どもは全身で母親の存在を感じ取り、自分が守られ、愛されることを知る。乳児期において大切なのは、この愛情あるかかわりのもと、「基本的な信頼」を得るということである。ここで生まれる信頼関係は愛着関係の成立でもあり、これからの人との結びつきやかかわりの基盤となる。この段階を「基本的信頼」対「不信」の段階とよぶ。

❷　幼児前期（1歳6か月～3歳）……「自律」対「恥・疑惑」

　幼児前期の子どもは、自分の力で動き回ることができるようになり、言語能力が身につき言葉によるコミュニケーションもとりやすくなってくる。運動能力や排泄のコントロールもできるようになり、少しずつ他の子どもにも興味を示すようになる時期である。3歳児になるころには、食事や排泄ができるようになった姿を主張し、自分ができることをおとなに認めてもらいたいという様子がみられるようになる。また、わからないことに対しては「なぜ？」「どうして？」という質問を投げかけたり、ときに失敗し、恥ずかしい思いも経験する。この時期に少しずつ自分の力でできることが増えることにより、知っていくことの楽しさややり遂げた満足感を得て、主体的に働きかけることができるようになってくる

のである。この段階を「自律」対「恥・疑惑」の段階という。

❸ **幼児後期（4歳～6歳）……「自発性」対「罪悪感」**

　幼児後期は、基本的な生活習慣が身につき、全身のバランスをとる能力が発達することから、細かい作業も自分の意のままにできるようになる。そのため、他の子どもとの遊びやかかわりが増え、行動範囲が広がる。幼児前期ではただ一緒の場所にいるという認識であった他の子どもに対しても、その存在を理解できるようになるため、一緒に遊んだり、けんかをする場面も多くみられるようになる。こうした他の子どもとのかかわりのなかで、自分の気持ちを伝えたり、相手を思いやる気持ちが育っていく。また、よいこと悪いことの判断もつくようになる。多くのかかわりを重ねていくなかで、さまざまなことに果敢に取り組むようになるこの段階を「自発性」対「罪悪感」の段階という。

❹ **児童期（7歳～11歳）……「勤勉性」対「劣等感」**

　児童期は、主に小学校の入学から卒業までをさしている。学校生活が始まることもあり、友達とのかかわりも密になってくる。学校の先生の指導や友人とのスポーツ等を通し、協調性を身につけたり、社会性の基礎を養う。また、児童期は個人によって発達の差が大きく、身体的に成長していても、精神的には児童の特徴をもっているため、心身の健康を維持し、知的発達と情緒の安定を促すことが求められる。児童期は集団で同じ時間を過ごすことにより、競争も経験し、劣等感を体験するが、こうした悔しい思いを克服していくことによって、自分自身を知っていくことができる。そしてそれは、忍耐力や自信といった力を身につけることでもある。こうした忍耐強く勤勉に励むこの段階は「勤勉性」対「劣等感」の段階という。

❺ **思春期、青年期（12歳～18歳）……「同一性」対「同一性拡散」**

　思春期、青年期の子どもは、同性の集団をつくり、親密な友人関係をつくる時期である。その反面、家族や両親との間に距離をとりはじめ、自分自身への関心が大きくなるという傾向がある。この時期の子どもは「本当の自分とは何か」「自分はどのように生きるべきか」という問題を抱え、「自分自身が感じている自分」と「他人が感じている自分」との比較をし、自己評価をするようになる[5]。心のバランスが不安定になる時期であるが、子どもは人とのかかわりを通し、「自分らしさ」や他者の「その人らしさ」を受け入れていくなかで、職業を選択したり、社会的役割を考えられるようになっていく。そして実際に社会的な役割を得ていくなかで、「女性としての自分」や「学生としての自分」といった役割の経験を積んでいくことにより、自分を統合し、同一性として理解していく。これを「同一性」対「同一性拡散」の段階とよんでいる。

▶5
社会で望ましいとされる役割を受け入れずに、否定したり反発することもある。E.H.エリクソンはこの青年の心を「猶予期間（モラトリアム）」とよんでいる。

以上のように、子どもはそれぞれの成長・発達の段階で、人とかかわり、各々の課題を乗り越えていく。その結果、個性豊かに育まれ、自己を発揮していけるようになっていく。しかし、エリクソンが提唱しているこのような基本的な発達課題が達成できず、健全な「育ち」が促されない子どももいる。それは、個々の家庭の事情により、母親やその他の養育者と十分なかかわりをもてず、基本的信頼を得ることができないまま成長した子どもや、友人とのかかわりにつまずき、それを乗り越えられないまま成長した子ども等である。そうした子どもたちのなかには、成長・発達のバランスがとれず、心のケアが必要になることも多い。そのような場合においても、子どもの力を信じ、寄り添っていくことが子ども家庭福祉の役割でもある。

## 3　子どもの生きる力

子どもは人とのかかわりのなかで育ち、成長・発達していく。子ども家庭福祉の役割は、一人ひとりの子どもの生きる力を守り、育み、育て合う環境を整えることであるといえる。

第2項で述べたように、さまざまな家庭環境、事情を抱え、十分な成長・発達が促されない子どももいる。また、子どもが幼ければその月齢の差も大きく、子どもの育ちには個人差もある。複雑で多様な問題も増えてきており、その個々の対応が課題とされている。では、そうした個々の対応には、何が大切になるのだろうか。ここでは、かつて筆者に、子育てについて直接書き伝えてくれた、ある（知的障害のある）男の子の母親の文章を紹介し、「子どもの生きる力」について考えてみたい。

　色々な家族の有り様があると思いますが、男親よりも女親の方が（我が子の）障害を受容することにおいて、（特に初期の段階では）難しいかもしれません。それはやはり、自分のお腹を痛めて産んだ我が子に対する自分自身への自責が強く感じられるからだと思います。障害があることがわかってから何年経ったとしても、本当の意味で受容できるのかどうか、それさえもわからないでしょう。それはありのままの子どもと向き合ってない、ということではなく、その都度、社会の変化（就園・就学等）を一つひとつ乗り越えていくことの大変さに、時に負けそうになりながらも、〝今〟を過ごしているからです。妊娠したとき、親は誰もが、自分が障害のある子の親になることなど想像したことがないでしょう。どんなに愛してやまない（命をあげてもおしくない）我が子であっても、障害のある子との生活は想像を超えて大変なものがあります。（中略）専門家の心ない言葉に何度傷ついたことでしょう。
　それでも親が子を愛する気持ちは消えることはないのです。子どもの無条件の親への愛情を感じて、親は親としてあろうと思うのです。「子育て」とはいいますが、私は子どもによって「親育ち」をさせてもらっている最中です。
　子どもをもって新しい価値観で人生を生き直しているようなものです。まだまだどのようにしていけるか、どのように家族全体がなっていくかもわかりません。でも、子どもの笑顔を消さないこと、そして出来たら〝愛されて生きる

> ことが出来るように……"と願わずにはいられません。大人になっても出来ないことは多いかもしれないけど、独りにならず、人の輪のなかで生きてほしいと願うのです。その為に親は泣きたい気持ちを封印して、社会のなかで育つ我が子の将来の為に、自分をふるいたたせてがんばっていくのです。我が子の可能性と社会がかわってくれる可能性の両方に働きかけながら……。生きていくことのすばらしさ、大変さをこんなにも考えたことはありません。障害のある子でも、ない子でも、子どもの自ら生きようとする力はすばらしいです。大人はそれに追いつけるように、ただひたすら毎日がんばっていくだけです。

　この母親は、子育てのなかで気づかされた子どもの生きる力を「可能性」という言葉で表している。それは、障害や、成長・発達の問題がある子どもだけでなく、すべての子どもにおいて共通している成長・発達の「可能性」である。この母親の言葉は、子どもの生きる力に励まされ、その「関係」のなかで、親として生きていくことの喜びや、困難に立ち向かっていく親の力をも教えてくれている。

　子どもの健やかな「成長・発達」には、「今、その子どもにとって何が求められているのか」を敏感に感じ、子どもの生きる力を信じ、寄り添っていくことが求められ、そのことが子ども家庭福祉の大切な基盤になる。また、この母親もそうであるように、子どもの生きる力が、人々誰しもに生きる希望を与えてくれているのである。

**【参考文献】**
1）E.H.エリクソン（仁科弥生訳）『幼児期と社会Ⅰ』みすず書房　1977年
2）E.H.エリクリン（仁科弥生訳）『幼児期と社会Ⅱ』みすず書房　1980年
3）社会福祉士養成講座編集委員会編『新・社会福祉士養成講座　児童や家庭に対する支援と児童・家庭福祉制度［第6版］』中央法規出版　2016年
4）柏女霊峰『子ども家庭福祉論［第5版］』誠信書房　2018年
5）ピエーロ・フェルッチ（泉典子訳）『子どもという哲学者』草思社　1999年
6）米国精神医学会編（高橋三郎・大野裕監訳）『DSM－5　精神疾患の診断・統計マニュアル』医学書院　2014年

# 第3章 子ども家庭福祉の歴史的展開

● キーポイント

現在の子ども家庭福祉の施策体系や理念、実践、援助技術を学ぶ際には、必ずそれらが形成されてきた過程をたどる必要がある。現在の状況は突然できあがったものではなく、時代経過のなかで先人たちが試行錯誤しながらつくりあげてきたものだからである。

たとえば、現在の児童養護施設で取り組まれている実践の背景には、石井十次の実践があり、児童福祉法の掲げる理念の背景には戦争による子どもの悲惨な状況と、それが契機となり制定された子どもの権利条約がある。つまり歴史を知ることで現状をより深く学ぶことができる。

本章は子ども家庭福祉の歴史的展開について記述しているが、単に歴史を知識とすることを目的とせずに、子ども家庭福祉の現状をとらえる視点とするために活用してもらいたい。

## 1. イギリスにおける子ども家庭福祉の歴史

### 1 救貧法の時代

救貧法はその救済対象を労働力のない者だけとし、労働力のある者はたとえ子どもであっても就労を強制させられていた。

イギリスでは資本主義経済を基本とする近代社会への移行にあたり、大量の貧民が発生した。この社会不安に対し、当時の政治体制を維持しようと、次々に施策が出された。それらの施策をまとめたものが、1601年に成立した「旧救貧法」（エリザベス救貧法）である。旧救貧法は、宗教組織の単位であった教区を救貧行政の単位とし、治安判事によって任命された貧民監督官が救貧税の徴収と救済の業務にあたった。また、貧民を3つに分類し、救済したことが特徴としてあげられる。労働力のある貧民については、労働を強制した。老人・障害者など労働能力のない者については救済の対象とし、施設収容を行った。子どもは、強制的に徒弟とし、男子は24歳、女子は21歳もしくは結婚まで就労を強制させた。旧救貧法は労働能力のない貧民を救済の対象とし、労働能力のある貧民や貧困児童は就労を強制することに重点を置いた。旧救貧法はさまざまな改正が加えられた1834年の新救貧法の成立まで200年以上にわたり続くこととなる。この時代における貧児の生活は悲惨なものであった。

当時、現在のように子どもを発達過程上、特別な存在として位置づけるような考え方はなく、子どもは大人になる前の、家族にとって役に立

たない存在でしかないと考えられていた。そのため、「子ども時代」の生活と発達を社会が保障するという考え方はなく、現在のような子どもの権利は20世紀以降認められたものである。

## 2　児童問題の発見と保護

> 資本主義の発達は子どもをも労働力として必要としたが、徐々に子どもの権利保障に向けた施策の制定や民間事業の実践によって保護の体制が構築されていく。

　18世紀後半から19世紀の産業革命による機械の導入と工業化は、機械による単純作業を増やした。このことにより、賃金の安い労働力として子どもが工場に送り込まれることになる。当時は子どもの労働時間の規制などが定められても実際にはほとんど実現されず、1日15時間にも及ぶ長時間労働で酷使されるなど、労働環境は劣悪な状況であった。しかしながらこうした状況が善意の民間事業家による「児童救済」から国の課題として取り組む「児童保護」への転換点となった。

　児童労働の悲惨な状況に心を痛めた木綿紡績工場主でもあるオーエン（R. Owen）は、児童労働の弊害と教育の重要性に気づき、その改善のために活動した。1802年に児童保護を目的とした世界で最初の工場法といわれる「徒弟の健康と道徳の保持に関する法律」が成立した。その後、1833年「工場法」では、9歳未満の子どもの雇用を禁止するとともに、13歳以下の子どもの就労時間を最高8時間までと制限した。また、夜間労働を禁止するなど子どもの労働状況の改善が行われた。1889年には「児童虐待防止・保護法」が成立した。

　この時期、子どもたちの保護を目的とした民間活動も盛んに行われた。バーナード（T. Barnardo）は、1870年に児童施設バーナード・ホームを創設し、小さなグループで生活ができる小舎制を実践した。さらに1886年、親が養育できない乳幼児をホームの責任で里親委託し、12〜13歳になったときにホームに戻して、自立のための職業訓練などを行う試みを始めた。この試みは日本にも影響を与え、岡山孤児院等において実践されている。また、1884年には全国児童虐待防止協会（NSPCC：National Society for the Prevention of Cruelty to Children）が創設され、その活動は現在まで続いている。

　このような取り組みは、心身の発達の視点から「子ども時代」の保障が重要であるとの社会的認知が広まったことからくる。また他の側面として、将来の労働力としての児童の育成の視点が重視されたことによるところがある。養育、教育の重要性だけでなく、そこから得られる良質な労働力への期待が「子ども時代」の尊重につながった。

## 3　子ども家庭福祉の形成

イギリスでは、第二次世界大戦前には子ども家庭福祉施策の体系が整う。しかし、その後の子どもを取り巻く環境の変化に伴い、改正を重ねていく。

　スウェーデンの教育学者エレン・ケイ（E. Key）は、これまでの世紀は子どもにとって暗黒の世紀であったことから、20世紀は子どもにとって幸せな世紀になることを願い、1900年に『児童の世紀』を著し、児童中心主義、家庭中心主義を主張した。また、1922年にイギリスにおいて「世界児童憲章」が宣言された。これは、子どもの権利に関するまとまった憲章としては世界最初のものである。2年後の1924年には、国際連盟が「児童の権利に関するジュネーブ宣言」を採択した。20世紀に入り、ようやく一般的に子どもの権利が認識されるようになった。

　1908年に、イギリス最初の「児童法」が成立した。これはそれまでの子どもの保護と非行少年の処遇に関する法律を統合するものであった。ほかにも里子の保護、虐待の防止、非行犯罪少年の処遇を成人から分離することなどが規定されている。また、子どもおよび親のための法律の整備が行われ、第二次世界大戦前には子ども家庭福祉制度の体系的な整備が行われることとなる。

　第二次世界大戦後のイギリスの社会保障を決定づけたのは、1942年に提出された「ベヴァリッジ報告」であった。社会保険の基本的な原則を提案するもので、その前提条件として、児童手当、包括的保健サービス、雇用維持が挙げられた。戦後の子ども家庭福祉に関する施策もここで提起された方向性にしたがって行われることとなる。

　1946年に提出されたカーティス委員会報告（児童ケアに関する委員会報告）は、戦後のイギリスにおける子ども家庭福祉の方向性を決定づける重要なものであった。同委員会は1945年に起きた里親からの虐待による委託児童の死亡事件を契機としている。この提言を具現化したのが1948年の「児童法」である。同法は、戦争により孤児となった子ども等を、行政の責任で保護することとし、地方公共団体は児童部を新設し、児童保護官を配置した。ただし、できるだけ家族から子どもを分離せず、分離する場合には里親委託または小規模施設における養護とすることが望ましいとの考え方を示した。救貧法以降、重要な役割を担ってきた施設収容ケアに対して、政策として初めてコミュニティケアの方針を示した法律としても意味のあるものであった。

　1975年の「児童法」では、それまでの親権尊重から子どもの安全を最優先にする原則が打ち出され、ケアを受けている子どもに対する地方公共団体の権限が拡大された。家庭復帰の可能性がない子どもに対しては、

▶1 パーマネンシー・プランニング
ここでいうパーマネンスとは「子どもと養育者・養育環境との永続性」を意味する。子どもにとっては、子どもを養育する者との関係も含めて、その生活環境が安定し、一定していることが望ましいため、このような養育環境との継続性と家庭的な生活環境の保障を優先して子どもへのケアプランを立てることをいう。

▶2 ソーシャル・インクルージョン
「社会的包括」と訳される。すべての人が生きやすい社会をつくっていくために、人々を孤独や排除から救い、社会の構成員として包み込むことをめざす概念。イギリスやフランスなどの近年のヨーロッパ諸国での社会福祉の再編にあたって基調とされている理念で、たとえば、貧困者や失業者、ホームレス等を社会から排除された人々としてとらえ、その市民権を回復し、再び社会に参入することを目標としている。

▶3 シュア・スタート
児童センターを拠点に行う0～3歳児のいる低所得世帯を対象とした支援プログラム。

パーマネンシー・プランニング▶1といわれる、永続的な代替家族の提供が行われた。1980年の「児童ケア法」では、子どもの福祉の予防的側面と保護的側面を統合し、子どもをケアすると同時に、家庭支援による家庭復帰の取り組みが優先された。

1989年の「児童法」では、「社会的共同子育て」の立場をとることとなる。これは、子どもの最善の利益の尊重という立場から、親と地方公共団体とのパートナーシップを規定するものである。そのために、親の権利に代わり親の責務という概念を明確にした。また、子ども家庭福祉に関する地方公共団体の責任を明確化し、18歳までの親による監護・養育の責任、子ども・親の関係機関との連携、子どもの権利の擁護が規定された。

一方、サッチャー政権発足以降、1979年から20年近くにわたって財政再建を目標に「小さな政府」が追求され、育児や介護への公的介入は抑制された。その結果、1993年まで全労働者に対する産休の権利付与は行われず、公的保育サービスは未整備という状況が続いた。イギリスの子どもの貧困率はサッチャー政権発足時は10％前後であったが、1997年には27％に達することとなった。

1997年に政権交代を果たした労働党のブレア政権は、こうした状況を受け、さまざまな側面から家族施策の充実を図ることとなった。社会的に排除された子どもに対しては、ソーシャル・インクルージョン▶2の理念を具体化するプロジェクト、クオリティ・プロダクツを実施している。ケアが必要な子どもに対して、適切な養育環境とともに、教育や職業訓練の提供を行い、雇用へとつなげていくというものである。これは若者が自立するにあたり、同じようにスタートラインに立てるようにするためのプログラムである。また、1999年からはシュア・スタート（ＳＳ）▶3を開始している。当初ＳＳは、乳幼児を育てる貧困世帯の子育て支援を目的としていたが、徐々に保育や就学前教育の拡充、親の就労支援へとその取り組み内容を拡大していった。保育施策についてもブレア政権のもと、従来のパートタイムで働く親を前提としたものから、フルタイムで働く親を対象としたものへと変更された。子どもの貧困率については、2010年の「子どもの貧困法」において、2020年までに10％以下にするという目標を掲げた。

しかしながら、2010年に政権交代により発足したキャメロン政権は、労働党政権時に悪化した財政状況を立て直すために、支出見直しを政権公約に掲げており、児童センターの閉鎖に代表されるように、家族政策に関する支出の見直しが行われている。こうしたことから、子どもの貧困率については、再び上昇に転じている。

## 2．アメリカにおける子ども家庭福祉の歴史

### 1　20世紀初頭までの状況

> アメリカもイギリスと同様に救貧法下、救済を必要とする子どもに対して強制労働を強いていた。

　植民地時代のアメリカの貧民救済は、エリザベス救貧法の模倣により行われた。孤児たちは、イギリスと同様に徒弟奉公という強制的労働により生活を維持できたが、その生活状況は恵まれたものではなかった。徒弟制度の社会的批判のなか、18世紀になると公立の救貧院の設立が行われた。また民間の慈善団体による孤児院等の児童施設の設立もみられる。1729年にはアメリカ最初の孤児院がニューオーリンズに設置されている。それ以後、孤児院の数は急激に増加する。20世紀初頭までのアメリカは、自由放任と社会進化論を中心とする社会思想が主流であった。そのため、貧民および障害者の保護も十分に行われていなかった。

　1909年には、セオドア・ルーズベルト大統領により第1回ホワイトハウス会議が開催され、「家庭は、文明の最高にして最も素晴らしい所産である。子どもは緊急やむを得ない理由がない限り、家庭生活から引き離してはならない」という基本的な考え方を出した。

　1911年にイリノイ州で創設された「母子扶助（年金）制度」を契機に、貧窮した母子家庭およびそれに類する家庭に対して一定額の金銭給付を行う公的扶助の制度が全米で広がっていくこととなる。要扶養児童扶助にあたり、社会保障法施行前には3州を除くすべての州でこの制度が運用されていた。この制度は貧窮母子家庭の子どもを施設に収容するのではなく、居宅のままで生活の保障を行うという理念に基づいている。

### 2　社会保障法の成立と子ども家庭福祉の展開

> 1935年、社会保障法の成立により子ども家庭福祉施策の基本的な枠組みの形成がなされる。

　1929年から始まった世界大恐慌を契機として1935年に成立した「社会保障法」は、世界で最初に社会保障という言葉を採用した法律であった。この法律は失業保険、年金保険とともに、要扶養児童扶助、視覚障害者扶助、高齢者扶助からなる公的扶助制度と、母子保健サービス、肢体不自由児サービス、児童福祉サービスなどからなる社会福祉サービスに関する規定から構成されている。社会保障法の成立は、社会福祉が補充的なものから制度的なものへと展開したことを意味するといわれている。つまり、連邦（国）水準での政策的課題となったのである。これは、自由放任主義の放棄と国家の経済過程への大幅な介入という資本主義それ自体の変化を基盤とし、それを反映するものであった。

世界恐慌のなか、子どもの生活も困窮の度合いを深めていった。社会保障法において児童福祉サービスが含まれたことは同時にアメリカの児童福祉が社会保障政策の一環に組み込まれたこと、連邦レベルでの政策課題として位置づけられたことを意味する。社会保障法によって規定された児童福祉政策は、要扶養児童扶助と児童福祉とに大別することができる。児童福祉サービスは、孤児・要扶養児童・放置児童並びに非行化する危険性をもつ子どもの保護や養護に対するサービスの確立・強化のための方策であった。これにより、要扶養児童、障害児、非行児などの保護に対する公的な責任が確立した。これを機会に各州における児童福祉プログラムが適用範囲を拡大し、内容的にも事後救済的なものから、治療的・予防的・育成的なものへと急速に発展していった。

　1960年代、ジョンソン大統領のもとで行われた「貧困との戦争」により、社会福祉プログラムの充実が図られてくる。1965年から開始されたヘッド・スタート[4]はその一つであり、就学前の子どもをもつ貧困家庭に対する子育て支援プログラムである。

　その後、貧困問題に対しては、「強いアメリカ」をスローガンに登場したレーガン大統領のもと、要扶養児童扶助が改正、改称され、要扶養児童家庭扶助となり、受給用件の厳格化と不正受給等の防止策が講じられた。同時に受給者の就労を促進するプログラム（ワークフェア）が各州で取り組まれた。以後、ウェルフェアからワークフェアへという流れのなかで、貧困家庭に対しては就労支援が重視されていくこととなる。

　公の社会福祉サービスが限定的なアメリカにおいては、イギリスと異なり福祉サービスの供給主体は非営利団体が担うことが多い。これは「問題のある層」にのみ公が責任を担えばよいとの考えが根底にある。たとえばヘッド・スタートにみられるように、貧困家庭に対する取り組みは行われているが、全国統一的な保育制度は整備されず、州政府がそれぞれ施設設備や職員配置基準を設けている。また、連邦レベルでは子どもの扶養に対する課税控除があるものの、児童手当制度は存在しない。

▶4　ヘッド・スタート
低所得の家庭で暮らす就学前の子どもを対象とした支援プログラム。貧困の世代間連鎖を防止するために、子どもの状況に合わせ、健康な発育・発達を支援する。保護者に対しても子育てや社会生活を支援する。

## 3．日本における子ども家庭福祉の歴史

### 1　明治期の児童救済

　現在の子ども家庭福祉につながる施策・実践は、封建制度から近代国家へと急激な変革が行われた明治期が起源となる。

#### ❶　明治期の時代状況

　児童救済の歴史は、聖徳太子が建立した四天王寺の四箇院[5]の1つ悲

▶5 四箇院
聖徳太子が593年に四天王寺に建立したと伝えられている。悲田院（貧窮者を保護し、体力回復後は四箇院の雑事に従事させた）、敬田院（悪い行いをした者の仏教的教化を目的とした）、施薬院（薬草を栽培して施薬した）、療病院（身寄りのない病人を保護した）という4つの救済施設を指す。

田院で孤児や棄児、老人等を保護したことに遡る。ただし現代の子ども家庭福祉につながる施策や実践は、日本の近代国家形成の契機となる明治期以降に始まる。

1868（明治元）年の明治維新および明治期は、日本における大きな転機であった。政治体制、経済体制、社会のありようについて大きな変革が行われ、同時に貧困問題を中心として、さまざまな社会問題が表面化した時期である。貧困問題はすでに江戸時代中期から始まっており、庶民の困窮した生活状況は堕胎、間引き、人身売買などの社会問題を引き起こしていた。明治期に入ってもその状況は変わらず、加えて、封建制解体や資本主義経済の発達とともに出現した貧民の増加は、多くの貧児、棄児を生み出した。

こうした状況に対して明治政府は、1869（明治2）年（当時の暦では明治元年12月）に「産婆取締に関する太政官布告」において堕胎を禁止し、1871（同4）年には「棄児養育米給与方」（15歳までの棄児を養育する者に対して年間米7斗を養育米として国費で支給する政策。1873（同6）年にはこれを13歳に引き下げた）を公布し、子どもの救済にあたった。その後、日本で初めての貧困者に対する救済施策である「恤救規則」が、1874（同7）年に制定された。この法律は、貧困者救済の原則を、血縁・地縁関係などの相互扶助に置いており、「無告ノ窮民」（誰の助けも期待できない困窮者）に限り、やむを得ず公費で救済するという制限的なものであった。子どもに対しては、棄児養育米給付方にならい、13歳以下の者に米（年7斗）の支給が行われた。

❷ 民間慈善事業の実践

国からの救済が期待できないなか、孤児や貧児、障害児等の救済は民間の慈善事業によって活発に行われた。それらは育児事業、感化事業、障害児に関する事業、保育事業に大別できる。

なかでも貧児、棄児、孤児に対する救済を目的とした育児事業（育児施設）は、明治期前半を中心に多数、取り組まれている。1872（明治5）年に仁慈堂、1874（同7）年に岩永マキらによる浦上養育院、1879（同12）年に福田会育児院、1887（同20）年に石井十次による岡山孤児院、1890（同23）年に小橋勝之助らによる博愛社、1899（同32）年に北川波津による東京孤児院（東京育成園）などが創設された。なかでも、石井の岡山孤児院はその規模や運営形態、理念および方法において明治期を代表する慈善事業として大きな影響を与えた（詳細は後述）。

感化事業は、非行行為を繰り返す子どもに感化教育を行うために施設で保護するというものである。非行行為の社会的な要因やその背景に注目しており、感化教育によりそれが改善されると考えた。1880（明治13）

年に小崎弘道が、子どもを成人の犯罪者と分けて施設に収容して更生すべきであるという論文を雑誌に発表したことが、感化教育の契機である。1883（明治16）年に池上雪枝によって大阪市に最初の感化院、池上感化院が設立された。1885（同18）年には高瀬真卿が私立予備感化院（東京感化院）を設立した。明治期の代表的な感化院としては、1899（同32）年に留岡幸助が東京に創設した家庭学校がある。留岡は、罪を犯した少年に温かい家庭と環境、さらに教育を与えることによって感化しようとする考え方を基本とした。これらの活動が契機になって1900（同33）年に感化法が成立し、感化院が規定された。感化院は児童施設のなかで最も早く法定化されたことになる。後に改正され、各道府県に感化院の設置が義務づけられたことから、感化院設立数は急増した。感化法制定の背景には、非行少年たちは教育により更生できるとの思想があるが、将来の犯罪者を減らしたいといった社会防衛的な要素が含まれている。

障害児に関する取り組みとしては、1890（明治23）年の小学校令（第二次小学校令）における盲・ろうあ児教育の制度化がある。知的障害のある子どもに対する施設としては、1897（同30）年に石井亮一が設立した滝乃川学園が最初の知的障害児施設である。石井は当初、育児施設、孤女学院を、自宅を開放して設立したが、入所児童のなかに知的障害児がいたことから、知的障害児の保護に関心を抱いた。

保育事業としては、1890（明治23）年に赤沢鍾美・ナカ夫妻が新潟市に託児所として私立静修学校を開設したのがわが国の最初の保育所といわれている。1897（同30）年には片山潜がわが国最初のセツルメント活動として神田にキングスレー館を設立し、幼稚園を付設した。1900（同33）年に野口幽香、森島（後に斉藤）峰の２人のキリスト教徒は、東京四谷に貧民幼稚園「二葉幼稚園」を設立し、スラム街の子どもだけでなく多彩な地域の子どものために保育活動を行った。

### ❸ 石井十次の実践

岡山孤児院を創設した石井の実践は当時としては優れて先駆的であった。石井は、孤児救済を使命として、救済を求める孤児の入所を拒まないという「無制限収容主義」を掲げ、最盛期には1,200人以上の子どもが入所していた。石井の実践の背景には『エミール』で知られる教育家ルソーによる自然と子どもとの共生的養育の志向がある。施設形態としては、イギリスの児童施設バーナード・ホーム[6]の小舎制実践を参考に、より家庭に近い生活様式を取り入れた。低年齢の子どもの養育を農家に委託するなど、現在の里親委託制度のような実践も先駆的に試みている。施設実践の方針として「岡山孤児院十二則」をまとめており、このなかには「非体罰主義」が含まれるなど、現在の養護理念にも通じるもので

▶6　バーナード・ホーム
36頁参照。

あった。また、経営面においても、音楽隊、幻灯隊などの興行を全国各地で行うなど、幅広く後援者を募り、大勢の子どもたちの生活を支えるための資金調達を行った。公的な経済的補助がほとんどなく、社会的理解も少ない当時の育児施設においては運営面で困窮し、子どもに労働を強いることも多かった。そのような時代において行われた石井の実践は、理念、実践、運営面において現在の社会福祉実践者が学ぶことも多い。

## 2　大正期から昭和初期の児童保護

資本主義経済の発展と子どもを保護の対象とする考えの一般化は、国の責任としての児童保護を可能にし、施策の整備が進む。

　　日露戦争、第一次世界大戦を経て、日本の資本主義は発展したが、一方で1929（昭和4）年の世界大恐慌に始まる慢性的な不況のなかで国民生活の困窮は深刻化していった。貧困等の社会問題に社会的関心が向けられ、その解決が社会的連帯の立場から取り組まれるようになる。大正デモクラシーの思想のもと、救護法の成立および、慈善事業の組織化が進み、感化救済事業を経て、社会事業へのあゆみをみせはじめる。そのなかで児童保護施策も徐々に整備されていく。

　第一次世界大戦後の慢性的な不況は、これまでの恤救規則では救貧制度として不十分であることを示すこととなった。そこで新たな救貧立法である「救護法」が1929（昭和4）年に成立した（経済的な理由から1932（同7）年に施行）。対象者から労働能力のある貧民を除くなど、選別的なところはあるものの、国の責任として公的扶養を行う姿勢を打ち出したことなど、評価する点は多い。救護法では、救護施設（育児施設や養老施設などを含む）への設備補助や救護費支給が一部可能になった。このことにより救護施設となった育児施設の公的な役割が拡大した。

　一方、大正時代の前期から中期にかけて、子どもを保護の対象とする考えが一般的なものとなっていた。その背景として、貧困問題からくる児童問題が大きくなってきたことがある。当時、児童問題は、孤児・棄児・不良児などに限定される問題ではなく、子ども全般を対象とする社会問題となっていた。このことにより児童問題が政策的な課題となり、慈善家による児童救済から国の政策としての児童保護へと展開していく。

　その結果、1933（昭和8）年には児童虐待防止法、および感化法を改正した少年教護法が、1937（同12）年には母子保護法が成立している。これらの法律等により、公的な児童保護制度は十分ではないものの、整備がなされていった。しかし、昭和初期から第二次世界大戦に至る時期、日本は戦時体制を強化し、児童保護の思想は軍国主義的な、人的資源確保のための母子保護・児童愛護へとすり替えられる。

## 3　児童福祉法の成立

> 終戦直後の混乱した状況のなかで、高い理念を示す児童福祉法が成立する。

戦後、日本において早急に対応すべき政策の1つが、戦災孤児など戦争の犠牲になった要保護児童に対する児童保護政策であった。1948（昭和23）年の厚生省（当時）による全国孤児一斉調査では、12万3,000人もの18歳未満の孤児がいると報告されている。

児童福祉法はそのようななか、子どもの健全な育成を図るための対策として1947（昭和22）年12月に制定されている。この法律は、子どもの権利と養育の公的責任を承認し、法の適用範囲も全児童に拡大するなど画期的な理念をもっていた。しかし、それに見合う子どもの権利意識が国民の間において一般化している状況ではなく、孤児・浮浪児という特殊な児童問題へ対応するのが精一杯という状況であった。その施行直後において児童福祉法は、終戦による混乱への対応、特に要保護児童への対応に終始し、その理念を生かすことはできなかった。

児童福祉法により、終戦直後の大きな課題の1つであった戦災孤児に対する児童保護問題は解消された。しかし、子どもに提供されたサービスには課題が多く、1950年代、「ホスピタリズム[7]論争」が起きる。これは施設関係者や研究者により養護理論の確立と養護技術のあり方について検討されたものである。「家庭的養護理論」[8]「積極的養護理論」[9]「集団主義養護理論」[10]などさまざまな施設養護に関する理念および方法が示され、現在の児童養護実践にも大きな影響を与えている。

障害児の領域においては、糸賀一雄の実践およびその思想を特筆すべきものとして挙げることができる。糸賀は戦後の混乱期に近江学園（知的障害児を対象とした入所施設）を、その後、びわこ学園（重度の障害のある子どもたちを対象とした入所施設）の設立を行っている。またその思想は『この子らを世の光に』にまとめられ、障害児の尊厳を守ることの重要性を説いている。

▶7　**ホスピタリズム**
病院や児童養護施設などにおける、集団での入所生活が入所者の生活行動に及ぼす影響のこと。

▶8　**家庭的養護理論**
施設養護の形態を小集団化し、家庭に近い生活環境を児童に提供することが望ましいとの立場。

▶9　**積極的養護理論**
石井哲夫による養護理論。施設と家庭は異質なものであることを前提に、それぞれの特性を生かした養育を行い、連携していくという相互補完性を強調した。

▶10　**集団主義養護理論**
集団養護の形態を積極的にとらえ、集団のなかにこそある人格形成の可能性を見出した。

## 4　児童福祉法の展開

> 終戦直後の混乱状況から高度経済成長、オイルショックへと国の経済・社会状況が変化するなかで、児童福祉施策は拡充され、さらに利用形態の変化が迫られた。

### ❶　福祉サービスの拡充

昭和30年代後半から本格化するわが国の高度経済成長により、国民の生活水準は飛躍的に上昇した。好調な経済状況のもと、さまざまな福祉施策が実施されていく。特に児童福祉においては、障害児施策と母子保健施策の拡充、児童手当制度の創設、保育施策の強化、社会福祉施設緊

急5か年計画の策定などが行われた。

これらの施策は高度経済成長が生み出した新たな福祉ニーズへの対応でもあった。この時期、都市化・核家族化の進行、地域社会の変容などわが国の社会構造そのものが大きく変化した。また、公害問題、高齢化問題、家族機能の脆弱化に伴う問題といった新たな社会問題が発生していた。女性就労の増加による保育所需要が急増し保育所の不足が全国的な問題となったことは、その1つである。

具体的な法の制定等については、以下の通りである。1957（昭和32）年に精神薄弱児通園施設（知的障害児を対象とした通所施設）、1961（同36）年に情緒障害児短期治療施設（現：児童心理治療施設）が制度化された。また同年、児童扶養手当法が成立し、母子家庭に対する経済的支援が行われ、1964（同39）年には母子福祉法（現：母子及び父子並びに寡婦福祉法）が制定された。同年、重度精神薄弱児扶養手当法（現：特別児童扶養手当等の支給に関する法律）が成立し、在宅の知的障害児に対して経済的給付が行われることとなった。1965（同40）年に母子保健法が成立し、1967（同42）年には、重症心身障害児施設（重度の障害のある子どもたちを対象とした施設）が児童福祉施設に規定された。1971（同46）年には、社会保障最後の懸案であった児童手当法が制定され、18歳未満の子どもがいる家庭に経済的支援が行われた。

### ❷ サービス体系の見直し

1973（昭和48）年は福祉元年として社会福祉の発展が期待されたが、その年のオイル・ショックにより経済が失速し、一転、福祉見直しとなった。この時期までに拡充してきた社会福祉施策は、その後の経済の低成長による国の財政事情の悪化に伴い、システムの見直しを迫られることとなる。また、少子高齢化の進展や地方分権化に伴う国の役割の見直しが求められるようになる。特に1990年代から始まる社会福祉基礎構造改革による一連の社会福祉施策の再編は、それまでの戦後の措置制度を中心とした施策体系から大きく転換を図るものであった。

児童福祉領域においては1997（平成9）年の児童福祉法改正により、従来市町村による措置であった保育所の入所を、保護者が希望する保育所への入所が可能になるように選択利用方式の導入が図られた。さらに2000（同12）年に「社会福祉事業法」が大幅に改正され、「社会福祉法」となり、福祉サービス利用者と福祉サービス提供者との対等な関係の確立や、福祉サービス利用者の権利を保障するための方策などが盛り込まれた。また同年の児童福祉法改正において、母子生活支援施設や助産施設においても保育所同様に選択利用方式が取り入れられた。

障害児支援施策においては、障害者領域の利用方式の変更に影響さ

る形で2000（平成12）年の児童福祉法改正時に支援費制度が導入され、一部、利用契約制度への転換が図られた。その後2006（同18）年に施行された「障害者自立支援法」（現：障害者総合支援法[11]）においてそれを継続した。権利保障については、福祉サービスの内容に関する情報の開示、苦情解決システムの導入、第三者評価などが義務付けられた。

こうした利用制度の変更や福祉サービスの質を高める試みは、福祉サービスが一般化してきたことを受けての対応であり、子ども家庭福祉の対象は終戦直後の特別な状況や、特別な状況におかれている家族のニーズだけではないことを示すこととなった。ただし、特別なニーズをもつ子どもも存在することから、措置制度による福祉サービスは存続することとなる。

### ❸ 権利擁護の視点の強化

1989年に児童の権利に関する条約が国連総会で採択されて以降、子どもの福祉サービスにおいて権利擁護の視点はさらに強調されることとなった。1990年代以降、社会問題化した子ども虐待は、家族による養育機能の脆弱化と地域とのつながりの希薄さなど、子育て家庭が抱える問題の顕在化と言える。ドメスティックバイオレンスも同様の問題を抱える。こうした家庭内の状況に対して国は被害者の権利擁護の視点から対策を講じることとなる。

2000（平成12）年に成立した「児童虐待の防止等に関する法律」（児童虐待防止法）および、2001（同13）年の「配偶者からの暴力の防止及び被害者の保護に関する法律」（ＤＶ防止法）はともに、家庭内における暴力に対して権利擁護の立場から公的な介入を明確にするものであった。

加えて被虐待児童を保護・支援する社会的養護施策においても、子どもの権利擁護の視点はそれまで以上に強調されることとなった。1995（平成7）年、大阪府が自治体としては初めて「子どもの権利ノート」を作成したのを契機に、この動きは全国の自治体へと広がった。「子どもの権利ノート」は、保護されるまでの養育において十分に尊重されてこなかった子どもたちに対して、個々が有する権利について具体的に伝えるための冊子である。また子どもの養育環境の向上を目的に、2000（同12）年には、地域小規模児童養護施設の制度化が、2005（同17）年には児童養護施設等において、小規模なグループによるケアを行う体制（小規模グループケア）の実施が行われた。

こうした子どもの権利擁護を重視した考えは、2016（平成28）年改正の児童福祉法の理念の明確化につながる。

▶11
正式名：障害者の日常生活及び社会生活を総合的に支援するための法律。

## 5　近年の法改正

社会の変化、家族の多様化、家族機能のさらなる脆弱化は、新たな児童福祉ニーズを顕在化させ、それに伴い、新たな児童福祉施策が求められるようになった。特に少子化対策・子育て支援策と児童虐待への対応は大きな課題である。

### ❶　子ども・子育て支援新制度

1994（平成6）年のエンゼルプラン以降、国は少子化対策として、子どもを育てやすい環境作りのため、保育サービスの充実や就労環境および育児休業の充実などの取り組みを進めてきたが、少子化対策として十分に効果を出すことはできなかった。

2010（平成22）年に閣議決定された「子ども・子育てビジョン」は、「社会全体で子育てを支える」ことをめざし、「子どもの育ちを支え、若者が安心して成長できる社会へ」「妊娠、出産、子育ての希望が実現できる社会へ」「多様なネットワークで子育て力のある地域社会へ」「男性も女性も仕事と生活が調和する社会へ（ワーク・ライフ・バランスの実現）」という4本柱の下、取り組み目標が示された。幅広く子育て環境を整えるとともに、子どもが育つ環境も充実させていこうというものである。

その後、「子ども・子育てビジョン」は2015（平成27）年の子ども・子育て支援制度として制度化された。子ども・子育て支援新制度▶12は、「子ども・子育て支援法」等3つの法律で構成されており、この制度において、これまで事業等ごとにばらばらだった財源に関して再編成し、「子ども・子育て支援給付」を創設し、市町村を基礎自治体とした一元的システムとして取り組むことになった。

▶12　詳細は第6章参照。

### ❷　子ども虐待対策と社会的養護▶13

児童相談所での児童虐待相談対応件数が2015（平成27）年には10万件を超え、子どもの虐待への対応は国の大きな課題となっている。児童虐待防止法施行以降、何度か法改正が行われ、対策が強化されてきた。併せて2011（同23）年には民法および児童福祉法が改正され、2年以内の親権停止規定の創設や子の監護および教育が子の利益のためにされるべきことを明確化、懲戒規定の見直しなどを行った。また一時保護や施設入所措置中の子どもの親権に関して、児童相談所長や施設長による代行等に関する規定の見直しも行われた。これらにより、虐待被害に遭った子どもの最善の利益を考えた支援が図られる。

社会的養護を担う施設等については、2012（平成24）年に「社会的養護施設運営指針及び里親及びファミリーホーム養育指針について」が、2014（同26）年には養育指針の解説書とも言うべき「運営ハンドブック」▶14が示され、施設等における子どもたちの生活支援の内容を具体化した。

▶13　詳細は第9章参照。

▶14　児童養護施設、乳児院、情緒障害児短期治療施設（当時）、児童自立支援施設、母子生活支援施設の5施設種別ごとに作成された。

さらに2017（同29）年には厚生労働大臣の諮問した委員会による報告書「新しい社会的養育ビジョン」が提出された。これは2016（同28）年の改正児童福祉法により示された「子どもが権利の主体であることを明確にし、家庭への養育支援から代替養育までの社会的養育の充実とともに、家庭養育優先の理念を規定し、実親による養育が困難であれば、特別養子縁組による永続的解決（パーマネンシー保障）や里親による養育を推進することを明確にした理念を反映」[1]したものであり、幼児期の代替養護は原則禁止し、代替的養護は原則として里親委託を中心としていくなど、踏み込んだ内容となっている。今後、社会的養護を担ってきた施設は、治療的機能や里親支援機能等の強化が図られることとなる。

### ❸　障害児支援施策[15]

▶15
詳細は第10章参照。

障害児への支援については、障害のある人の地域生活の推進の流れとともに、サービス内容等が変更されている。2012（平成24）年4月からは、それまで障害種別ごとに設けられていた施設体系が大幅に改編された。すでに障害のある大人の施設においては「障害者総合支援法」により、障害の種類（身体、知的、精神）にかかわらず、共通のサービスが提供されている。これは、障害者の地域生活と就労を進め、自立を支援する観点から行われているものである。障害のある子どものサービスにおいても、重複障害に対応するとともに、身近な地域で支援を受けられるよう、入所による支援を行う施設は「障害児入所施設」、通所による支援を行う施設は「児童発達支援センター」にそれぞれ一元化された。2013（同25）年4月からは、児童福祉法における「障害児」の定義が変更され、それまでの身体障害・知的障害・精神障害のある児童に、難病等の児童が加えられた。

### ❹　今後の課題

近年の子ども家庭福祉施策の中心にあるのは、権利の主体としての子どもを尊重する姿勢、および子育てしやすい環境の整備である。子ども・子育て支援制度の創設や親権規定に関する民法の改正、「新しい社会的養育のビジョン」、障害児支援施策における施設体型の改編は、こうした流れのなかにある。ただし、果たしてこれらの取り組みが本当に子どもの最善の利益に資するのかについて、常に検証していく姿勢が必要である。時代は流れ、変化していく。子ども家庭福祉施策もそれに併せて変化し続けていく必要がある。

【引用文献】
1）新たな社会的養育の在り方に関する検討会「新しい社会的養育のビジョン」2017年　p.1

## 【参考文献】

1）池田敬正・池本美和子『日本福祉史講義』高菅出版　2002年
2）大石亜希子「イギリスの児童福祉・家族政策についてのヒアリング調査報告」『千葉大学経済研究』第29巻第4号　2015年　261-281頁
3）金子光一『社会福祉のあゆみ　社会福祉思想の軌跡』有斐閣　2005年
4）北川清一編『三訂　児童福祉施設と実践方法　養護原理とソーシャルワーク』中央法規出版　2005年
5）田澤あけみ『20世紀児童福祉の展開　イギリス児童虐待防止の動向から探る』ドメス出版　2006年
6）田邉泰美『イギリスの児童虐待防止とソーシャルワーク』明石書店　2006年
7）仲村優一・一番ヶ瀬康子ほか編『世界の社会福祉4　イギリス』旬報社　1999年
8）仲村優一・一番ヶ瀬康子ほか編『世界の社会福祉9　アメリカ・カナダ』旬報社　1999年
9）古川孝順『子どもの権利　イギリス・アメリカ・日本の福祉政策史から』有斐閣　1982年
10）吉田久一『新・日本社会事業の歴史』勁草書房　2004年

# 第4章 子ども家庭福祉に関する法律

● キーポイント

子ども家庭福祉は、子どもと家庭に関するさまざまな法律、制度と関連をもちながら実施されている。また、法律や制度は、少子化の進展、家族機能・養育力の低下、虐待、いじめ、不登校など社会状況の変化に応じて、新たな法律の制定または改正が行われている。

本章では、子ども家庭福祉の基本法である「児童福祉法」を理解するとともに、子どもと家庭に関連する基本的な法律、近年成立・改正された法律についてその概要を説明し、子ども家庭福祉の法体系を理解する。なお、これらの法律を根拠とした主な制度については、第6章から第12章で詳しく述べる。

## 1. 子ども家庭福祉の法体系

### 子ども家庭福祉の法律とは

子ども家庭福祉に直接関係する法律には、「児童福祉法」「児童扶養手当法」「特別児童扶養手当等の支給に関する法律」「母子及び父子並びに寡婦福祉法」「母子保健法」「児童手当法」があり、児童福祉六法といわれている。

わが国の子ども家庭福祉の法体系の基本は、国の最高法規である日本国憲法に求めることができる。日本国憲法が子どもを含めた国民に対して保障する権利には、「基本的人権の享有」(第11条)、「個人の尊重、幸福追求権」(第13条)、「国民の平等性」(第14条)、「奴隷的拘束及び苦役の禁止」(第18条)、「思想及び良心の自由」(第19条)、「信教の自由」(第20条)、「思想表現の自由」(第21条)、「家族生活における個人の尊厳と両性の平等」(第24条)、「生存権及び国民生活の社会的進歩向上に努める国の義務」(第25条)、「教育を受ける権利及び教育を受けさせる義務」(第26条)、「勤労の権利及び義務、児童酷使の禁止」(第27条) などがある。

この日本国憲法に基づき、社会福祉各法、医療・保健・公衆衛生、教育、労働等の多岐にわたる法律により子ども家庭福祉が推進されている。そのなかでも、子ども家庭福祉に直接関係する法律としては、「児童福祉法」(1947 (昭和22) 年)、「児童扶養手当法」(1961 (同36) 年)、「特別児童扶養手当等の支給に関する法律」(1964 (同39) 年)、「母子及び父子並びに寡婦福祉法」(1964 (同39) 年)、「母子保健法」(1965 (同40) 年)、「児童手当法」(1971 (同46) 年) があり、児童福祉六法といわれている。なお、法律によって児童(子ども)の定義および名称が異なるので注意したい (表4-1)。

表4-1 わが国の関連法制度における子どもの名称および年齢の範囲

| 法制度＼年齢 | 0歳 | 1歳 | 6歳 | 12歳 | 13歳 | 14歳 | 15歳 | 18歳 | 18歳年度末 | 20歳 |
|---|---|---|---|---|---|---|---|---|---|---|
| 児童福祉法 | 〈児　(乳児)　(幼児)　(少 | | | | | | | 年)　童〉 | | |
| 児童虐待の防止等に関する法律 | 〈児 | | | | | | | 童〉 | | |
| 児童買春、児童ポルノに係る行為等の規制及び処罰並びに児童保護等に関する法律 | 〈児 | | | | | | | 童〉 | | |
| 母子保健法 | 〈乳児〉※1　〈幼児〉 | | | | | | | | | |
| 母子及び父子並びに寡婦福祉法 | 〈児 | | | | | | | | 童〉 | |
| 児童手当法 | 〈児 | | | | | | 童〉※2 | | | |
| 児童扶養手当法 | 〈児 | | | | | | | 童〉※3 | | |
| 特別児童扶養手当等の支給に関する法律 | 〈障　　　　　　　害　　　　　　　児〉 | | | | | | | | | |
| 学校教育法 | 〈幼　　児〉　〈学齢児童〉〈学齢生徒〉　〈生　徒〉※4　〈学　　生〉 | | | | | | | | | |
| 道路交通法 | 〈幼　児〉　〈児　童〉 | | | | | | | | | |
| 少年法 | --------〈触　法　少　年〉　〈犯　罪　少　年〉 | | | | | | | | | |
| 刑法 | --------〈刑　事　未　成　年　者〉 | | | | | | | | | |
| 労働基準法 | --------〈児　　　　　童〉　〈年少者〉 | | | | | | | | | |
| 未成年者喫煙防止法 | --------〈未　　　成　　　年　　　者〉 | | | | | | | | | |
| 未成年者飲酒禁止法 | --------〈未　　　成　　　年　　　者〉 | | | | | | | | | |
| 勤労青少年福祉法 | 〈すべての青少年〉 | | | | | | | | | |
| 国民の祝日に関する法律 | 〈こ　　　　ど　　　　も〉 | | | | | | | | | |
| 民法 | 〈未　　成　　年　　者〉※5 | | | | | | | | | |
| 日本国憲法 | --------〈児　　　　　　　童〉 | | | | | | | | | |
| 公職選挙法 | | | | | | | | | | 〈選　挙　権　者〉 |

※1：このうち出生後28日を経過しない乳児を新生児という。
※2：児童手当は2018年4月現在、15歳年度末（中学校卒業）まで支給。
※3：児童扶養手当および国民年金法による遺族基礎年金は、18歳年度末まで支給。ただし、障害のある者は20歳になるまで支給。
※4：高等専門学校（中学卒業後5年間の課程）の場合は学生という。
※5：2018（平成30）年の法改正により、成人年齢はこれまでの20歳以上から、18歳以上の者に変更される（2022年4月施行予定）。

　近年では、少子化の進展とともに、子どもが犠牲になる子ども虐待やいじめ等の事件が増加するなかで、特に2000（平成12）年以降に子ども家庭福祉関連の新法令の成立が続いている（**表4-2**）。

表4-2 子ども家庭福祉に関する法体系

| 児童福祉六法 | <u>児童福祉法</u>／<u>児童手当法</u>／<u>児童扶養手当法</u>／<u>特別児童扶養手当等の支給に関する法律</u>／<u>母子及び父子並びに寡婦福祉法</u>／<u>母子保健法</u> |
|---|---|
| 社会福祉に関する法律 | 社会福祉法／生活保護法／障害者基本法／身体障害者福祉法／知的障害者福祉法／障害者総合支援法／発達障害者支援法／児童虐待の防止等に関する法律／配偶者からの暴力の防止及び被害者の保護等に関する法律／民生委員法　等 |
| 教育に関する法律 | 教育基本法／学校教育法／社会教育法／就学困難な児童及び生徒に係る就学奨励についての国の援助に関する法律／特別支援学校への就学奨励に関する法律／就学前の子どもに関する教育、保育等の総合的な提供の推進に関する法律（認定こども園法）　等 |
| 労働に関する法律 | 労働基準法／職業安定法／最低賃金法／勤労青少年福祉法／障害者の雇用の促進等に関する法律／育児休業、介護休業等育児又は家族介護を行う労働者の福祉に関する法律　等 |
| 少子化対策・子育て支援に関する法律 | <u>少子化社会対策基本法</u>／<u>次世代育成支援対策推進法</u>／<u>子ども・子育て支援法</u>／<u>子どもの貧困対策の推進に関する法律</u> |
| 社会保険に関する法律 | 健康保険法／国民健康保険法／厚生年金保険法／国民年金法／労働者災害補償保険法／雇用保険法　等 |
| 医務・公衆衛生に関する法律 | 精神保健及び精神障害者福祉に関する法律／学校保健安全法／学校給食法／感染症法／地域保健法／医療法／母体保護法　等 |
| 司法福祉に関する法律 | 民法／家事審判法／戸籍法／刑法／<u>売春防止法</u>／<u>少年法</u>／少年院法／児童買春、児童ポルノに係る行為等の規制及び処罰並びに児童の保護等に関する法律　等 |
| 行財政等の法律 | 地方自治法／厚生労働省設置法／行政不服審査法／行政手続法／地方分権の推進を図るための関係法律の整備等に関する法律　等 |

注：下線付の法律については、本章で後述する。

## 2．児童福祉法の概要

### 1　総　則（第1章）

児童福祉法は、「総則」「福祉の保障」「事業、養育里親及び養子縁組里親並びに施設」「費用」等、および「雑則」「罰則」の8章によって構成されている。総則には、原理、定義、児童福祉審議会、実施機関、児童福祉司、児童委員、保育士について規定されている。

#### ❶　児童福祉の原理（第1条から第3条）

1947（昭和22）年、新しい日本国憲法の下で成立した児童福祉法は、要保護児童だけでなくすべての児童を対象とし、すべての児童の人権が守られる総合的な法律となった。2016（平成28）年には、成立以降初めて法の理念が見直され、「児童の権利に関する条約」の精神に則り、児童が権利の主体であること、児童の最善の利益を優先することなどが明確化された。なおこれらは「児童の福祉を保障するための原理」であり、児童に関するすべての法令の施行にあたって、常に尊重されなければならない。

#### ❷　定　義（第2節）

児童、妊産婦、保護者等について**表4-3**のように定義している。

表4-3 児童福祉法における用語の定義

| 用 語 | 定 義 | 法 |
|---|---|---|
| 児 童 | 満18歳に満たない者 | 第4条第1項 |
| 乳 児 | 満1歳に満たない者 | 第4条第1項1 |
| 幼 児 | 満1歳から、小学校就学の始期に達するまでの者 | 第4条第1項2 |
| 少 年 | 小学校就学の始期から、満18歳に達するまでの者 | 第4条第1項3 |
| 障害児 | 身体に障害のある児童、知的障害のある児童、精神に障害のある児童（発達障害児を含む）、難病等の児童※ | 第4条第2項 |
| 妊産婦 | 妊娠中または出産後1年以内の女子 | 第5条 |
| 保護者 | 親権を行う者、未成年後見人その他の者で、児童を現に監護する者 | 第6条 |
| 里 親 | ①要保護児童を養育することを希望する者（都道府県知事が行う研修を修了したことその他の要件を満たす者に限る）のうち、養育里親名簿に登録されたもの（養育里親）<br>②要保護児童を養育すること及び養子縁組によつて養親となることを希望する者（都道府県知事が行う研修を修了した者に限る）のうち、養子縁組里親名簿に登録されたもの（養子縁組里親）<br>③要保護児童を養育することを希望する者（当該要保護児童の父母以外の親族であって、厚生労働省令で定めるものに限る）のうち、都道府県知事が児童を委託する者として適当と認めるもの | 第6条の4<br>1～3 |

※：治療方法が確立していない疾病その他の特殊の疾病であって「障害者の日常生活及び社会生活を総合的に支援するための法律」第4条第1項の政令で定めるものによる障害の程度が同項の厚生労働大臣が定める程度である児童。

❸ 児童福祉審議会等（第3節）

児童福祉審議会について定めている。国では「社会保障審議会」のなかで児童福祉についても審議されるが、都道府県は児童福祉審議会を設置することとなっており、市町村も児童福祉審議会を設置することができる。

❹ 実施機関（第4節）

市町村の責務、都道府県の責務、児童相談所の設置、保健所の児童の健康に関する業務を定めている。

❺ 児童福祉司（第5節）

児童相談所における「児童福祉司」の任用とその業務を定めている。

❻ 児童委員（第6節）

児童委員・主任児童委員について、厚生労働大臣の指名とその職務、市町村長および児童相談所長との関係を定めている。

❼ 保育士（第7節）

児童福祉施設等において配置される「保育士」の資格と登録制度について定めている。

## 2 福祉の保障（第2章）

児童福祉法で規定されている福祉の保障には、療育の指導、小児慢性特定疾病医療費の支給、居宅生活の支援、また、助産施設、母子生活支援施設および保育所への入所、障害児入所給付費や障害児相談支援給付費等の支給、要保護児童の保護措置、被措置児童等虐待の防止等がある。

### ❶ 療育の指導、小児慢性特定疾病医療費の支給等（第1節）

保健所における身体に障害のある児童に対する「療育の指導」、慢性疾病による長期療養を必要とする児童（20歳未満の者を含む）の健全な育成を図るための「小児慢性特定疾病医療費の支給」、都道府県が結核にかかっている児童を入院させ療養および学習を援助し療養生活に必要な物品を支給する「療育の給付」について定めている。

### ❷ 居宅生活の支援（第2節）

「障害児通所給付費、特例障害児通所給付費及び高額障害児通所給付費の支給」では、①児童発達支援、②医療型児童発達支援、③放課後等デイサービス、④保育所等訪問支援による費用について、障害児通所給付費等が支給されること、また障害児通所給付を決定した世帯のうち、その他障害福祉サービス等との合計負担額が一定額を超えた場合に償還払いされる高額障害児通所給付費について定めている。

「障害福祉サービスの措置」では、障害者総合支援法に規定する介護給付費等の支給を受けることが困難な場合で市町村が日常生活に必要と認めるときは日常生活用具を支給または貸与し、または障害福祉サービス事業者に委託することができるとしている。

上記以外にも、「指定障害児通所支援事業者」「肢体不自由児通所医療費の支給」「障害児通所支援及び障害福祉サービスの措置」等について定めている。

そして「子育て支援事業」では、市町村は子育て支援事業に係るきめ細かな福祉サービスを積極的に提供することとし、児童を養育するために最も適切な支援が総合的に受けられるように、サービスの提供者および参画者の活動の連携と調整を図り体制の整備に努めなければならないとしている。そのために市町村は、放課後児童健全育成事業、子育て短期支援事業およびその他の子育て支援事業に必要な措置の実施に努めなければならないとしている。また、市町村は児童の保護者に必要な情報を提供し、子育て支援事業が利用できるように相談、助言を行うこと、さらに、子育て支援事業者は市町村に届け出ること、国、都道府県、市町村はそれら事業者の援助に努めること等を定めている。

### ❸ 助産施設、母子生活支援施設及び保育所への入所等（第3節）

経済的に出産が困難な場合の「助産の実施」、配偶者のない母等が児童の監護に欠けるときに母子生活支援施設への入所や生活保護法の適用

第4章　子ども家庭福祉に関する法律

等により保護する「母子保護の実施」、保護者の労働または疾病等のため乳幼児の保育を必要とする場合における「保育の利用」を定めている。

❹ **障害児入所給付費、高額障害児入所給付費及び特定入所障害児食費等給付費並びに障害児入所医療費の支給（第4節）**

障害児の入所は、原則として保護者が施設と契約を結び、これに基づきサービスの提供を受け、都道府県がこれに係る費用について「障害児入所給付費」を支給すること、また受給手続き等について規定している。

これらの給付費の対象となるサービスの提供には、都道府県知事の指定を受けた施設でなければならないため、施設の指定、指定の更新、指定された施設の設置者の職務等について定めている。

また、障害児入所給付を決定した保護者のうち、施設支援に要した費用に応じて支給される「高額障害児入所給付費」、所得の状況等により、施設における食事の提供や居住に必要となった費用に支給される「特定入所障害児食費等給付費」、施設入所において治療を受けた場合に必要となった費用に支給される「障害児入所医療費」について定めている。

❺ **障害児相談支援給付費及び特例障害児相談支援給付費の支給（第5節）**

障害児の相談支援事業について、事業者の指定、事業者の責務、事業についての基準、市町村との連絡調整、指定の取り消しを定めるとともに、障害児相談支援給付費の支給について定めている。

❻ **要保護児童の保護措置等（第6節）**

要保護児童の発見者に対する通告の義務づけ、要保護児童対策地域協議会の設置の努力義務、市町村・福祉事務所・児童相談所・都道府県がそれぞれとるべき措置について定めている。また、少年法による家庭裁判所での少年審判、保護処分の場合の児童自立支援施設、児童養護施設入所措置や児童相談所から家庭裁判所への送致について定めている。

❼ **被措置児童等虐待の防止等（第7節）**

施設長、施設職員、一時保護所の職員、小規模住居型養育事業を行う者および里親等が児童に対して行う暴力、わいせつな行為、ネグレクトおよび心理的外傷を与える行為を「被措置児童等虐待」と位置づけ、発見者の通告義務、被害児童による届け出が守られること、通告先として都道府県および都道府県児童福祉審議会を定めている。また通告、届出があった場合の事実確認、児童の保護、施設の立入調査、質問や勧告、業務停止等の措置を行うことを定めている。

❽ **雑　　　則（第8節）**

「禁止行為」では児童を見せ物にし、酷使することを具体的に列挙して禁止している。▶1。

▶1
児童福祉法の前身である「児童虐待防止法」(1933(昭和8)年に施行、現在は廃止)は、身体障害児を見世物にすることや、曲馬、軽業など危険な芸、乞食、街頭での歌舞、遊芸、物売りなどを禁止するもので、1947(昭和22)年に「児童福祉法」が制定され同法が吸収された際、この「禁止行為」の項目についても受け継がれた。

## 3　事業、養育里親及び養子縁組里親並びに施設（第3章）

児童福祉法で定められている事業には、障害児通所支援事業等、児童自立生活援助事業、小規模住居型児童養育事業、放課後児童健全育成事業、子育て短期支援事業等がある。また、養育里親の要件等を定めているほか、児童福祉施設について、目的と利用対象により12種類が定められている。

### ❶　事業、養育里親（第34条の3他）

障害児通所支援事業等、児童自立生活援助事業または小規模住居型児童養育事業を行う者は、「事業の開始等」を都道府県知事へ届け出る。また、都道府県知事は必要に応じて事業者に報告を求め、検査をさせることが認められており、事業者が法律に違反したときは「事業の停止等」を命ずることができる。また、市町村および届け出を行った者は「放課後児童健全育成事業」を、市町村は「子育て短期支援事業」等を行うことができる。その他、「乳児家庭全戸訪問事業」「養育支援訪問事業」「一時預かり事業」「家庭的保育事業等」「病児保育事業」「子育て援助活動支援事業」についてそれぞれ定められている。

養育里親、および養子縁組里親は、都道府県知事が研修を行い、養育里親についてはさらに本法および厚生労働省令で定める要件を満たす者をそれぞれ養育里親名簿、養子縁組里親名簿に登録する。

### ❷　児童福祉施設（第35条他）

国、都道府県、市町村、またはそれら以外で都道府県知事の認可を受けた者の「児童福祉施設の設置」について定める。また、児童福祉施設として「助産施設」「乳児院」「母子生活支援施設」「保育所」「幼保連携型認定こども園」「児童厚生施設」「児童養護施設」「障害児入所施設」「児童発達支援センター」「児童心理治療施設」「児童自立支援施設」「児童家庭支援センター」について規定している[2]。

### ❸　基準の制定等（第45条）

都道府県は児童福祉施設の設置および運営について基準を定めなければならない。厚生労働省が定める「児童福祉施設の設備及び運営に関する基準」にしたがって、都道府県が条例によって各基準を定める。児童福祉施設の設置者と里親はこれらの基準を遵守しなければならない。また、都道府県知事は、児童福祉施設の設置者から基準を維持するための報告、基準に達していない場合には、必要な改善を勧告し、改善および事業停止を命ずることができる。

### ❹　各児童福祉施設長の規定（第47条他）

各児童福祉施設長は、親権者または未成年後見人のない入所児童については「親権」を行う。児童福祉施設入所または受託中の児童を就学させ、地域住民の児童の養育に関する相談・助言を行うよう努めなければならない。

▶2　第5章参照。

第4章　子ども家庭福祉に関する法律

## 4　費　用（第4章）

児童福祉の費用は、国、都道府県、市町村の支弁および保護者の応能負担によって賄われる。

### ❶ 国庫・地方公共団体の支弁（第49条の2、第50条、第51条）

国の設置する児童福祉施設の入所費用の「国庫の支弁」、都道府県児童福祉審議会、児童相談所等に要する費用、小児慢性特定疾病医療費等、および障害児入所給付費等の支給に要する費用、都道府県が設置する児童福祉施設に要する費用等の「都道府県の支弁」、障害児通所給付費等の支給、障害福祉サービスの措置、助産・母子保護・保育等の実施、障害児相談支援給付費等の支給、市町村児童福祉審議会に要する費用等の「市町村の支弁」について定めている。

### ❷ 費用の徴収及び負担（第56条）

上記の国庫の支弁が発生した場合、厚生労働大臣、都道府県知事、市町村長は、本人またはその扶養義務者から、負担能力に応じその費用の全部または一部を徴収することができると定めている[3]。

▶3
所得に応じて負担額を決める方法を応能負担という。なお、利用に応じた負担額を決める方法を応益負担という。

## 5　雑　則（第7章）

地方公共団体、事業者、児童福祉施設設置者の連携、保育需要が増大している市町村の保育の効果的・計画的実施のほか、各種障害児関係の給付費の不正利得の徴収、施設の設置認可の取消、無認可児童福祉施設に対する立入調査、認可外保育施設設置の届出、大都市の特例等が規定されている。

雑則には、以下のような規定がある。

① 児童の福祉を増進するため、福祉の保障が適切に行われるよう、地方公共団体は相互に連携・調整を図る。また、児童自立生活援助事業、放課後児童健全育成事業を行う者、児童福祉施設の設置者は、相互に連携を図り、児童およびその家庭からの相談に応じ、地域の実情に応じた積極的な支援を行うよう努める。

② 保育需要が増している市町村は、公有財産の貸付等の措置により社会福祉法人やその他の事業者の能力を活用した保育所の設置・運営を促進し、保育の利用に係る供給を効率的、計画的に増大させることを規定している。また、2014（平成26）年の法改正では公私連携型保育所の指定に関する規定が追加された[4]。

③ 児童福祉施設の土地・建物については、租税、その他の公課を課すことができない。

④ 偽り、不正の手段により障害児入所給付費等の支給を受けた場合、都道府県は、その者から金額の全部または一部を徴収できる。

⑤ 都道府県知事による施設の設置認可の取消、無認可児童福祉施設に対する立入調査、是正勧告、認可外保育施設設置の届出と施設内容の

▶4
2015（平成27）年4月施行。

掲示等について規定している。
⑥　指定都市、中核市についての児童福祉施設に関する事務処理上の特例と不服申し立てについて規定している。

## 6　罰　則（第8章）

禁止行為違反、給付費支給等の規定違反、保育士の職務規定違反、秘密保持義務違反、事業の停止または施設の閉鎖に対する違反、職務妨害、認可外保育施設の届出違反等の罰則が規定されている。

罰則には、次のような規定がされている。
①　入所児童を酷使するなど禁止行為違反の罰則規定。
②　各給付費の支給等の規定違反の罰則規定。
③　保育士の職務規定違反の罰則規定。
④　各所における秘密保持義務違反の罰則規定。
⑤　事業の停止または施設の閉鎖に対する違反の罰則規定。
⑥　職務妨害等に対する罰則規定。
⑦　認可外保育施設の届出違反の罰則規定、およびその他。

## 7　1997（平成9）年の改正

少子化の進行、共働き家庭・離婚家庭の増加、家庭や地域の子育て機能の低下による問題など児童福祉の対象となる問題が複雑・多岐にわたり、これまでの児童福祉法では対応できないことから、制定後50年目にあたる1997（平成9）年に大幅な改正が行われた。

❶　保育施策に関する改正
　保育所への入所が、市町村による「措置」から「選択利用方式」に改められ、保護者が保育所を選択できるように市町村は情報を提供することが義務づけられた。

❷　事業の新設
　小学校低学年児童の健全育成のため各地で行われてきた放課後児童クラブが「放課後児童健全育成事業」として、児童養護施設等措置児童の退所後のケアとして始まった中間施設である自立援助ホームが「児童自立生活援助事業」として位置づけられた。さらに、地域における相談機能を強化するために、「児童家庭支援センター」が児童福祉施設として創設され[5]、いずれも第2種社会福祉事業として位置づけられた。

❸　児童福祉施設の名称と機能の見直し
　当時の養護施設が「児童養護施設」に、母子寮は「母子生活支援施設」に、教護院は「児童自立支援施設」に改められ、各々の施設の目的に「自立支援」が明記され、保護から自立支援への観点が導入された。

❹　児童相談所の機能強化
　児童相談所が施設入所措置を行うときは、児童の意向を聴くことが義

▶5
自治体によっては「子ども家庭支援センター」の呼称が使われている。

務づけられるとともに、入所措置、措置解除を行うとき、また、児童や保護者の意向と異なるときは、都道府県児童福祉審議会の意見を聴くこととなった。

## 8　2000（平成12）年以降の改正

子ども虐待の増加、少子化の進展のなかで、2000（平成12）年に入ってから児童福祉法の改正が続いている。子育て支援、児童の相談援助は都道府県から市町村へ移管されるなど、市町村は第一義的な機関となって、新たな施策に取り組むことが求められている。

❶　2000（平成12）年の改正では、社会福祉法の成立に伴う改正が行われた。母子生活支援施設および助産施設の入所は、保育所と同様に「措置」から「選択利用方式」に改められた。

また、2001（平成13）年の改正では、虐待や認可外保育施設での死亡事件の多発に対する児童の環境整備を図るために、認可外保育施設の設置の届出義務と都道府県知事の監督を強化した。また、公有財産の活用等公設民営化による効率的な保育サービスの提供の推進が明記された。そして、児童委員の職務が明確化され、主任児童委員が設置されるとともに、保育士資格が法定化され、保育士の責務として児童の保護者についての相談・指導が明記された。

❷　2002（平成14）年の改正では、保護者の疾病等で一時的に児童の養育が困難になった場合、児童養護施設等で一時的に保護・養育する「子育て短期支援事業」が規定され、第2種社会福祉事業に位置づけられた。

また、2003（平成15）年の改正では、「少子化社会対策基本法」「次世代育成支援対策推進法」の成立により、市町村が行う子育て支援事業を放課後児童健全育成事業、子育て短期支援事業、その他の子育て支援事業として法に位置づけた。また、保育所待機児童ゼロ作戦を推進するために待機児童が多い市町村に「市町村保育計画」の策定を義務づけた。

❸　2004（平成16）年の改正では、児童の福祉に関して市町村を児童相談の第一義機関とし、必要な情報を把握して住民に提供するとともに、家庭からの相談に応じ、必要な調査を行うことが規定された。また、児童虐待防止の地域ネットワークとして地方公共団体が単独ないし共同で「要保護児童対策地域協議会」を設置することが規定された。

要保護児童の措置に関して、子どもの里親委託、あるいは児童福祉施設等への入所を保護者が承認しない場合は、家庭裁判所の承認を得て措置することができる。その場合、措置の期限は2年を超えてはならないとされ、措置を継続しなければならないと認めるときは期間を更新できることとなった。

❹　2005（平成17）年の改正では、障害者自立支援法（現：障害者総合

支援法）の成立に伴い改正が行われた。市町村が介護給付費等の支給要否決定を行う際に必要に応じて児童相談所の意見を聴くなど、障害者自立支援法に規定された業務が児童相談所の業務として加えられた。

❺ 2008（平成20）年の改正では、「里親制度」を改正し、養子縁組を前提とした里親と養育里親を区分し、「小規模住居型児童養育事業（ファミリーホーム）」を創設した（2009（同21）年施行）。乳児家庭全戸訪問事業、養育支援訪問事業、地域子育て支援拠点事業、一時預かり事業の「子育て支援事業」について明記、市町村はこれらの事業の実施に努めることとした。保育所を補完する従来の保育ママ・家庭保育室を「家庭的保育事業」として位置づけ、2010（同22）年4月から施行された。

❻ 2010（平成22）年の改正では、①「障害児」の定義の改正、②障害児関連施設の名称等の改正が行われた。また、2011（同23）年の改正では、親権喪失の制度等、および未成年後見制度等の見直しが行われた。

さらに2012（平成24）年の改正では、障害者自立支援法（現：障害者総合支援法）による「児童デイサービス」（障害児の学童保育）を児童福祉法に移行し、障害児施設を「障害児通所支援」（児童発達支援、医療型児童発達支援、放課後等デイサービス、保育所等訪問支援）と「障害児入所支援」（福祉型障害児入所施設、医療型障害児入所施設）に区分した。

❼ 2016（平成28）年の改正では、第1条に「児童の権利に関する条約」の精神にのっとり、すべての児童の人権が守られるという、法の理念が明記された。また、当時の情緒障害児短期治療施設が「児童心理治療施設」に改められた（2017（同29）年施行）。

## 3．子ども家庭福祉関係諸法の目的と要旨

### 1　児童扶養手当法

一定の要件に該当する母子および父子家庭の生活の安定と自立の促進に寄与し、児童の福祉の増進を図るために児童扶養手当▶6の支給を定めた法律である。

▶6
第11章207頁参照。

▶7
父親、あるいは母親死別による母子・父子家庭ないし遺児の場合は、国民年金法等により、死別の親が国民年金加入者の場合は「遺族基礎年金」、厚生年金加入の場合はプラス「遺族厚生年金」が親または児童に支給されている。

1958（昭和33）年、国民皆年金制度により死別母子家庭には「母子年金」「母子福祉年金」が給付されていたが、1961（同36）年に「児童扶養手当法」が制定され、一定所得以下の生別母子家庭等に手当が支給されるようになった▶7。その後、2010（平成22）年8月からは、一定の要件に該当する父子家庭も対象となった。

❶ 法の目的

児童扶養手当法の目的は、「父又は母と生計を同じくしていない児童が育成される家庭の生活の安定と自立の促進に寄与するため、当該児童について児童扶養手当を支給し、もつて児童の福祉の増進を図ること」

（第1条）としている。

### ❷ 児童扶養手当の趣旨

児童扶養手当の趣旨として、「児童の心身の健やかな成長に寄与することを趣旨として支給されるもの」であること、「支給を受けた父又は母は、自ら進んでその自立を図り、家庭の生活の安定と向上に努めなければならない」こと、「婚姻を解消した父母等が児童に対して履行すべき扶養義務の程度又は内容を変更するものではない」ことを定めている。

### ❸ 支給要件等

児童扶養手当は、児童（末子）が18歳の年度末（通常の場合の高校卒業）まで、重度障害児の場合は20歳になるまで支給される。法制定当初の対象児童は、義務教育修了までであったが、1976（昭和51）年には18歳未満、1995（平成7）年には18歳の年度末までに改められた[8]。

▶8
手当の支給要件についての詳細は、第11章参照。

### ❹ 手当額および財源

児童扶養手当は、前年の所得に応じて、児童1人の場合は月額1万30円から4万2,500円の範囲で支給され、第2子以降には加算がある。なお、年収365万円未満の所得制限がある（養育費収入も含める。2018（平成30）年度現在）。

児童扶養手当の財源は、生活保護費と同様に国が4分の3、地方公共団体が4分の1を負担していたが、2007（平成19）年からは国が3分の1、地方公共団体が3分の2を負担するようになった。

## 2 特別児童扶養手当等の支給に関する法律

精神または身体に障害を有する児童の福祉の増進を図るために、障害児に対し特別児童扶養手当[9]、重度障害児に対し障害児福祉手当、特別障害者に対し特別障害者手当の支給を定めた法律である。

▶9
第10章192頁参照。

「特別児童扶養手当等の支給に関する法律」は、1964（昭和39）年「重度精神薄弱児扶養手当法」として制定され、1966（同41）年に「特別児童扶養手当法」に改題、1974（同49）年に現題名に改題された。

### ❶ 法の目的

同法の目的は、「精神又は身体に障害を有する児童について特別児童扶養手当を支給し、精神又は身体に重度の障害を有する児童に障害児福祉手当を支給するとともに、精神又は身体に著しく重度の障害を有する者に特別障害者手当を支給することにより、これらの者の福祉の増進を図ること」（第1条）としている。

### ❷ 支給額

2018（平成30）年度現在、特別児童扶養手当は、重度障害児（1級）に月額5万1,700円、中程度障害児（2級）に月額3万4,430円が支給されている。また、障害児福祉手当は月額1万4,650円である。支給は20

歳未満までであり、その後20歳からは国民年金法による「障害基礎年金」、特別児童扶養手当等の支給に関する法律による「特別障害者手当」に引き継がれる（いずれも所得制限がある）。なお、20歳で改めて手続きを行う必要がある。

## 3　児童手当法

児童を養育している者に児童手当を支給することにより、家庭における生活の安定に寄与するとともに、次代の社会を担う児童の健全育成および資質の向上に資することを目的とした法律である[10]。

[10] 第6章105頁参照。

### ❶ 法の目的

同法の目的は、「児童を養育している者に児童手当を支給することにより、家庭等における生活の安定に寄与するとともに、次代の社会を担う児童の健やかな成長に資すること」（第1条）である。また、受給者の責務として、目的の趣旨にしたがって用いることを定めている。

### ❷ 児童手当の対象児童と支給額

児童手当は、2018（平成30）年度現在、中学生までの児童を養育している保護者に対して、下記の金額が支給される。

① 3歳未満：月額1万5,000円
② 3歳から小学校修了まで：第2子まで月額1万円、第3子以降月額1万5,000円
③ 中学生：月額1万円（ただし、一定額（約960万円以上）の所得制限世帯の児童には月5,000円が支給される）

児童手当の対象児童は、1971（昭和46）年の制度発足当初は義務教育修了前の第3子以降であったが、1991（平成3）年に対象年齢3歳未満の第1子から、その後、少子化の進展のなかで2000（同12）年には6歳未満、2004（同16）年には9歳未満、2006（同18）年には12歳未満、2010（同22）年には中学生までに対象を広げ、「子ども手当」の名称となったが、2012（同24）年には、もとの「児童手当」に改称された。

## 4　母子保健法

母性並びに乳幼児の健康の保持・増進を図るため、母子保健の原理を明らかにするとともに、母子保健の向上に関する措置により国民保健の向上に寄与することを目的とした法律である[11]。

[11] 第7章参照。

### ❶ 法の目的

1965（昭和40）年に制定された母子保健法の目的は、「母性並びに乳児及び幼児の健康の保持及び増進を図るため、母子保健に関する原理を明らかにするとともに、母性並びに乳児及び幼児に対する保健指導、健康診査、医療その他の措置を講じ、もつて国民保健の向上に寄与すること」（第1条）としている。

第4章　子ども家庭福祉に関する法律

### ❷　母子保健の原理

「母性は、すべての児童がすこやかに生まれ、かつ、育てられる基盤であることにかんがみ、尊重され、かつ、保護されなければならない」（第2条）、「乳児及び幼児は、心身ともに健全な人として成長してゆくために、その健康が保持され、かつ、増進されなければならない」（第3条）とし、母性の尊重と乳幼児の健康の保持・増進を規定している。

また、以上の理念に照らして「母性及び保護者の努力」（第4条）、「国及び地方公共団体の責務」（第5条）を規定している。

### ❸　母子保健の向上に関する措置

同法に定められた母子保健の向上に関する主な措置は次の通りである▶12。

① 都道府県および市町村による「知識の普及」。
② 市町村による妊産婦・乳幼児の保護者への「保健指導」および「新生児の訪問指導」、幼児の「健康診査」、妊産婦・乳幼児に対する「栄養の摂取に関する援助」、「妊娠の届出」と「母子健康手帳」の交付、2,500グラム未満の「低体重児の届出」、医師、保健師、助産師等による「未熟児の訪問指導」、未熟児に対して養育に必要な医療の給付を行う「養育医療」。
③ 市町村による子育て世代包括支援センター（法律上の名称は、母子健康包括支援センター）の設置に関する努力義務。

▶12
1994（平成6）年にそれまでの「保健所法」に代わって制定された「地域保健法」により、各市町村に保健活動の拠点となる市町村保健センターが設置され、主な母子保健サービスは都道府県から市町村の事業に改められた。

## 5　母子及び父子並びに寡婦福祉法

母子・父子家庭等および寡婦の福祉に関する原理を明らかにするとともに、その生活の安定と向上のために必要な措置を講じ、福祉を図るための法律である▶13。

▶13
第11章206頁参照。

### ❶　法の沿革

戦後、戦死や戦災等により働き手の父を亡くし困窮した母子家庭の救済制度は、1946（昭和21）年の「旧生活保護法」、1950（同25）年の「新生活保護法」のみであったが、1952（同27）年に「母子福祉資金の貸付等に関する法律」が制定され、福祉事務所に母子相談員を配置して母子の生活相談が始まった▶14。1964（同39）年には、同法を改正して「母子福祉法」が制定され、さらに、1981（同56）年には寡婦を含めた「母子及び寡婦福祉法」に改正・改称された。2002（平成14）年の法改正において母子世帯の自立支援のための施策が整備され、母子相談員は「母子自立支援員」に名称が変更された。なお、この改正により、父子家庭も支援の対象に追加された。

さらに2014（平成26）年には「母子及び父子並びに寡婦福祉法」に改正・改称され、父子世帯への支援が拡充された。なお、母子自立支援員

▶14
戦前1929（昭和4）年公布、1932（同7）年施行の救護法は対象となる「幼者」のなかに母子世帯を含め保護を実施、1937（同12）年母子世帯の保護を救護法から分離し「母子保護法」とした経過がある。

は「母子・父子自立支援員」に改められた。

### ❷ 法の目的

同法の目的は、「母子家庭等及び寡婦の福祉に関する原理を明らかにするとともに、母子家庭等及び寡婦に対し、その生活の安定と向上のために必要な措置を講じ、もつて母子家庭等及び寡婦の福祉を図ること」（第1条）としている。

### ❸ 基本理念

法の基本理念は、「全て母子家庭等には、児童が、その置かれている環境にかかわらず、心身ともに健やかに育成されるために必要な諸条件と、その母子家庭の母及び父子家庭の父の健康で文化的な生活とが保障されるものとする」「寡婦には、母子家庭の母及び父子家庭の父に準じて健康で文化的な生活が保障されるものとする」（第2条）としている。

また、以上の基本理念に照らして、「国及び地方公共団体の責務」（第3条）と母子家庭の母及び父子家庭の父並びに寡婦自らの「自立への努力」（第4条）が定められている。

### ❹ 定　義

児童、寡婦について次のように定義している。

児童：20歳未満の者[15]

寡婦：かつて配偶者のない女子として児童を扶養したことのある（現時点においても）配偶者のない女子[16]

### ❺ 施　策

同法による福祉の措置については、第11章を参照されたい。

[15] 児童福祉法の児童の定義である18歳未満とは異なる。

[16] 本来、寡婦は夫が死別した女子の意味であるが、本法では異なる。

## 6　児童虐待の防止等に関する法律

児童虐待（子ども虐待）問題に対しては、戦前は児童虐待防止法、戦後は児童福祉法によって対応が図られてきたが、近年、児童虐待問題が増加し深刻化するなかで効果的な対応を図るために制定された法律である[17]。

[17] 第9章154頁参照。

2000（平成12）年に制定された同法の目的は、「児童虐待が児童の人権を著しく侵害し、その心身の成長及び人格の形成に重大な影響を与えるとともに、我が国における将来の世代の育成にも懸念を及ぼすことにかんがみ、（中略）児童虐待の防止等に関する施策を促進し、もって児童の権利利益の擁護に資すること」（第1条）としている。

児童に対する虐待を禁止するとともに、児童虐待の防止に関する国および地方公共団体の責務、児童虐待を受けた児童の保護および自立の支援のための措置等を定めている。国・地方公共団体は、予防・早期発見、虐待を受けた児童の保護を行うことを責務とし、虐待発見者の通告、市町村、福祉事務所、児童相談所の敏速な児童の保護等の対応、児童の安

全確保のための警察への援助要請等について定めている。虐待した保護者への指導および保護者の面会等の制限についても規定されている。

児童相談所は、通報のあった虐待の現場に立入調査し、児童を一時保護することができる。しかし、親が拒否した場合は裁判所の許可が必要であるため、2007（平成19）年の法改正により、出頭要求後、警察官が児童相談所職員立ち会いのもとで、直接立ち入ることができることとなった。

## 7　児童買春、児童ポルノに係る行為等の規制及び処罰並びに児童の保護等に関する法律

児童の人権と利益を著しく侵害する児童売春、児童ポルノ等、児童に対する性的搾取や性的虐待の禁止行為を規定した法律である▶18。

▶18
2014（平成26）年の法改正により「児童買春、児童ポルノに係る行為等の処罰及び児童の保護等に関する法律」から現題に改称。

1999（平成11）年に制定された同法の目的は、「児童に対する性的搾取及び性的虐待が児童の権利を著しく侵害することの重大性に鑑み、あわせて児童の権利の擁護に関する国際的動向を踏まえ、児童買春、児童ポルノに係る行為等を規制し、及びこれらの行為等を処罰するとともに、これらの行為等により心身に有害な影響を受けた児童の保護のための措置等を定めることにより、児童の権利を擁護すること」（第1条）としている。

児童買春、斡旋、勧誘、人身売買、児童ポルノの所持・提供等の行為をした者（海外からの輸入、情報機器による場合を含む）を処罰するとともに、それらによって有害な影響を受けた児童を保護する。また、日本人の国外犯も処罰される。さらに、本法の対象児童は18歳未満で、行為者は年齢を知らない場合も処罰を免れない。

## 8　売春防止法

弱い立場の女性が人としての尊厳を害し犯罪等に巻き込まれないためにつくられた法律であり、売買春をはっきりと禁止している。

▶19
婦人保護施設「慈愛寮」（東京都新宿区）では、出産前後に居場所のない女性を前後2か月間保護し、母子生活支援施設等での母子の暮らしにつなげている。

売春防止法は、1956（昭和31）年、「売春が人としての尊厳を害し、性道徳に反し、社会の善良の風俗をみだすものであることにかんがみ、売春を助長する行為等を処罰するとともに、性交又は環境に照して売春を行うおそれのある女子に対する補導処分及び保護更生の措置を講ずることによつて、売春の防止を図る」ことを目的に制定され、「何人も、売春をし、又はその相手方となつてはならない」と売春を禁止している。

法は司法において、売春の勧誘や斡旋等に刑事処分を科するとともに、女性の補導処分を定め、厚生行政において各都道府県が「婦人相談所」を置き（2018（平成30）年度：全国47か所）、「婦人保護施設」を設置す

る（同：全国47か所）ことを定めて、弱い立場の女性の相談と保護、一時保護を実施している[19]。

## 9　配偶者からの暴力の防止及び被害者の保護等に関する法律

　配偶者からの暴力の深刻化を背景として、被害者やそれを日常的に目撃する児童の人権を侵害する行為としてそれを防止し、加害者が被害者に近づくことを禁じ、被害者を保護するために成立した法律である[20]。

[20]
2013（平成25）年の法改正により「配偶者からの暴力の防止及び被害者の保護に関する法律」から現題に改称。第9章158頁参照。

[21]
2001年：法制定。
2004年改正：①「配偶者からの暴力」の定義拡大（「精神的暴力」の追加（保護命令は不可））、②保護命令制度拡充、③被害者自立支援の明確化等。
2007年改正：①保護命令制度拡充（「生命・身体に対する脅迫」の追加）、②裁判所からの命令（禁止行為）拡充、③配偶者の親族等への接近禁止等。
2013年改正：法の適用対象拡大（生活の本拠を共にする交際相手からの暴力、およびその被害者についても法適用）。

[22]
申し立ての相談は婦人相談員が応じている。

　同法は、2001（平成13）年に制定され、その後改正を重ねている[21]。その前文では、「配偶者からの暴力の被害者は、多くの場合女性であり、経済的自立が困難である女性に対して配偶者が暴力を加えることは、個人の尊厳を害し、男女平等の実現の妨げとなっている。このような状況を改善し、人権の擁護と男女平等の実現を図るためには、配偶者からの暴力を防止し、被害者を保護するための施策を講ずることが必要である」と述べられている。

　同法の「暴力」の対象には、身体的暴力だけでなく心身に有害な影響を及ぼす言動が含まれる。また、婚姻の届出をしていないが婚姻関係と同様の事情にある者、生活の本拠を共にする交際相手、離婚または婚姻が取り消された場合の配偶者であった者からの暴力も含まれる。

　同法は、配偶者からの暴力の禁止、国および地方公共団体の責務、国、都道府県による基本方針、基本計画の策定について規定するとともに、都道府県は婦人相談所等に「配偶者暴力相談支援センター」を設置すること、婦人相談員が被害者の相談・指導を行うことが定められている。また、暴力の発見者によるセンターまたは警察官への通報、警察官による被害の防止のための措置、福祉事務所による被害者の自立を支援するための措置など被害者の保護について規定されている。さらに、危害を受けるおそれのあるときは、被害者の申し立てにより裁判所が被害者の「保護命令」（接近禁止、子への接近禁止等）を発することができる[22]。

## 10　少年法

　満20歳未満の少年を対象とし、少年の健全育成のために、非行のある少年の保護処分、少年および成人の刑事事件について特別措置を講ずる法律で、司法的機能と教育的機能をあわせもつ。

[23]
犯罪少年は14歳以上20歳未満が対象。虞犯少年、触法少年は14歳未満を含む。第12章219頁参照。

　同法は、1948（昭和23）年に制定された。法の目的は、「少年の健全な育成を期し、非行のある少年に対して性格の矯正及び環境の調整に関する保護処分を行うとともに、少年の刑事事件について特別の措置を講ずること」（第1条）とされており、司法的機能と教育的機能をあわせもつ法である。「少年」とは20歳未満の者をいい、少女を含む[23]。

　少年の保護事件については、家庭裁判所の「少年審判」に付す。児童

第4章　子ども家庭福祉に関する法律

福祉法第25条は、要保護児童発見者は福祉事務所または児童相談所に通告する義務を定めているが、罪を犯した満14歳以上の児童は家庭裁判所に通告することとなっている[24]。

▶24
非行傾向のある子どもへの福祉的対応については、第12章を参照。

調査および審判について、家庭裁判所調査官が要保護児童を発見した場合の家庭裁判所または児童相談所への通告、送致、報告義務を定め、また家庭裁判所は、家庭裁判所調査官に命じて取り調べその他の調査を行い、少年鑑別所送致等にて少年を観察し、鑑別結果を活用するとともに被害者から意見を聴取することができるとしている。なお、家庭裁判所は、調査・観察には、警察官、保護観察官、保護司、児童福祉司、児童委員、その他から援助、協力を求めることができる。

家庭裁判所が行う「少年審判」による保護処分には、①再度検察官へ送致[25]、②保護観察所の保護観察の決定、③少年院送致、④児童自立支援施設または児童養護施設に送致、⑤不処分の決定、⑥審理不開始、がある。なお、少年の刑事事件については、刑を科す際に無期刑、不定期刑等一般の刑事事件と異なる措置を定めている。

▶25
「逆送致」という。刑事裁判により刑罰等が決まる。

2007（平成19）年の法改正により、触法少年、虞犯少年について警察が呼び出し等の調査を行うこと、14歳未満の少年（おおむね12歳以上）も特に必要と認められる場合は、少年院送致が行えるようになった。また、2008（同20）年の改正では被害者への配慮の見直し、2014（同26）年の改正では少年の刑事事件に関する処分の規定の見直し等が行われた。

## 11　次世代育成支援対策推進法

少子化の進展に対して、次世代育成支援対策の基本理念を定め、国・地方公共団体・事業主・国民の責務を明らかにし、各々が行動計画を策定することを定めた法律である[26]。

▶26
第6章95頁参照。

同法の目的は、「急速な少子化の進行並びに家庭及び地域を取り巻く環境の変化にかんがみ、次世代育成支援対策に関し、（中略）必要な事項を定めることにより、次世代育成支援対策を迅速かつ重点的に推進し、もって次代の社会を担う子どもが健やかに生まれ、かつ、育成される社会の形成に資すること」（第1条）とされている。

次世代育成支援対策に関する内容としては、基本理念、国・地方公共団体・事業主・国民の責務、国による「行動計画策定指針」および市町村・都道府県・一般事業主による「行動計画」の策定について、また、「次世代育成支援対策推進センター」と「次世代育成支援対策地域協議会」の設置について定められている[27]。

▶27
2005（平成17）年から10年間の時限立法であったが、法改正によりさらに10年間延長された。

## 12　少子化社会対策基本法

少子化の進展が21世紀の国民生活に深刻かつ多大な影響を及ぼすものであることを考え、少子化に対処するための施策の大綱を示した法律である。

　同法は、2003（平成15）年、次世代育成支援対策推進法に続けて成立し、その目的は、「急速に少子化が進展しており、その状況が21世紀の国民生活に深刻かつ多大な影響を及ぼすものであることにかんがみ、このような事態に対し、長期的な視点に立って的確に対処するため、…中略…少子化に対処するための施策を総合的に推進し、もって国民が豊かで安心して暮らすことのできる社会の実現に寄与すること」（第1条）とされている。

　そのために、施策の基本理念を明らかにし、国・地方公共団体・事業主・国民の責務を明らかにするとともに、基本的施策として、雇用環境の整備、保育サービス等の充実、地域社会における子育て支援体制の整備、母子保健医療体制の充実、ゆとりのある教育の推進、生活環境の整備、経済的負担の軽減などを定めている。

## 13　子どもの貧困対策の推進に関する法律

わが国の「子どもの貧困率」の高さ、そして、その子どもの世代にまで継承されてしまう「貧困の連鎖」という課題を受け、子どもの貧困対策を総合的に推進するための基本事項を定めた法律である。

▶28
2000年代になり、生活保護世帯の増加の一因が貧困の連鎖によることがわかり、すべての子どもに対して教育の機会の保障が求められるようになった。

　「子どもの貧困率」とは、平均的な所得の半分を下回る世帯で暮らす18歳未満の子どもの割合である。厚生労働省「国民生活基礎調査」によれば、2015（平成27）年のわが国の子どもの貧困率は13.9％（約7人に1人が貧困状態）、また、2010年のOECD（経済協力開発機構）の調査によれば、わが国の子どもの相対的貧困率はOECD加盟国34か国中10番目に高いことが示された。近年、これらの「子どもの貧困」そして「貧困の連鎖」▶28がわが国の課題として大きく取り上げられるようになったことから、2013（平成25）年6月、「子どもの貧困対策の推進に関する法律」（子どもの貧困対策推進法）が成立、2014（同26）年1月に施行され、同年8月には大綱が閣議決定された。

　同法の目的は「子どもの将来がその生まれ育った環境によって左右されることのないよう、貧困の状況にある子どもが健やかに育成される環境を整備するとともに、教育の機会均等を図るため、子どもの貧困対策に関し、基本理念を定め、国等の責務を明らかにし、及び子どもの貧困対策の基本となる事項を定めることにより、子どもの貧困対策を総合的に推進すること」（第1条）とし、政府が定めるべき大綱として、①子どもの貧困対策に関する基本的な方針、②子どもの貧困率、生活保護世帯

に属する子どもの高等学校等進学率等子どもの貧困に関する指標及び当該指標の改善に向けた施策、③教育・生活支援、保護者に対する就労支援、経済的支援等、子どもの貧困対策に関する事項、④子どもの貧困に関する調査・研究に関する事項が規定されている。これらは都道府県と市町村に対し、学力が遅れがちになる生活保護世帯・ひとり親世帯等の子どもへの、学習支援など具体的な施策の推進を求めている[29]。

> [29] 例えば、1987（昭和62）年に東京都江戸川区で開始された「江戸川中3勉強会」をルーツに、現在多くの自治体で経済的に塾に通えない家庭の子どもの学習支援が行われている。

## 14　子ども・子育て支援法

「施設型給付」「地域保育型給付」の創設、認定こども園制度の改善、地域における子育て支援事業の充実等を図ることで子育て支援を行うことを目的とした法律である。

同法は「子ども・子育て支援給付その他の子ども及び子どもを養育している者に必要な支援を行い、もって一人一人の子どもが健やかに成長することができる社会の実現に寄与すること」（第1条）を目的とし、「子ども・子育て支援新制度」[30]の一環として2012（平成24）年8月に成立、2015（同27）年4月に本格施行となった。

> [30] 子ども・子育て支援新制度
> 第6章96頁参照。

この法律のねらいとしてまず、認定こども園、幼稚園、保育所を通じた共通の給付（施設型給付）、および小規模保育等への給付（地域型保育給付）を創設することで、都市部における待機児童の解消と地域における保育機能の確保を図ることとした。次に、これまで福祉・教育分野で法的位置づけが異なってきた認定こども園について、「幼保連携型認定こども園」とし財政措置を施設型給付に一本化、認可・指導監督を一本化し、学校および児童福祉施設として法的に位置づけることとした。そして、すでに各市町村内で子育て支援事業が定着してきたなかで、市町村は地域のニーズに基づき子ども・子育て支援計画を策定することで事業のさらなる拡充を図ること、そして国・都道府県は、それらの事業の実施に必要な費用を交付金として支給することで、市町村を重層的に支えることとなった。

【参考文献】
1）保育福祉小六法編集委員会編『保育福祉小六法　2018年版』みらい　2018年
2）宮武正明『子どもの貧困―貧困の連鎖と学習支援―』みらい　2014年

# 第5章 子ども家庭福祉の実施体制と財源

●キーポイント　今日の子どもに関する問題は、複雑・多様化、深刻化してきており、一担当者、一機関のみで対応解決することは不可能である。地域のネットワークのなかで、複数の機関や施設が連携を密にし、役割分担して対処することが重要である。子ども家庭福祉に携わる私たちは、子ども家庭福祉の実施体制とそれを支えるさまざまな機関や施設をよく理解しておかなければならない。
　本章ではまず、子ども家庭福祉施策の実施について公的責任を負う国および地方公共団体の役割と組織について理解する。さらに子ども家庭福祉実践の中心となる児童相談所をはじめとする公的機関や公私の関連機関の目的と機能、役割についても理解しておきたい。加えて、社会的養護の受け皿としての各種児童福祉施設にはどのようなものがあるかを知り、あわせて子ども家庭福祉を実施するための財政と利用者負担についても理解を深める。

## 1．子ども家庭福祉における国および地方公共団体の役割

### 1　国の役割

子ども家庭福祉行政における国の役割として厚生労働省では、児童福祉法を中心とした関連法を所管・施行し、全国的に実施されるべき子ども家庭福祉制度の設計、児童福祉施設の設備及び運営に関する基準の規定などを行う。

▶1
以前は雇用均等・児童家庭局が設置されていたが、2017（平成29）年の組織改正により、働き方改革を進める雇用環境・均等局と子育て支援を担う子ども家庭局に分割された。

▶2
第6章96頁参照。

　子ども家庭福祉行政の国の機構として中枢を担うのが厚生労働省である。内部に子ども家庭局が設置され[1]、そのなかに総務課、少子化総合対策室、保育課、家庭福祉課、虐待防止対策推進室、子育て支援課、母子保健課が置かれている。これら各課が子ども家庭福祉関係業務として所管施行する関連法は、児童福祉法、児童扶養手当法、母子及び父子並びに寡婦福祉法、母子保健法等である。なお、障害児支援に関する業務は、同省障害保健福祉部所管、また児童手当や子ども・子育て支援新制度[2]に関する業務の一部は、内閣府所管となっている。

### 2　都道府県・指定都市等の役割

子ども家庭福祉行政における都道府県等の役割は、市町村が行えないような広域的事業や専門的な事務、市町村間の連絡調整、専門的指導などである。

　都道府県は、県域の子ども家庭福祉事業の計画策定や企画実施、予算配分に関する業務を担うほか、直接利用者にサービスを提供する行政機関として、児童相談所や福祉事務所、保健所の設置運営が義務づけられ

ている。また、市町村に対する情報の提供その他必要な援助を行うことや児童家庭相談のうち専門的な知識および技術を要するものについて応ずることも重要な役割である。さらに児童福祉施設の設置認可・指導監督、児童福祉施設への入所措置▶3も行っている。

都道府県（指定都市・中核市を含む）の福祉行政事務を担う部（局）は現在ではほとんどが保健衛生部門と統合されており、保健福祉部（局）、健康福祉部（局）等の名称が多く使用され、そのなかに子ども家庭福祉行政の担当課として児童福祉課、児童家庭課、子ども家庭課、子育て支援課等の呼称の課が設置されている。

指定都市は、基本的には都道府県と同様の権限をもって子ども家庭福祉行政業務を行っており、中核市も一部の業務を除きこれに準じたものとなっている。

▶3
都道府県が入所措置を行う児童福祉施設は次の4施設。①乳児院、②児童養護施設、③児童心理治療施設、④児童自立支援施設。

### 3　市町村の役割

市町村は最も住民に密着した自治体として、住民のニーズを的確に把握し、子ども家庭福祉の在宅サービスや施設サービスを総合的にきめ細かく実施する役割を担っている。

2004（平成16）年の児童福祉法改正により、市町村が児童家庭相談の一義的な窓口として位置づけられた意義は大きい。同法では市町村が行う具体的な児童福祉行政事務として、児童および妊産婦の福祉に関する実情の把握・情報提供・相談、必要な調査・指導を行うことなどが定められている。市町村は、このほか子育て支援事業に係る福祉サービスの提供や体制整備、保育所の設置および保育の実施、母子健康手帳の交付、1歳6か月児健康診査、3歳児健康診査、養育医療▶4、自立支援医療（育成医療）▶5の給付などの業務を行っている。

子ども家庭福祉行政においても、身近な市町村の役割はより重視されることになり、その体制整備の一層の充実強化が求められている。

▶4
正式名：未熟児養育医療。第7章123頁参照。2013（平成25）年度より、都道府県から市町村へ移管、窓口も保健所から市町村担当課へ移行した。

▶5　自立支援医療
第10章185頁参照。

## 2．子ども家庭福祉における審議機関

### 1　児童福祉審議会

児童福祉法第8条第1項により、都道府県・指定都市は「児童、妊産婦及び知的障害者の福祉に関する事項を調査審議する」機関として児童福祉に関する審議会その他合議制の機関の設置が義務づけられている。

今日の子ども家庭福祉の問題は、複雑多様かつ困難な課題が多く、子ども家庭福祉を担う行政機関は、より適切な判断・対応が求められる。このために都道府県・指定都市は、児童福祉法によりそれぞれ都道府県・指定都市に児童福祉審議会の設置が義務づけられている（市町村は

任意設置)。これにより児童福祉審議会で得られた専門的意見を行政施策に反映させ、適正・適切にニーズに対応することが可能となる。児童福祉審議会の機能は、都道府県知事（指定都市・市町村長）の諮問に答え（答申）、または関係行政機関に意見を具申することなどである。審議は、児童福祉施設入所措置に関する事項や児童福祉施設の運営並びに里親の認定に関する事項などについて行われる。

児童福祉審議会は、児童および知的障害者福祉に関する事業に従事する者および学識経験者からなる委員で構成され、委員は都道府県知事（市町村は市町村長）から任命される。

### 2　社会保障審議会

社会保障審議会は、厚生労働省に置かれる国の社会保障に関する調査審議機関である。社会保障審議会のなかには、児童福祉に関する事項を審議する児童部会が置かれている。

国において以前は、中央児童福祉審議会が設置されていた。しかし、2001（平成13）年の省庁再編に伴って、社会保障審議会に統合された。社会保障審議会には領域ごとの分科会・部会が置かれているが、子ども家庭福祉に関する事項は児童部会において審議される。また、特に重要な課題については児童部会のなかに専門委員会が設置され、重点的に検討される。

## 3．子ども家庭福祉における実施機関

### 1　児童相談所

児童相談所は、児童福祉法に基づき都道府県・指定都市に設置が義務づけられている児童福祉行政の第一線の専門機関である。

児童相談所は、児童福祉法第12条の規定により都道府県・指定都市に設置が義務づけられている行政機関である。2018（平成30）年10月1日現在、全国に212か所の児童相談所が設置されている。都道府県とは別に、政令により中核市等「児童相談所設置市」が定められており、児童相談所が設置できることになっている。

2004（平成16）年に児童福祉法が改正され、2005（同17）年度から児童相談体制は大幅に変更された。児童福祉法改正後も児童相談所は子ども家庭福祉行政の中核機関であることに変わりないが、市町村に児童家庭相談の一義的窓口が位置づけられたことにより、児童相談所の主たる役割は、専門的な知識および技術を必要とする事例に対応することや市町村の支援を行うこととなった。

# 第5章 子ども家庭福祉の実施体制と財源

## ❶ 児童相談所の業務と援助の流れ

児童福祉法により児童相談所の行うべき業務として挙げられる主な業務は下記の通りである。

① 市町村に対する情報の提供その他必要な援助・業務を行うこと。
② 児童に関する家庭その他からの相談のうち、専門的な知識および技術を必要とするものに応ずること。
③ 児童およびその家庭につき、必要な調査並びに医学的、心理学的、教育学的、社会学的および精神保健上の判定を行うこと。
④ 児童およびその家庭につき、上記調査または判定に基づいて必要な指導を行うこと。
⑤ 児童の一時保護[6]を行うこと。一時保護の目的は次の3つである。
　a．緊急保護　b．行動観察　c．短期入所指導
⑥ 要保護児童[7]の保護、児童福祉施設入所等の措置、里親委託[8]等を行うこと。

児童相談所の業務の内容・援助の流れは図5-1の通りである。通告ほか、さまざまな形で相談を受け付けてから調査、診断、判定を行い、一時保護、在宅指導、施設入所措置等が決定される。個々のケースの援助内容等の決定は、援助の流れに沿ってすべて受理会議、判定会議、援助方針会議を経て行われる。それは児童相談所の援助活動は、一担当者の判断ではなく組織的対応を旨としており、援助方針決定は行政措置として重い責任があるからである。また、特に援助困難なケースは、児童福祉審議会の意見を聴いて援助方針を決定する場合も多い。児童の一時保護（法第33条）、都道府県のとるべき措置（法第27条）、家庭裁判所への施設入所措置の承認申し立て（法第28条）[9]、立ち入り調査（法第29条）[10]、家庭裁判所への親権喪失審判の請求（法第33条の7）などの法的

▶6
児童相談所長は必要があると認められるとき、児童に一時保護を加え、または適当なものに委託して一時保護を加えさせることができる（法第33条）。主に児童相談所に設置されている一時保護所で保護を行うが、乳児院、児童養護施設、里親に委託する場合もある。期間は原則2か月以内。

▶7　要保護児童
保護者のない児童または保護者に監護させることが不適当である児童をいう（法第6条の3第8項）。また「要保護児童を発見した者は、これを市町村、都道府県の設置する福祉事務所若しくは児童相談所（中略）に通告しなければならない」（法第25条）。

▶8
里親制度については第9章150頁参照。

▶9
児童相談所による児童福祉施設入所措置または里親委託について、親権者の同意が得られない場合、家庭裁判所の承認を得て入所等の措置をとることができる（法第28条）。

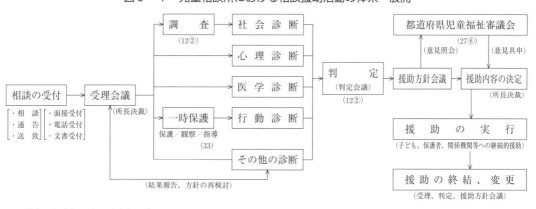

図5-1　児童相談所における相談援助活動の体系・展開

注：数字は児童福祉法の該当条項等。
資料：厚生省児童家庭局通知「児童相談所運営指針について」（最終改正：平成30年10月25日）

強制力をもっていることは、他の相談機関にはみられない児童相談所の特徴といえる。

児童相談所職員は近年、虐待問題に代表されるように、不十分な体制のなかでさまざまな困難な事例に直面するが、常に子どもの権利を擁護し、子どもの最善の利益を優先して援助することを一番の基本としなければならない。

### ❷ 相談内容

全国の児童相談所が受理する相談件数はここ数年、年間35万件以上に及んでいる。その相談内容は養護相談、保健相談、障害相談、非行相談、育成相談、その他の相談と多岐にわたる（表5－1）。

### ❸ 職員配置

児童相談所には、所長、児童福祉司、相談員、児童心理司、医師（精神科医、小児科医）、児童指導員、保育士等が配置されている。児童相談所が入所措置等の行政権限をもった専門的機関であることから、その専門性の確保を図るため所長および児童福祉司等の資格が児童福祉法により規定されている。

### ❹ 児童相談所の課題―児童相談所体制の充実強化―

児童相談所の相談件数の増加傾向や、子ども虐待等援助困難ケースの増加に対して児童相談所の体制が不十分であると指摘されて久しい。児童福祉法施行令が改正され、児童福祉司の配置基準が従来の「人口おおむね10万人から13万人に1人」から段階的に改善、2019年3月現在、人口4万人に1人以上[11]とされているが、なお十分とはいえない。ますます深刻化している子ども虐待への対応や、より強化が求められる里親支援等のためにも、児童相談所体制の一層の充実強化が不可欠である。

多発する深刻な子ども虐待事件に対して、関係機関相互の連携を強化し、より迅速・適切な対応が可能となるよう、2013（平成25）年に児童相談所運営指針、および子ども虐待対応の手引きがそれぞれ改正され、2015（同27）年7月より子ども虐待を通告するための「児童相談所全国共通ダイヤル」が、3桁「189番」に整備された。

さらに、2018（平成30）年7月には、児童虐待防止対策に関する関係閣僚会議が開催され子ども虐待防止対策が講じられ、それに基づいた新プランの策定や児童相談所の児童福祉司の約1.6倍の増員などが決定された。また、それに伴い児童相談所運営指針も見直された。

▶10
児童福祉法第28条の措置をとるため、「必要があると認めるときは、児童委員又は児童の福祉に関する事務に従事する職員をして、児童の住所若しくは居所又は児童の従業する場所に立ち入り、必要な調査又は質問をさせることができる」と規定されている。また、児童虐待の防止等に関する法律第9条においても、児童虐待が行われているおそれがあると認めるときは、同様の措置をとることができるとしている。

▶11
2018（平成30）年12月に策定された厚生労働省「児童虐待防止対策体制総合強化プラン」では、児童福祉司の配置基準について、人口を4万人から3万人に見直す方針が打ち出された。

表5－1　児童相談所が受け付ける相談の種類および主な内容

| | | |
|---|---|---|
| 養護相談 | 1．児童虐待相談 | 児童虐待の防止等に関する法律の第2条に規定する次の行為に関する相談<br>(1) 身体的虐待<br>　生命・健康に危険のある身体的な暴行<br>(2) 性的虐待<br>　性交、性的暴行、性的行為の強要<br>(3) 心理的虐待<br>　暴言や差別など心理的外傷を与える行為、児童が同居する家庭における配偶者、家族に対する暴力<br>(4) 保護の怠慢、拒否（ネグレクト）<br>　保護の怠慢や拒否により健康状態や安全を損なう行為及び棄児 |
| | 2．その他の相談 | 父又は母等保護者の家出、失踪、死亡、離婚、入院、稼働及び服役等による養育困難児、迷子、親権を喪失・停止した親の子、後見人をもたぬ児童等環境的問題を有する子ども、養子縁組に関する相談。 |
| 保健相談 | 3．保健相談 | 未熟児、虚弱児、ツベルクリン反応陽転児、内部機能障害、小児喘息、その他の疾患（精神疾患を含む）等を有する子どもに関する相談。 |
| 障害相談 | 4．肢体不自由相談 | 肢体不自由児、運動発達の遅れに関する相談。 |
| | 5．視聴覚障害相談 | 盲（弱視を含む）、ろう（難聴を含む）等視聴覚障害児に関する相談。 |
| | 6．言語発達障害等相談 | 構音障害、吃音、失語等音声や言語の機能障害をもつ子ども、言語発達遅滞を有する子ども等に関する相談。ことばの遅れの原因が知的障害、自閉症、しつけ上の問題等他の相談種別に分類される場合は該当の種別として取り扱う。 |
| | 7．重症心身障害相談 | 重症心身障害児（者）に関する相談。 |
| | 8．知的障害相談 | 知的障害児に関する相談。 |
| | 9．発達障害相談 | 自閉症、アスペルガー症候群、その他広汎性発達障害、学習障害、注意欠陥多動性障害等の子どもに関する相談。 |
| 非行相談 | 10．ぐ犯等相談 | 虚言癖、浪費癖、家出、浮浪、乱暴、性的逸脱等のぐ犯行為若しくは飲酒、喫煙等の問題行動のある子ども、警察署からぐ犯少年として通告のあった子ども、又は触法行為があったと思料されても警察署から法第25条による通告のない子どもに関する相談。 |
| | 11．触法行為等相談 | 触法行為があったとして警察署から法第25条による通告のあった子ども、犯罪少年に関して家庭裁判所から送致のあった子どもに関する相談。受け付けた時には通告がなくとも調査の結果、通告が予定されている子どもに関する相談についてもこれに該当する。 |
| 育成相談 | 12．性格行動相談 | 子どもの人格の発達上問題となる反抗、友達と遊べない、落ち着きがない、内気、緘黙、不活発、家庭内暴力、生活習慣の著しい逸脱等性格もしくは行動上の問題を有する子どもに関する相談。 |
| | 13．不登校相談 | 学校及び幼稚園並びに保育所に在籍中で、登校（園）していない状態にある子どもに関する相談。非行や精神疾患、養護問題が主である場合等には該当の種別として取り扱う。 |
| | 14．適性相談 | 進学適性、職業適性、学業不振等に関する相談。 |
| | 15．育児・しつけ相談 | 家庭内における幼児の育児・しつけ、子どもの性教育、遊び等に関する相談。 |
| | 16．その他の相談 | 1～15のいずれにも該当しない相談。 |

資料：図5－1に同じ

## 2　福祉事務所・家庭児童相談室・市町村

　福祉事務所は、福祉六法に関する事務を行う社会福祉行政機関であり、都道府県、市および特別区に設置が義務づけられている。また、大部分の福祉事務所に家庭児童相談室が設置されている。

### ❶　福祉事務所

　福祉事務所の設置について町村は任意となっているため（2017（平成

29）年4月1日現在、全国で43町村設置（厚生労働省調べ））、ほとんどの町村は都道府県が設置する福祉事務所（郡部福祉事務所）の所管となっている。現在では多くの福祉に関する事務の権限が町村にも委譲されているため、郡部福祉事務所の行う事務は生活保護法、児童福祉法、母子及び父子並びに寡婦福祉法に関するものが中心となる。また、市および特別区・指定都市の区の福祉事務所は福祉六法▶12全般にわたる住民への直接サービス業務を行う。

▶12　福祉六法
前述三法に、老人福祉法、身体障害者福祉法、知的障害者福祉法を加えた六法を指す。

子ども家庭福祉に関する業務としては次のものがある。
①　児童および妊産婦の福祉に関し、必要な実情の把握に努める。
②　児童および妊産婦の福祉に関する事項について、相談に応じ、必要な調査を行うとともに個別的または集団的に必要な指導を行う。
③　助産施設、母子生活支援施設への入所契約事務等を行う。
　　都道府県設置を除く市福祉事務所は、保育所への入所契約事務等を行う。
④　母子家庭の実情把握に努め、必要な相談・調査および指導を行う。

福祉事務所の現業職員は、生活保護を担当する社会福祉主事が中心となるが、このほか、老人福祉を担当する社会福祉主事、身体障害者福祉司、知的障害者福祉司を配置している福祉事務所もある。

❷　**家庭児童相談室**

福祉事務所に設置される家庭児童相談室には、社会福祉主事と児童家庭相談員が配置され、児童相談所との密接な連携のもとに、地域住民に身近な立場で子どもと家庭に関する相談援助業務を行っている。児童相談所は高度な専門性を要する困難な事例（一時保護や措置などを伴う）を扱う。そして家庭児童相談室は、子育て短期支援事業（ショートステイ、トワイライトステイ）▶13などの対応による比較的軽易な相談事例を扱う。このように、それぞれ役割分担を行っている。

▶13　子育て短期支援事業
第8章138頁、第11章212頁参照。

❸　**市町村**

2004（平成16）年の児童福祉法改正により、従来からの児童相談体制が大幅に変更されたことはすでに述べた通りである。

この児童福祉法改正により、住民に最も身近な立場にある市町村は児童家庭相談に関する一義的窓口として位置づけられ、児童福祉法第10条に市町村の行うべき業務として、次のように規定している。
①　児童および妊産婦の福祉に関し、必要な実情の把握に努めること。
②　児童および妊産婦の福祉に関し、必要な情報の提供を行うこと。
③　児童および妊産婦の福祉に関し、家庭その他からの相談に応じ、必要な調査および指導、これらに付随する業務を行うこと。

なお、③の業務のうち、専門的な知識および技術を必要とするものに

ついては、児童相談所の技術的援助および助言を求め、医学的、心理学的、教育学的、社会学的および精神保健上の判定を必要とする場合には、児童相談所の判定を求めなければならない。

市の児童相談窓口は、市福祉事務所（家庭児童相談室）に位置づけられている場合と、子育て支援課等の児童福祉主管課あるいは母子保健との統合課に設けられている場合もあり、各市の行政機構により異なる。また、町村窓口は児童福祉と母子保健統合課に置かれている割合が高い。

### ❹ 市町村の課題

新しい児童相談体制における市町村の課題は、法により位置づけられた児童家庭相談の一義的な窓口としての役割を的確に果たすために、専門職員配置などの必要な体制整備が強化されているか否かである。現状ではまだ市町村格差が危惧されているところである。特に行政規模の小さい町村については、当面、従来にも増して児童相談所による支援が欠かせない。また、児童相談所が担うとされる専門的技術等を要する事例と、市町村がかかわる比較的軽易な相談事例の棲み分けは現実には明確ではない。今後児童相談所との連携のなかで具体的事例の実践経験を通して整理し、地域の実情に応じた役割分担をしていくことが望まれる。

2004（平成16）年の改正児童福祉法第25条の2により、地方公共団体は、要保護児童対策地域協議会（調整機関）▶14を置くことができるとされ、さらに2007（同19）年の改正では設置が努力義務となり、現在では全国の市町村でほぼ100％の設置状況となっている。これは、これまでの市町村児童虐待防止ネットワーク事業が拡大強化されたものであり、住民に身近な市町村で、要保護児童の援助にかかわる機関連携の仕組みが法定化された意義は大きい。中心となる市町村の役割がますます重要となっている。

▶14
目的は要保護児童およびその保護者に関する情報その他要保護児童の適切な保護を図るために必要な情報の交換を行うとともに、要保護児童の支援に関する協議を行う、とされている。地域の重要なネットワークの役割を果たす。

## 3　保健所・市町村保健センター

保健所は公衆衛生行政の第一線機関であり（都道府県、指定都市、中核市等に設置）、市町村保健センターは住民に身近な母子保健業務を担う。子ども家庭福祉に関しても重要な役割を担っている。

### ❶ 保健所

保健所は地域保健法に基づき設置され、地域保健の広域的拠点としての役割を担い、専門的・技術的業務、情報提供、調査研究、研修などの機能を有している。子ども家庭福祉に関する業務は次の通りである。

① 児童および妊産婦の保健について、正しい衛生知識の普及を図る。
② 児童および妊産婦の健康相談、健康診査、保健指導を行う。
③ 身体に障害のある子どもおよび疾病により長期にわたり療養を必要とする子どもに対して療育の指導を行う。

④　児童福祉施設に対し、栄養の改善その他衛生上の問題について、必要な助言指導を行う。

❷　市町村保健センター

　市町村保健センターは、1994（平成6）年に制定された地域保健法において、市町村に設置できると規定された。1997（同9）年の地域保健法および母子保健法の改正により、健康診査や保健指導等基本的な母子保健サービスは住民に身近な市町村に一元化され、保健所（都道府県）との役割分担が明確になった。子ども家庭福祉に関する業務は次の通りである[15]。

　①　妊産婦および乳幼児に対する保健指導および訪問指導
　②　妊産婦健康診査
　③　乳幼児健康診査

　保健所の未熟児の訪問指導や市町村保健センターの乳幼児健康診査、訪問指導等の母子保健業務は、児童虐待の発生予防、早期発見・早期対応などの一連の援助過程において重要な役割を担っている。

▶15　詳細は第7章参照。

## 4　児童委員・主任児童委員

　児童委員は民生委員を兼ねており、厚生労働大臣により委嘱される「児童の福祉に関する」民間の奉仕者である。主任児童委員は、より専門的な事項を担当する児童委員である。

　児童委員は児童福祉法に基づき市町村の区域に置かれ、地域に密着して担当地区内の児童・家庭等の実情把握を行い、児童福祉関係機関との連携のもとに必要な援助指導を行う。民生委員法に基づく民生委員を兼ねており、給与は支給されない。

　児童福祉法に規定される主な業務は次の通りである。

　①　児童および妊産婦について、その生活および取り巻く環境の状況を適切に把握しておくこと。
　②　児童および妊産婦について、その保護、保健などに関し、サービスを適切に利用するために必要な情報の提供その他の援助および指導を行うこと。
　③　児童および妊産婦の社会福祉を目的とする事業を経営する者、または児童の健全育成に関する活動を行う者と密接に連携し、その事業または活動を支援すること。
　④　児童福祉司または福祉事務所の社会福祉主事の行う職務に協力すること。
　⑤　児童の健全育成に関する気運の醸成に努めること。

　主任児童委員制度は、地域における子育て支援をさらに推進するために、1994（平成6）年に創設された。さらに2001（同13）年の児童福祉

法改正により、その業務が法定化された。主任児童委員は区域を担当せず、児童相談所をはじめ児童福祉関係機関と区域を担当する児童委員との連携・協働による相談支援等を職務とする。

2018（平成30）年現在、児童委員定数は23万8,416人であり、そのうち主任児童委員の定数は2万1,899人である。

### 5 児童家庭支援センター

児童家庭支援センターは、児童福祉法第7条に規定された12種別の児童福祉施設の1つであり、地域の子どもと家庭の問題について地域の実情に応じ、地域に根ざした相談支援を行う。

児童家庭支援センターは、1997（平成9）年の児童福祉法改正により創設された第2種社会福祉事業の利用型児童福祉施設である。

児童家庭支援センターは児童養護施設や乳児院等の基幹的な児童福祉施設に附置されていたが、2008（平成20）年の児童福祉法改正により、附置要件が廃止された。主な業務は次の通りである。

① 児童に関する家庭その他からの相談のうち、専門的な知識および技術を必要とするものに応じ、必要な指導助言を行うとともに、市町村の求めに応じ、技術的助言その他必要な援助を行うこと。
② 施設入所は要しないが、継続的な指導が必要であると判断された在宅の児童や、その家庭に対する児童相談所の指導措置の委託に基づく指導を行うこと。
③ 児童相談所、市町村、児童福祉施設、児童委員等と連絡調整を行い、問題の早期発見、適宜・適切な対応に努めること。

## 4．子ども家庭福祉関連分野の機関・組織

### 1 司法・警察関連機関

子どもの非行問題、虐待問題を中心に、子ども家庭福祉分野と司法・警察関連機関との連携は欠かせない。具体的な連携機関としては、家庭裁判所、少年鑑別所、警察などがある。

#### ❶ 家庭裁判所

家庭裁判所は、離婚などの家事事件や少年保護事件等を扱う裁判所である。子ども家庭福祉分野との関係では、非行少年に関する保護事件の審判は少年審判部、虐待や親権・扶養問題にかかわる家事事件は家事審判部が担当する。非行少年の処遇は、児童福祉法に基づく児童相談所を中心とした援助と、少年法に基づく家庭裁判所を中心とした保護処分[16]に分けられる。児童福祉法第25条による通告に関して、満14歳以上の犯罪少年[17]については家庭裁判所に通告することとなっている。

▶16
保護処分として、少年法第24条第1項に①保護観察所の保護観察に付すること、②児童自立支援施設または児童養護施設に送致すること、③少年院に送致すること、の3種類が規定されている。

家庭裁判所には審判に必要な調査および面接を行う家庭裁判所調査官が置かれている。家庭裁判所調査官は一定の試験に合格した国家公務員であり、司法における社会福祉専門職といえる。
　近年の子ども虐待の増加に対応して、親の意に反する児童福祉施設入所措置の承認、保護者指導措置をとるべき旨の児童相談所に対する勧告、親権喪失宣告はもとより、民法の改正に伴う親権停止[18]の創設や、未成年後見制度[19]の見直しなどがなされ、家庭裁判所の役割が今後ますます重要になってくる。

> [17] 少年法第3条第1項により家庭裁判所の審判に付する少年として次の3種類を規定している。①犯罪少年、②触法少年、③虞犯少年。
>
> [18] 虐待から子どもを守り、親子関係を再構築できるよう民法において、2年以内の期間を定めて親権停止をできる制度。
>
> [19] 2011（平成23）年の民法改正により、未成年後見人の選任について、社会福祉法人などの法人、また複数の選任ができるようになった（2012（同25）年4月施行）。

### ❷　少年鑑別所

　少年鑑別所は、少年法（第17条「観護の措置」）に基づき送致された少年を収容し、医学、心理学、教育学、社会学その他専門的知識・技術を用いて、少年の資質や人格の診断を行う。鑑別結果は家庭裁判所に送られ審判の参考とされる。少年鑑別所に収容する期間は、原則2週間となっている。

### ❸　警　　察

　子ども家庭福祉にかかわる各警察署の担当部署は、生活安全課の少年係である。警察は要保護児童や触法少年等について児童相談所等に通告する義務があるなど、重要な役割を担っている。また、2000（平成12）年施行の児童虐待の防止等に関する法律（第10条「警察署長に対する援助要請等」）には、児童の安全の確認や一時保護あるいは立ち入り調査を行うにあたり、必要がある場合は児童相談所長から警察署長に援助を求めることができると規定され、今後も子ども家庭福祉関係機関と警察の一層密接な連携が期待されている。

## 2　教育機関

　学校や幼稚園などの教育機関は、子どもの日々の生活の場の一部といえる。不登校、いじめ、虐待等複雑・深刻化する子どもの問題に対応するために教育機関との連携が重要である。

　子ども家庭福祉関係機関が連携する教育機関には、幼稚園、小学校、中学校、高等学校、特別支援学校がある。学校は日々子どもにかかわり、出欠の確認や健康状態、行動上の問題把握、家庭との連絡などを通して、子どもやその家庭の変化に気づきやすい立場にある。
　学校では日常的に児童生徒にかかわる担任を中心に、児童生徒の問題に応じて生徒指導担当、養護教諭、学年主任から教頭・校長等の管理職まで組織的に対応する体制をとっている。近年特に、直接児童生徒と接し、健康状態把握や悩みの相談等に応ずる保健室の養護教諭の役割が大きくなっている。心の相談を専門に担当するスクールカウンセラーの配置も広がってきている。そのなかで、誰が学校の窓口になっているのか、

第5章　子ども家庭福祉の実施体制と財源

ケースカンファレンスなどのネットワークの担当者は誰かを確認しておく必要がある。

児童虐待の防止等に関する法律により、学校等の虐待の予防、早期発見、保護、通告の義務が明確に規定された。学校等から児童相談所等への虐待通告件数も年々増加傾向となり、2016（平成28）年度は8,850件（全体の7.2％）、翌2017（同29）年は9,281件（同6.9％）となっている。

公的な教育相談機関については、都道府県、市町村の教育委員会が設置所管し、教育委員会の指導主事や心理専門職、障害児教育専門職などが配置され、児童生徒、保護者、教職員等からの相談に応じている。また、不登校児童生徒を中心に指導するため、各教育委員会が設置する適応指導教室[20]も徐々に増えてきている。

幼稚園は、学校教育法に基づく教育機関であり、文部科学省が所管する。2016（平成28）年度の幼稚園設置数は1万1,252園（幼稚園児数133万9,761人）、2017（同29）年度は1万878園（同127万1,918人）と、その設置数は減少傾向にあるが、保育所や認定こども園[21]と並び子育て支援や子ども虐待の早期発見・早期対応など幼児教育の場として果たす役割は大きい。

[20] 学校内の敷地または別な場所に、少人数の教員スタッフによる施設（教室）を設置し、不登校等の状態にある子どもたちを受け入れ、通常クラスへの復帰に向け指導・支援を行う。ひきこもりの状態から安心できる場所に通い、仲間と過ごすことができる「居場所」の役割は大きい。

[21] 認定こども園
本章85頁参照。

## 3　医療機関

子どもが心身ともに健やかに生まれ育つことを保障するという子ども家庭福祉の理念を実践するうえで、医療機関の果たす役割は大きい。

医療機関は、妊娠・出産をはじめ、健康診断や疾病の予防・治療、障害の発見と医療対応、思春期の心のケアなど、子どもの成長過程で生じるさまざまな医療課題に対応する。地域保健法や母子保健法に基づく業務を行う保健所および市町村保健センターと同様に、従来にもまして地域の公私医療機関と子ども家庭福祉分野との連携強化が望まれている。一方、近年全国的に産科や小児科が減少傾向にあり、大きな課題となっている。

子ども虐待に関しては、小児科、整形外科等の診療の際、不審な骨折、火傷や疾病を疑い、虐待を発見し通告に至るケースは多い。児童相談所の虐待の認定や司法の場で医学的評価を求められる場合もある。最近では歯科診療のなかでネグレクトが発見されることにも関心がもたれている。また、虐待を受けた子どもの心理的ケア、精神科的治療および虐待をする親の精神科的課題の対応にも、専門的医療のかかわりが重要になっている。大学病院や公立病院等大きな総合病院では、院内に医療ソーシャルワーカーや医師、看護師等からなる児童虐待対応専門チームを設置している所もある。

非行、不登校・ひきこもり、虐待、障害などさまざまな問題の解決のために、総合病院から地域の開業医を含めて、医療機関との連携は欠かせない。医療機関は、2005（平成17）年から市町村単位で設置が進んでいる要保護児童対策地域協議会の重要な構成機関の1つである。

### 4　その他の民間団体

市民の自由な社会活動参加の気運のなかで、子ども家庭福祉分野においても、当事者団体やボランティア、NPO団体の活動が広がりをみせている。

福祉や環境、教育問題など各地で当事者や住民の自発的な活動が高まるなか、1980年代ごろから子ども家庭福祉分野でもさまざまな団体が生まれている。不登校・ひきこもりの子どもの居場所づくりをはじめ、学童保育グループや子育てサークル等、子育て支援活動から野外活動や文化活動などの健全育成まで幅広い分野にわたっている。従来から、長い歴史のある手をつなぐ育成会（知的障害児者）や肢体不自由児者父母の会連合会をはじめ、自閉症児親の会、重症心身障害児を守る会等障害児の親の会なども全国的に活動を展開している。なかには法人格を取得して児童福祉施設やグループホームを運営し、研修、啓発等の事業展開や政策提言など活発に活動している団体もある。

また近年、全国各地で子ども虐待防止ネットワークの設立が相次ぎ、ほとんどがNPO法人格を取得し、地域の民間専門機関として大きな役割を担っている。全国でも最初に設立された、社会福祉法人子どもの虐待防止センター（東京）は、先駆的な活動実践を積み、モデル的存在となっている。主な事業として、児童虐待に係る電話相談、関係機関とのネットワーク調整、広報・啓発、調査・研究活動等を行っている。

## 5．子ども家庭福祉の施設体系

### 1　児童福祉施設の種類と形態

児童福祉法第7条において、12種別の児童福祉施設を定めている。

児童福祉施設は児童福祉法で規定する12種別の施設がある。各施設の法的根拠、設置目的、概要等は**表5-2**を参照されたい。

このほか児童福祉法第6条の3により、児童自立生活援助事業[22]（自立援助ホーム）や放課後児童健全育成事業等が規定されており、施設に類似した役割を果たしている。

児童福祉施設は、行政機関の行政決定による措置施設と児童および保護者の選択による利用契約施設、さらに必要に応じ自由に利用できる利

## 表5-2 児童福祉施設の種類と概要（種類と分類）

2017（平成29）年10月1日現在（幼保連携型認定こども園は2015（平成27）年5月1日現在）

| | 施設の種類 | 施設の目的および対象者 | 施設利用形態 | ① 施設数 ② 在所者数 ③ 入所事務 |
|---|---|---|---|---|
| 1 | 助産施設<br>法第36条<br>児設運基15～18条 | 保健上必要があるにもかかわらず、経済的理由により、入院助産を受けることができない妊産婦を入所させて、助産を受けさせる。 | 利用契約施設 | ① 387<br>② ――<br>③ 福祉事務所 |
| 2 | 乳児院<br>法第37条<br>児設運基19～25条 | 乳児（保健上、安定した生活環境の確保その他の理由により特に必要のある場合には、幼児を含む）を入院させて、これを養育し、退院した者について相談その他の援助を行う。 | 措置施設 | ① 138<br>② 2,851<br>③ 児童相談所 |
| 3 | 母子生活支援施設<br>法第38条<br>児設運基26～31条 | 配偶者のない女子やこれに準ずる事情にある女子、およびその者の監護すべき児童を入所させて保護するとともに、これらの者の自立の促進のためにその生活を支援し、退所した者について相談その他の援助を行う。 | 利用契約施設 | ① 227<br>② 8,100<br>（世帯人員数）<br>③ 福祉事務所 |
| 4 | 保育所<br>法第39条<br>児設運基32～36条 | 保育を必要とする乳児・幼児を日々保護者の下から通わせて保育を行う。 | 利用契約施設 | ① 22,926<br>② 2,014,307<br>③ 市町村 |
| 5 | 幼保連携型認定こども園<br>法第39条の2<br>認定こども園法<br>幼設運基 | 義務教育およびその後の教育の基礎を培うものとしての満3歳以上の幼児に対する教育および保育を必要とする乳児・幼児に対する保育を一体的に行い、これらの乳児または幼児の健やかな成長が図られるよう適当な環境を与えて、その心身の発達を助長する。 | 利用契約施設 | ① 3,620<br>② 331,292<br>③ 市町村 |
| 6 | 児童養護施設<br>法第41条<br>児設運基41～47条 | 保護者のない児童（乳児を除く。ただし、安定した生活環境の確保その他の理由により特に必要のある場合には、乳児を含む）、虐待されている児童その他環境上養護を要する児童を入所させて養護し、退所した者に対する相談その他の自立のための援助を行う。 | 措置施設 | ① 608<br>② 25,636<br>③ 児童相談所 |
| 7①  | 福祉型障害児入所施設<br>法第42条第1号<br>児設運基48～56条 | 障害児を入所させて保護し、日常生活の指導および独立自活に必要な知識技能を与える。 | 措置施設<br>利用契約施設 | ① 263<br>② 6,774<br>③ 児童相談所 |
| 7② | 医療型障害児入所施設<br>法第42条第2号<br>児設運基57～61条 | 障害児を入所させて保護し、日常生活の指導、独立自活に必要な知識技能の付与および治療を行う。 | 利用契約施設<br>措置施設 | ① 212<br>② 7,432<br>③ 児童相談所 |
| 8① | 福祉型児童発達支援センター<br>法第43条第1号<br>児設運基62～67条 | 障害児を日々保護者の下から通わせ、日常生活における基本動作の指導、独立自活に必要な知識技能の付与、または集団生活への適応のための訓練を行う。 | 利用契約施設 | ① 528<br>② 27,460<br>③ 市町村 |
| 8② | 医療型児童発達支援センター<br>法第43条第2号<br>児設運基68～71条 | 障害児を日々保護者の下から通わせ、日常生活における基本動作の指導、独立自活に必要な知識技能の付与、または集団生活への適応のための訓練及び治療を行う。 | 利用契約施設 | ① 99<br>② 2,468<br>③ 市町村 |
| 9 | 児童心理治療施設<br>法第43条の2<br>児設運基72～78条 | 軽度の情緒障害を有する児童を、短期間、入所させ、または保護者の下から通わせて、その情緒障害を治し、退所した者について相談その他の援助を行う。 | 措置施設 | ① 44<br>② 1,374<br>③ 児童相談所 |
| 10 | 児童自立支援施設<br>法第44条<br>児設運基79～88条 | 不良行為をなす、またはなすおそれのある児童および家庭環境その他の環境上の理由により生活指導等を要する児童を入所させ、または保護者の下から通わせて、個々の児童の状況に応じて必要な指導を行い、その自立を支援し、退所した者について相談その他の援助を行う。 | 措置施設 | ① 58<br>② 1,264<br>③ 児童相談所 |

| | 施設の種類 | 施設の目的および対象者 | 施設利用形態 | ① 施設数<br>② 在所者数<br>③ 入所事務 |
|---|---|---|---|---|
| 11 | 児童家庭支援センター<br>法第44条の2<br>児設運基88条の2～88条の4 | 地域の児童の福祉に関する各般の問題につき、児童に関する家庭その他からの相談のうち、専門的な知識および技術を必要とするものに応じ、必要な助言を行うとともに、市町村の求めに応じ、技術的助言その他必要な援助を行うほか、都道府県、児童相談所長からの指導措置の委託を受けて、児童や保護者の指導を行い、あわせて児童相談所、児童福祉施設等との連絡調整その他厚生労働省令の定める援助を総合的に行う。 | 利用型施設 | ① 114 |
| 12① | 児童厚生施設 / 児童館<br>法第40条<br>児設運基37～40条 | 児童に健全な遊びを与えて、その健康を増進し、または情操をゆたかにする。 | 利用型施設 | ① 小型 2,680<br>児童センター 1,725<br>大型 21<br>その他 115 |
| 12② | 児童厚生施設 / 児童遊園<br>法第40条<br>児設運基37～40条 | 児童に健全な遊びを与え、児童を個別的または集団的に指導して、その健康を増進し情操をゆたかにするとともに、事故による障害の防止を図る。 | 利用型施設 | ① 2,380 |

注：表中「法」は「児童福祉法」、「児設運基」は「児童福祉施設の設備及び運営に関する基準」、「認定こども園法」は「就学前の子どもに関する教育、保育等の総合的な提供の推進に関する法律」、「幼設運基」は「幼保連携型認定こども園の学級の編制、職員、設備及び運営に関する基準」を示す。
資料：厚生労働省「平成29年社会福祉施設等調査の概況」2018年、および関連法令より筆者作成

▶22
1997（平成9）年の児童福祉法改正により第2種社会福祉事業として法定化された。義務教育が終了し児童養護施設や児童自立支援施設等を退所したが、未だ社会的自立が不十分な児童または20歳未満の者を10名前後受け入れ、社会的自立に向けて生活技術獲得援助や就労援助のほか相談や生活支援を行う。なお、2008（平成20)年の児童福祉法改正により、対象年齢の引き上げ、および措置から申し込みによる実施へと、仕組みが改められた。

用型施設に分けられる。利用契約施設としては助産施設、保育所、母子生活支援施設があり、さらに、2012（平成24）年の児童福祉法改正により、幼保連携型認定こども園が単一の認可施設として認められた。利用型施設としては児童厚生施設および児童家庭支援センターがある。それ以外の児童福祉施設は措置施設に位置づけられていたが、そのうち、障害児施設は2006（平成18）年、「障害者自立支援法」（当時）の施行に伴い、同年10月から措置制度から利用契約制度に移行し、長年の児童福祉施設措置制度も大きな転換期を迎えた。

児童福祉施設の他の分類方法では、入所型施設と通所型施設に分けられる。入所型施設は保護や治療目的のために、家庭から離れて24時間の生活の場となるもので、居住型施設または生活施設ともいわれる。通所型施設は基本的な児童の養育は家庭の責任のもとに行われるが、保育を必要とする子どものように、児童を日中の一定時間預かる施設である。

さらに、施設の設置目的あるいは利用児童の置かれた状況や課題により、いくつかの類型に分けられる。すなわち、保育を必要とする子どものための施設、保護を要する子どものための施設、母子のための施設、障害のある子どものための施設、健全育成のための施設である。

以下の項で、それぞれについて概観する。

表5-3 認定こども園のタイプと保育所・幼稚園との比較

| 種別・タイプ | | 機能・役割 | 対象年齢 | 法的性格 |
|---|---|---|---|---|
| 認定こども園 | 幼保連携型 | 幼稚園的機能と保育所機能の両方の機能を併せもつ。 | 0〜5歳 | 学校かつ児童福祉施設 |
| | 幼稚園型 | 認可幼稚園が、保育が必要な子どもに保育時間を確保するなど保育所的な機能を有する。 | 0〜5歳 | 学校（幼稚園＋保育所機能） |
| | 保育所型 | 認可保育所が、保育を必要としない子どもも受け入れるなど幼稚園的な機能を備える。 | 0〜5歳 | 児童福祉施設（保育所＋幼稚園機能） |
| | 地方裁量型 | 幼稚園・保育所いずれの認可もない地域の教育・保育施設が機能を果たす。 | 0〜2歳 | 幼稚園機能＋保育所機能 |
| 保育所 | | 就労などのため家庭で保育を必要とする子どもについて保護者に代わり保育を行う。 | 0〜5歳 | 児童福祉施設 |
| 幼稚園 | | 小学校以降の教育の基礎をつくるための幼児期の教育を行う学校。 | 3〜5歳 | 学校 |

出典：内閣府ホームページ「認定こども園とは」より筆者作成
http://www8.cao.go.jp/shoushi/kodomoen/gaiyou.html（2018年12月1日閲覧）

## 2 保育を必要とする子どものための施設

親の就労などのため家庭で保育のできない場合、保護者に代わって子どもの保育を行う。もしくは、親の就労状況にかかわりなく教育・保育を提供したり、子育て支援の場所も用意している。

保育所、および認定こども園は保育を必要とする乳幼児のための施設である。いずれも窓口は市町村である。近年の女性の社会参加、ひとり親家庭の増加、多就労形態の多様化、また子育て不安・子育て困難等の課題に対応して、地域住民に対する保育に関する情報の提供や、相談・助言の業務を行う等、保育ニーズは年々増大している。

都市部では、保育所に入所させたくてもさせることができない待機児童が増加した。一方で核家族化や高齢化、地域での人間関係の希薄化などにより、家庭や地域での子育て力が低下するなか、親の働く状況等の違いにかかわらず、質の高い幼児期の学校教育・保育を受けられることが望まれるようになった。これら子育てをめぐる課題の解決をめざして、2006（平成18）年、「認定こども園法」が制定され、幼児期の学校教育・保育、地域の子ども・子育て支援を総合的に推進するため「認定こども園」が設置された[23]。

▶23
各種保育サービスについては第8章を参照。

## 3 保護を要する子どものための施設

児童福祉法上の要保護児童とは、「保護者のない児童又は保護者に監護させることが不適当であると認められる児童」である。

保護を要する子どものための施設には、被虐待児童をはじめ家庭において適切な養育を受けることができない子どもを受け入れる施設と、非

行など反社会的、非社会的行動上の問題を抱えた子どもを受け入れる施設がある。前者が乳児院、児童養護施設であり、後者には児童自立支援施設、児童心理治療施設がある。社会福祉基礎構造改革が進展するなかで、多くの社会福祉施設が措置制度から利用契約制度に転換しているが、上記4施設のみが児童福祉施設のなかで児童相談所による措置制度のみによって入所する施設として残っている。

### 4　母子のための施設

保育所に続き、2000（平成12）年の児童福祉法改正により、助産施設および母子生活支援施設は利用契約制度に移行した。

母子のための施設には、助産施設と母子生活支援施設がある。

助産施設は保健上必要があるにもかかわらず、経済的理由により入院助産を受けることができない妊産婦を入所させて、助産を受けさせる施設である。助産施設は単独で設置されているのではなく、医療法上の病院または助産所に位置づけられる施設であり、窓口は福祉事務所である。

母子生活支援施設は、1997（平成9）年の児童福祉法改正により従来の母子寮から母子生活支援施設へ名称変更され、あわせて自立促進を目標とした生活支援、就労支援機能が強化された。近年ではＤＶケースの緊急一時保護の役割も果たしている。窓口は福祉事務所である。

### 5　障害のある子どものための施設

2012（平成24）年4月、障害児施設は児童福祉法の改正により、これまでの障害種ごとに分類された施設体系から、通所・入所の形態による分類にそれぞれ一元化された。

障害児施設は、児童福祉法第7条により規定されているが、2012（平成24）年の法改正により、大幅にその施設体系が再編された。

これまでの各種入所施設は障害児入所支援を行う施設として「障害児入所施設」（福祉型障害児入所施設および、医療型障害児入所施設）となり、通所施設は障害児通所支援を行う施設として「児童発達支援センター」（福祉型障害児発達支援センターおよび、医療型障害児発達支援センター）と分類された。また施設の入所については、2006（平成18）年より利用契約制度が導入され、児童虐待等による措置制度と併用されている。

また、従来の障害者自立支援法（現：障害者総合支援法）による児童デイサービスは放課後等デイサービスとなり、新たに創設された保育所等訪問指導とともに、児童福祉法による障害児通所支援に位置づけられている。

障害児の保護者は、障害児入所給付費の支給申請を行い、申請を受け

図5-2 障害児施設・事業の一元化イメージ

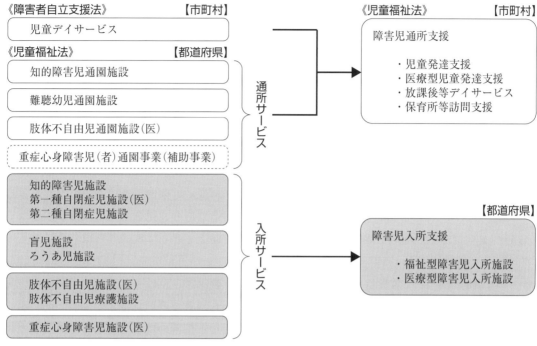

注：(医)とあるのは医療の提供を行っているもの
出典：厚生労働省「障害児支援の強化について」
http://www.mhlw.go.jp/seisakunitsuite/bunya/hukushi_kaigo/shougaishahukushi/kaiseihou/dl/sankou_111117_01-06.pdf

た都道府県（窓口は児童相談所）は、給付費支給のための要否を決定する。対して、障害児通所支援施設（児童発達支援センター）利用のための障害児通所給付費の支給の要否は、市町村（窓口は市町村担当課）が決定する。

　このような施設・事業の一元化に係る基本的な考え方は、身近な地域で支援が受けられるよう、どの障害にも対応できるようにするとともに、引き続き、障害特性に応じた専門的支援が提供されるよう、質の確保を図るものである。

## 6　子どもの健全育成のための施設

児童福祉法第2条第3項は「国及び地方公共団体は、児童の保護者とともに、児童を心身ともに健やかに育成する責任を負う」と規定し、すべての児童の健全な育成を図ることを謳っている。

　児童厚生施設は健全育成のための施設である。児童厚生施設には屋外に広場や遊具を設けた児童遊園と屋内施設として集会室、図書室等を配置した児童館の2種がある。さらに児童館は規模や機能により小型児童館、児童センター、大型児童館に分けられている。いずれも一般の児童が自由に活用できる利用型施設である。

## 7　児童福祉施設の課題

児童福祉施設の最も重要な課題は、「児童福祉施設の設備及び運営に関する基準」の向上である。

児童福祉施設は、子どもに安全で安心できる環境を提供し、心身ともに健やかな成長・発達を保障して自立を支援する場でなければならない。そのため児童福祉施設の設備・運営については、従来から省令により児童福祉施設最低基準[24]が定められていたが、2012（平成24）年5月より、「児童福祉施設の設備及び運営に関する基準」（以下「設備運営基準」）に改正・改称された。同時に、同年4月の児童福祉法改正により、都道府県は上記厚生労働省で定める基準に従い、条例で基準を定めなければならない。これはあくまでも最低基準であり、児童福祉施設はこの基準を超えて常にその設備および運営を向上させなければならないとされている。

被虐待児に代表されるように、要保護児童はそれまでの過酷な養育環境、また厳しい経験を経てそれぞれ困難な課題を抱えて施設入所に至っていることを考えれば、施設はむしろ最善の環境と援助体制を整えなければならない。改正により多少の改善がみられたものの、とても十分な基準とはいえない。たとえば児童養護施設等生活施設をみると、居室の一室の定員は4人以下とされ、その面積は1人につき4.95㎡以上とすることが基本となっている。今日の健康で文化的といわれる水準からすれば劣悪といわざるを得ない。また、児童養護施設の児童指導員および保育士の総数は満2歳未満の幼児1.6人につき1人以上、満2歳以上3歳未満の幼児2人につき1人以上、3歳以上の幼児4人につき1人以上、少年5.5人につき1人以上（ただし、実質4人に1人以上[25]）という配置基準となっている。しかしながら家庭的養護推進計画[26]にあるように家庭的養護をめざし、施設の小規模化・地域分散化、24時間のきめ細かな生活援助を考慮すれば、決して十分な体制ではない。近年被虐待児童を多く受け入れている各施設が、一人ひとりの子どもたちに専門的な治療的回復の支援を行うため、より濃密にていねいに時間をかけてかかわる努力をしようとしても不可能な状況にある。満足な労働条件の確保も困難なこの基準は、本来子どもたちと長期に継続的なかかわりが求められている職員の勤続年数を短縮している一因ともなっている。そのため、設備運営基準のさらなる抜本的な改正が求められる。

そのほか児童福祉施設共通の主要な課題を以下に列挙しておく。

① 家庭的養護推進計画の推進
② 子どもの人権尊重の再確認と権利擁護体制の確立
（苦情解決制度[27]、自己評価・第三者評価事業[28]の積極的導入等）

---

[24] 設備・運営についての最低基準を定める。児童福祉法に基づき1948（昭和23）年に制定、その後の改正で現題へ改称。児童処遇の原則、職員・設備の基準、施設長の行う親権等が規定されている。

[25] 設備運営基準上は「5.5人につき1人以上」だが、2015（平成27）年度より職員配置の改善が図られ、4：1を満たすことで人件費の助成が得られることとなった。なお、設備運営基準の改正は未定。

[26] **家庭的養護推進計画**
社会的養護において、今後十数年の間に児童養護施設等はオールユニット化し本体施設の定員を45人以下にし、グループホームやファミリーホーム、里親支援を推進し本体施設、グループホーム、里親等を3分の1ずつにしていくという計画。

[27] 社会福祉事業の経営者は常にその提供するサービスについて、利用者等からの苦情の適切な解決に努めなければならないと社会福祉法第82条に規定されている。また、設備運営基準にも同様の規定がある。

[28] 社会福祉法第78条で、社会福祉事業の経営者は、自らその提供する福祉サービスの質の評価を行うこと等、常に福祉サービスを受ける者の立場に立って良質かつ適切な福祉サービスを提供するように努めなければならないとしている。

③ 職員の人権意識および専門性向上を図る研修体制の確立
④ 個別援助の基本確認と本人参加の自立支援計画策定
⑤ 施設の治療的回復機能の充実強化
⑥ 関係機関と連携し、親子関係再構築をめざす親・家庭支援(ファミリーソーシャルワーク)強化
⑦ 生活の質(QOL)の向上および子どもの権利擁護と矛盾しないリスクマネジメントの実施
⑧ 「保育指針」「社会的養護施設運営指針」に則った保育、養育、支援の向上

## 6．財源と費用負担

### 1　国および地方公共団体の財政

子ども家庭福祉施策の基本的な運営実施は公的責任において行われる。そのために必要な費用は、主として租税を財源とする国および地方公共団体の公費で賄われている。

　子ども家庭福祉施策の実施に必要な公費は、国と地方公共団体が事業の性格や内容によって定められた一定の割合で負担し支出する。
　国費には児童相談所等の運営費に代表される地方交付税交付金と国庫補助金等がある。さらに国庫補助金等は、児童保護措置などの負担金と特定の事業促進のために交付する補助金がある。
　地方公共団体は国の地方交付税交付金や補助金等を基本に、住民税など地方税を加えて児童福祉施策を実施する。会計区分では社会福祉関係費である民生費の児童福祉費として支出される。

### 2　措置費制度

措置費制度に基づく児童福祉施設の運営費が児童保護措置費であり、都道府県が支弁することとなっている。

　児童福祉施設への措置費(児童保護措置費：里親への委託費を含む)の支弁業務者は都道府県(指定都市を含む)であるが、経費の負担割合は国が2分の1、都道府県が2分の1となっている。入所施設の措置費は事務費と事業費に分かれ、事務費は人件費にあたる職員処遇費および施設自体の管理費に分けられる。事業費は直接子どもの生活等のために必要な費用であり、一般生活費や教育費がこれにあたる。措置費は、施設に措置された子どもの日々の養育について、設備運営基準を維持するための費用であるため、この基準以上の援助内容を確保するためには、都道府県による単独補助や施設独自の費用持ち出しに頼らざるを得ず、現実には苦しい運営状況になっている。

措置児童の扶養義務者は、世帯の所得税と市町村民税等の課税状況に応じて定められた費用徴収基準にしたがって都道府県に負担金を支払うこととなっている。

## 3　認定こども園・保育所運営費

施設型給付として市町村等は、保育に要する経費を各施設に支弁し、保護者は経費の一部を定められた基準にもとづいて負担する。保育所には、委託費が支弁される。

▶29　公定価格
認定区分、保育必要量、地域差や施設等の運営コスト、各種加算等に応じて国が定める基準により算定した費用の額に利用者負担額を加算したもの。

▶30　地域裁量型保育事業者等
施設型給付と同じ考え方で市町村によって認可される地方裁量型認定こども園（家庭的保育、小規模保育、事業所内保育、居宅訪問型保育等）に対して行われる財政支援。

認定こども園および保育所運営費は、人件費、管理費および事業費（給食材料費や教材費等の一般生活費および児童用採暖費）で構成されている。認定こども園や保育所等に対する施設型給付は、国が定める公定価格▶29を基準として、利用者負担額を差し引いたものが支弁される。保護者はその世帯の所得税および市町村民税の課税状況により、認定区分（3歳以上の子どもで幼稚園等での教育を希望する場合は1号認定、保育所等での保育を必要とする場合は2号認定、3歳未満児で保育を必要とする場合は3号認定）に応じた徴収金基準額表の階層区分に基づき負担金を施設や市町村等に支払う。保育所の委託費はこれまでどおり公定価格に基づき支弁され、地域裁量型保育事業者等▶30には地域型保育給付費として市町村等から支払われる。

## 4　障害児入所（通所）給付費等

障害児関係の給付は、児童福祉法の改正により新たに一元化された施設体系に基づく障害児入所給付費、障害児通所給付費等、および障害者総合支援法に基づく居宅介護等障害福祉サービスの給付などがある。

新たな施設体系である障害児入所支援において、福祉型障害児入所施設については障害児入所給付費が、医療型障害児入所施設については障害児入所医療費が位置づけられている。その給付実施主体は都道府県である。また、満18歳以上の入所者（いわゆる加齢児）については、児童福祉法ではなく、障害者総合支援法で対応するよう見直されている。

障害者通所支援における児童発達支援、医療型児童発達支援（治療に係るものを除く）、放課後等デイサービス、保育所等訪問支援に対しては障害児通所給付費が位置づけられ、医療型児童発達支援のうち治療にかかわるものに対しては、肢体不自由児通所医療費が支給される。障害児通所支援に係る給付についての実施主体は市町村である。

これらの給付額は、それぞれの支援の種類ごとに通常要する費用の額の100分の90に相当する額とされている。保護者の負担額は、障害児入所支援・通所支援ともに、利用に要する費用の1割であり、所得に応じた上限額が設けられている。

このほか、児童福祉法に基づく給付として、障害児通所支援を利用するにあたり、障害児支援利用計画を作成し、一定期間ごとにモニタリングを行う等の支援を行う、障害児相談支援給付費がある。

障害者総合支援法に基づく給付には、同法第5条第1項に規定される障害福祉サービスのうち、障害児が利用可能な居宅介護、短期入所、行動援護および、補装具[31]費給付等がある。利用者負担額は従来1割が原則であったが、法改正により利用者負担能力に応じた応能負担となっており、1割負担を上限とした月額負担限度額が設定されている。また、保護者の世帯が市町村民税非課税世帯の場合は、負担額は無料となる。

▶31 補装具
障害者総合支援法において補装具とは、「障害者等の身体機能を補完し、又は代替し、かつ、長期間にわたり継続して使用されるものその他の厚生労働省令で定める基準に該当するもの」(第5条第25項)と定められており、種目としては、義肢、装具、座位保持装置、盲人安全つえ、義眼、眼鏡、補聴器、車いす、電動車いす、座位保持いす、起立保持具、歩行器、頭部保持具、排便補助具、歩行補助つえ、重度障害者用意思伝達装置がある。

### 【参考文献】

1) 社会福祉士養成講座編集委員会編『新・社会福祉士養成講座　児童や家庭に対する支援と児童・家庭福祉制度〔第6版〕』中央法規出版　2016年
2) 網野武博編『子ども家庭福祉の新展開』同文書院　2009年
3) 柏女霊峰『子ども家庭福祉論〔第5版〕』誠心書房　2018年
4) 山内一永『図解　障害者自立支援法早わかりガイド』日本実業出版社　2012年
5) 厚生労働統計協会編『国民の福祉と介護の動向2015／2016』厚生労働統計協会編　2015年
6) 日本子ども家庭総合研究所編『日本子ども資料年鑑2018』KTC中央出版　2018年
7) 山縣文治・柏女霊峰編集委員代表『社会福祉用語辞典（第9版）』ミネルヴァ書房　2013年
8) 厚生労働省ホームページ「児童相談所運営指針について」
　　（子発1025第1号　平成30年10月25日）
　　http://www.mhlw.go.jp/bunya/kodomo/pdf/dv120321-02.pdf
9) 内閣府ホームページ「子ども・子育て支援新制度」
　　http://wwww8.cao.go.jp/shoushi/shinseido/
10) 内閣府ホームページ「認定こども園」
　　http://www.youho.go.jp
11) 厚生労働省ホームページ「社会的養護の課題と将来像—児童養護施設等の社会的養護の課題に関する検討委員会・社会保障審議会児童部会社会的養護専門委員会とりまとめ—」2011年
　　http://www.mhlw.go.jp/stf/shingi/2r9852000001j8sw.html

# 子ども・子育て支援と児童健全育成

● キーポイント

子ども・子育て支援とは、家庭以外の私的、公的、社会的機能が支援的にかかわることにより子どもの健やかな育ちと子育てを保障・支援する営みの総称であり、その目的は、親元から巣立ち（自立・自律）、次代を担う子どもとその養育を担っている「親」（養育者）を支援することである。これらの支援策として、さまざまな計画がこれまでに策定されてきた。一方、児童健全育成とは、すべての子どもを対象に身体的、精神的、社会的に良好な状態を確保し、一人ひとりの個性化および自己実現が図られることをめざす活動や理念をいう。

このような考え方を基本に、今求められている子育て・子育ち支援は、地縁、血縁を超えた、子どもと親・家庭への社会的なサポートシステムを構築し、子どもも親も自己実現できる環境を創出していくことと、子どもを主体とした権利擁護と子どもの最善の利益の視点が不可欠であり、地域の子どもの問題に広く対応する「インクルージョン（包括）」の視点が重要となってきている。

ここでは、児童福祉法、児童憲章、子どもの権利条約の基本理念の達成のために、どのような取り組みがなされているのか、子どもの育ちや子育ての現状を理解するとともに、具体的施策について学ぶ。

## 1．少子化対策から子ども・子育て支援に向けた取り組み

### 1　少子化対策の変遷

わが国の少子化対策は、1990（平成2）年に発表された「1.57ショック」を受け、「エンゼルプラン」から始まり、各対策を策定した。

わが国の少子化対策は、1990（平成2）年に発表された「1.57ショック」(1989（同元）年の合計特殊出生率)を受け、内閣内政審議室に「健やかに子どもを生み育てる環境づくりに関する関係省庁連絡会議」が設置され、翌年1月には政策指針「健やかに子どもを生み育てる環境づくりについて」がとりまとめられた。このような動きから、その後の少子化対策の変遷を6つの期間に区分できる。第Ⅰ期（1991年）の「出生率の動向」をふまえた対策、第Ⅱ期（1997年）の「少子化への対応と必要性」に基づく対策、第Ⅲ期（1999年）の「総合的な少子化対策」、第Ⅳ期（2002年）の「少子化の流れを変える」ためのもう一段の対策（次世代育成支援対策）、第Ⅴ期（2010年）の「少子化対策」から「子ども・子育て支援」（「子ども・子育てビジョン」）、第Ⅵ期「子ども・子育て新システム」および「子ども・子育て支援新制度」、第Ⅶ期（2015年）「新たな少子化社会対策大綱」の策定と推進への取り組みである。

第6章　子ども・子育て支援と児童健全育成

図6-1　少子化対策のこれまでの取り組み

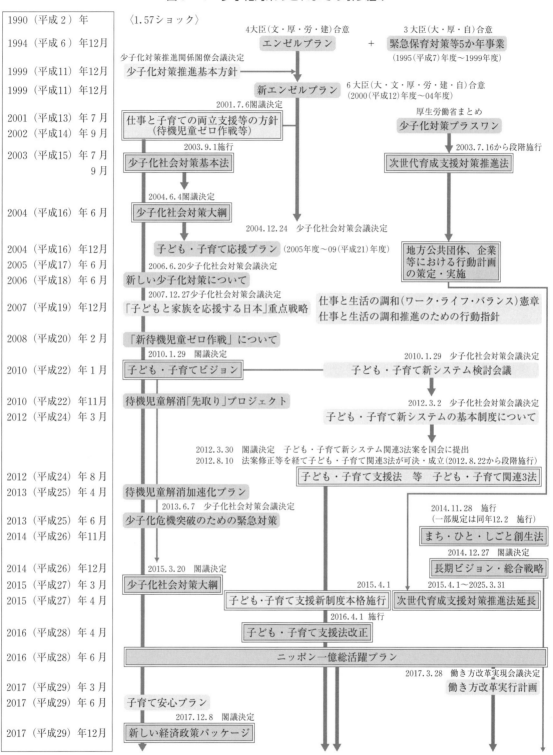

出典：内閣府『平成30年版少子化社会対策白書』2018年　45頁を一部改変

## 2　「出生率の動向」をふまえた対策—エンゼルプラン—

国は、1989（平成元）年に合計特殊出生率が1.57になり、1966（昭和41・「ひのえうま」）年の1.58を下回ったことから、1994（平成6）年に「エンゼルプラン」を公表した。そして「緊急保育対策等5か年事業」として、具体的数値目標を示し、少子化対策に乗り出した。

少子化対策は、1990（平成2）年の「1.57ショック」を契機として、特に子育てと仕事の両立支援などの子どもを産み育てやすい環境の整備について重点的に進められた。1994（平成6）年には、地域における保育需要に対応するため、少子化対策の必要性と子育て支援のための施策を柱とした「今後の子育て支援のための施策の基本的方向について（エンゼルプラン）(1994（同6）年12月16日、文部・厚生・労働・建設4大臣合意)」が公表された。そして、「当面の緊急保育対策等を推進するための基本的考え方（緊急保育対策等5か年事業）(同年12月18日、大蔵・厚生・自治3大臣合意)」等に基づき、保育所における低年齢児保育の促進、延長保育、一時的保育などの特別保育事業等が展開された。その後、各自治体で実施するため、「地方版エンゼルプラン」が策定された。

## 3　「少子化への対応と必要性」に基づく対策

国は、1997（平成9）年に審議会として初めて少子化問題に関する報告書を取りまとめ、少子化への対応と必要性に基づく対策を打ち出した。これを受け、1997年、大幅な児童福祉法改正が行われた。

1997（平成9）年には、厚生省人口問題審議会が設置され「少子化に関する基本的な考え方について」を取りまとめた。この報告書は、政府の審議会として初めて少子化の問題を正面から取り上げたものである。さらに1998（同10）年には内閣総理大臣の私的諮問機関である「少子化への対応を考える有識者会議」が設置され、「夢のある家庭づくりや子育てができる社会を築くために」と題する提言がまとめられた。

なお、1996（同8）年12月には、中央児童福祉審議会（基本問題部会）から「少子社会にふさわしい保育システムについて」と題する報告がまとめられており、1997（同9）年の児童福祉法の改正（保育所の措置制度の見直し）につながった。

## 4　総合的な少子化対策—新エンゼルプラン—

1999（平成11）年に「少子化対策推進基本方針」が決定され、その具体的実施計画としての「新エンゼルプラン」が策定された。これは、「エンゼルプラン」と「緊急保育対策等5か年事業」を見直したものである。

1998（平成10）年の有識者会議の提言をふまえ、1999（同11）年には閣僚会議により「少子化対策推進基本方針」(同年12月17日）が決定された。その具体的実施計画として「重点的に推進すべき少子化対策の具体

的実施計画について（新エンゼルプラン）」（同年12月19日、大蔵・文部・厚生・労働・建設・自治6大臣合意）が策定された。これは、「エンゼルプラン」と「緊急保育対策等5か年事業」を見直した、2000（同12）年度から2004（同16）年度の5か年間の計画である。8分野にわたる子育て支援の柱が示されたなかで、厚生労働省関係の子育て支援サービスの項目として、①低年齢児の受け入れ枠の拡大、②多様な需要に応える保育サービスの推進、③在宅児も含めた子育て支援の推進（地域子育て支援センターの整備など）、④放課後児童クラブの推進等がある。

さらに、必要なときに利用できる多様な保育サービスの整備および在宅の乳幼児も含めた子育て支援の充実など、施策の総合的な展開を図る観点から「特別保育事業実施要綱」（2000（同12）年4月1日から実施）が定められた。この要綱では、仕事等の社会的活動と子育て等の家庭生活との両立を容易にするとともに子育ての負担感を緩和し、安心して子育てができるような環境設備を総合的に推進するため、延長保育、一時保育、地域の子育て支援等の13事業を実施した。また、2001（同13）年7月には「仕事と子育ての両立支援策の方針について」が閣議決定され、そのなかで「待機児童ゼロ作戦」として、保育所、保育ママ、自治体単独施策、幼稚園預かり保育等を活用し、待機児童数の減少をめざした。

## 5　「少子化の流れを変える」ためのもう一段の対策（次世代育成支援対策）の推進

> 国は「少子化の流れを変える」ためのもう一段の対策として、次世代育成支援対策の推進を掲げ、2003（平成15）年に「次世代育成支援対策推進法」と「少子化社会対策基本法」を成立させた。そして、2004（同16）年には「子ども・子育て応援プラン」を策定した。

厚生労働省は、安心して子どもを生み育て、意欲をもって働ける社会環境の整備を進めるため、2002（平成14）年に「少子化対策プラスワン」を発表し、これまでの「子育てと仕事の両立支援」に加え、①男性を含めた働き方の見直し、②地域における子育て支援、③社会保障における次世代支援、④子どもの社会性の向上や自立の促進というもう一段の対策を推進した。その一環として、2003（同15）年7月には「次世代育成支援対策推進法」（2005（同17）年から10年間の時限立法）を成立させた。

2003（平成15）年には、少子化に的確に対処するための施策を総合的に推進するための法律として「少子化社会対策基本法」が成立した。

一方、同年3月の児童福祉法の改正では、専業主婦家庭を中心とした子育て家庭の孤立や負担感の増大、地域の子育て機能の低下等に対応するものとして、これまでの「要保護児童や保育に欠ける児童を主とした児童福祉法」から「子どもと親・家庭のための児童福祉法」に改めた。

2004（平成16）年には「次世代育成支援対策関連三法案」が国会に提出され、可決した。同年6月には少子化社会対策基本法に基づいて「少子化社会対策大綱」が閣議決定され、国をあげて少子化の流れを変えるための各種施策を強力に推進していくこととなった。さらに、同年12月には、「少子化社会対策大綱に基づく重点施策の具体的実施計画について（子ども・子育て応援プラン）」が策定された。このプランは少子化社会対策大綱の掲げる、①若者の自立とたくましい子どもの育ち、②仕事と家庭の両立支援と働き方の見直し、③生命の大切さ、家庭の役割等についての理解、④子育ての新たな支え合いと連帯、といった4つの重点課題に沿って、2009（同21）年度までの5年間に講じる具体的な施策と目標を掲げ、おおむね10年後の「めざすべき社会の姿」を提示した。

## 6　「少子化対策」から「子ども・子育て支援」へ―子ども・子育てビジョン―

　子ども・子育てビジョン～子どもの笑顔があふれる社会のために～は、子どもと子育てを応援する社会に向けて、社会全体で子育てを支え、個人の希望がかなえられることを基本的な考え方として示したものである。そのスローガンは、「子どもが主人公（チルドレン・ファースト）」「『少子化対策』から『子ども・子育て支援』へ」「生活と仕事と子育ての調和」である。

　「子ども・子育てビジョン」は、少子化社会対策基本法に基づく「大綱」として策定された。このビジョンは、「1　社会全体で子育てを支える」「2　『希望』がかなえられる」を基本的な考え方とし、3つの大切な姿勢を示している。そして、①子どもの育ちを支え、若者が安心して成長できる社会へ、②妊娠、出産、子育ての希望が実現できる社会へ、③多様なネットワークで子育て力のある地域社会へ、④男性も女性も仕事と生活が調和する社会へ（ワーク・ライフ・バランスの実現）、という「目指すべき社会への政策4本柱」を掲げ、12の主要施策（「子どもを社会全体で支えるとともに、教育機会の確保を」「誰もが希望する幼児教育と保育サービスを受けられるように」「子育て支援の拠点やネットワークの充実が図られるように」「働き方の見直しを」など）と施策の具体的内容、および平成26年度の具体的数値目標を示した。

## 7　子ども・子育て支援新制度

　子ども・子育て支援新制度は、地域主権を前提とし、すべての子どもへの良質な育成環境を保障し、子どもを大切にする社会、出産・子育て・就労の希望がかなう社会、仕事と家庭の両立支援で、充実した生活ができる社会、新しい雇用の創出と、女性の就業促進で活力ある社会をめざす。

　子ども・子育て新システムは、子ども・子育てを社会全体で支援し、利用者（子どもや子育て家庭）本意を基本として、すべての子ども・子育て家庭に必要な良質なサービスを提供、地域主権を前提とした多様な

ニーズにこたえるサービスを実現することをめざしたものである。

　そして、すべての子どもへの良質な育成環境を保障し、子ども・子育て家庭を社会全体で支援することを目的として、2012（平成24）年8月、「子ども・子育て支援法」「就学前の子どもに関する教育、保育等の総合的な提供の推進に関する法律の一部を改正する法律」「子ども・子育て支援法及び就学前の子どもに関する教育、保育等の総合的な提供の推進に関する法律の一部を改正する法律の施行に伴う関係法律の整備等に関する法律」（いわゆる「子ども・子育て関連3法」）が公布された。保護者が子育てについての第一義的責任を有するという基本的認識のもとに、幼児期の学校教育・保育、地域の子ども・子育て支援を総合的に推進するものである。その主なポイントは以下のとおりである。

① 　認定こども園、幼稚園、保育所を通じた共通の給付（「施設型給付」）、および都市部における待機児童解消とともに、子どもの数が減少傾向にある地域における保育機能の確保に対応するために小規模保育等への給付（「地域型保育給付」）を創設。

② 　認定こども園制度の改善（幼保連携型認定こども園の改善等）として、幼保連携型認定こども園の認可・指導監督の一本化、学校および児童福祉施設として法的位置づけ、既存の幼稚園および保育所からの移行は義務づけず政策的に促進。幼保連携型認定こども園の設置主体は、国、地方公共団体、学校法人、社会福祉法人のみとし、認定こども園の財政措置を「施設型給付」に一本化。

③ 　地域の実情に応じた支援（利用者支援、地域子育て支援拠点、放課後児童クラブなどの「地域子ども・子育て支援事業」）の充実として、教育・保育施設を利用する子どもの家庭だけでなく、在宅の子育て家庭を含むすべての家庭および子どもを対象とする事業を市町村が実施。

④ 　基礎自治体（市町村（特別区含む。以下同じ））が実施主体として、地域のニーズに基づき計画を策定、給付・事業を実施（子ども・子育て支援法第59条の規定に基づき、地域子ども・子育て支援事業として13事業を実施）、国・都道府県は実施主体の市町村を重層的に支える。

⑤ 　社会全体による費用負担として、消費税率の引き上げによる国および地方の恒久財源の確保を前提。

⑥ 　制度ごとにバラバラな政府の推進体制を整備（内閣府に子ども・子育て本部を設置）。

⑦ 　有識者、地方公共団体、事業主代表・労働者代表、子育て当事者、子育て支援当事者などが、子育て支援の政策プロセスなどに参画・関与できる仕組みとして、子ども・子育て会議を国に設置（市町村等の合議制機関「地方版子ども・子育て会議」の設置努力義務）などである。

参考までに、図6-2は子ども・子育て支援法に基づく給付・事業の全体像を示したものである。その内容は、①子ども・子育て支援給付、②地域子ども・子育て支援事業（13事業）に区分され、また支援給付では施設型給付と地域型保育給付は、児童手当と同列に整理されている。

図6-2 子ども・子育て支援新制度の概要

資料：内閣府「子ども・子育て支援新制度について（平成29年6月）」2017年　6頁

## 8　「新たな少子化社会対策大綱」の策定と推進

従来の少子化対策の枠組みをこえて、新たに結婚の支援を加え、子育て支援策の一層の充実、若い年齢での結婚・出産の希望の実現、多子世帯への一層の配慮、男女の働き方改革、地域の実情に即した取り組み強化の5つの重点課題を設けた。

2015（平成27）年3月、少子化対策は新たな局面を迎えたとして、2004（同16）年、2010（同22）年に続いて3回目の、少子化社会対策基本法に基づく総合的かつ長期的な少子化に対処するための施策の指針「少子化社会対策大綱～結婚、妊娠、子供、子育てに温かい社会の実現をめざして～」が閣議決定された。基本的な考え方は以下の通りである。
① 結婚や子育てしやすい環境となるよう、社会全体を見直し、これまで以上に対策を充実。
② 個々人が結婚や子どもについての希望を実現できる社会をつくることを基本的な目標とする（個々人の決定に特定の価値観を押し付けた

り、プレッシャーを与えたりすることがあってはならないことに留意)。

③　「結婚、妊娠・出産、子育ての各段階に応じた切れ目のない取組」と「地域・企業など社会全体の取組」を両輪として、きめ細かく対応。

④　今後５年間を「集中取組期間」と位置づけ、この大綱で掲げる重点課題（①子育て支援施策を一層充実、②若い年齢での結婚・出産の希望の実現、③多子世帯へ一層の配慮、④男女の働き方改革、⑤地域の実情に即した取組強化）を設定し、政策を効果的かつ集中的に投入。

⑤　長期展望に立って、子どもへの資源配分を大胆に充実し、継続的かつ総合的な対策を推進する。

そして、個々人が希望する時期に結婚でき、かつ、希望する子どもの数と生まれる子どもの数との乖離をなくしていくための環境を整備し、国民が希望を実現できる社会をつくることを基本目標に掲げ、**図６－３**に示したような主な施策の数値目標（2020年）を掲げた。

図６－３　主な施策の数値目標（2020年）：少子化社会対策大綱

**子育て支援**

- □ 認可保育所等の定員　：　267万人（2017年度）　（234万人（2014年４月））
  - ⇒　待機児童　解消をめざす（2017年度末）　（21,371人（2014年４月））
- □ 放課後児童クラブ　：　122万人　（94万人（2014年５月））
  - ⇒　待機児童　解消をめざす（2019年度末）　（9,945人（2014年５月））
- □ 地域子育て支援拠点事業　：　8,000か所　（6,233か所（2013年度））
- □ 利用者支援事業　：　1,800か所　（291か所（2014年度））
- □ 一時預かり事業　：　延べ1,134万人　（延べ406万人（2013年度））
- □ 病児・病後児保育　：　延べ150万人　（延べ52万人（2013年度））
- □ 養育支援訪問事業　：　全市町村　（1,225市町村（2013年４月））
- □ 子育て世代包括支援センター　：　全国展開　支援ニーズの高い妊産婦への支援実施の割合　100%

**男女の働き方改革（ワークライフバランス）**

- ■ 男性の配偶者の出産直後の休暇取得率　：　80%（－）
- □ 第１子出産前後の女性の継続就業率　：　55%（38.0%（2010年））
- □ 男性の育児休業取得率　：　13%（2.03%（2013年度））

**教育**

- ■ 妊娠・出産に関する医学的・科学的に正しい知識についての理解の割合　：　70%（34%（2009年））

（注）先進諸国の平均は約64%

**結婚・地域**

- ■ 結婚・妊娠・出産・子育ての各段階に対応した総合的な少子化対策を実施している地方自治体数　：　70%以上の市区町村（243市区町村（約14%）(2014年末))

**企業の取組**

- ■ 子育て支援パスポート事業への協賛店舗数　：　44万店舗（22万店舗（2011年））

**結婚、妊娠、子供・子育てに温かい社会**

- ■ 結婚、妊娠、子供・子育てに温かい社会の実現に向かっていると考える人の割合　：　50%（19.4%（2013年度））

■は新規の目標

資料：内閣府「少子化社会対策大綱～結婚、妊娠、子供、子育てに温かい社会の実現をめざして～（概要）」2015年を一部改変

また、この度の子ども・子育て支援新制度は、これまで「医療」「年金」「介護」の3分野で成り立っていたわが国の社会保障経費に加え、初めて「少子化対策・子育て支援対策」が位置づけられ、4分野となったことからも、大きな意義を有している制度であることがわかる。

## 2．子ども・子育て支援の課題と展望

### 1　子ども・子育て支援の課題

> 子ども・子育て支援の充実に向けて、アンケート調査結果にはあらわれていない当事者の声（声なき声）をいかに吸い上げることができるか、これらを含め市町村の取り組む姿勢が問われている。

　子ども・子育て支援新制度は、両親の有無、親の労働状況、都会かどうかは関係なく、すべての子どもと子育て家庭を対象とし、子ども一人ひとりの健やかな育ちを等しく保障することを目的に制度化された。全世代で子どもと子育て家庭を支え、次世代の育成にすべての国民が参画する社会の構築をめざし、さらに、すべての子どもに良質な発達環境を保障し、親が安心して子育てができる環境整備を目的としている。

　そこで、新制度では子どもや保護者が暮らす最も身近な自治体である市町村が、具体的な計画および実施に至るまでの責任と権限をもって、住民の教育・保育・子育て支援に対するニーズを把握するために、保育利用の現状だけではなく、将来の利用希望（潜在需要）も含めたアンケート調査を実施し、その結果に基づき計画を策定した。そして、新制度に基づく給付・事業の実施に必要な財源は、国が消費税増税分などにより給付し、質・量ともに充実を図ることとなった。しかし、その範囲は法律において限定されている。

　一方、満3歳未満の在宅の子育て（保育を必要としない）家庭に対する支援は、「地域子育て支援拠点事業」や「一時預かり事業」などの支援メニューとして、市町村が実施主体となって行うことになった。

　このように、新制度においては、国は法律の範囲内において責任をもち、市町村は「教育・保育給付」（子ども・子育て支援給付）の実施義務を負うため、自治体間の格差はあまり生じない。しかし、在宅の子育て家庭への支援事業である「地域子ども・子育て支援事業」は、地域の実情に応じて取り組むことになっており、市町村の取り組む姿勢に大きく影響を受けることになる。これらの支援の充実に向けて、アンケート調査結果にはあらわれていない当事者の声をいかに吸い上げることができるか、これらを含め市町村の取り組む姿勢が問われている。

　一方、新制度は、すべての子どもと子育て家庭を対象としているが、社会的養護に関連する事項については若干触れられているに過ぎず、ま

た小学生（放課後児童クラブ対象以外）や中・高校生に関する支援、さらに全国におよそ4,600箇所設置されている児童館に関する事項について、視線が注がれていないことは課題である。

一方、今からおよそ40年前の1978（昭和53）年10月9日に放送されたNHK特集『警告　子どものからだは蝕まれている』の冒頭では、「私たちの周囲から暗闇が消え、力の限りに手足を動かすこともなくなりました。夏はクーラー、冬には暖房設備が整い、自分の体温を調節することさえほとんど必要なくなった現代の生活。私たちはこれまで、ひたすら快適で便利な暮らしを追い求め、現代文明は次々にそれを実現してきました。かつて、子どもたちは汗と土にまみれて大自然にぶつかり、仲間たちと遊びながら、人間としてたくましく生きていくためのからだと心を培ってきました。しかし、現代の子どもたちは、一見便利で快適な生活とひきかえに、そうした時間も場所も奪われてしまったようです。人工的な環境のなかでは、思いきり汗を流すことも、力の限り手足を動かすこともほとんどなくなりました。今、各地から報告される子どものからだのさまざまな異常、それはいわば現代文明の副作用が、生物としての人間にあらわれる兆しとも考えられます[2]」とコメントされている。

この番組を担当した清川輝基は、子どもたちの発達環境である、自然（物理的）環境、社会（地域、家庭、家族、学校）環境、文化（メディア）環境の激変が、わが国の子どもの心身に多大な影響を及ぼしていると警告している。このように、わが国の子育ちはおよそ40年前から危機にさらされ、その改善が図られてこなかったといわざるを得ない。今後は、国民一人ひとりが、価値観の転換を図り、物質的な豊かさの追求から、精神的豊かさを優先していくことが求められている。子どもにとって幸せなこととは何か、ということをおとなが真剣に考えていかなければならない。また、子育て環境に求められていることとは何か、ということを当事者である親の声（仕事と子育ての両立の視点だけではなく、仕事をもたない親の視点からも）に耳を傾けていかなければならない。また、子どものいない地域に未来は存在しないといわれているなかで、各市町村において将来に向けた街づくりをどのように行っていくのかということが、計画策定には問われている。

## 2　子ども・子育て支援の展望

今後の子ども・子育て支援は、地縁、血縁を超えた子どもと親・家庭への社会的なサポートシステムを構築し、すべての子どもと親が自己実現できる環境を創出していかなければならない。

2009（平成21）年に内閣府が行った「少子化対策に関する特別世論調査」によれば、「子を持つ親にとってあればいいと思う地域活動」（複数

回答）では、「子育てに関する悩みを気軽に相談できるような活動」（60.9％）が最も多く2人に1人が回答しており、続いて「子育てをする親同士で話ができる仲間づくりの活動」（49.9％）、「不意の外出のときなどに子どもを預かる活動」などがあがっている。

わが国は1950年代半ばから始まった高度経済成長によって、急激な都市化、工業化が起こった。その結果、地域社会も家族の構造や機能も、そして人々の意識も変容していった。そして、地縁、血縁のない希薄化した人間関係のなかで核家族世帯を営み、子育てをする家庭（母親）を多数出現させた。一方、都市化、工業化は子どもの遊び場や自然環境の減少を引き起こし、子育ち環境も悪化させた。家庭にあっても、相談する相手もなく、さらに夫は企業戦士として家庭を顧みることができないという状況のなかで、母親はひとり孤独になっていった。

さらに近年では、親自身の育ちの要因からくるような、自己中心的な未熟な親がみられるようになってきた。子どもに愛情を注ぐ前に自分に愛情を向けてほしいという親、育児に自信がもてない親、赤ちゃんに仕様説明書でも付いていればいいのにと嘆く親、親同士のコミュニケーションにストレスを感じる親など、新しいタイプの親が出現してきた。

**図6－4**は、これまでの伝統的家族から現在の家族、そしてこれから求められる家族支援を図式化したものである。これまでの「親はなくとも子は育つ」との言葉は、遠い昔の話になってきているのかもしれない。今日では、地域社会のなかに子どもを育てる力がなくなり、さらに、親の育児環境や能力の低下により「親はいても子は育たない」という状況になってきている。

このような子ども・子育て環境のなかで、地縁、血縁を超えた子どもと親・家庭への社会的なサポートシステムを構築し、すべての子どもと親が自己実現できる環境を創出していかなければならない。

図6－4　家族と家族を支える環境の変化

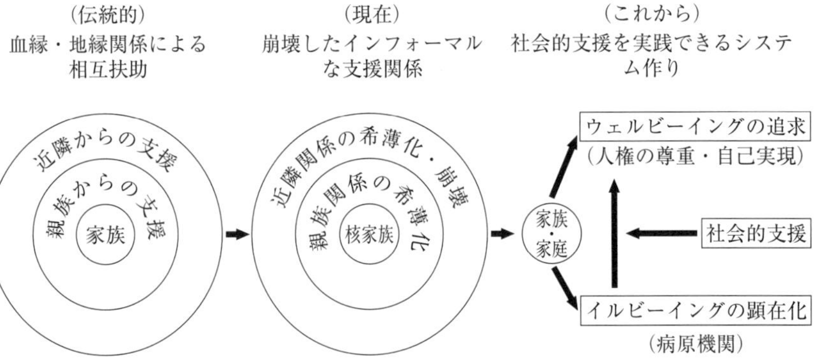

| （伝統的） | （現在） | （これから） |
|---|---|---|
| 血縁・地縁関係による相互扶助 | 崩壊したインフォーマルな支援関係 | 社会的支援を実践できるシステム作り |

近隣からの支援／親族からの支援／家族　→　近隣関係の希薄化・崩壊／親族関係の希薄化／核家族　→　家族・家庭

ウェルビーイングの追求（人権の尊重・自己実現）
社会的支援
イルビーイングの顕在化
（病原機関）

資料：全国社会福祉協議会『月刊福祉』9月号　2001年　21頁に加筆

## 3．児童健全育成

### 1　児童健全育成とは

> 児童健全育成とは、すべての子どもについて身体的、精神的、社会的に良好な状態が確保され、一人ひとりの個性化および自己実現が図られることをめざす活動および理念をいう。

　児童健全育成とは、大橋謙策によれば「児童憲章、児童福祉法を基本として保健、教育も含めた児童の健やかな成長を図る活動およびその理念の総称ということができる。ただし、一般的には、不特定多数の児童の健全な活動（遊び）の保障とそれとの対応における青少年の非行化防止が児童健全育成活動として認識されている」[3]としている。

　1947（昭和22）年に制定された児童福祉法第1条には「すべて国民は、児童が心身ともに健やかに生まれ、且つ、育成されるよう努めなければならない」と児童福祉の理念として掲げられ、さらに第2条では国や地方公共団体に対し児童育成の責任が謳われた。

　ちなみに、この児童福祉法の法案づくりに参画し、その後全国養護施設協議会（当事）会長として戦後の児童福祉発展に貢献した松島正儀は、「戦後の混乱期に、街にあふれる戦災孤児、引揚げ孤児、浮浪児、非行児童対策として当初、厚生省（現：厚生労働省）では「児童保護法」が草案として審議されていたが、日本の明日を築く子どもたちが平和と文化の創造に貢献することを願い、保護を要する子どもだけでなく、日本のすべての子どもたちの健全育成のための制度が必要であると提言し、『児童福祉法』と名称を替えて策定された」と述べている。

　さらに、2016（平成28）年に改正された児童福祉法は、その理念を「全て児童は、児童の権利に関する条約の精神にのつとり、適切に養育されること、その生活を保障されること、愛され、保護されること、その心身の健やかな成長及び発達並びにその自立が図られることその他の福祉を等しく保障される権利を有する」（第1条）とした。このように児童健全育成とは、すべての子どもについて身体的、精神的、社会的に良好な状態が確保され、一人ひとりの個性化および自己実現が図られることをめざしているものである。

　また、1951（昭和26）年に制定された「児童憲章」においても、「われらは、日本国憲法の精神にしたがい、児童に対する正しい観念を確立し、すべての児童の幸福をはかるために、この憲章を定める」と謳われ、すべての子どもを対象とし、その幸福を図ることとされている。

　さらに、1994（平成6）年に日本が批准した「子どもの権利条約」においても、第1条には「この条約の適用上、児童とは、18歳未満のすべ

ての者をいう」とされ、第3条には「児童に関するすべての措置をとるに当たっては、（中略）児童の最善の利益が主として考慮されるものとする」としている。その内容は、児童の最大限の発達保障（第6条）、児童の最高水準の健康の享受（第24条）、児童の諸能力を最大の可能性まで発達させる目的をもつ教育（第29条）、休息、余暇及び文化的生活に関する権利（第31条）などである。

　なお、児童健全育成の領域を考えるうえでは、本来、児童・家庭福祉行政全般を範囲としなければならないが、ここでは厚生労働省の施策のなかで直接児童を対象としている児童福祉分野について論じる。さらに、その施策の内容には「児童保護」と狭義の「児童健全育成」があるが、ここでは狭義の「児童健全育成」のサービスに限定する。

## 2　児童健全育成の内容

児童健全育成の内容は、健全な人間形成に資するため、生活環境条件の整備や児童とその家庭に対する相談援助等を行うことである。

　「児童健全育成」とは、広く一般の家庭にある児童を対象として児童の可能性を伸ばし、健全な人間形成に資するため、生活環境条件の整備、児童とその家庭に対し以下のような支援および相談援助等を行うことである。

①身体の健康増進
　児童が日常生活を営むうえで自立して行動できるような体力を培う。
②こころの健康増進
　児童が生活のなかで過重な不安感、緊張感、欲求不満感などもつことなく、安定した状態で自分が考えたことを自由に表現でき、児童自身のもつ能力を最大限に発揮して意欲的に生活できるような環境を整備する。
③知的適応能力の増進
　児童の能力や個性に応じて可能な限りの知識と技術を獲得させ、社会に適応した生活が営めるような能力を高める。
④社会的適応力の増進
　児童の発達段階に応じて、自分の所属するさまざまな集団生活の場において自己を失わずに他の子どもと協調できるような能力を高める。
⑤情操を豊かにすること
　美しいもの、善い行い、崇高なものなどを見たり聞いたりしたときに、素直に感動する心を養う。

　また、これらに関する国の施策としては、以下のように分けられる。
①　児童が家庭において保護者の温かい愛情と保護のもとに養育される

ため、家庭づくりを支援するサービス（各種相談援助事業、児童手当制度など）。

② 児童の生活の大半を占める遊びの環境づくりと地域における児童の育成に関する相互協力の活動への援助（児童厚生施設の設置・運営、放課後児童健全育成事業、地域組織活動など）。

③ 豊かで楽しい遊びを体験させるための活動への直接的な援助（児童福祉文化財、児童館を拠点とした地域のお年寄りとのふれあい事業など）。

なお、都道府県、指定都市、中核市、市町村においては、これらの事業を中心にその他独自の事業も展開されている。

## 4．児童健全育成施策の現状

### 1　児童健全育成対策の関係機関

児童福祉法には、児童健全育成のための機関や施設として、児童福祉審議会、児童相談所、福祉事務所、保健所、児童家庭支援センター、児童厚生施設があり、人的なものとして児童委員の規定がある。

児童健全育成のための機関として、児童福祉法には、児童福祉審議会、児童相談所、福祉事務所、保健所、児童家庭支援センターが定められている。

また施設としては児童厚生施設、さらに人的なものとしては児童委員が規定されている。その他関連するものとして、家庭児童相談室、主任児童委員などがある[*1]。

*1 詳細は、第5章および第13章参照。

### 2　児童手当制度とは

児童手当制度は、児童を養育している者に児童手当を支給し、家庭での生活の安定に寄与し、次代の社会を担う児童の健全な育成および資質の向上に役立たせることを目的に、1971（昭和46）年に児童手当法として制定された。

児童手当制度の目的は、「児童を養育している者に児童手当を支給することにより、家庭における生活の安定に寄与するとともに、次代の社会をになう児童の健全な育成及び資質の向上に資すること」（児童手当法第1条）であり、1971（昭和46）年に児童手当法が制定され、翌年の1972（同47）年から実施されている。

法律の制定以降、支給要件、支給額、支給対象、年齢など数次の改正ののち、2012（平成24）年度（所得制限は同年6月分から適用）からは、所得制限額未満である者は、3歳未満は月額1万5,000円、3歳以上小学校修了前（第1子・第2子）は月額1万円、3歳以上小学校修了前（第3子以降）は月額1万5,000円、中学生は月額1万円が支給されている。

また、所得制限額以上である者は当分の間の特例給付として月額5,000円が支給されている。

なお、児童手当は子ども・子育て支援新制度において、「子どものための現金給付」として位置づけられている。

## 3　児童厚生施設（児童館・児童遊園）とは

児童厚生施設は児童福祉法第40条に規定され、児童館と児童遊園があり、児童福祉施設のなかでも、児童健全育成の第一線の施設である。しかし、新制度の「地域子ども・子育て支援事業」には放課後児童健全育成事業（放課後児童クラブ）は含まれたが、児童館の活動・事業は位置づけされなかった。

児童厚生施設は、児童福祉法第40条に規定されている児童福祉施設の一種であり、屋外型の児童遊園と屋内型の児童館等を利用し、子どもに健全な遊びを与えて、その健康を増進し、または情操を豊かにすることを目的とした施設である。さらに児童厚生施設には、専門職員として「児童の遊びを指導する者」（児童厚生員）が置かれ（児童遊園は巡回でも可）、児童に遊びを指導するとともに母親クラブ、地域子ども会などの地域組織活動の拠点としても機能している。また、児童館によっては、幼児の集団指導や放課後児童健全育成事業を行っている。

2011（平成23）年には、児童館運営の理念と目的や機能・役割、活動内容などを示した『児童館ガイドライン』（厚生労働省雇用均等・児童家庭局長通知）が発出された。その後、改正・施行された児童福祉法など、子どもの健全育成に関する法律との整合や、今日的課題に対応する児童館活動の現状を踏まえ、2018（平成30）年、地域の子ども・子育て支援に資する児童福祉施設としての児童館のさらなる機能拡大をめざし、改正された。

### ❶　児童館

児童館は、**表6－1**に示したように、現状においてはその規模および機能から①小型児童館、②児童センター、③大型児童館A型、④大型児童館B型の4つに大別できる。設置数は、2006（平成18）年の4,718か所をピークに減少に転じ、2017（同29）年は4,541か所である。

### ❷　児童遊園

児童遊園は、地域における児童（主として幼児および小学校低学年）に対し、健全な遊びを通して、集団的、個別的指導を行い、あわせて事故防止に資するもので、また、子ども会、母親クラブ等の地域組織活動の育成助長を図る拠点としての機能を有する。設備の基準としては、敷地は原則として330㎡以上、標準的設備として遊具（ブランコ、砂場、滑り台、ジャングルジム等）、広場、ベンチ、便所、飲料水設備、ごみ入れ、棚、照明設備等である。

表6−1　児童館の類型

| 小型児童館 | | 小地域を対象として、児童に健全な遊びを与え、その健康を増進し、情操を豊かにするとともに、母親クラブ、子ども会等の地域組織活動の育成助長を図る等児童の健全育成に関する総合的な機能を有するもの |
|---|---|---|
| 児童センター（大型児童センター※） | | 小型児童館の機能に加えて、運動、遊びを通して体力増進を図ることを目的とした指導機能を有するもの<br>（※大型児童センターは中学生、高校生等の年長児童を対象とし、文化的・芸術的な活動、スポーツ活動などが展開できるような設備等を取り入れ、開館時間にも配慮） |
| 大型児童館 | A型児童館 | 児童センターの機能に加えて、都道府県内の小型児童館、児童センター及びその他の児童館の指導及び連絡調整等の役割を果たす中枢的機能を有するもの<br>（芸術・科学・文化・歴史・地域風土など、多用なテーマをもつ展示設備、大型遊具を配置し、総合的な健全育成活動を展開） |
| | B型児童館 | 豊かな自然環境に恵まれた一定の地域内に設置し、児童が宿泊しながら、自然を生かした遊びを通して協調性、創造性、忍耐力等を高めることを目的とし、小型児童館の機能に加えて、自然のなかで児童を宿泊させ、野外活動が行える機能を有するもの<br>（通称：こども自然王国） |

資料：児童健全育成推進財団『児童館・児童クラブテキストシリーズ　児童館論』児童健全育成推進財団　2015年　19−22頁より作成

　設置数は、1989（平成元）年度の4,100か所から1997（同9）年の4,181か所をピークとし、2017（同29）年には2,380か所になっている（なお、減少していることは確かであるが、2009〜2014年の数値は調査方法の変更により、単純に年次比較はできない）。

## 4　児童福祉文化の振興

児童福祉文化財とは、子どもは可能な限り最善の養育環境のもとで養育されなければならず、そのためにおとなが子どもの健全な育成および発達を促すために意図的に創造された文化財をいう。

　児童憲章に「すべての児童は、よい遊び場と文化財を用意され、わるい環境からまもられる」と謳われているように、子どもは可能な限り最善の養育環境のもとで養育されなければならない。そこで、おとなが児童の健全な育成および発達を促すために意図的に創造された文化財を児童福祉文化財という。その内容は、絵本、童話、小説などの出版物、演劇、演奏会等の舞台芸術、放送、映画、各種メディア（レコード、CD、DVD、ビデオ、インターネット、衛星通信）などの映像、メディア、玩具など幅広い。一方、児童に有害な出版物等（テレビ番組、出版物、ビデオ、コンピュータソフト、インターネット、ピンクビラ等）に対しては、関係業界において自主規制を徹底することなどの意見が出されている。

## 5　地域組織活動

地域では子どもの健全育成を図るために、地域子ども会、親の会、母親クラブ、青少年ボランティア組織などの地域組織活動が展開されている。

　地域における子どもの健全育成を図るため、地域組織活動が展開されている。地域組織活動には、子ども自身の集団活動を育成する地域子ども会や親が近隣地域で子どもの健全育成のために活動する親の会、母親クラブや青少年ボランティア組織などがある。なお、全国母親クラブ連絡協議会は、2002（平成14）年度に全国地域活動連絡協議会に改称した。

## 6　放課後児童健全育成事業（放課後児童クラブ）と子ども・子育て支援新制度

放課後児童健全育成事業（放課後児童クラブ）は、小学生の放課後等を安全・安心に過ごすことができる居場所として、量と質の確保と運営の平準化を図る観点から、「放課後子ども総合プラン」「放課後児童健全育成事業の設備及び運営に関する基準」「放課後児童クラブ運営指針」を策定し、また「放課後児童クラブガイドライン」の見直しや「少子化社会対策大綱」においても、その整備が位置づけられた。さらに2018（平成30）年には「新・放課後子ども総合プラン」を策定した。

　放課後児童健全育成事業は、平成10年度から施行された改正児童福祉法によって法定化された。児童福祉法第6条の3第2項で「小学校に就学している児童であつて、その保護者が労働等により昼間家庭にいないものに、授業の終了後に児童厚生施設等の施設を利用して適切な遊び及び生活の場を与えて、その健全な育成を図る事業」と規定されている。また、この事業は子ども・子育て支援新制度でも、市町村が行う「地域子ども・子育て支援事業」として法律上に位置づけられた。

　放課後児童健全育成事業（放課後児童クラブ）は、2018（平成30）年5月1日現在、2万5,328か所、登録児童数123万4,366人で過去最高となっている。一方、利用できなかった児童（待機児童）は1万7,279人となっている。また、いわゆる「小1の壁」[2]の問題を解決するため、2014（同26）年には文部科学省と厚生労働省が共同で「放課後子ども総合プラン」を策定し、学校施設を活用し、放課後児童クラブと放課後子供教室の一体型を中心とした取り組みを推進することとなった。さらに、いわゆる「小4の壁」[3]の問題を解決するため、国は児童福祉法を改正し、2015（同27）年4月から対象となる児童の年齢を「おおむね10歳未満」から「小学校に就学している児童」とした。

　一方、子ども・子育て支援法において、市町村に5年を1期とする支援事業計画に従って、事業を実施する責務を課した。また、事業の質を確保することと運営の平準化を図る観点から「児童福祉施設の設備及び運営に関する基準」に準拠した「放課後児童健全育成事業の設備及び運営に関する基準」を2014（平成26）年4月に策定し、市町村はこれを踏

▶2　小1の壁
保育所に通っていた児童が、小学校に入学すると学校の終了時間後（放課後）の受け皿がなく、これまで勤務していた仕事を止めざるを得ない状況になること。

▶3　小4の壁
学童クラブの対象が「おおむね10歳未満」であることから、その対象が小3までであり、小学4年生になると学童クラブを退所しなければならず、保護者が仕事を止めざるを得ない状況になること。

まえて条例で定めることになった。ちなみに、この基準の第10条第3項において、放課後児童支援員となるために「都道府県知事が行う研修（認定資格研修）を修了しなければならない」とされている。さらに、国において2007（同19）年に「放課後児童クラブガイドライン」を策定したが、2014年に策定した「放課後児童健全育成事業の設備及び運営に関する基準」を踏まえ、2015（同27）年3月にガイドラインの見直しを行った。これらの改正を受け、国は事業者（運営主体）および実践者向けの「放課後児童クラブ運営指針」を策定した。

また、近年の女性就業率の上昇等により、さらなる共働き家庭等の子どもの増加が見込まれており、「小1の壁」を打破するとともに待機児童を解消するため、放課後児童クラブの追加的な整備が不可欠な状況となっていることから、2018（平成30）年に放課後子ども総合プランを改正する形で「新・放課後子ども総合プラン」を策定した。主な改正ポイントは、①放課後児童クラブについて、2021年度末までに約25万人分を整備し、2023年度末までに計約30万人分の受け皿を整備する（約122万人→約152万人）、②子どもの主体性を尊重し、子どもの健全な育成を図る放課後児童クラブの役割を徹底し、子どもの主体性、社会成等のより一層の向上を図ることを国全体の目標に追加、③「登下校防犯プラン」を踏まえ、来所・帰宅時の安全確保への取り組みを追加、④放課後等デイサービス事業との連携や同事業の実施にあたって学校施設の積極的な活用に関する事柄を追加すること等である。

## 5．児童健全育成の課題と展望

### 1　児童健全育成の課題

児童健全育成の課題は、①子育ちの支援、②親育ちの支援、③親子関係（子育て・親育て）の支援、④育む環境の育成（家庭・地域）の4つの援助をターゲットに組み込んだ総合的な支援をいかに地域のなかに構築できるかということである。

高城義太郎は、健全育成について「健全育成の理念は、子どもの人間としての尊厳および価値の思想により、生活の安定と全人的発達の助長を希求しているものといえる。要するに健全育成はすべての子どもについての身体的、精神的、社会的に良好な状態（ウェルビーイング）が確保され、一人ひとりの個性化が図られ、自己実現が得られることをめざしており、それは、いつの時代においても不変の社会的願望である」[4]と述べている。一方、国の政策においても「社会のための子育て」から「子ども・子育てのための社会づくり」へと視点の転換が図られてきている。また、要保護児童を対象とした重点施策から積極的にすべての子どもを

対象としたウェルビーイング志向へと政策の転換もみられてきている。このような意味からも、本来、児童健全育成サービスを考えていく場合、山縣文治が指摘しているように、その視点は、①子育ちの支援、②親育ちの支援、③親子関係（子育て・親育て）の支援、④育む環境の育成（家庭・地域）の4つの援助をターゲットに組み込んだ総合的なものでなければならない。しかしながら、今日行われている各種事業は多岐にわたっているが、各省庁が展開している事業で類似したものがあり、時には重複しているなど、そのバランスに欠けているところがある。

次に、子育ち支援として児童館等での健全育成活動があげられるが、その数が2017（平成29）年度で4,541か所である。この数字はおよそ5つの小学校に1つの児童館という割合の数字でもあり、今後は設置数の増加が求められている。また、児童館の主たる対象が乳幼児や小学校低学年である。そのため、なかなか小学校高学年、中・高校生が利用しづらい現状にある。また開館時間の制限によって利用できない現状もあり、今後は中・高校生が利用しやすい運営が求められている。

## 2　児童健全育成の今後の展望

> 今後は、子どもを主体とした権利擁護と子どもの最善の利益の視点が不可欠である。また、子どもの問題に広く対応する「インクルージョン（包括）」の視点で、地域の子どもと親・家庭にかかわるという役割が児童館などに求められている。

これからの児童健全育成サービスの展開には、子どもを主体とした権利擁護と子どもの最善の利益の視点が不可欠である。それには、施策を検討する過程に、可能な限り子どもを参画させ、子どもの声に耳を傾けていくことが必要である。そのおとなの姿勢が子どもを健全な育成に導いていくことになるであろう。また、子育ち支援として、創造的知力の開発とともに、人間的諸能力の基礎ともいえる感性、社会性、自己抑制力、対人関係能力、コミュニケーション能力などを培うことに視点を置き、それらのプログラムを展開していくことが求められる。特に、中・高校生など年長児童に対する居場所の確保、スポーツ、音楽などの彼らのニーズにあったメニューの提供、ボランティア体験などによる社会参加の促進等、積極的に取り組む必要がある。そのことが、いじめ、暴力、非行、ひきこもりなどの予防効果をあげることにつながる可能性があるだろう。また、これらの取り組みは、子ども自身の問題だけではなく、近い将来、家庭をもち、子育てに参加する層として、また、虐待の予防としても重要な意味をもつことになるだろう。

今後は、児童健全育成に関する地域のニーズ、課題の調査・発掘、アセスメント、有効な対応のプログラムの開発などが求められている。

最後に、児童館の役割として居場所の確保という視点も大切だが、さらに、地域の子どもの問題に広く対応する「インクルージョン（包括）」の視点から、子どもと親・家庭にかかわるという役割が求められている。

【引用文献】
1）柏女霊峰『子育て支援と保育者の役割』フレーベル館　2003年　28－29頁
2）清川輝基『人間になれない子どもたち―現代子育ての落し穴―』枻出版社　2003年　2－3頁
3）仲村優一・大橋謙策ほか編『現代社会福祉事典』全国社会福祉協議会　1982年　213頁
4）高城義太郎「子どもの健全育成をめぐる今日的課題」『エデュケア21』第3巻第12号　栄光教育文化研究所　1997年　60頁

【参考文献】
1）放課後児童支援員認定資格研修教材編集委員会編『放課後児童支援員都道府県認定資格研修教材』中央法規　2015年
2）児童健全育成推進財団『児童館・児童クラブテキストシリーズ②　児童館論』児童健全育成推進財団　2015年
3）『発達』第36巻第142号　ミネルヴァ書房　2015年
4）内閣府『平成28年版　少子化社会対策白書』2016年
5）内閣府『平成29年版　少子化社会対策白書』2017年
6）内閣府『平成30年版　少子化社会対策白書』2018年
7）日本子どもを守る会編『子ども白書2018』本の泉社　2018年
8）社会福祉の動向編集委員会編『社会福祉の動向2019』中央法規出版　2019年
9）厚生労働省編『平成29年版　厚生労働白書』2019年
10）『発達』第35巻第140号　ミネルヴァ書房　2014年
11）保育研究所編『これでわかる！　子ども・子育て支援新制度―制度理解と対応のポイント―』ちいさいなかま社　2014年
12）保育行財政研究会編『よくわかる子ども・子育て支援新制度2　学童保育（放課後児童健全育成事業）』かもがわ出版　2014年
13）児童健全育成推進財団『児童館・児童クラブテキストシリーズ①　健全育成論』児童健全育成推進財団　2014年
14）児童健全育成推進財団『児童館テキストシリーズ①　児童館の機能と運営』児童健全育成推進財団　2011年
15）柏女霊峰『子ども家庭福祉・保育の幕開け―緊急提言　平成期の改革はどうあるべきか―』誠信書房　2011年

## コラム① 子どもの居場所づくり

　日本の子どもの相対的貧困率は2015（平成27）年には13.9%、前回2012（同）24年の調査時より2.4ポイント改善したことが厚生労働省の「平成28年　国民生活基礎調査」の結果から明らかになりました。ただ、改善傾向にあるものの、ひとり親世帯の子どもの貧困率は50.8%と未だ半数を超えています。このような状況のもと子どもの貧困対策の必要性が強調され、「子どもの貧困対策法」の制定とともに、行政機関だけではない民間組織やボランティアの力を活かした学習支援や子ども食堂という支援に注目が集まっています。学習支援は、536自治体で実施されておりこれは全自治体の59%を占めています[*1]。また、子ども食堂は、2018（同26）年4月時点で全国に2,286か所あります[*2]。

　貧困世帯を対象とした学習支援や子ども食堂は、いずれも1980年代の非行に走る子どもたちの「生活の安定」と「貧困の世代間連鎖」解消をめざした活動に原点をみることができます。例えば、学習支援では、生活保護ケースワーカーたちが生活保護を利用する世帯の子どもなかに中学卒業後も進学しない、就職しても続かない、いわゆる「中卒ブラブラ族」が多いことを解消しようとボランティアで取り組んだ「江戸川中3勉強会」を挙げることができます。「中卒ブラブラ族」の問題の背景に「子どもが一番大事な成長期に家庭の崩壊にぶつかっていく」ことをつきとめ、生活の立て直しのため高校進学のための学習を契機として子どもたちとケースワーカーや大学生ボランティアの交流が始まっています。

　子ども食堂については、広島市の「ばっちゃん」こと中本忠子さんの取り組みが有名です。中本さんは、元保護司で毎日、市営住宅の自宅で多い時には小学生から21歳までの少年たちに無償で食事を提供してきました。その契機となったのは、シンナーを買う金欲しさに空き巣をした中学2年生の少年に出会ったことからでした。何度注意してもシンナーを手放すことができない少年に理由を尋ねたところ、「お腹が減ったのを忘れられるから」と答えました。中本さんは、家で食事を与えられていないというこの少年にこの日から毎日食事を出すようになります。やがてお腹が満たされるようになった少年はシンナーをやめ、そして同じような境遇の友人たちを中本さんのもとへ連れてくるようになりました。

　学習支援や子ども食堂は、単に「勉強を教える」「食事を提供する」というサービス提供だけでなく、生活を立て直す「居場所づくり」が求められてい

*1　厚生労働省「平成30年度生活困窮者自立支援制度の実施状況調査集計結果」2018年より。

*2　こども食堂安心・安全向上委員会（代表：湯浅誠氏・法政大学教授）により、2018年3月までに行われた実態調査の結果による。

ます。なんだか上手くいかない家庭や学校の他に集う場ができ、そのメンバーのなかで「自己肯定感」を取り戻していきます。そして子どもは、これまでの先生や親といった上下関係ではなく、友だち同士という横の関係でもありません。少し年齢が離れた学生ボランティアとの間に斜めの関係が生まれます。そんな「居場所づくり」が、学習支援や子ども食堂に生活困難を抱える子どもの生活の立て直し方策として期待されています。

「自己肯定感」とは「自己を肯定する感覚」、つまり「自分は大切な存在だ」と感じる心の感覚です。ですので、自己肯定感が高いと、「自分は大切な存在、価値ある存在だ」と感じている、ということです。

# 第7章 母子の健康と母子保健・医療・福祉サービス

● キーポイント　母子保健の目的は、母子保健法にみるように母性と子どもの健康の保持・増進を図ること、子どもが健康に産まれ・育つ基盤となる母性を尊重し保護すること、そして子どもの健康を保持・増進することにある。母子の健康をめぐる環境は時代の変化とともに大きく変化している。わが国では児童福祉法制定以後、母子を対象としたさまざまな施策が実施され、母子保健の水準は世界最高水準に達している。しかし合計特殊出生率は低い水準にとどまり、少子化の問題は深刻化している。そして、核家族の増加、女性の社会進出化、高学歴化、出産年齢の上昇、生殖医療技術の進歩等、母子の健康や子どもを産み育てる環境は大きく変化している。本章では母子の健康をめぐる問題と、保健・医療・福祉サービスについて、第二次世界大戦以後の変遷と現状を理解する。

## 1. 母子の健康と社会環境

### 1 高度経済成長による生活水準の向上と新たな課題

1950（昭和25）年ごろから、日本の復興は急速に進み、高度経済成長が始まった。経済の成長とともに社会環境も変化し、母子保健の水準は上昇したが、一方で新たな課題も発生した。

▶1　乳児死亡率
生後1年未満の死亡を乳児死亡という。乳児死亡率は出生1,000に対する死亡数の割合である。
▶2　妊産婦死亡率
出産10万に対する妊産婦死亡の割合。

昭和初期の乳児死亡率[1]は120～130、1950（昭和25）年の妊産婦死亡率[2]は161.2である。出産、そして子どもの成長にはそれだけ危険が伴っていたといえる。第二次世界大戦以後の日本の経済成長は目覚しく、産業の中心は第1次産業から第2次産業、第3次産業へと移行した。それとともに衛生環境が改善し食生活が豊かとなり、自家用車やテレビ、家電製品等が急速に家庭に普及していった。このような変化は、生活時間の配分や生活スタイルに大きな影響を与え、女性の社会進出を少しずつ促していった。

1990年代に入ると日本経済は低成長期に突入した。1世帯当たりの平均所得は現在も減少傾向である。また、未婚・晩婚化が進むとともに出生数が減少、2005（平成17）年は合計特殊出生率が1.26まで低下した。このような少子化への対策として、女性の健康・妊娠・出産などに対する支援に加え、経済的支援、若者の自立やワーク・ライフ・バランス[3]の実現等を含めた支援が求められた。また、男女の役割分担意識や働き方も変化し、夫婦共働き世帯は2007（同19）年に1,000万世帯を超えた。

▶3　ワーク・ライフ・バランス
仕事（有償労働）と私生活とが調和、あるいは両立している状態。

医療技術も進歩し、保健・福祉に関する法制度が整備された。特に母子保健水準の進歩は目覚しく、厚生労働省「人口動態統計」によれば1950

# 第7章　母子の健康と母子保健・医療・福祉サービス

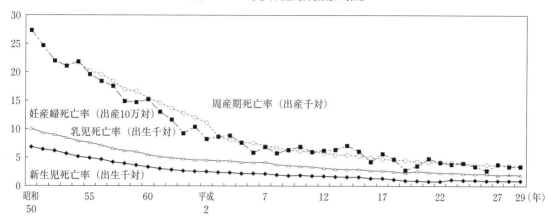

図7-1　母子保健関係指標の推移

注：1）妊産婦死亡率における出産は、出生数に死産数（妊娠満12週以後）を加えたものである。
　　2）周産期死亡率における出産は、出生数に妊娠満22週以後の死産数を加えたものである。
資料：厚生労働省「人口動態統計」より作成

▶4　新興感染症
WHOの定義によれば、「かつては知られていなかった、この20年間に新しく認識された感染症で、局地的に、あるいは国際的に公衆衛生上の問題となる感染症」（1990年当時）。近年ではSARS、鳥インフルエンザ、HIVなどが挙げられる。

▶5　再興感染症
WHOの定義によれば、「既知の感染症で、既に公衆衛生上の問題とならない程度までに患者が減少していた感染症のうち、この20年間に再び流行しはじめ、患者数が増加したもの」（1990年当時）。近年では結核、サルモネラ感染症、黄色ブドウ球菌感染症などが挙げられる。

（昭和25）年には乳児死亡率60.1と、昭和初期と比べて半減、さらに2017（平成29）年には1.9まで減少、妊産婦死亡率も1975（昭和50）年の27.3から、2017（平成29）年には3.4にまで改善した（図7-1）。こうした変化に伴い、母子の健康に関する課題も大きく変化した。それまでは感染症や母体の栄養不良、妊娠中の異常、胎児や子どもの発育不全などが重点的課題であった。現代は、新興・再興感染症▶4▶5、肥満や生活習慣病、家族関係や仕事上のストレスによる心身症、育児に対する不安、子どもの先天性疾患などが課題となっている。

　また、出産の高年齢化や生殖補助医療の進歩などにより、妊娠・分娩期の母子の健康管理の重要性が高まっている。さらに医療機器や医療技術の進歩によりさまざまな疾患の治療が可能となり、先天性疾患や慢性疾患、アレルギー疾患等を抱える子どもとその家族の生活の質を向上させることも重要課題となっている。その他、若者の自殺や心身症などの心の問題、出産や子育てにかかわる不安の問題等についても、より早急な対策が求められている。

## 2　労働環境と母子の健康

女性の社会進出が進み女性の労働力率が上昇している。母子が健康で仕事と育児を両立できるような体制づくりが必要である。

▶6　就業率
15歳以上人口のうち、実際に働いている人の割合。

▶7　労働力率
15歳以上人口に占める労働力人口の割合。

　総務省「労働力調査」によれば2017（平成29）年の女性の労働力人口は2,859万人（2016年：2,810人）、労働力人口総数に女性の占める割合は49.8％（2016年：48.9％）となっている。そして15～64歳の女性の就業率▶6は67.4％（2016年：66.0％）と上昇を続けている。また日本の女性の年齢階級別労働力率▶7は、学業を終えた20歳前後で仕事に就き、そ

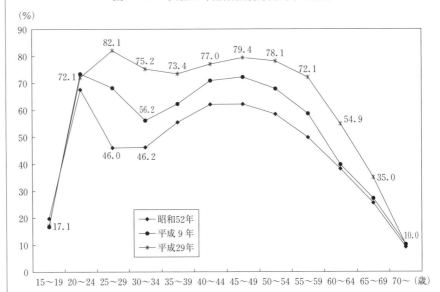

図7－2　女性の年齢階級別労働力率の推移

備考：1）総務省「労働力調査（基本集計）」より作成。
　　　2）労働力率は、「労働力人口（就業者＋完全失業者）」／「15歳以上人口」×100。
資料：内閣府男女共同参画局「男女共同参画白書　平成30年版」108頁を一部改変

の後結婚や育児のために退職し、子どもが成長し育児にかかる時間が減少する30代後半から40代に再度仕事に就くという「M字型」といわれている（図7－2）。女性の労働力率が上昇し、結婚や出産をしても仕事を続ける人が増加していることから、M字曲線の谷は浅くなってきているが、2017（同29）年の統計においても、解消されるまでには至っていない。女性の社会進出が進むとともに働く女性の仕事と家庭という二重役割の心身の負担が大きくなる。働く女性の健康支援や、子どもたちが育ちやすい環境づくりなどが重要な課題となっている。

　女性には月経周期・結婚・妊娠・出産・育児・更年期・親の介護など、ライフサイクルにおける身体・心理・社会的特徴があり、健康問題を抱えやすい。特に妊娠中や育児中は就労が健康に与える影響は大きい。そのため職域や女性の心身の状態に応じて適切な健康管理が必要となる。

　そこで、労働基準法が1997（平成9）年に改正され、多胎妊娠の場合の産前休業期間が10週間から14週間に延長された。男女雇用機会均等法[8]が1999（平成11）年に改正され、妊娠中および出産後の女性労働者の健康管理に関する措置が義務づけられ、2007（同19）年の改正では、妊娠中や出産1年以内の解雇が無効になるなど、母性保護が強化された。

　なお、1992（同4）年には育児休業法[9]が施行され、男性勤労者にも育児休業の請求が認められるようになった。しかし、厚生労働省「平成29年度雇用均等基本調査」によれば、男性の育児休暇取得率はわずか5.14

▶8　男女雇用機会均等法
正式名：雇用の分野における男女の均等な機会及び待遇の確保等に関する法律。

▶9　育児休業法
正式名：育児休業、介護休業等育児又は家族介護を行う労働者の福祉に関する法律（ただし施行当時は「育児休業等に関する法律」）。

▶10
国立社会保障・人口問題研究所「第14回出生動向基本調査（夫婦調査）」

％にとどまっている。また、2015（同27）年の調査▶10では、第1子出産後の女性の継続就業率は約53.1％であった。仕事と育児を含めた家庭生活の調和のとれない状況が続いている。

## 2．母子保健・医療・福祉施策の変遷

### 1　母子保健法制定以前の施策

母子保健法制定以前は、母子の健康状態の水準を引き上げるための母子衛生対策に主眼が置かれていた。

▶11　保健衛生調査会と小児保健所の設置
大正初期には急性伝染病の勢いは治まってきたが、結核や性病等慢性伝染病が増加し、政府はその対策にとりかかるようになった。1916（大正5）年に保健衛生調査会が設置され、1936（昭和11）年には東京に小児保健所が設置された。

▶12　GHQ
第二次世界大戦後日本を占領した連合国軍最高司令官総司令部。戦後の日本を占領施策により復興させた。初代最高司令官マッカーサーは有名である。

日本の母子保健施策は、1916（大正5）年の保健衛生調査会および小児保健所▶11の設置、産婆による妊産婦への巡回活動、1937（昭和12）年の保健所法の制定による全国各地への保健所の設置、1938（同13）年の厚生省（当時）の発足、1942（同17）年の妊産婦手帳制度の発足など多くのものがある（表7-1）。

その後、第二次世界大戦による混乱期に入り、保健・医療・福祉の施策が現在のような形に体系化されたのは戦後のGHQ▶12の指導による。1947（昭和22）年には厚生省に児童局が設置され、局内の母子衛生課が母子保健行政を管轄した。同年には児童福祉法が制定され、1948（同23）年には母子の健康状態の改善を主な目的とした母子衛生対策要綱ができ行政運営の方針が明示された。この方針に基づき、同年には妊産婦・乳幼児の保健指導、1954（同29）年には育成医療、1958（同33）年には未熟児養育医療・母子保健センターの設置、1961（同36）年には新生児訪問指導・3歳児健康診査等のさまざまな保健と福祉の施策が次々と実施された。その結果、新生児死亡率・乳児死亡率・妊産婦死亡率は減少し、日本の母子保健の水準は著しく向上した（図7-1参照）。

### 2　母子保健法制定以後の施策

母子保健法の制定により、母性並びに乳児、幼児から思春期児童まで一貫した母子保健施策が実施され、日本の母子保健の水準は世界最高レベルに達した。

▶13　マス・スクリーニング
アミノ酸や糖の代謝異常、甲状腺や副腎の内分泌異常を発見するために、新生児に行われる検査。早期に発見し、治療することで、心身障害を未然に防ぐことができる。

1965（昭和40）年、母性は児童の健全な出生と育成の基盤として尊重・保護されるべきであり、乳幼児は心身ともに健全に成長していくために健康が保持・増進されるべきであるという理念のもとに母子保健法が制定された。これにより思春期も含め、母子一環した保健施策が実施された。たとえば1969（同44）年の妊産婦健康審査の公費負担制度、1977（同52）年の1歳6か月児健康診査、先天性代謝異常のマス・スクリーニング▶13実施、1990（平成2）年の思春期教室・小児肥満予防教室、1991（同3）年の周産期救急システム整備など、保健指導・健康診査・医療の実

表7-1 主な母子保健施策の歩み

| 年 | | 施策 |
|---|---|---|
| 昭12年 | ('37) | 保健所法、母子保護法 |
| 17 | ('42) | 妊産婦手帳制度の創設 |
| 22 | ('47) | 児童福祉法公布（昭23年1月施行） |
| 23 | ('48) | 妊産婦・乳幼児の保健指導、母子衛生対策要綱 |
| 29 | ('54) | 育成医療 |
| 33 | ('58) | 未熟児養育医療と保健指導、母子健康センターの設置 |
| 36 | ('61) | 新生児訪問指導、3歳児健康診査 |
| 40 | ('65) | 母子保健法公布（昭41年1月施行） |
| 43 | ('68) | 母子保健推進員制度、先天性代謝異常医療援助 |
| 44 | ('69) | 妊産婦健康診査の公費負担制度、乳幼児の精密健康診査制度 |
| 49 | ('74) | 小児慢性特定疾患治療研究事業 |
| 52 | ('77) | 1歳6カ月児健康診査、先天性代謝異常のマス・スクリーニングの実施 |
| 55 | ('80) | 先天性代謝異常症に対する特殊ミルク共同安全開発事業 |
| 59 | ('84) | 神経芽細胞腫検査事業、健全母性育成事業、周産期医療施設整備事業 |
| 60 | ('85) | B型肝炎母子感染防止事業 |
| 62 | ('87) | 1歳6か月児精密健康診査 |
| 平2 | ('90) | 3歳児健康診査視聴覚検査導入、小児肥満予防教室、思春期教室、地域母子保健特別モデル事業 |
| 3 | ('91) | 思春期における保健・福祉体験学習事業、周産期救急システムの整備充実 |
| 4 | ('92) | 出産前小児保健指導（プレネイタル・ビジット）事業、病児デイケアパイロット事業 |
| 6 | ('94) | 病後児デイサービスモデル事業、共働き家庭子育て休日相談等支援事業、地域保健法公布<br>エンゼルプラン（緊急保育対策等5カ年事業）策定 |
| 8 | ('96) | 不妊専門相談センター事業、女性健康支援事業、総合周産期母子医療センターの運営費、乳幼児発達相談指導事業、都道府県母子保健医療推進事業 |
| 10 | ('98) | 乳幼児健康支援一時預り事業を開始 |
| 11 | ('99) | 新エンゼルプラン策定<br>周産期医療ネットワークの整備 |
| 12 | ('00) | 児童虐待防止市町村ネットワーク事業、休日健診・相談等事業<br>新生児聴覚検査<br>「健やか親子21」策定 |
| 13 | ('01) | 乳幼児健診における育児支援強化事業 |
| 15 | ('03) | 食育等推進事業<br>少子化社会対策基本法、次世代育成支援対策推進法の成立<br>神経芽細胞腫検査事業の休止を決定 |
| 16 | ('04) | 特定不妊治療費助成事業を開始<br>少子化社会対策大綱を閣議決定<br>子ども・子育て応援プラン策定 |
| 17 | ('05) | 小児慢性特定疾患治療研究事業を児童福祉法に位置づけ<br>「健やか親子21」中間評価 |
| 20 | ('08) | 子どもの心の診療拠点病院機構推進事業 |
| 21 | ('09) | 妊産婦ケアセンター運営事業（平23年廃止）<br>「健やか親子21」第2回中間報告 |
| 22 | ('10) | 子ども・子育てビジョン策定 |
| 23 | ('11) | タンデムマス法を用いた新生児スクリーニング検査の導入、母子健康手帳に関する検討会報告書 |
| 24 | ('12) | 便カラーカードの母子健康手帳への導入、児童虐待防止医療ネットワーク事業 |
| 25 | ('13) | 未熟児養育医療および未熟児訪問指導の市町村への権限委譲 |
| 26 | ('14) | 不妊に悩む方への特定治療支援事業のあり方に関する検討会報告<br>「健やか親子21」最終評価報告<br>慢性疾患を抱える子どもとその家族への支援のあり方（報告）<br>「健やか親子21（第2次）」検討会報告<br>妊娠・出産包括支援モデル事業<br>児童福祉法を一部改正し、小児慢性特定疾病治療研究事業の見直し |
| 27 | ('15) | 小児慢性特定疾病の対象疾病拡大<br>小児慢性特定疾病児童等自立支援事業の開始、子育て世代包括支援センター本格実施 |
| 28 | ('16) | 子育て世代包括支援センター法定化（平29年4月施行） |

資料：厚生労働統計協会編『国民衛生の動向　2018／2019』厚生労働統計協会　107頁を一部改変

施におけるさまざまな施策が挙げられる。その結果、日本の母子保健の水準は世界最高レベルに達し、新生児死亡率、乳児死亡率は世界のなかで最も低い値になっている。ただ、妊産婦死亡率は2017（同29）年が3.4であり、ヨーロッパ諸国（2015年：イタリア2.1、スイス2.4、オランダ2.9）に比べるとやや劣り、今後の課題となっている。

### 3　母子保健法の改正

母子を取り巻く環境の変化に対応し、住民により身近な母子保健対策を推進するために、母子保健法が改正された。

　日本社会は都市化・核家族化が急速に進み、少子化・女性の社会進出・生殖医療の進歩等により母子および家族の環境、子どもを産み育てる環境、子どもが育つ環境が大きく変化した。それに伴い、母子保健・医療・福祉に求められる内容も変化してきた。このような社会環境の変化に応じ、1994（平成6）年、子育て支援体制の充実、疾病指向型から健康指向型への転換、医療・福祉・教育との連携という3項目を基本的な考え方として、母子保健法が改正された。都道府県と市町村の役割分担が明確にされ、住民に身近な市町村で基本的サービスが提供されることになった。都道府県の役割は、市町村への指導・助言、障害児の療育相談等の専門的サービスとなり、妊産婦や乳幼児の健康診査および訪問指導等の基本的サービスは市町村の事業として委譲された。

　なお、2011（平成23）年に「地域の自主性及び自立性を高めるための改革の推進を図るための関係法律の整備に関する法律」が公布されたことにより、2013（同25）年から低体重児の届け出、未熟児の訪問指導、養育医療についても市町村に委譲された。

## 3．母子保健・医療・福祉サービスの現状

### 1　保健指導

母子保健施策の保健指導の一環として、思春期対策・母子手帳の交付・保健指導および訪問指導について説明する。

#### ❶　思春期対策

　1984（昭和59）年から思春期の男女とその保護者を対象として、健全母性育成事業が実施された。1989（平成元）年には日本家族計画協会に思春期クリニックが創設された。2000（同12）年、「健やか親子21」が制定されたことにより、学校における学校外の専門家などの協力を得た取り組みの推進や、思春期相談施設と思春期専門外来の充実が進められた。

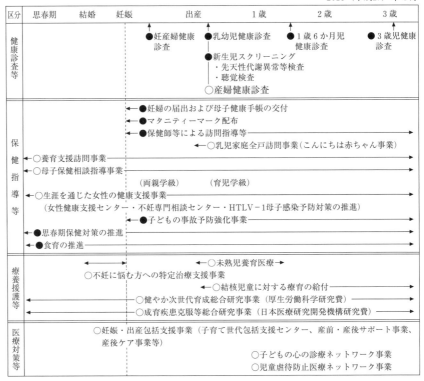

図7-3 主な母子保健施策　2015（平成27）年4月

注：○国庫補助事業　●一般財源による事業
資料：厚生労働統計協会編『国民衛生の動向 2018/2019』厚生労働統計協会　2018年　111頁を一部改変

▶14 健やか親子21（第2次）
詳細は本章127頁参照。

なお、2015（平成27）年4月より、「健やか親子21（第2次）」▶14が開始され、「学童期・思春期から成人期に向けた保健対策」が基盤課題の1つに挙げられた。10歳代の自殺率・人工妊娠中絶率・性感染症罹患率、児童・生徒における痩身傾向児・肥満傾向児の割合などについて具体的な目標値を掲げ、思春期専門の外来等の整備やピアサポートの推進、学校における教育内容の充実・強化、性に関する指導の推進、スクールカウンセラーの配置等さまざまな取り組みが行われている。

なお、人工妊娠中絶の数は減少しているが、2017（平成29）年においても約16.5万人であり、特に20歳未満の人工妊娠中絶数は約1.4万人で、その実施率は4.8（人口千対）となっている。若者に対する知識の普及と行動変容をもたらす教育方法の考案が望まれる。

❷　母子健康手帳の交付

妊娠した者は妊娠の届出が義務づけられ、届出により母子健康手帳が交付される。これは妊娠・出産・育児に関する健康記録であり、また妊娠・出産・育児に関する情報を提供し、母子の健康生活をサポートする。2002（平成14）年の改正では、乳幼児の発達に関する質問項目、父親の

▶15 揺さぶられっ子症候群
首の座っていない子どもを強く揺することで脳内出血を起こすことをいう。強く揺することで頭蓋骨と脳の間の血管が破れ出血する。

育児参加、喫煙、揺さぶられっ子症候群▶15等多くの内容が追加された。2012（同24）年の改正では、妊娠・分娩のリスクに関する情報の追記、乳幼児発育曲線の改訂、胎児発育曲線・18歳までの成長曲線のグラフの追記、新生児の便カラーカード・予防接種スケジュール例の追記、新生児期聴覚検査の結果記載欄の追加、自由記載欄の拡充等がなされた。

### ❸ 保健指導および訪問指導

妊産婦に対しては、健康診査とあわせて医療機関に委託した形で実施されている。新生児・未熟児に対しては、必要に応じて医師・助産師・保健師が家庭訪問をして保健指導を行っており、新生児期以降も必要に応じて継続的に訪問指導が実施されている。また2009（平成21）年から乳児家庭全戸訪問事業により、母子の心身の状況や養育環境等の把握および助言等を目的として、生後4か月までの乳児がいるすべての家庭に訪問指導が実施されている。さらに必要と判断した未熟児と小児慢性特定疾患に罹患している子どもにも訪問指導を行っている。

### ❹ 生涯を通じた女性の健康づくり

1996（平成8）年に「生涯を通じた女性の健康支援事業」が創設された。女性が健康状態に応じて自己の健康管理ができるように健康教育を行い、妊娠・出産・不妊・更年期等に伴う女性特有の心身の悩みについて相談できる体制を整備している。また、不妊に対する相談指導についての研修を実施する不妊専門相談センター事業も行われている。

### ❺ 食育の推進

近年の食習慣の乱れから、食を通じた豊かな人間性を育成することがますます重要になっている。食を通じた子どもの健全育成のあり方に関する検討会が開催され、2004（平成16）年に報告書が提出された。

2005（平成17）年には、食育に関する施策を総合的かつ計画的に推進することを目的に食育基本法が制定された。また、2006（同18）年には「妊産婦のための食生活指針」、2007（同19）年には育児支援の視点から「授乳・離乳のための支援ガイド」が作成された。さらに2012（同24）年には、乳幼児の身体発育を適切に評価し、よりよい母子保健活動を進めるための基本的な知識と考え方、並びに相談等での対応の仕方をまとめた「乳幼児身体発育評価マニュアル」が作成された。

### ❻ マタニティマーク

マタニティマークは、妊娠・出産に関する安全性と快適性をめざし、妊婦に対する社会の配慮を促すために、2006（平成18）年から導入された。母子健康手帳の交付とあわせてマタニティマークを配布し、市町村や民間企業団体において普及啓発活動が実施されている。

## 2　健康診査

健康診査は、疾病や異常の予防・早期発見を目的に実施されている。また保健指導につなげる機会ともなっている。

### ❶　妊産婦健康診査

妊産婦健康診査は、妊娠23週までは4週に1回、妊娠24週から35週までは2週間に1回、妊娠36週以降は週1回が望ましいと推奨されている。妊婦の健康管理の充実と経済的負担の軽減のために、1998（平成10）年より妊婦健診費用の交付による健診の無料化実施が進められている。2009（同21）年には妊婦健康診査臨時特例基金事業により、無料化の実施推奨回数が5回から14回に拡大された（実際の回数、また費用の範囲は市町村により異なる）。2010（同22）年からは、HTLV-1抗体検査が、2011（同23）年からは性器クラミジア検査が妊娠健診の標準的な検査項目に追加された。

2017（平成29）年度からは、「産後うつ」を予防するための健康診査事業が開始され、一部の市町村で実施されている。育児不安の軽減や乳幼児虐待防止を目的とし、出産後2週間および1か月の早期に健康診査を行い、必要があれば育児相談や産後ケア事業につなげようとするものである。

### ❷　乳幼児健康診査

乳幼児健康診査は、乳児期は3～6か月と9～11か月に2回、幼児期は、1歳6か月と3歳に行われている。2001（平成13）年からは健康診査に心理相談員や保育士が配置され、育児不安に対する相談や親子のグループワーク等が実施されている。また2005（同17）年、発達障害者支援法が施行され、乳幼児健康審査において発達障害の早期発見に留意することが決定された。それに基づき多くの市町村で、発達相談や発達検査が実施されている。

### ❸　新生児健康診査

すべての新生児に先天性代謝異常のスクリーニングが実施されている。2012（平成24）年からは、タンデムマス法が導入され、2018（同30）年現在、20疾患について検査が実施されている。

新生児聴覚検査は、2000（平成12）年から試験的事業として開始された。2007（同19）年以降、検査費用に対する補助金が廃止されたが、日本産婦人科医会調査によると、2016（同28）年の検査実施率は86.7％となっている。

## 3　療養援護

療養援護としては、妊娠高血圧症候群の療養援護、未熟児養育医療、自立支援医療（育成医療）、小児慢性特定疾病児童等自立支援事業等がある。

### ❶　妊娠高血圧症候群の療養援護

妊娠高血圧症候群・糖尿病・貧血・産科出血・心疾患等の合併症をもつ妊婦が早期に適切な治療を受けられるよう、医療援護を行っている。

### ❷　低出生体重児の届出および未熟児養育医療

出生時体重が2500ｇ未満の新生児が出生したときは、保護者は速やかにその旨を市町村に届け出るよう義務づけられている。また、出生時体重が2,000ｇ以下の場合、呼吸器系・消化器系等に異常がある場合、黄疸が強い場合等の医療が必要な場合、医療給付を行う。

### ❸　小児慢性特定疾病児童等自立支援事業

児童福祉法により定められていた育成医療は、2006（平成18）年から障害者自立支援法（現：障害者総合支援法）により、自立支援医療として実施されてきた。児童福祉法の改正により2015（同27）年からは、「小児慢性特定疾病児童等自立支援事業」が開始された。慢性的な疾病により、長期にわたり療養を必要とする子ども等の健全育成および自立促進を図るため、子ども本人およびその家族からの相談に応じ、必要な情報の提供や助言を行うとともに、関係機関との連絡調整その他の事業を行うことを目的としている。事業内容には、相談支援、自立支援員による支援、療養生活支援、介護者支援等がある。

また1974（昭和49）年に開始された「小児慢性特定疾患治療研究事業」は、2003（平成15）年に「小児慢性特定疾患治療研究事業の見直しに関する基本方針」が示され、対象疾患の拡大、入院通院にかかわらず対象とすること、対象者を20歳までとする等の見直しがおこなわれた。2018（同30）からは、対象疾患が16疾患群[16]と成長ホルモン治療に拡大され医療費助成が実施されている。

### ❹　不妊治療に対する支援

第15回出生動向基本調査によると、2015（平成27）年に不妊治療を受けているカップルは夫婦全体の18.2％、また生殖補助医療の実施件数は約42万件であり、ともに増加している。

2006（平成16）年から「特定不妊治療費助成事業」が実施され、保険適応から除外されている体外受精[17]と顕微授精[18]に係る費用の一部を助成している。2011（同23）年からは、「不妊に悩む方への特定治療支援事業」が開始、2013（同25）年には検討会が開かれ事業の見直しが行われた。この見直しにより対象年齢が43歳未満になり、通算助成回数に制

▶16
悪性新生物、慢性腎疾患、慢性呼吸器疾患、慢性心疾患、内分泌疾患、膠原病、糖尿病、先天性代謝異常、血液疾患、免疫疾患、神経・筋疾患、慢性消化器疾患、染色体・遺伝子に変化を伴う症候群、皮膚疾患群、骨系統疾患、脈管系統疾患の16疾患群である。

▶17　体外受精
不妊治療の１つで、通常は体内で行われる受精を卵子と精子を取り出し、体の外で行う方法。

▶18　顕微授精
精子を顕微鏡下で卵子に注入（授精）し受精させる、体外受精の１つ。

限が加えられた。

**❺ 生殖補助医療制度**

　生殖補助医療技術の進歩に伴い、不妊症の人が子どもをもつ可能性が拡大している。1983（昭和58）年にわが国における顕微授精による出生が報告されて以来、生殖補助医療は着実に普及している。1998（平成10）年には、生殖補助医療技術に関する専門委員会が設置され、27回の検討により、2003（同15）年、「精子・卵子・胚の提供等による生殖補助医療制度の整備に関する報告書」がまとめられた。2008（同20）年には、生殖補助医療の在り方検討委員会により、「代理懐胎を中心とする生殖補助医療の課題―社会的合意に向けて―」が発表された。

　さらに2015（平成27）年、精子・卵子・胚の提供等による生殖補助医療制度の具体化について最終報告書がまとめられた。この報告書では、基本的理念として、①生まれてくる子の福祉を優先する、②人を専ら生殖の手段として扱ってはならない、③安全性に十分配慮する、④優生思想を排除する、⑤商業主義を排除する、⑥人間の尊厳を守ることを挙げている。その上で、提供された卵子による体外受精、提供された胚の移植等が条件つきで認められることになった。さらに2006（同18）年には日本学術会議に生殖補助医療の在り方検討委員会が設置され、2008（同20）年に「代理懐胎を中心とする生殖補助医療の課題―社会的合意に向けて―」が発表された。

## 4　その他の医療対策等

　その他の医療対策として、子どもの心の診療ネットワーク、妊娠・出産包括支援事業、周産期医療対策等がある。

**❶ 子どもの心の診療ネットワーク**

　2008（平成20）年、厚生労働省は、子どものこころの診療拠点病院機構推進事業を開始した。この事業は、子どもの心の問題、子ども虐待、発達障害等に対応するために、都道府県における拠点病院を中核として、保健センターや教育機関等が連携した支援体制を作ることを目的としている。2011（同23）年からは、子どものこころの診療ネットワーク事業と名称を改め、2018（同30）年4月現在、19都道府県で実施されている。この事業では、医療機関への診療支援や、困難事例への対応、災害時の子どものこころの問題への対応の充実等などが実施されている。

**❷ 妊娠・出産包括支援事業**

　妊娠・出産・子育てに対する不安を軽減し、地域の母親同士の仲間つくりを促進するために、アウトリーチ型やデイサービス型などによる産前・産後サポートケア事業、出産後の身体機能の回復に不安のある褥

第7章　母子の健康と母子保健・医療・福祉サービス

婦[19]や、育児不安の強い褥婦が利用できるサービスとして、産後母子ショートステイや産後母子デイケア等の事業が、一部の地域で始められている。

また2017（平成29）年には母子保健法の改正により、子育て世代包括支援センターの設置が努力義務法定化された。妊産婦・乳幼児等の実情を把握することや妊娠・出産・子育てに関する相談に応じ、必要に応じて個別に支援プランを策定するなどを目的としており、設置が進められている。

### ❸ 周産期医療対策

周産期医療[20]に対しては、新生児集中治療管理室（NICU）、母体・胎児集中管理室、ドクターカーの整備補助が行われてきた。1995（平成7）年からは、小児医療施設・周産期医療施設が整備されている。1996（同8）年からは周産期医療情報センターが設置され、周産期医療ネットワークの整備、総合周産期母子医療センターの設置が進められている。2013（同25）年には、周産期医療体制整備事業の評価に基づき、今後の周産期医療体制の充実と強化が認められた。

## 4．健やか親子21

### 1　「健やか親子21」とは

「健やか親子21」は女性が子どもを産み育てやすい環境を整えようとする社会の動きに応じ、2000（平成12）年に厚生労働省によって打ち出された国民運動計画である。2013（同25）年に最終評価がなされ、2014（同26）年から「健やか親子21（第2次）」がスタートした。

わが国の母子保健は、20世紀のさまざまな取り組みの成果により世界最高水準にある。特に1950（昭和25）年以降の母子衛生統計の指標の変化は目覚しいものである。しかし、少子化、乳幼児虐待、妊産婦死亡、親子の心の問題の拡大、思春期の健康問題等、対応しなければならない課題も多く存在する。このような状況のなかで、それまでの取り組みをふまえ、21世紀のビジョンを示すために「健やか親子21検討会」が設置された。

「健やか親子21」は2001（平成13）年から2010（同22）年までの国民運動計画であり、「国民が安心して子どもを産み、ゆとりをもって健やかに育てるための家庭や地域社会の環境づくり」という少子化対策としての意義と、「少子高齢化社会において国民が健康で元気に生活できる社会の実現を図るための国民健康づくり運動『健康日本21[21]』の一翼を担う」という意義があった。2005（同17）年と2010（同22）年に中間評価が行われ、その結果、2014（同26）年まで延長された。その後、2013

▶19　褥婦
妊娠および分娩を原因として発生した生殖器および全身の変化が、妊娠前の状態に戻るまでの期間のことを産褥（さんじょく）期といい、出産後6～8週間を指す。この期間にある女性を褥婦という。

▶20　周産期医療
妊娠後期から早期新生児期（妊娠22週から出生後7日目）までの期間を周産期という。この時期に母体、胎児、新生児を総合的に管理して母と子の健康を守るための医療を周産期医療という。

▶21　健康日本21
「21世紀における国民健康づくり運動（健康日本21）」（以下「運動」という）では、健康寿命の延伸等を実現するために、2010（平成22）年度をめどとした具体的な目標等を提示すること等により、健康に関連するすべての関係機関・団体等をはじめとして、国民が一体となった健康づくり運動を総合的かつ効果的に推進し、国民各層の自由な意思決定に基づく健康づくりに関する意識の向上および取り組みを促そうとするものである。

（同25）年に最終評価が行われた。

## 2 「健やか親子21」の最終評価

「健やか親子21」では、4つの基本的視点と、4つの主要課題、69の指標が示され、各課題ごとに取り組みの方向性や具体的目標が明示されていた。

### ❶ 基本的視点と主要課題

「健やか親子21」の基本的視点としては、以下の4つが示されていた。

① 20世紀中に達成した母子保健の水準を低下しないように努力する。
② 20世紀中に達成できなかった課題を早期に克服する。
③ 20世紀終盤に顕在化し21世紀にさらに深刻化することが予想される新たな課題に対応する。
④ 新たな価値尺度や国際的な動向をふまえた斬新な発想や手法により、取り組むべき課題を探求する。

さらに主たる課題として以下の4つが示されていた。

① 思春期の保健対策の強化と健康教育の推進
② 妊娠・出産に関する安全性と快適さの確保と不妊への支援
③ 小児保健医療水準を維持・向上させるための環境整備
④ 子どもの心の安らかな発達の促進と育児不安の軽減

### ❷ 最終評価

最終評価は、4つの主要課題ごとに設けた69指標について、達成状況を「改善した（①目標を達成した、②目標に達していないが改善した）」「変わらない」「悪くなっている」「評価できない」に分類し明示された。その結果、約8割で一定の改善がみられた（**表7-2、7-3**）。

表7-2　最終評価における課題別の指標の達成状況

| | | 課題1 | 課題2 | 課題3 | 課題4 | 項目計 |
|---|---|---|---|---|---|---|
| 改善した | 目標を達成した | 4 | 7 | 8 | 1 | 20 (27.0%) |
| | 目標に達していないが改善した | 9 | 6 | 16 | 9 | 40 (54.1%) |
| 変わらない | | 1 | 1 | 1 | 5 | 8 (10.8%) |
| 悪くなっている | | 1 | 0 | 1 | 0 | 2 (2.7%) |
| 評価できない | | 1 | 0 | 0 | 3 | 4 (5.4%) |
| 計 | | 16 | 14 | 26 | 18 | 74 (100%) |

出典：「健やか親子21」の最終評価等に関する検討会「『健やか親子21』最終評価報告書」2013年
http://www.mhlw.go.jp/file/05-Shingikai-11901000-Koyoukintoujidoukateikyoku-Soumuka/0000030082.pdf

表7-3 最終評価された主な項目

改善した（目標を達成した）
・10代の性感染症罹患率の減少
・産後うつ病疑いの割合の減少
・周産期死亡率の世界最高水準の維持
・むし歯のない3歳児の割合80％以上

改善した（目標に達していないが改善した）
・10代の人工妊娠中絶実施率の減少
・妊産婦死亡率の減少
・妊娠中の喫煙率・育児期間中の両親の自宅での喫煙率の減少

変わらない
・休日・夜間の小児救急医療機関を知っている親の割合
・子ども虐待による死亡数の減少

悪くなっている
・10代の自殺率の減少
・全出生中の極低出生体重児・低出生体重児の割合の減少

出典：厚生労働統計協会編『国民衛生の動向2014／2015』2014年　113頁より作成

## 3　健やか親子21（第2次）

2013（平成25）年「健やか親子21」の最終評価報告書で示された今後の課題や提言に基づき検討会で論議が進められ、2014（同26）年に「健やか親子21（第2次）」について検討会報告書が提示された。

❶ 「健やか親子21（第2次）」の基本的考え方

指標の設定は以下の4つの観点から行われた。

① 今まで努力したが達成（改善）できなかったもの（例：思春期保健対策）

② 今後も引き続き維持していく必要があるもの（例：乳幼児健康診査事業等の母子保健水準の維持）

③ 21世紀の新たな課題として取り組む必要のあるもの（例：子ども虐待防止対策）

④ 改善したが指標から外すことで悪化する可能性のあるもの（例：喫煙・飲酒対策）

❷ 「健やか親子21（第2次）」の概要

10年後にめざす姿を「すべての子どもが健やかに育つ社会」とし、3つの基盤となる課題と2つの重点的な課題が設定された（図7-4、表7-4）。健康水準の指標、健康行動の指標、環境整備の指標として、具体的な目標を設けた52の指標と、目標は設けない参考とする28の指標が設定された。また国民の主体的取組みの推進や、関係者、関係機関、団体や企業等の連携、協働による体制作り、健康格差解消に向けた地方公共団体に求められる役割について明示された。

図7-4 「健やか親子21(第2次)」イメージ図

出典:「健やか親子21」の最終評価等に関する検討会『「健やか親子21(第2次)」について検討会報告書』2014年
http://www.mhlw.go.jp/stf/shingi/0000041585.html

表7-4 「健やか親子21(第2次)」における課題の概要

| 課題名 | | 課題の説明 |
| --- | --- | --- |
| 基盤課題A | 切れ目ない妊産婦・乳幼児への保健対策 | 妊娠・出産・育児期における母子保健対策の充実に取り組むとともに、各事業間や関連機関間の有機的な連携体制の強化や、情報の利活用、母子保健事業の評価・分析体制の構築を図ることにより、切れ目ない支援体制の構築を目指す。 |
| 基盤課題B | 学童期・思春期から成人期に向けた保健対策 | 児童生徒自らが、心身の健康に関心を持ち、より良い将来を生きるため、健康の維持・向上に取り組めるよう、多分野の協働による健康教育の推進と次世代の健康を支える社会の実現を目指す。 |
| 基盤課題C | 子どもの健やかな成長を見守り育む地域づくり | 社会全体で子どもの健やかな成長を見守り、子育て世代の親を孤立させないよう支えていく地域づくりを目指す。具体的には、国や地方公共団体による子育て支援施策の拡充に限らず、地域にある様々な資源(NPOや民間団体、母子愛育会や母子保健推進員等)との連携や役割分担の明確化が挙げられる。 |
| 重点課題① | 育てにくさを感じる親に寄り添う支援 | 親子が発信する様々な育てにくさ(※)のサインを受け止め、丁寧に向き合い、子育てに寄り添う支援の充実を図ることを重点課題の一つとする。(※)育てにくさとは:子育てにかかわる者が感じる育児上の困難感で、その背景として、子どもの要因、親の要因、親子関係に関する要因、支援状況を含めた環境に関する要因など多面的な要素を含む。育てにくさの概念は広く、一部には発達障害等が原因となっている場合がある。 |
| 重点課題② | 妊娠期からの児童虐待防止対策 | 児童虐待を防止するための対策として、①発生予防には、妊娠届出時など妊娠期からかかわることが重要であること、②早期発見・早期対応には、新生児訪問等の母子保健事業と関係機関の連携強化が必要であることから重点課題の一つとする。 |

出典:図7-4に同じ

## 5. これからの課題と展望 ── 子どもが育ちやすい地域社会

### 女性の生き方の変化と子どもをもつ意義の変化

少子化・核家族化の進行とともに地域の子育て機能が低下し、子育てにかかわる不安が拡大している。また女性の社会進出が進み、女性の生き方が多様化するなかで、子どもをもつことの意義も変化している。母親の育児に関する不安と負担感を軽減していくこと、産まれた子どもを健全に育てていくことが必要である。

急速な都市化・核家族化・少子化は個人・家庭の豊かな生活をもたらすと同時に地域の子育て機能を低下させた。育児が家庭のなかで行われるようになり、母親にかかる負担と責任が増大した。自身の体験のなかで妊産婦や子どもに触れることのないまま、自分の妊娠・出産を体験することが、不安や負担を大きくする要因になっている。また女性の社会進出が進み、女性の生き方が多様化するなかで、子どもをもつことの意義も変化している。女性が社会的役割を果たしキャリアアップすることが生涯の目標となり、そのことが子どもを産むことを躊躇させる要因ともなっている。さらに近年では、出産年齢の高齢化に伴い出産にかかるリスクが高まっていることが、出産・子育てにかかわる不安を高める一つの要因ともなっている。

今後は女性が自由に自己の生き方を選択し実現させながら、安心して子どもを産み育てられる体制作りと、支援活動を実施していかなければならない。父親や企業、地域も含めて対象者の生活に密着し、対象者をエンパワーメントする方法で支援活動を実践していくことが必要である。また最も大切なことは、そのような社会環境のなかで、子ども達にとってより育ちやすい体制や支援方法を考え広めていくことである。

最近では保育所や地区センター、民間団体やサークル活動により草の根的にさまざまな子育て支援活動が広まっている。電話相談やインターネットを利用した相談も活発に行われている。このような地域に密着した支援活動を推進することも必要である。

【引用・参考文献】
1）厚生労働省政策統括官『平成30年我が国の人口動態―平成28年までの動向―』厚生労働省政策統括官（統計・情報政策担当）　2018年
2）国立社会保障・人口問題研究所「第15回出生動向基本調査（結婚と出産に関する全国調査）」2015年
http://www.ipss.go.jp/ps-doukou/j/doukou15/report15html/NFS15R_mokuji.html
3）厚生労働統計協会編『国民衛生の動向2018／2019』厚生労働統計協会　2018年
4）厚生労働統計協会編『国民衛生の動向2014／2015』厚生労働統計協会　2014年
5）母子衛生研究会編『母子保健の主なる統計―平成29年度刊行―』2018年

6）内閣府男女共同参画局「男女共同参画白書　平成30年版」2018年
7）厚生労働省「『健やか親子21』最終評価報告書」2013年
　　http : / / www. mhlw. go. jp / file / 05 - Shingikai - 11901000 - Koyoukintoujidou-kateikyoku-Soumuka/0000030082.pdf
8）厚生労働省「『健やか親子21（第2次）』について　検討会報告書（概要）」2013年
　　http : / / www.mhlw.go.jp/stf/houdou/0000044868.html

# 第8章 保育に関するサービス

●キーポイント

わが国の合計特殊出生率は、少子化が進行した2005（平成17）年に1.26を記録して以降、緩やかに上昇に転じていたが、近年は微減傾向が続き、2017（同29）年には前年を0.01ポイント下回る1.43となった。そんななか、「子ども・子育て支援新制度」も2015（同27）年4月のスタートから数年がたち、従来の保育所や幼稚園などが「認定こども園」に移行するケースが増えるようになった。

ここでは、保育サービス提供の役割を担う保育所を中心に、幼稚園、認定こども園、地域型保育を含めた子ども・子育て支援新制度を理解するとともに、地域の子育て支援の多様な保育サービスについて概観する。そしてこれらの新制度を踏まえて、保育サービスの今後のあり方への理解を深める。

## 1. 保育の目的と制度

### 1 保育所における保育とは

保育所は、児童福祉法第39条に規定される「保育を必要とする乳児・幼児を日々保護者の下から通わせて保育を行うことを目的とする」児童福祉施設である。

児童福祉法第2条には、「全て国民は、児童が良好な環境において生まれ、かつ、社会のあらゆる分野において、児童の年齢及び発達の程度に応じて、その意見が尊重され、その最善の利益が優先して考慮され、心身ともに健やかに育成されるよう努めなければならない」とあり、子どもの健全育成は、すべての国民の責務であることが示されている。そして、その責務を果たすために設置されている保育所は、児童福祉法第39条において「保育を必要とする乳児・幼児を日々保護者の下から通わせて保育を行うことを目的とする施設（利用定員が20人以上であるものに限り、幼保連携型認定こども園を除く。）とする」と定められている。

子どもの保育は、第一義的には保護者にその責任があるが、労働や疾病等の理由により保育を必要とする場合には、保育所で保育をすることにより、それを社会的に補完しようということである。

そして、そのために保育所は、「保育に関する専門性を有する職員が、家庭との緊密な連携の下に、子どもの状況や発達過程を踏まえ、保育所における環境を通して、養護及び教育を一体的に行うことを特性としている」（保育所保育指針第1章1(1)イ）。

## 2　保育所の設置主体と運営主体

保育所には現在、自治体が設置する公立保育所と、設置は自治体であるが運営を民間に委託した公設民営保育所、そして設置・運営ともに民間が行う私立保育所の3つの形態がある。

保育所は従来、市町村や都道府県が設置する公立保育所と社会福祉法人等が設置する私立保育所に原則限定されていたが、待機児童の解消、自治体の財政面等の観点から、2000（平成12）年に規制緩和策として、保育所設置に係る主体制限の撤廃、定員規模要件の引き下げ等を行った結果、現在では公立保育所、設置は自治体であるが運営を民間に委託した公設民営保育所、そして社会福祉法人以外に学校法人、宗教法人、NPO、企業等も要件を満たせば設置・運営を共に行うことができるようになった私立保育所がある。いずれも認可保育所[1]である。

▶1　認可保育所
児童福祉法に基づいて都道府県知事に認可された保育施設。

## 3　保育所の設備・運営基準

保育所の設置には、子どもたちを保育するために必要な施設・設備を整える必要があり、それらは「児童福祉施設の設備及び運営に関する基準」および、その基準に従い定められた条例に示されている。

### ❶ 保育所の設備の基準

保育所に必要な設備としては、「児童福祉施設の設備及び運営に関する基準」において乳児室、ほふく室、医務室（以上、2歳未満児を入所させる場合）、保育室または遊戯室、調理室、便所、屋外遊戯場が規定されており、乳児室とほふく室、保育室および遊戯室については、その広さについてもそれぞれ最低必要とされる面積が決められている。屋外遊戯場については、専用のものではない近隣の公園等を使用することも認められている。

### ❷ 保育所の職員と保育士の数

保育所には、保育士、嘱託医および調理員を置かなければならい。ただし、調理業務の全部を委託する場合は調理員を置く必要はない。

保育士の数は年齢ごとに定められており、0歳児では子ども3人あたり1人以上、1歳から2歳では子ども6人あたり1人以上、3歳では子ども20人あたり1人以上、4歳以上では子ども30人あたり1人以上の保育士を置くこととなっている（ただし、施設あたり最低2人以上）。

## 4　子ども・子育て支援新制度における保育の必要性の認定

保育の必要性の認定にあたって国は、「事由」「区分」「優先利用」の3点について認定基準を策定している。

保育所の保育の対象となるのは、保育の必要性の認定を受けた乳児または幼児（つまり0歳から就学前の子ども）である。以前は児童福祉法第24条第1項、および同法施行令第27条により保育の実施基準が定めら

れていた。しかし、2015（平成27）年度から本格施行された子ども・子育て支援新制度により、国は保育の必要性の認定にあたって、「事由」「区分」「優先利用」の3点について認定基準を策定している[2]。

### ❶ 「事由」について

保育の必要性に係る「事由」は、子ども・子育て支援法第19条第1項第2号、および同法施行規則第1条に規定されている（表8－1）。

### ❷ 「区分」（保育時間）について

保育所を利用する子どもの年齢に応じて、保育を必要とする満3歳以上の子どもを「2号認定」[3]、保育を必要とする満3歳未満の子どもを「3号認定」と区分する。さらに就労を理由とする場合、主にフルタイムの就労（原則1か月当たり120時間以上）を想定した「保育標準時間認定」（最長11時間）と、主にパートタイムの就労（原則1か月当たり120時間未満）と想定した「保育短時間認定」（最長8時間）とに、保育の必要量に応じてさらに区分されている。いずれも延長保育が可能である。

なお「1号認定」とは、満3歳以上の子どもで幼稚園での教育を希望する場合であり、「教育標準時間認定」（4時間程度）が適用される。

### ❸ 「優先利用」について

保育所を優先的に利用することができる事項が表8－2のように定められている。しかし適用される子ども、保護者、状況は各市町村によって異なるので、実施主体である市町村に検討、運用が任されている。

▶2 同時に児童福祉法第24条第1項は改正、同法施行令第27条は削除された。

▶3 子ども・子育て支援法第19条第1項の第何号に規定されているかにより、「1号認定」「2号認定」「3号認定」と呼称する。

表8－1　保育の必要性にかかる「事由」

○以下のいずれかの事由に該当すること
　※同居の親族その他の者が当該児童を保育することができる場合、その優先度を調整することが可能
　① 保護者の就労
　　・フルタイムのほか、パートタイム、夜間などの基本的にすべての就労に対応（一時預かりで対応可能な短時間の就労は除く）
　　・居宅内の労働（自営業、在宅勤務等）を含む
　② 妊娠中、または出産直後
　③ 保護者の疾病、障害
　④ 同居または長期入院等している親族の常時の介護、看護
　　・子どものきょうだいの小児慢性疾患に伴う看護など
　⑤ 災害復旧活動
　⑥ 求職活動（起業準備を含む）
　⑦ 就学（職業訓練校等における商業訓練を含む）
　⑧ 虐待やDVのおそれがある
　⑨ 育児休業取得時に、既に保育を利用している子どもがいて継続利用が必要である
　⑩ その他、上記に類する状態として市町村が認める場合

表8-2　保育の必要性にかかる「優先利用」

○「優先利用」の対象として考えられる事項
① ひとり親家庭
② 生活保護世帯
③ 生計中心者の失業により、就労の必要性が高い場合
④ 虐待やDVのおそれがある場合など、社会的養護が必要な場合
⑤ 子どもが障害を有する場合
⑥ 育児休業明け
⑦ 兄弟姉妹（多胎児を含む）が同一の保育所等の利用を希望する場合
⑧ 小規模保育事業などの地域型保育事業の卒園児童
⑨ その他市町村が定める事由

## 5　保育所への入所手続き

保育所への入所は新制度のもと、乳児、幼児の保育の必要性を市町村が認定したのち、認定証の交付、利用調整等を経て、市区町村より保育所へ該当乳児、幼児の保育が委託される。

新制度の施行に伴い、保育所への入所手続きも2015（平成24）年4月に一部改正となった。

保護者が市区町村に申し込む際、保育の必要性の認定の申請も同時に行う。それに対して市区町村は提出された書類等で保護者の状況を確認し、保育の必要性を認めた場合は、認定証を保護者に交付し、認定区分と保育の必要量（保育時間）を決定する。その後、各保育所の利用者の利用調整を行い、保護者や子どもの状況に応じて優先順位を考慮したうえでそれぞれの利用保育所を決定する。決定事項は保護者に伝えられ、市区町村から保育所へ該当乳児、幼児の保育が委託される。

利用者負担（保育料）については、世帯の所得の状況その他の事情を勘案して国が定める水準を限度とし、実施主体である市町村が定める[4]。

▶4
2019年10月より、0～2歳の住民税非課税世帯の子どもと、3～5歳のすべての子どもを対象に、幼稚園、保育所、認定こども園等の利用料無償化が図られる予定である。

# 2．保育所の現状

## 1　保育所の設置数と利用児童数

2018（平成30）年4月1日時点で、保育所等は2万3,524か所設置されており、利用児童数は208万8,400人となっている。

厚生労働省「保育所関連状況取りまとめ（平成30年4月1日）」によれば、2018（平成30）年4月1日現在、全国の認可保育所は2万3,524か所あり、定員は223万1,144人、利用児童数は208万8,400人となっている。保育所数、定員、利用児童数ともに2014（同26）年をピークに減少傾向にあるが、これは認定こども園への移行、特定地域型保育事業[5]の参入によるもので、全体としては保育所等定員[6]、利用児童数ともに増

▶5　特定地域型保育事業
本章p.136参照。

▶6　保育所等定員
保育所の他、保育事業（小規模保育、家庭的保育、事業所内保育、居宅訪問型保育）の認可定員、および認定こども園（幼保

# 第8章 保育に関するサービス

連携型、幼稚園型、裁量型）の利用定員。

▶7 保育所等利用率
当該年齢の保育所等利用児童数÷当該年齢の就学前児童数。

加している。

年齢区分別の保育所利用率▶7は、0歳児が15.6％、1、2歳児が47.0％、3歳児以上では51.4％が利用しており、どの年齢も割合が増加している（全体では36.6％で、前年から1.5％の増加）。ただし、就学前児童数は前年より約8万3,000人減少（約592万6,000人）と、依然減少傾向にある。

## 2 保育所等の利用児童数の増加

子どもの数は減少傾向にあるにもかかわらず、利用児童数は増加傾向にある。その一方で待機児童数は2014（平成26）年を境に再び増加傾向にあり、その多さは深刻な問題である。

▶8 エンゼルプラン
第6章参照。

▶9 待機児童解消加速化プラン
2013（平成25）年に厚生労働省が発表した、待機児童解消に向けた国の支援策。

▶10
厚生労働省「保育所等関連状況取りまとめ（平成30年4月1日）」。

わが国では、1995（平成7）年からの「エンゼルプラン」▶8をはじめ、数々の子育て支援策を講じてきており、2008（同20）年以降、前述のように保育所数の増加とともに利用児童数も増え続けている。2013（同25）年の「待機児童解消加速化プラン」▶9から2年後に実施された子ども・子育て支援新制度と連携させて、2017（同29）年度までに約40万人の保育の受け入れ枠を確保することができた。

それにもかかわらず、2010（平成22）年をピークに減少傾向にあった待機児童の数は、2015（同27）年に5年ぶりに増加、2017（同29）年には2万6,081人と、2010（同22）年のレベルまで増えたが、2018（同30）年4月には1万9,895人にまで減少している。しかし、1、2歳児は1万4,758人（74.2％）と変わらず多く、低年齢児だけで全体の88.6％を占めている▶10。

## 3．子ども・子育て支援新制度における保育サービス等

### 1 特定教育・保育施設

特定教育・保育施設とは、2012（平成24）年成立の子ども・子育て支援法に基づく「施設型給付」▶11の対象となる事業である。保育所をはじめ、公立幼稚園、認定こども園がこれに該当する。

▶11 施設型給付
第5章参照。

#### ❶ 保育所

保育所については本章の第1節参照。なお、私立保育所については、児童福祉法第24条により市町村が保育の実施義務を担うこととされており（市町村から委託費を受ける）、特定教育・保育施設には含まれない。

#### ❷ 幼稚園

幼稚園は、学校教育法第22条に規定される「義務教育及びその後の教育の基礎を培うものとして、幼児を保育し、幼児の健やかな成長のために適当な環境を与えて、その心身の発達を助長することを目的とする」学校である。施設型給付への移行が進められており、子どもが満3歳以

上の場合、「1号認定」「教育標準時間認定」（4時間程度）が適用される。利用手続きは従来と変わらず、保護者が幼稚園に直接申し込みを行う。

なお、新制度に移行しない幼稚園は、従来の私学助成[12]および幼稚園就園奨励費補助[13]を受ける。利用者負担は幼稚園が設定する。1日の教育時間は4時間を標準（「幼稚園教育要領」総則）としているが、通常の保育時間以降や長期休業期間中（夏休みや冬休み）に保育を行う「預かり保育」を行っている。

文部科学省「学校基本調査」によれば、2018（平成30）年5月1日現在、全国で国立49園、公立3,737園、私立6,688園、合計1万474園の幼稚園が設置されており、120万7,884人の子どもが就園しているが、幼稚園数、園児数ともに減少傾向にある。また文部科学省「幼児教育実態調査」によれば、預かり保育を実施している園は2015（同27）年現在、9,892園（94.7％）、私立幼稚園では94.0％が実施している。

### ❸ 認定こども園

教育・保育を一体的に行う施設で、いわば幼稚園と保育所の両方の長所を併せ持っている施設である[14]。

▶12 私学助成
私立学校に対する国および地方公共団体からの助成措置の総称。

▶13 幼稚園就園奨励費補助
幼稚園に通園する子どもを持つ家庭に補助金を支給する国の制度。

▶14 認定こども園
本章139頁参照。

## 2 地域型保育事業

地域型保育事業とは、2012（平成24）年成立の子ども・子育て支援法に基づく「地域型保育給付」の対象となる事業である。市町村による認可事業として児童福祉法（第6条の3⑨～⑫）で位置づけたことで、多様な施設や事業のなかから利用者が選択できるようになった。いずれも原則として0～2歳児を対象とする[15]。

▶15
なお、市町村長が地域型保育給付費の支給に係る事業を行う者として確認する事業者が行う地域型保育事業を「特定地域型保育事業」という。

### ❶ 小規模保育

利用定員6人以上19人以下の少人数のなかで、きめ細かな保育を実施するサービス。保育所分園や小規模に近いA型、家庭的保育に近いC型、その中間的なB型に分類される。

### ❷ 家庭的保育

市区町村が認定した家庭的保育者の居宅などで、少人数（利用定員5人以下）の家庭的な雰囲気のなかで、きめ細かな保育を実施するサービスである。

### ❸ 居宅訪問型保育

保護者・子どもが住み慣れた居宅において、1対1を基本としてきめ細かな保育を実施するサービスである。

### ❹ 事業所内保育

企業等が主として従業員の仕事と子育ての両立を支援するために行うもので、定員は決まっていない。また地域において保育を必要とする子どもに対しても保育を実施するサービスを提供する。

## 3　地域子ども・子育て支援事業

地域子ども・子育て支援事業は、2012（平成24）年成立の子ども・子育て支援法に基づく、地域の実情に応じ市町村が、市町村子ども・子育て支援事業計画に従って実施する、子ども・子育て家庭等を対象とする事業である。

地域子ども・子育て支援事業は、2012（平成24）年成立の子ども・子育て支援法に基づく、地域の実情に応じ市町村が、市町村子ども・子育て支援事業計画[16]に従って実施する、子ども・子育て家庭等を対象とする事業である。以下、それぞれの事業について解説する。なお以下の事業のうち、❶〜❺はすべての家庭、❻〜❽は主に共働き家庭、❾〜⓫は主に妊娠期から出産後までの家庭を対象としている。

❶　利用者支援事業

子育て家庭や妊婦に対し、教育・保育・保健その他の子育て支援に関する情報提供や相談、助言等を行うとともに、関係機関との連絡調整、連携の体制づくり等を実施、支援する事業である。利用者支援と地域連携をともに実施する形態（基本型）としては、松戸市の子育てコーディネーター事業などがある。また利用者支援を実施する形態（特定型）としては、横浜市の保育・教育コンシェルジュ事業がある。

❷　地域子育て支援拠点事業

地域の身近な公共施設や保育所、児童館等で、子育て中の保護者が親子で相互交流して、育児相談や情報提供、助言等を実施する事業である。従来の「ひろば型」「センター型」を「一般型」に、「児童館型」を「連携型」に再編した。また利用者支援機能と地域支援機能を付加した「地域機能強化型」が創設されたが、新制度が開始されたことにより、現在は「一般型」「連携型」の2類型となっている[17]。

❸　ファミリー・サポート・センター事業（子育て援助活動支援事業）

子育て中の保護者を会員として、子どもの預かり等の援助を受けることを希望する者と、援助を行うことを希望する者との相互援助活動に関する連絡・調整を行う事業である。保育施設までの送迎や保育施設終了後、放課後の預かり、保護者の病気、急用等の預かり、冠婚葬祭や他の子どもの行事の際の預かり、病児・病後児の預かり、早朝夜間等の緊急預かり対応等がある。

❹　一時預かり事業

家庭において保育を受けることが一時的に困難となった子どもを一時的に保育施設等で預かる事業である。現在は事業の普及を図るため事業類型が4つに再編されている。「一般型」は、従来の保育所型・地域密着型・地域密着Ⅱ型を再編したもので、小規模の施設が多いことから、本体施設の職員の支援を受けられる場合には、担当保育士1名以上で実

[16] 市町村子ども・子育て支援事業計画
各市町村が、子ども・子育て支援事業に対し、5年を1期として定める実施計画。

[17] 利用者支援機能は前述の利用者支援事業へ、地域支援機能は地域子育て支援拠点事業の加算項目へと整理・再編された。

施できるようになった。また「幼稚園型」は、従来の幼稚園における預かり保育と同様、在園児の預かりを主な対象として実施する。新たに創設された「余裕活用型」は、保育所等において、利用する子どもの数が定員に達しない場合に、定員の範囲内で一時預かりを実施できる事業である。同じく新たに創設された「訪問型」は、地域型保育給付に準じ、保育の必要性の認定を受けない子どもについて、居宅において一時預かりを実施できる事業である。

❺ 子育て短期支援事業

保護者が疾病・疲労等で子どもの養育が一時的に困難になった場合に、児童養護施設等に預かり、保護・生活指導・食事の提供等を行う事業である。短期入所生活援助（ショートステイ）事業と、夜間養護等（トワイライトステイ）事業がある[18]。

▶18 子育て短期支援事業
詳細は第11章212頁参照。

❻ 延長保育事業

保育認定を受けた子どもについて、保育所、認定こども園等において、通常の利用日、利用時間以外の日や時間に保育を実施する場合の事業である。実施場所、対象者により「一般型」「訪問型」の2つの類型がある。「一般型」では、11時間の開所時間内に延長保育を実施する場合、職員の配置基準により配置する保育士等のほか、保育士等を1名以上加配する。11時間の開所時間の前後の時間でさらに30分以上の延長保育を実施する場合は、対象の子どもの年齢および人数に応じて保育士等を配置する（最低2人以上）。

❼ 病児保育事業

病児や病後児のいる保護者が、家庭での養育ができない場合に、保護者の就労に関係なく病院・保育所等に敷設された場所で実施できる事業である。事業類型には、「病児対応型・病後児対応型」「体調不良児対応型」「非施設型（訪問型）」がある。

❽ 放課後児童クラブ（放課後児童健全育成事業）

保護者が就労等により昼間家庭にいない小学生に対し、放課後に小学校の余裕教室、児童館等を利用して、適切な遊びや生活の場を与えて、その健全な育成を図る事業である。2017（平成29）年5月1日現在、全国に2万4,573か所設置されており、登録児童は117万1,162人に及ぶ[19]。集団の規模はおおむね40人以下とし、開所時間については、平日（小学校の授業の休業日）は原則1日につき3時間以上、土・日・長期休業期間等については原則1日8時間以上とする。また放課後児童支援員を2人以上配置（うち1人を除き、補助員の代替可）しなければならない。

▶19 厚生労働省「平成29年放課後児童健全育成事業（放課後児童クラブ）の実施状況（5月1日現在）」。

❾ 妊婦健康診査（妊婦健診）

妊婦の健康保持および増進を図るため、妊婦に対する健康診査として、

健康状態の把握、検査計測、保健指導を実施するとともに、妊婦期間中の適時に必要に応じた医学的検査を実施する事業である。14回の健診が予定され、主に病院・診療所・助産所で健診を受けられる。

❿ 乳児家庭全戸訪問事業（こんにちは赤ちゃん事業）

生後4か月までの乳児のいるすべての家庭を訪問し、さまざまな不安や悩みを聞き、子育て支援に関する情報提供を行うとともに、養育環境の把握や助言を行う事業である。これは、乳児家庭の孤立を防ぎ、乳児の健全な育成環境の確保を図るものである。

⓫ 養育支援訪問事業・子どもを守る地域ネットワーク機能強化事業

養育支援訪問事業は養育が特に必要な家庭に対し、保健師・助産師・保育士等がその家庭を訪問し、養育に関する指導、助言等を行うことにより、家庭の適切な養育の実施を確保する事業である。

子どもを守る地域ネットワーク機能強化事業（その他要保護児童等の支援に資する事業）は要保護児童対策協議会（子どもを守る地域ネットワーク）の機能強化を図るため、調整機関職員やネットワーク構成員（関係機関）の専門性強化と、ネットワーク機関間の連携強化を図る取組を実施する事業である。

⓬ 実費徴収に係る補足給付を行う事業

低所得で生計が困難である保護者の子どもが、特定教育・保育等の提供を受けた場合、保護者が支払うべき日用品、文房具等の購入に要する費用または行事への参加に要する費用の一部を補助することにより、これらの者の円滑な特定教育・保育等の利用を図ることで、すべての子どもの健やかな成長を支援することを目的とする事業である。

⓭ 多様な事業者の参入促進・能力活用事業

特定教育・保育施設等への民間事業者の参入の促進に関する調査研究その他多様な事業者の能力を活用した特定教育・保育施設等の設置または運営を促進するための事業である。

## 4．認定こども園の現状とその他の保育サービス

### 1　認定こども園とは

2006（平成18）年10月、「就学前の子どもに関する教育、保育等の総合的な提供の推進に関する法律」（認定こども園法）のもとに、幼保一元化をめざした「認定こども園」制度がスタートした。

少子化の進行や教育、保育ニーズの多様化に伴い、地域の実情に応じた新たな選択肢として2006（平成18）年10月に施行されたのが「認定こども園」制度である。認定こども園では、親の就労の有無にかかわらず

施設利用が可能となり、幼稚園と保育所の両方の機能をもった教育・保育・地域の子育て支援の総合的な提供ができることが特徴である。認定こども園は、国が定める指針に基づき都道府県が認定する。

また地域の実情や保護者のニーズに応じて4つのタイプがある。
① 幼保連携型：幼稚園と保育所の機能を併せ持つ単一の施設
② 幼稚園型：幼稚園が保育所的な機能を備えた施設
③ 保育所型：保育所が幼稚園的な機能を備えた施設
④ 地方裁量型：認可のない地域の教育・保育施設が認定こども園として機能する果たす施設

しかし幼稚園を管轄する文部科学省と保育所を管轄する厚生労働省の二重行政が課題とされていた。

## 2　認定こども園制度の改善

2012（平成24）年の認定こども園法の一部改正により、幼保連携型認定こども園が、新たな「幼保連携型認定こども園」に変わり、二重行政が解消されることになる。

2015（平成27）年4月からの新制度では、従来の幼保連携型認定こども園については、「学校及び児童福祉施設としての法的位置付けを持つ単一の施設」として改善、学校・児童福祉施設の両方の性格をもつことが認められた。同時に認可・指導監督・財政措置の面でも一本化が図られ、これにより二重行政が解消された。また設置主体は、国・自治体・学校法人・社会福祉法人のみである。

一方、従来の幼稚園型、保育所型、地方裁量型においては、施設体系は現行通りだが、財政措置は幼保連携型と同じく「施設型給付」で一本化された。また新たな幼保連携型認定こども園では、幼稚園教諭免許状と保育士資格の両方を併有することが原則となる保育教諭を置くこととされている。そしてすべての子どもに質の高い幼児期の学校教育および保育の総合的な提供を行うため、改正認定こども園法第10条に基づき、幼保連携型認定こども園の教育課程その他教育および保育の内容に関する基準として「幼保連携型認定こども園教育・保育要領」が策定された。

「区分」（保育時間）については、前述の「1号認定」「2号認定」「3号認定」に従い、利用手続きは、「1号認定」の場合は幼稚園の入園手続きに、「2号認定」「3号認定」の場合は保育所の入所手続きと、基本は同じ流れになる。

2018（平成30）年4月1日現在、全国で6,160園あり、増加傾向にある[20]。

[20] 内閣府子ども子育て本部「認定こども園に関する状況について（平成30年4月1日現在）」。

## 3　その他の保育サービス

新制度における保育サービスや認可保育所以外に、保育者の保育ニーズに応じた様々な取り組みが行われている。

都道府県の許可を受けていない保育施設で、児童福祉法により届け出が必要とされる施設を認可外保育施設という。2016（平成28）年3月31日現在、認可外保育施設は全国に6,558か所あり、15万8,658人の児童が利用しているが、近年減少傾向にある[21]。

▶21
厚生労働省「平成28年度認可外保育施設の現況取りまとめ」2018年。

❶　ベビーホテル

夜8時以降の保育、宿泊を伴う保育、一時預かりの子どもが利用児童の半数以上、のいずれかを常に運営している施設で、年1回以上都道府県等が立入検査を行う。

❷　事業所内保育施設

事業所内の施設において、事業所等の職員の子どもを保育する給付対象外の施設をいう。

❸　認証保育所等

多様化する保育ニーズに対応するため、自治体が地域の特性にあわせ独自の基準を設けて行う保育をいう（児童福祉施設の設備及び運営に関する基準には沿わないため、認可外保育所に分類）。東京都の認証保育所や横浜市の横浜保育室などがある。事業主体の多くは民間企業等であり、いずれも施設と保護者とが直接契約し、保育サービスが提供される。

❹　へき地保育所・季節保育所

へき地保育所とは、交通条件、自然的・経済的条件に恵まれない山間へき地、離島等における保育を要する子どもに対し、通常の保育所を設置することが困難な場合に、独立した施設のほか、公民館、学校、集会所等を利用して解説されるものをいう。

季節保育所は、農繁期等の繁忙期において、保護者の労働により保育を必要とする乳幼児に対し保育を行うため、市町村が常設ではなく公民館、寺院、学校等で保育施設を開設するものである。

## 5．最近の動向と今後の展望

### 保育に関する最近の動向と今後の展望

新制度の施行から4年、子育て支援策の充実と保育サービスの拡充が図られ、保育所等の定員・利用児童数はともに増加した。しかし待機児童は再び増え、出生率も横ばいを続けている。

2015（平成27）年4月から本格的に始まった子ども・子育て支援新制度は、まず待機児童の解消をめざすものである。待機児童解消加速化プ

ランに基づき、2013（同25）年度から2017（同29）年度までに新たに約53万人の保育の受け入れ枠を確保し、利用児童数も約28万人増加した。それにもかかわらず、待機児童は2万6,000人と2010（同22）年のレベルにまで戻っている。特に首都圏、近畿圏の7都府県（指定都市、中核市含む）とその他の指定都市、中核市の合計は1万8,799人で、待機児童の72.1％を占めている。待機児童の解消をめざしたはずの新制度であるが、少なくとも都市部では今のところ効果はあらわれていない。

　厚生労働省「保育所等関連状況取りまとめ（平成30年4月1日）」によると、2014（平成26）年から保育所の数は減少しているが、これは認定こども園に移行する保育所が増えたためであり、幼保連携型認定こども園等の特定教育・保育施設と特定地域型保育事業（うち2号・3号認定）の数を加えると毎年増加している。2018（平成30）年4月1日現在、保育所等数は全国で3万4,763か所（うち保育所2万3,524か所、幼保連携型認定こども園4,392か所、幼稚園型認定等1,033か所、特定地域型保育事業5,814か所）、利用児童数は261万4,405人（うち保育所208万8,400人、幼保連携型認定こども園41万7,194人、幼稚園型認定こども園3万7,086人、特定地域型保育事業7万1,719人）となり、全体として認定こども園の増加が著しい。このように、新制度では教育・保育の場として、保育所（0～5歳）、認定こども園（0～5歳）、幼稚園（3～5歳）そして新しく制度化された地域型保育（0～2歳）の4つの選択肢があり、すべての子ども・子育て家庭を対象にした公的な支援が行えるようになった。また、2018（平成30）年4月、保育所保育指針、幼稚園教育要領、幼保連携型認定こども園教育・保育要領の3つの改訂（改定）が同時施行され、ますます幼保一元化に向かって拍車がかかっているといえるだろう。

　ところで、待機児童解消加速化プランにより保育の受け入れ枠を増やすためには、保育士の確保が必要である。そこで2015（平成27）年1月、厚生労働省は「保育士確保プラン」を策定し、新たな保育人材の排出（幼稚園教諭の特例制度の活用）や保育士試験の年2回実施の推進等を図ることにより、2017（平成29）年度末までに新たに6万9,000人の保育士確保をめざすとした。

　しかし、保育士として実際に働く人数は増えているとはいえない。厚生労働省「保育士等に関する関係資料（平成27年12月4日）」によると、2015（平成27）年現在、41万人の保育士が現場で働いているが、一方で約70万人以上の潜在保育士がいる。つまり、保育士資格を取得していても保育現場で働かない人たちが多いのである。働いたとしても離職率が10.3％と高い。その理由として「給与・賞与等の改善」を求める声が60％

と圧倒的に多く、次いで「職員数の増員」(40.4％)、「事務・雑務の軽減」(34.9％)、「未消化（有休等）休暇の改善」(31.3％)など、労働条件や職場への不満の高さがみられる。再就職にしても、「子育てや家庭との両立」と「労働条件・賃金・対偶」の面がネックになっている。

そこで厚生労働省は、保育士等の処遇改善、キャリアアップの仕組みの構築、保育補助者から保育士になるための雇上げ支援の拡充、保育士の子どもの預かり支援の推進、保育士の業務負担軽減のための支援、保育士の再就職に向けた働きかけなど、保育人材確保の政策を打ち出し、保育士確保に向けて動き出している。

また待機児童の解消に向けては2017（平成29）年、「子育て安心プラン」を策定し、都市部における高騰した保育所の賃借料への補助、大規模マンションでの保育所の設置促進、幼稚園における2歳児受け入れや預かり保育の推進、企業主導型保育事業の地域枠拡充などの政策を打ち出し、2020年度末までに待機児童ゼロをめざすとした。さらに待機児童ゼロを維持しつつ、2018年度から2022年度末までの5年間で女性就業率80％に対応できる約32万人分の保育の受け入れ枠をめざした。なお、同年に策定された「新しい経済政策パッケージ」によりこの計画は前倒しされ、2020年度での達成がめざされている。

2018（平成30）年に再び減少に転じた待機児童問題を確実に解消に向けて進めることができるかどうか、今後の動向が注目される。

【引用文献】
1）厚生労働省雇用均等児童家庭局保育課（現：子ども家庭局保育課）『子ども・子育て支援新制度について』2014年　31-33頁

【参考文献】
1）厚生労働省「平成29年（2017）人口動態統計（確定数）の概況」2018年
2）厚生労働省「保育所等関連状況取りまとめ（平成30年4月1日現在)」2018年
3）文部科学省「平成30年度学校基本調査（確定値）の公表について」2018年
4）厚生労働省「平成29年（2017年）放課後児童健全育成事業（放課後児童クラブ）の実施状況（平成29年（2017年）5月1日現在)」2018年
5）厚生労働省「平成28年度　認可外保育施設の現況取りまとめ」2018年
6）厚生労働省「保育分野の現状と取り組みについて」2017年
7）厚生労働省「保育士等に関する関係資料」(第3回保育士等確保対策検討会資料）2015年

# 養育環境に問題がある子どもと家庭の福祉

●キーポイント

養育環境の不適切ななかにある子ども、また、障害のある子どもを含めて一時的でも家庭養護に代わって子どもの健全育成のために公的に支援する総体を社会的養護と呼ぶ。

子どもは本来、親の豊かな愛情のなかで守られ育まれるのが自然である。しかし、子どもを取り巻く現実にはさまざまな問題があり、不適切な養育や環境により親と離れて児童福祉施設等で生活をしなくてはならない場合もある。

本章では、社会的養護のなかの養育環境に問題がある子どもの支援について学ぶ。特に、今日では子どもと家族を切り離すことなく一体として支援すること、さらに、家族が主体的に行動し問題を解決し、自立を図ることができる支援が必要であると考えられている。施設内の支援だけでなく、社会資源の活用や地域のなかで家族を守る支援体制の構築等、養育技術だけでなく問題の解決を図る援助技術など地域福祉の視点を含む、児童福祉施設の高い専門性が求められている。

## 1. 今日の児童養護

### 1　児童養護とは

児童養護とは、保護者とともに国および地方公共団体が作り出すすべての子どもたちが健やかに生まれ、育成されるための養育制度や養育環境の総体である。

第4章で学んだように2016（平成28）年、児童福祉法がその理念にあたる部分から改正された。第1条（児童福祉の理念）には、「子どもの権利条約」の条文がより明確に反映された。国が与える特別の保護および援助を受ける権利が保障され、子どもが子どもとして尊重されるものである。さらに児童福祉法の第2条（児童育成の責任）は、すべての子どもたちが最善の環境の下で生まれる権利をもち、子ども一人ひとりの発達が社会のあらゆるなかで保障され、子どもにとって最善の利益のもとで支援が行われることが示された。

また第2条の②、③では児童の保護者が養育の第一義的責任者であり、それが不可能なときは、国および地方公共団体が責任を負うことが明記されている。これが社会的養護の法的根拠といえる。つまり、児童養護とは、保護者とともに国及び地方公共団体が作り出す、すべての子どもたちが健やかに生まれ、健全に育成されるための養育制度や養育環境の総体である。

第9章 養育環境に問題がある子どもと家庭の福祉

## 2 社会的養護と家庭養育

日本の児童養護は古くから家庭か施設かの並列二元論で語られてきたが、今日の要保護児童のニーズは、家庭養育を支援することを主とする直列一元論へ変化したといえる。

日本で生まれた子どもたちの養護は、保護者のもとで生活する「家庭養育」と、家庭養育が不可能な時に国と地方公共団体の公的責任に基づき行われる「社会的養護」に大別できる。

戦後最大の社会的養護ニーズであった、親・家族や家庭を失った戦災孤児や引き上げ孤児への支援は、昭和30年代中頃には役割を終えた。しかし、その後の日本の高度経済発展とともに新たな社会的養護問題が出現し今日に至っている。特に家族の多問題化が顕著となり、家族・家庭が存在していながら子どもを家庭から切り離して保護し支援することが求められる。このため、社会的養護の子どもには、安全であり、安心ができ、個々が大切にされていると実感できる養護と、子どもの支援だけ

図9-1 児童養護の体系図（家庭養育を支える社会的養護）

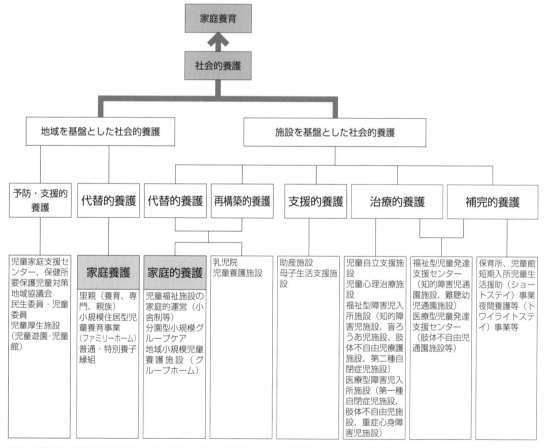

出典：新保育士養成講座編纂委員会編『新保育養成講座第5 社会的養護』全国社会福祉協議会 2011年 38頁を一部改変（筆者作成）

でなく親や家族を含めた支援が必要となっている。さらに、施設の小規模化や地域化、生活集団の小集団化を図り施設内の生活環境の改善が求められる。また、さまざまな要保護児童の受け皿とした里親やファミリーホームを推進し、個々の子どものニーズに応じた自立支援に取り組むことも大切なことである。

　日本の児童養護は古くから家庭か施設かの並列二元論で語られてきたが、今日の要保護児童のニーズは、家庭養育を支援することを主とする直列一元論へ変化したといえる（図9－1参照）。特に前述の戦後等と異なり、今日の社会的養護を必要とする子どもたちのほとんどに親や家族が存在することから、子と親、家族の個別の支援ではなく、子と親と家族を包括して支援することが求められている。また、可能な限り早急

表9－1　児童養護の概要

| 児童養護 | | 子どもの健全育成を行う家庭養育と社会的養護の総体。 |
|---|---|---|
| 家庭養育 | | 本来、親によって行われるべき子どもの養育、また、子どもが所属する家族。 |
| 社会的養護 | | 家庭養育が、何らかの理由で支援や補完が必要になったとき、また、継続ができないときに、社会福祉制度によって子どもとその家族を支援する養護の総体。社会的養護には、①地域を基盤とした社会的養護と、②施設を基盤とした社会的養護の援助がある。 |
| 地域を基盤とした社会的養護 | 予防・支援的養護 | 地域の家庭養育に対する支援で、子どもの健康、育成、養護に関する、相談・指導、また、虐待や家庭崩壊等が起こらないように事前に支援する、また、児童福祉施設が、子どもが家庭復帰したあとの支援を行うための制度や児童家庭支援センターなどの機関がある。 |
| | 代替的養護* | 長期にわたって家庭復帰が見込まれない子どもや、親、家族、家庭を失った子どものために、本来の家庭養育に代わって里親等が行う援助。 |
| 施設を基盤とした社会的養護 | 代替的養護** | 長期にわたって家庭復帰が見込まれない子どもや、親、家族、家庭を失った子どもや、さまざまな理由から長期間施設生活を余儀なくされる子どものために、児童養護施設等が戦前から行ってきた基礎的な社会的養護。 |
| | 再構築的養護 | 乳児院、児童養護施設など児童福祉施設を利用している子ども・家族の自立支援として、近年、中心的な援助として進められ、親の自立、親業、家族関係、家庭生活などの再構築、さらに、虐待、家庭崩壊等で傷ついた子どもの心のケアなどを行い、できるだけ早期の家族再統合を可能にするための支援。 |
| | 支援的養護 | 親子をともに施設に受け入れ、社会的自立に向けて支援する母子生活支援施設などの施設。 |
| | 治療的養護 | 非社会的行動や反社会的行動、また、障害のある子どもの治療を目的とした施設。 |
| | 補完的養護 | 親に養育されている子どもに対して、その家庭養育の機能が欠けた状況を補完したり強化したりするための制度や保育所をはじめとする施設。 |

【家庭養護と家庭的養護】
＊　：里親は家庭における養育、ファミリーホームは養育者の住居において養護を行うもので、これらを「家庭養護」という。
＊＊：施設の小規模化や施設内の子どもの生活グループの少人数化により、子どもたちの生活空間を一般家庭の環境や機能と同じくしたなかで養育する小規模グループケアや地域小規模児童養護施設などを「家庭的養護」という。

※　筆者作成

に問題を解決し子どもと家族の再統合を図ることは、多くの子どもたちの心の声に応えるものである。

図9－1に示すように、社会的養護における直列一元論の支援には、「地域を基盤とした社会的養護」と「施設を基盤とした社会的養護」があり、さまざまな形、方法、社会資源による支援が体系づけられている。なお、図9－1の体系図で示している各用語の説明は、表9－1にまとめている。

## 3 子どもの養護問題の現状

児童相談所に寄せられる相談のうち養護相談（棄児、保護者の家出・死亡・離婚・傷病、家族環境、虐待、その他）件数は、障害相談に次いで多い。

児童相談所に寄せられる相談のうち養護相談（棄児、保護者の家出・死亡・離婚・傷病、家族環境、虐待、その他）件数は、最も多い（表9－2）。こうした養護相談が発生する家庭の状況は、限定された特殊な状況下の子どもや家庭で起きるものではなく、どの家庭でも起こり得るリスクから生じたものといえるだろう。

たとえば子育て中の家庭において、家族の危機が発生する場合を考えてみよう。就労している父親の勤務時間が長く、専業主婦であった母親が精神的な疾患を発症し家事ができなくなれば、家庭の機能は短期間で次第に滞っていくことになる。さらに親族等のサポートがない、父親が家事をできない、あるいはするにしても量的に足りない、子どもに十分に手をかけられないことなどから、子どもにも次第に大きな影響を及ぼしていく。このように「家族の危機」は、どの家庭にも起こり得ることであり、個人の努力ではなすすべのないままに進んでいく。

わが国では、雇用形態や産業構造の変化、貧困の拡大、核家族化の進行、相互の対人関係や社会関係の希薄化などのさまざまな社会問題からの影響によって、養護問題は一層拡大している。したがって社会的養護

表9－2 児童相談所における相談の種類別対応件数年次推移

|  | 平成25年度 | 26年度 | 27年度 | 28年度 | 29年度 | 対 前 年 度 | |
|---|---|---|---|---|---|---|---|
|  |  |  |  |  |  | 増減数 | 増減率(%) |
| 総　　数 | 391,997 | 420,128 | 439,200 | 457,472 | 466,880 | 9,408 | 2.1 |
| 養護相談 | 127,252 | 145,370 | 162,119 | 184,314 | 195,786 | 11,472 | 6.2 |
| 障害相談 | 172,945 | 183,506 | 185,283 | 185,186 | 185,032 | △154 | △0.1 |
| 育成相談 | 51,520 | 50,839 | 49,978 | 45,830 | 43,446 | △2,384 | △5.2 |
| 非行相談 | 17,020 | 16,740 | 15,737 | 14,398 | 14,110 | △288 | △2.0 |
| 保健相談 | 2,458 | 2,317 | 2,112 | 1,807 | 1,842 | 35 | 1.9 |
| その他の相談 | 20,802 | 21,356 | 23,971 | 25,937 | 26,664 | 727 | 2.8 |

出典：厚生労働省「平成29年度福祉行政報告例の概況」2018年を一部改変

の役割は拡大し、個々の家庭だけではなく、家庭を取り巻く社会の責任としての「子育ての社会化」の視点が一層重要となっている。

## 2．社会的養護の主な内容

▶1・2
第12章参照。

施設養護の場としては、乳児院、児童養護施設、児童心理治療施設▶1、児童自立支援施設▶2、障害児施設などがある。ここでは、家庭に起きるさまざまな問題によって親子分離する乳児院と児童養護施設について述べる。また、家庭養護として里親制度についてもふれる。

### 1　乳児院

乳児院は児童福祉法第37条に規定されており、乳児または安定した生活環境の確保等の理由により特に必要がある場合には幼児を入院させて、養育することを目的とする施設である。

#### ❶ 目　的

乳児院は「乳児（保健上、安定した生活環境の確保その他の理由により特に必要のある場合には、幼児を含む。）を入院させて、これを養育し、あわせて退院した者について相談その他の援助を行うことを目的とする」（児童福祉法第37条）入所居住型の児童福祉施設である。

#### ❷ 入院理由

乳児院への入院理由としては、放任・養育の拒否などを含む「虐待」にあたるものが26.5％（棄児0.6％を含む）のほか、父母の精神疾患等22.2％、父母の医療機関への入院3.3％などが挙がっている。また28.2％の子どもに障害などがみられ、罹患傾向にあるものが65.3％となっている（厚生労働省「児童養護施設入所児童等調査結果」2013年）。特に近年では子ども虐待による何らかのケアが必要な子どもの入所が増加傾向にある。さらに乳幼児期という年齢に加え、罹患傾向のある子どもが多く、また重篤な虐待を受けた子どもも入所していることから、綿密な保健的な配慮や個別の愛着関係を形成することが重要である。

#### ❸ 施設の現状と課題

「保育士は保育の専門性に加えて、乳児の生理・発達・病理・養護といった看護的な専門性を新たに具備すること、また養育の場に勤務する看護師は、看護としての専門性に加えて保育面での専門性を具備することがまず必要」であることから、保育と養護相互の専門性を補い合いつつ、「保育看護」という新たな専門領域を現場に確立することが求められている。さらに、早期の家庭復帰や積極的な家庭関係調整のための取り組み、家庭養護との連携、小規模グループケアの導入などより家庭的

なケアのあり方、幼児の生活も可能となったことへの対応など、新たな乳児院のあり方が求められている。

## 2　児童養護施設

児童養護施設は児童福祉法第41条に規定されている施設で、戦前からの民間の篤志家などによる児童保護がその源流にあり、戦後は養護施設として児童福祉法に位置づけられ、養護系施設の中心としてその役割を果たしている。

### ❶　目　的

児童養護施設は、「保護者のない児童（乳児を除く。ただし、安定した生活環境の確保その他の理由により特に必要のある場合には、乳児を含む（中略））、虐待されている児童その他環境上養護を要する児童を入所させて、これを養護し、あわせて退所した者に対する相談その他の自立のための援助を行うことを目的とする」（児童福祉法第41条）居住型の児童福祉施設である。

### ❷　入所理由

前述の「児童養護施設入所児童等調査結果」によれば、児童養護施設への入所理由は、「虐待」にあたるものが38.0％、父母の精神疾患等12.3％、父母の行方不明が4.3％、父母の就労5.8％、父母の入院4.3％、父母の死亡2.2％となっている。近年では虐待を受けた子どもなど、より手厚い心理治療的ケアの必要な子どもも増加している。そのため、心理療法担当職員が配置され、また家庭関係調整や家庭復帰、家族との再統合に向けた子どもと家族の援助・支援を行う家庭支援専門相談員が配置されている。従来の生活援助・支援を中心とした養護内容にとどまらず、個別対応を重視してさらには治療的なケアの内容を充実させ、またファミリーソーシャルワークの重要性も増している。さらに施設の小規模化・地域化にむけた取り組みが進められている。

### ❸　施設の現状と課題

児童養護施設は、これまで大規模集団養護を行う「大舎制」で運営される施設が多く、グループダイナミクスを活用した集団養護体制を重視する養護内容の施設が中心だった。しかし近年、子どもの人権を守りながら、個々の子どもに応じた適切な発達の保障に努め、それぞれの子どもの自立に向けて積極的な支援を行うため、施設の小規模化が図られている。国もこの方向性に呼応し、「地域小規模児童養護施設」（2001（同13）年度）や「小規模グループケア」（2004（同16）年度）を創設した。特に、2009（同21）年の国連「代替的養育のガイドライン」以降、国も施設重視の社会的養護を抜本的に変革し、家庭養護に重点を移す方向へとシフトしている。

その他、子どもや家庭のニーズに応じた新たな養護内容のあり方の方向に向けた取り組みが進んでいる。

## 3 里親制度

里親は、養育里親（専門里親を含む）、養子縁組里親、親族里親に分類される。さらに養子縁組里親は普通養子、特別養子に区分されている。

### ❶ 里親制度とは

里親制度は、児童福祉法第27条第1項第3号の規定に基づき、児童相談所が要保護児童（保護者のない児童または保護者に監護させることが不適当であると認められる児童）の養育を委託する制度である。

表9－3　里親の種類

| | 養育里親 | 専門里親 | 養子縁組里親 | 親族里親 |
|---|---|---|---|---|
| 対象児童 | 要保護児童（保護者のない児童または保護者に監護させることが不適当であると認められる児童） | 次に揚げる要保護児童のうち、都道府県知事がその養育に関し特に支援が必要と認めたもの。①児童虐待等の行為により心身に有害な影響を受けた児童。②非行等の問題を有する児童。③身体障害、知的障害または精神障害がある児童。 | 要保護児童 | 次の要件に該当する要保護児童。①当該里親に扶養義務のある児童。②児童の両親その他当該児童を現に監護する者が死亡、行方不明、拘禁、入院等の状態となったことにより、これらの者により、養育が期待できない児童。 |
| 里親としての要件 | ①要保護児童の養育についての理解、熱意、児童に対する豊かな愛情を有していること。②経済的に困窮していないこと。③都道府県知事が行う養育里親研修を修了していること。④本人または同居人が次の欠格事由に該当していないこと。ア．成年被後見人または被保佐人イ．禁錮以上の刑に処せられ、その執行の終了、または執行を受けることがなくなるまでの者ウ．児童福祉法、児童買春・児童ポルノ禁止法等により罰金の刑に処せられ、その執行の終了、または執行を受けることがなくなるまでの者エ．児童虐待または被措置児童等虐待を行った者等 | 養育里親の要件に加え、次の要件のいずれかに該当すること。ア．養育里親として3年以上の委託児童の養育の経験を有すること。イ．3年以上児童福祉事業に従事し、都道府県知事が適当と認めたものであること。ウ．都道府県知事がアまたはイに該当する者と同等以上の能力を有すると認めた者であること。③専門里親研修を修了していること。④委託児童の養育に専念できること。 | 養育里親の要件①、②および④に該当し、都道府県知事が行う養子縁組里親研修を修了していること。 | 養育里親の要件①および④に加え、以下に該当すること。①要保護児童の扶養義務者およびその配偶者である親族であること。②上記要件の要保護児童の養育を希望する者であること。 |
| 登録の有効期間 | 5年間（更新可） | 2年間（更新可） | 登録制度なし | 登録制度なし |
| 委託児童の最大人数 | 現に養育している児童（実子、委託児童をあわせて）6人まで（委託児童については4人） | 養育里親に準ずるが、被虐待児等は2人まで | 養育里親に準ずる | 養育里親に準ずる |
| 養育期間 | 原則児童が18歳に達するまで。必要と認められた場合は20歳に達するまで継続可 | 原則2年以内（更新可） | 養育里親に準ずる | 養育里親に準ずる |

資料：厚生労働省「里親制度の運営について」（平成29年3月31日最終改正）より作成

## ❷ 2002（平成14）年以降の制度改正

里親制度は2002（平成14）年度に厚生労働省より「里親制度の運営について」が通知され、里親制度における、家庭という場で子どもの育つ意義と重要性が示された。この改正により、専門里親と親族里親が創設され、また里親支援事業などが実施された。

2004（平成16）年の児童福祉法改正により、児童福祉施設長と同様に里親も看護、教育、懲戒に関して、子どもの福祉のために必要な措置をとれるようになった。また2008（同20）年の同法改正では、家庭養護を促進するため、これまで厚生労働省令に規定されていた養育里親について明文化し、研修等が義務化された。また、養子縁組希望里親が制度上、養育里親と区分された。2011（平成23）年には「里親委託ガイドライン」が策定され、里親委託優先の原則などが明記された。

そして2016（平成28）年の児童福祉法改正では、里親の新規開拓から委託児童の自立支援までの一貫した里親支援を児童相談所の業務として位置づけるとともに、養子縁組里親を法定化し、研修が義務化された。

## ❸ 委託児童の現状

厚生労働省によれば、2017（平成29）年度末現在、登録里親数は11,730世帯、そのうち委託里親数は4,245世帯、里親委託されている子どもは5,424人（ファミリーホームを含むと6,858人）である（表9－4）。国をあげて里親委託の推進をしており、委託率については2006（同18）年度末の9.5から2016（同28）年度末には18.3％に増えているが、諸外国に比べるとまだ低い。現在では里親に対するレスパイトケアも認められるようになっているが、里親にとって必要なケアや休息を得るためには、さらに十分な整備が必要である。今後も里親制度が拡充するよう、里親が子どもの養育をしやすい環境づくりがさらに求められている。

表9－4　登録里親数等の推移

(各年度末現在)

| | 昭和30年 | 40年 | 50年 | 60年 | 平成25年 | 26年 | 27年 | 28年 | 29年 |
|---|---|---|---|---|---|---|---|---|---|
| 登録里親数(世帯) | 16,200 | 18,230 | 10,230 | 8,659 | 9,441 | 9,949 | 10,679 | 11,405 | 11,730 |
| 委託里親数(世帯) | 8,283 | 6,090 | 3,225 | 2,627 | 3,560 | 3,644 | 3,817 | 4,038 | 4,245 |
| 委託児童数(人) | 9,111 | 6,909 | 3,851 | 3,322 | 4,636 (5,629) | 4,731 (5,903) | 4,973 (6,234) | 5,190 (6,546) | 5,424 (6,858) |

注：平成25年以降の委託児童数の（　）はファミリーホームを含む。
資料：厚生労働省「福祉行政報告例」

# 3．わが国における子ども虐待

## 1　子ども虐待による親子分離の現状

2017（平成29）年度の、児童相談所における児童虐待相談の対応件数は13万件を超え、調査が始まって以来増加を示している。社会的養護では、この問題の対応の鍵となる役割を担っている。

### ❶　子ども虐待の現状

厚生労働省によれば、2017（平成29）年度の児童相談所における児童虐待相談対応件数は13万3,778件となり、近年、通告件数は急激な増加を示している（**図9－2**）。通告された子どものうち重篤な虐待の場合は保護の必要なケースとして、親子分離（子どもと親を短期的、あるいは長期的に分離し、施設や里親のもとで子どもが生活すること）が行われており、施設入所措置や里親委託となる子どもも増加している。

### ❷　施設養護における体制の現状

親子分離が必要な被虐待ケースの増加にあわせ、施設数も定員も増加し、また里親についても拡大を図っているが、まだ十分ではない。特に都市部では一時保護の必要な子どもが一時保護所の定員を超えて生活していたり、親子分離が必要なケースであっても在宅支援で対応することもあり、施設には対応が困難・重篤なケースが集中することも多い。

▶3
1992（平成4）年に西澤哲氏が翻訳したアメリカの情緒障害児治療施設のテキスト"After 23hours"は、その書名の示すように心理療法以外の残りの生活援助（いわゆる環境療法）の重要性を論じており、翻訳以降現在まで施設援助者に読み継がれている。

図9－2　虐待に関する相談対応件数の推移（児童相談所）

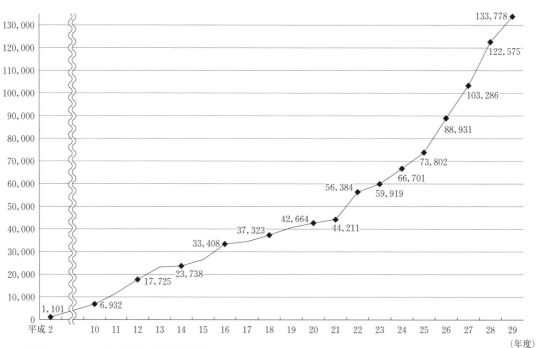

資料：厚生労働省「福祉行政報告例」等より作成

居住型児童福祉施設では生活支援の内容に心理治療的かかわりの枠組みの基本があり、西澤哲の翻訳した『生活の中の治療—子どもと暮らすチャイルド・ケアワーカーのために』(1992（平成 4 ）年)[3]にもみられるように、①安心、安定できる生活の場としての援助方法、②職員が子どもの保護膜として存在する機能をもつことが求められる。

## 2　子ども虐待の定義と基本的視点

> 虐待は、おとなの子どもへの不適切な養育による子どもの被害であり、児童虐待の防止等に関する法律では、身体的虐待、性的虐待、ネグレクト、心理的虐待の 4 分類で定義している。

　子ども虐待（Child Abuse）は、「子どもに対する不適切な対応（Child Maltreatment）」概念に含まれ、"abuse" の意味が示すように「（おとなが）子どもを身勝手に濫用・乱用すること」である。また、2000（平成12）年に施行された「児童虐待の防止等に関する法律」では、法律上初めて虐待が定義され、身体的虐待、性的虐待、ネグレクト、心理的虐待の 4 分類となった（表 9 － 5 ）。さらに、2004（同16）年の法改正では、子ども虐待が子どもの人権を著しく侵害するものであることが明記されるとともに、同居人の児童虐待を保護者が放置したり、家庭内の配偶者間暴力（DV）も虐待であるとするなど虐待の定義が拡大された。

　虐待は、適切な養育としての「子どもの養育権の保障」を基本とするしつけの延長線上にあるのではなく、しつけとは全く異なる次元のものである。また虐待とつながりやすい体罰は、子どもの人権を侵害し、子どもの自己肯定感や自尊感情を否定する可能性も高く、体罰によらない適切な方法による養育を行う意識を広く高めていくことが子どもの虐待を防止するうえでも重要である。

表 9 － 5 　子ども虐待の 4 分類

| ①身体的虐待 | 子どもの身体に外傷が生じ、または生じるおそれのある暴行を加えること。 |
|---|---|
| ②性的虐待 | 子どもにわいせつな行為をすること、または子どもにわいせつな行為をさせること。 |
| ③ネグレクト | 子どもの心身の正常な発達を妨げるような著しい減食、または長時間の放置、保護者以外の同居人による①、②、④の行為と同様の行為の放置その他の保護者としての監護を著しく怠ること。 |
| ④心理的虐待 | 子どもに対する著しい暴言、または著しく拒絶的な対応、子どもが同居する家庭における配偶者（事実婚を含む）に対する暴力その他の児童に著しい心理的外傷を与える言動を行うこと。 |

## 3 子ども虐待への対応

> 子ども虐待への対応は、児童福祉法と児童虐待の防止等に関する法律に基づいて行われ、市町村で対応困難で高度の専門性を要する相談（医学的・心理学的判断等、法的措置の要するもの）については、児童相談所が対応する。

　子ども虐待への対応は、児童福祉法と「児童虐待の防止等に関する法律」（以下「児童虐待防止法」）に基づいて行われる。2004（平成16年）年の児童福祉法の改正以降、児童相談体制の充実が図られ、一般的な児童福祉に関する相談は、市町村が受けもつが、専門的な知識・技術を必要とするものの相談は児童相談所が対応する。児童虐待防止法では通告先として児童相談所のほかに福祉事務所、児童委員が定められているが、立入調査、診断・判定、施設入所措置などの機能がないために児童相談所に送致される。これら住民に身近な発見機関と児童相談所がどのように連携・協力していくかは、虐待の早期対応として重要になる。また、子ども虐待への対応として発生予防、早期発見・早期対応、保護・支援に分けられるが、これらを一体化した総合的な対応が求められる。

　同法では、子どもにかかわる専門職者（幼稚園や学校の教諭や保育所の保育士を含む）に対する虐待の早期発見の努力義務、通告における守秘義務の免除、立入調査の明確化や警察への協力要請、虐待した親への対応の強化などが盛り込まれている。また、2004（平成16）年の改正では、通告義務の強化、要保護児童対策地域協議会の法定化等、2007（平成19）年の改正では、保護者指導にかかる知事勧告に保護者が従わない場合などの対応の明確化、調査の際の出頭要求や臨検・捜索をはじめ、面会・通信制限や接近禁止命令等の強制力の行使を都道府県知事（児童相談所）に付与した。その後も、児童相談所の権限を強化するなど、さまざまな対策が図られている。

## 4 子ども虐待への対応に関する問題点

> 子ども虐待への対応にあたっては、虐待の防止や対応のためのシステム構築、家族再統合への方策の確立、子どもとの援助関係の構築の困難性、治療的ケアの充実が課題である。

### ❶ セーフティ・ネットの構築

　まず虐待から子どもの心やからだを守ることが最優先課題であり、強固な虐待の防止や対応システムの構築（「セーフティ・ネットの構築」）をめざした取り組みの推進が求められている。特に家庭支援のためには、保育所、幼稚園、学校、児童委員、主任児童委員、福祉事務所（家庭児童相談室）、児童相談所、保健所、保健センター、児童福祉施設など、関連機関による連携が必要である。

　また、近年の相次ぐ子ども虐待死事件で、児童相談所の立入調査や一

時保護の遅れ、また、虐待の情報を知りながらも地域のシステムがうまく機能しなかった状況を改善するために、①虐待を受けたと思われる場合も通告を義務とする、②子どもの安全確認のための立入調査や、虐待発覚後の親権停止等に伴う児童相談所の権限強化、③要保護児童対策地域協議会の運営強化などの改正が行われている。

### ❷ 家族再統合への方策の確立

　虐待があってもリスクが低い場合や、保護者に変化がみられ、援助があれば家族との統合が可能と判断された場合には、保育所による日中の親子分離を活用するなど、在宅支援を行うケースも増えている。こうした親子分離後の家族との再統合の方策を確立することが求められ、たとえば、「神戸少年の町」の野口啓示らによるコモンセンス・ペアレンティング（Common Sense Parenting）システムなどのプログラム導入もみられる[4]。児童福祉法の改正によって市町村は子ども虐待の一義的窓口となり、児童相談所は従来からの措置機関としての役割や親子分離後のソーシャルワークを行う役割などが求められているが[5]、実際には一時保育や入所措置の段階での初期対応等に追われ、保護者への指導や支援まで十分に手が回らないこともある[6]。児童家庭支援センターの設置数は増えているが[7]、設置数や地域の偏りなどから児童家庭支援センターが児童相談所に代わってソーシャルワークを行うことにも難しさがある。

### ❸ 援助関係の改善と養育の質的向上

　虐待の多くは子どもの愛着の対象となるべき親によって行われるため、愛着の形成に歪みが生じ、他者を信頼する力や自己肯定感を阻害し、弱めてしまうことも多い。また虐待を受けた子どもたちのなかには、無意識のうちに大人の信頼度を確かめる行動としての試し行動や退行などのさまざまな行動をみせることもある。

　しかし、一見問題とみえる行動自体が子どもの抱えるニーズの表出であり、子どものニーズの存在を明らかにするともいえる。まず子どもとの援助関係を見直し、関係の質を高めるために何が必要なのかを問い続け、子どもの養護にかかわる実践の意味を改めていく絶え間ない努力が求められる。養育の質的向上に努め、資源の不足などの問題に向けてソーシャル・アクションも含め、改善していくことが必要である。

### ❹ 治療的ケアの充実

　乳児院や児童養護施設などでは、虐待による発達上の問題をもつ子どもが多く生活している（表9-6）。子ども虐待は、心身への危害によって、直接的な心身の傷痕だけではなく、さまざまな後遺障害が残されることがある。あるいはネグレクトによって、栄養不良による低身長や低体重など重篤な発育不良や虚弱な状態になる子どももいる。さらに、一

▶4
Ray Burke/Ron Herron "Common Sense Parenting" Boystown Press, 1996（邦訳：野口啓示、ジョンウォン・リー訳『親の目・子の目』THOMSON、2002年）に詳しい。

▶5
たとえば、カナダにおける子ども虐待の通告、相談、調査は、わが国の児童相談所にあたるCAS（Children Aid Society）が警察との連携を受けて行い、措置については裁判所の決定が必要となる。親子分離後の援助についてもCASに専門的なワーカーが配置されており、日本の制度とは大きく異なる。

▶6
こうしたケースについては、見立て（アセスメント）が十分に行われたうえで、連携が十分であれば「問題」が拡大する前に適切な援助・支援が可能なものが多いと考えられる。

▶7
2017（平成29）年10月現在、114施設。

表9-6 児童相談所における児童虐待相談の児童福祉施設入所内訳

単位：件（％）

|  | 平成17年度 | 22年度 | 27年度 | 28年度 | 29年度 |
|---|---|---|---|---|---|
| 児童養護施設 | 2,487(68.7) | 2,580(63.9) | 2,536(61.9) | 2,651(62.1) | 2,396(60.2) |
| 乳児院 | 619(17.1) | 728(18.0) | 753(18.4) | 773(18.1) | 800(20.1) |
| 児童自立支援施設 | 130(3.6) | 143(3.5) | 160(3.9) | 127(3.0) | 137(3.4) |
| 児童心理治療施設* | 148(4.1) | 185(4.6) | 184(4.5) | 198(4.6) | 189(4.8) |
| その他 | 237(6.5) | 402(10.0) | 467(11.4) | 518(12.1) | 455(11.4) |
| 計 | 3,621(100.0) | 4,038(100.0) | 4,100(100.0) | 4,267(100.0) | 3,977(100.0) |

＊：平成28年度までは「情緒障害児短期治療施設」（平成29年4月1日施行の児童福祉法改正により改称）。
資料：厚生労働省「福祉行政報告例」等より作成

番身近にあり、愛し、愛されたい親からの深刻な虐待は、自尊感情や自己肯定感（self-esteem）などの「生きるエネルギー」につながる自分を大切に思う気持ちが損なわれることにより、PTSD（Post Traumatic Stress Disorder：心的外傷後ストレス障害）や反応性愛着障害など深刻な状態にある子どももいる。

こうした子どもたちの回復を図るためにも、日常的な生活を安心・安定できるように整え、自分が大切にされている実感を得られるよう配慮し、環境療法の場としての養育環境を設定し、施設の心理療法担当職員や児童相談所・児童心理司や児童精神科医師などの専門職との連携を図りながら、治療的ケアの充実が図られる必要がある。

## 5　被措置児童等虐待の防止

「施設内虐待」などの子どもの権利・人権を侵害する事例が後を絶たない。2008（平成20）年の児童福祉法改正により、改めて被措置児童の虐待防止について法制化された。

▶8
厚生労働省「児童養護施設入所児童等調査（平成25年2月1日現在）」より。

施設に入所している子どもの多くは、なんらかの虐待を受けて入所している。社会的養護のもとで生活する虐待を受けた経験のある子どもの割合は54.3％にものぼる[8]。こうした被虐待経験をもつ子どもの入所が増加するなかで子どもの権利・人権擁護を図る動きが強まっていったが、いまだ子どもの権利・人権を侵害する二次的虐待（second abuse）としての被措置児童虐待事例があとを絶たない。

抜本的な人員配置の増員がなされないまま、援助や支援、かかわりが難しい子どもと向き合うことは大変難しいことである。しかし社会的養護は子どもが安心して、安定した生活を送る場であり、まず心の傷つきを「養生」する場でなければならない。社会的養護のあり方として、①風通しがよく開かれた組織運営、②養育者の研修をはじめとする資質の向上、③子どもの意見を十分に取り入れた子どもの権利・人権を守る養

育システム、などを取り入れていく必要がある。また子どもに対する虐待が発生すれば、虐待を受けて入所している子どもにとっては「2度目の虐待」となり、その被害は大きい。

2008（平成20）年の児童福祉法の改正により、翌2009（同21）年4月、「被措置児童等虐待の禁止」の規定が施行された。被措置児童等虐待を受けたと思われる児童を発見した者の通告義務、被措置児童等が虐待を受けたときは、その旨を児童相談所、都道府県の行政機関または都道府県児童福祉審議会に届け出ることができること、通告に関しては刑法の秘密漏示罪の規定その他の守秘義務に関する法律の規定違反とはならないこと、また施設職員等は、この通告を理由として解雇その他不利益な取扱いを受けないことなどが明記されている。

また先程述べたように、職員配置の見直しや施設の小規模化にも取り組む必要があるが、基準の引き上げ等、多少は改善されているもののこの点についての根本的な解決には至っていない。今後さらに抜本的な改正が求められる。

## 4．ドメスティック・バイオレンス

### 1　ドメスティック・バイオレンスとは

ドメスティック・バイオレンス（DV）は、家庭内にとどまらず親密な関係における男性から女性への暴力を意味し、身体的暴力、性暴力、精神的暴力、経済的暴力などがある。家庭という密室で起こりやすく、これは児童虐待とも大きく関係している。

❶　ドメスティック・バイオレンスの意味

「ドメスティック・バイオレンス」（Domestic Violence：以下「DV」）は、通常「婚姻関係、婚約関係、恋愛関係などの親密な関係にある男女間で一方から他方に対する暴力」をいう。この「親密な関係」には、別居、離婚した男性も含まれ、例えば内縁の夫、別居中の夫、前夫、現在交際している、あるいは過去に交際していた男性から女性への暴力も含まれる。DVは主に男性から女性に対して行われる暴力であり、男性優位社会という今日の日本のあり方そのものが問われている。暴力の内容には、身体的暴力や性暴力に限らず、精神的抑圧や精神的暴力、経済的暴力（経済的搾取）などもある（表9－7）。

さらに、その場に子どもがいれば、情緒面での傷つきや直接的な子どもへの暴力につながる。つまりDVは子ども虐待でもある。

❷　DVの実態

わが国のDVに関する調査では、1998（平成10）年に東京が「3人に1人の女性が夫や恋人から身体的暴力を体験した」と報告した。また2001

表9-7 DVの種類

| 種類 | 概要 |
|---|---|
| 身体的暴力 | 平手で打つ、殴る、蹴る、首を絞める、身体を傷つける、物を投げつける、刃物を持ち出すなどの暴力行為。負傷、意識喪失状態、ときには死に至る。また病院に加害者が付き添い、医師に虚偽の事故であることを説明し、弁解するようなケースもある。直接的な被害にとどまらず、被害者は精神的に萎縮し、さらなる暴力を恐れて精神的に支配されてしまうこともある。また、性暴力、精神的暴力、経済的暴力などとあわせて行われることも多い。 |
| 性的暴力 | 女性が望まない（時間・場所・方法など）性行為を強要する、望まない妊娠あるいは人工妊娠中絶を強要する、性感染症を移す、子どもなどの前で性行為を強要する、強制的にポルノグラフィーを見せる、性的行為を撮影する、性的な非難をする、避妊をしないなどの行為。性行為の強要などの性暴力は女性の尊厳を踏みにじる犯罪行為であり、子どもに性行為をみせることは、子どもへの性的虐待であると考えられる。 |
| 精神的暴力（精神的抑圧） | 言葉や態度、身振りで威嚇する、無視する、相手の自由を奪うように強制する、大切なものを壊したり捨てたりする、子どもを虐待する、睡眠を妨げるなどの行為。加害者による女性を支配する働きかけによって、被害者の支配を維持するものであり、身体的暴力よりもさらに日常的な生活のさまざまな場面で引き起こされ、繰り返される傾向が高い。 |
| 経済的暴力 | 相手名義の財産をつくらせない、生活費をまったく（もしくは少ししか）渡さない、相手が収入を得ることを妨害することなどの行為。相手の社会的な自立を妨げ、金銭によって行動を制限することもある。そのため、たとえば加害者から別居や離婚等をしても貧困に陥ることとなり、あるいは住居の面からも問題が引き起こされることとなる。 |

（同13）年の沖縄県那覇市の調査報告では、回答者の2人に1人の女性がなんらかの暴力を夫や恋人から受けた経験があり、20人に1人の女性が「医師の治療が必要となるほどの暴力」受けた経験があると答えるなど、外部からはみえにくい実態が浮き彫りとなった。

また近年では、女性から男性へのDV被害も増加している。内閣府による「男女間における暴力に関する調査（平成29年度調査）」では、これまでに結婚したことのある人のうち、配偶者からのDV被害が「あった」女性は31.3％、男性は19.9％となっている。

## 2　ドメスティック・バイオレンスへの対応と相談体制

「配偶者からの暴力の防止及び被害者の保護等に関する法律」により、婦人相談所、婦人相談員、婦人保護施設が明確に規定され、婦人相談所は配偶者暴力相談支援センターとしての機能の重要な役割も担うよう定められている。

### ❶　DV防止法の概要

2001（平成13）年、「配偶者からの暴力の防止及び被害者の保護に関する法律」[9]（以下「DV防止法」）が制定・施行され、DVが重大な暴力行為であり、犯罪であることが確認され、またこの暴力は個人の尊厳を害し、男女平等の実現を妨げるものとされた。

同法では、対応の仕組みとして、暴力被害者に対する婦人相談所、婦人相談員や婦人保護施設の役割を定め、また民間シェルターの利用対応

▶9
現：配偶者からの暴力の防止及び被害者の保護等に関する法律。後述参照。

に関する法的根拠がつき、「配偶者暴力相談支援センター」が都道府県に設置されることになり、関連機関相互の連携協力が義務づけられた。また、被害者の安全確保のために、接近禁止命令と退去命令の保護命令が定められ、命令違反には刑事罰を科すこともできることになった。

2004（平成16）年の法改正では、①「配偶者からの暴力」の定義を拡大し、保護命令に関する部分等を除き「心身に有害な影響を及ぼす言動」を含める、②保護命令制度を拡充し、被害者の同伴する子どもへの接近禁止命令が可能、また退去命令の期間を2週間から2か月にする、③市町村においても配偶者暴力相談支援センターの業務を実施する、④国・地方公共団体における被害者の自立支援を含めて適切な保護を図る責務を規定する、⑤DVについて国が基本方針を定め、都道府県が基本計画を策定することを義務づける、⑥福祉事務所による自立を支援するために必要な措置を講ずるように努めることなどが規定された。

さらに、2007（平成19）年の法改正では、保護命令に関して、①生命・身体に危害を加える旨の脅迫行為を受けるおそれの高い者について、保護命令の申立てを認める、②保護命令の禁止行為にメール・電話等による接触を加える、③被害者の親族・支援者等に対する保護命令が可能、④保護命令の際は、裁判所は配偶者暴力相談支援センターに通知することとしている。その他、⑤市町村による基本計画策定および配偶者暴力相談支援センター設置を努力義務とし、指定都市・中核市については義務とすることなどが加えられた。

2013（平成25）年の改正では、適用対象が、生活の本拠をともにする（同居する）交際相手からの暴力、およびその被害者に拡大され、法律名も「配偶者からの暴力の防止及び被害者の保護等に関する法律」に改称された。

しかし、この法律だけでは被害者を保護することは難しい場合もあり、特にDVに対する一般的な意識が変わることが求められる。

❷ 配偶者暴力相談支援センター

都道府県に置かれる相談窓口であり、婦人相談所などがその機能をもっている。センターでは、①相談や相談機関の紹介、②カウンセリング、③被害者および同伴者の緊急時の安全確保・一時保護、④自立して生活することを促進するための情報提供等援助、⑤被害者を居住させ保護する施設の利用についての情報提供等援助、⑥保護命令制度の利用についての情報提供等援助を行っており、DVの被害者の相談、保護、生活再建・自立のための重要な役割を担っている。

❸ 婦人相談所

女性に関する相談に応じる機関であり、一時保護をし、一時避難の場

について情報提供を行う。法律によって、一部の女性センターとともに配偶者暴力相談支援センターとしての機能を果たすことになった。婦人相談員が具体的な相談・援助の役割を担っている。

❹ 福祉事務所

地域の福祉サービスの中核的窓口である福祉事務所は、DVに関する相談を受けるだけではなく、生活保護需給等の手続きなど経済的援助の窓口でもあり、一時避難所、母子生活支援施設の利用相談についてもかかわることとなっている。なお、福祉事務所も被害者の自立支援の役割を担うこととなっている。

## 5．社会的養護における子どもの自立

### 社会的養護における子どもの自立とは

社会的養護における自立支援では、子どもが何でも自分の力でできるという意味での「自立」ではなく、よりよい他者との関係を保持し、他者と相互に依存し頼り合う関係を重視した「互立」への新たな自立観、自立援助観を確立していくことが望まれている。

❶ 子どもの自立の視点

家族と離れて暮らす子どもの養育には、まず子どもが安全に安心して生活できる環境と関係が必要となる。特に子どもが育つためには他者(特に特定の親、養育者)との適切な愛着関係が必要である。ただし、「愛」は前提・必要条件であり、さらに養育の質を高める構成要素としての治療的養護環境が必要であり、これらによって子どもたちが自立した生活を送るための足がかりができていく。

社会福祉の領域において「自立」は、その中心的概念の1つとされてきたが、曖昧さも併せ持っている。生活保護では「自立の助長」として経済的自立や社会的自立を示し、障害者福祉ではIL(Independent Living：自立生活)運動の「依存的自立」の意味、社会的養護では「基本的生活習慣の獲得」など子どもの身辺自立として用いられる一方、施設退所後の「就職自立（独立自活）」や退所後の生活などをさして使われることもある。特に社会的養護では、児童福祉法の対象年齢によって自立を決めることが多かった。しかし2004（平成16）年の児童福祉法改正では、児童養護施設などを「退所した者に対する相談その他の自立のための援助を行う」ことが施設の目的に含められ、従来の「就職＝自立」ではない新たな自立観が求められている。

つまり、何でも自分でできるという意味の「自立（independence）」から、よりよい他者との関係を保持し、他者と相互に依存し頼り合う「互立（interdependence）」への自立観の転換である。このように子どもの

自立をみるとき、短期にとどまらず中長期的な目標を含めた資源に目を向け、子どもの自立を根源的なところから再考することが求められる。

### ❷ 他者との関係を大切にする自立へ

愛着理論の創始者J.ボウルビィが、子どもの育ちにとってネガティブな意味が強い「依存」には、実は肯定的な意味があると述べている[1]ように、社会的養護のもとで生活する子どもの自立を「他者と関わり合い、頼り合う関係概念」として再考する必要がある。また河合隼雄は、自立を「人間が自立するということは、自分が何にどの程度依存しているかをはっきりと認識し、それをふまえて自分のできる限りにおいて自立的に生きること」[2]と定義している。こうした知見から、人の育ちとしての自立には関係概念を含んだ自立支援への転換が求められている。

厚生労働省の『児童自立支援ハンドブック』では、自立とは「発達期における十分な依存体験によって人間の基本的信頼感を育むことが、児童の自立を支援するうえで基本的に重要」であり、「一人ひとりの児童が個性豊かでたくましく思いやりのある人間として成長し、健全な社会人として自立した生活を営んでいけるよう、自主性や自発性、自ら判断し決断する」力をもち、「児童の特性と能力に応じて基本的生活習慣や社会生活技術、就労習慣と社会規範を身につけ、総合的な生活力が習得できる」ことが重要であるとしている[3]。子ども自身が他者との関係を大切にしながら自分らしく生きていけるよう、困ったときには他者に相談でき、他者にも自分の力を貸すことのできる関係形成を中心に置く自立観に立った養護内容の充実や資源、環境の整備が必要である。

## 6．子どもと家族の支援 ——家族の再統合に向けて

### 1　子どもの心の声に応える支援

多くの子どもは、できれば親が優しくなり、愛してくれるようになって一緒に住みたいと望んでいる。この子ども心の声に応えていくことは、今日の社会的養護の使命といえる。

社会的養護のもとで暮らす子どもの9割近くに親がいる。子どもにとって親の存在は大きく、たとえひどい虐待を受けたとしても親を無視して生きていくことはできない。多くの子どもは、できれば親が優しくなり、愛してくれるようになって一緒に住みたいと望んでいる。この子ども心の声に応えていくことは、今日の社会的養護の使命といえる。

特に乳児院、児童養護施設などでは、子どもとその家族問題の解決を図ることに積極的でなければならない。「法」によって家族と引き離さざるを得なかった子どもは、「法」によってできるだけ早期に家族再統合を実現できるように問題解決に取り組むべきである。子どもにとって

施設入所は問題の終わりではなく始まりである。問題のあるところから子どもを引き離すことは一時的に解決を見るが、真の解決には至らない。
　家族再統合とは主として親子が再び一緒に暮らすことを意味するが、必ずしも同居だけを目的とするのではなく、壊れた親子の関係性の修復や間隔を置いた関係性も含める。子どもが施設で暮らさざるを得ない原因に積極的にアプローチして解決するために、家庭支援専門相談員（ファミリーソーシャルワーカー）を中心に、親のエンパワーメントを積極的に活用し、問題解決に主体的に取り組む支援が求められ、さらに地域資源を活用した子どもと家族を支えるネットワークの構築も求められる。

## 2　ファミリーソーシャルワークとは

> ファミリーソーシャルワークとは、常に子どもを家族の一員としてとらえ、既成の分野を超えて横断的にかかわり、家族全体への援助を通して家族問題の解決・維持・再生・向上を図ることである。

　わが国の社会福祉は、1951（昭和26）年に制定された社会福祉事業法を軸に、子ども、高齢者、障害者、生活保護などサービス利用者の属性分野ごとに縦割りに支援を行ってきた。このことはたとえば、家庭崩壊などによって社会的養護の支援が必要な子どもに対して、家庭から子どもだけを切り離して保護が行われ、子どもは子ども、親は親として支援が行われ、子どもと家族を包括して支援することがなかった。
　しかし、1990（平成2）年の福祉関係八法改正に伴う、在宅福祉サービスの法制度的な明確化や、2000（同12）年の社会福祉法への改正・改称により、地域福祉の推進が法的に明記され、従来の福祉サービスのあり方から、新たな視点、枠組み、方法が求められ、地域のなかで子どもと家族の自立を支援することが重要な課題となった。
　一方、福祉サービスを受けてきた子どもの視点からも、子どもと家族は本来切り離して支援されるべきものではなく、たとえ子どもが虐待を受けて一時的に家族から切り離されて福祉サービスを受けるにしても、子どもだけでなく、虐待をする親への支援が行われ、親子が再び一緒に暮らせるようになることは、子どもにとって大切なことである。
　児童相談所では2002（平成14）年から「家族再統合」の取り組みが位置づけられ、2003（同15）年には「家庭復帰支援員」が配置された。さらに、その翌年には、児童養護施設等に「家庭支援専門相談員」（以下「ファミリーソーシャルワーカー」）が配置された。これにより、いわゆるファミリーソーシャルワークとして家庭復帰支援事業が取り組まれている。
　ファミリーソーシャルワークは、常に子どもを家族の一員としてとらえ、家族全体への援助を通して、家庭問題の解決・維持・再生・向上を図り、子どもが本来愛護されて安心して育まれるべき家庭の再構築が図

られるように支援する方法である。家族の抱える問題を解決し自立していくために、家族のエンパワーメントを活用し、脆弱な家族機能の修復や強化を図る。さらに家族自身が主体的に問題解決を行い維持、向上を図るために、制度化されているサービスや地域のインフォーマルなサービスを活用できる支援が大切である。

## 3 子ども家庭支援の視点

ファミリーソーシャルワーカーが行う子ども家庭支援は、11機能が何らかの事由により欠損、不足、停滞しているときにそれを援助する活動であるといえる。

子ども家族支援を考えるとき、「子どもと家族」は言葉では明確で問題がないように思われるが、ソーシャルワークの支援の実践の視点から考えると、一体何を支援するのか漠然としており支援が明確ではない。大橋謙策は、家族支援の視点として家族の自立生活に視点をおき、「労働的自立」「精神的・文化的自立」「健康的・身体的自立」「生活技術的自立」「社会関係的自立」「政治的・契約的自立」の6つの枠組みからとらえ、ソーシャルワークはこれらの自立生活が何らかの事由により欠損、不足、停滞しているときにそれを援助する活動であると述べている[4]。大橋は一般家族支援に視点を置いているが、子どもと家族支援を考えるとき、「子育て問題」「教育問題」「親や子どもの精神的な治療問題」または「親としての成長・自立問題」などの独自の課題がある。さらに、大橋の自立生活の視点を進めて、家族・家庭支援を「家庭機能」の視点からとらえて考えてみる。

家族・家庭機能には、①性的機能、②経済的機能、③生殖的機能、④教育的機能、⑤身分的機能、⑥宗教的機能、⑦慰安的機能、⑧保護的機能（衣食住を含めた保護機能）、⑨愛情的機能、⑩地域関係機能、⑪その他の機能といった11機能が考えられる。⑪その他の機能は、家族には個性があり家族独特の機能があることを意味している。ファミリーソーシャルワーカーが行う子ども家庭支援はこれらの機能が何らかの事由により欠損、不足、停滞しているときにそれを援助する活動であるといえる。しかし、ファミリーソーシャルワーカーが行う支援は、これらすべての機能を支援するのではなく、11機能のなかの、②経済的機能、④教育的機能、⑦慰安的機能、⑧保護的機能、⑨愛情的機能、⑩地域関係機能、⑪その他の機能の7機能を支援対象として行うことが適切である。他の機能は家族のプライバシーに属する機能であるため支援対象としない（図9－3参照）。

家族には1つとして同じ家族が存在することはなく、多様な価値観と形態があるため、家族の抱える福祉ニーズも同じく一様ではなく、さま

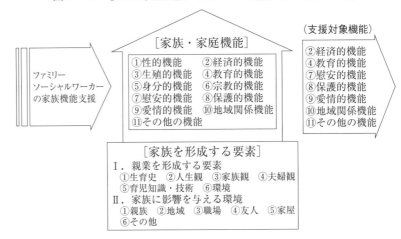

図9-3　子ども家庭支援アプローチの視点（アセスメント）

ざまな要因が重なり合って多問題化している。これは、家庭機能が家族によって大きく違っていると考える。その違いを理解して支援することが大切である。機能の違いが生まれる要因として、「家族に影響を与える要素」を考える。さらにそれを、「親業を形成する要素」と「家族に影響を与える要素」に分けて考える。

家族に最も大きな影響を与えるものとして親の資質によることが大きい。親は、どんな親にどんな環境のもとで育てられたかに影響される。そのため親の成育史・生育環境の正確な分析が必要である。家族・家庭機能を左右する親を形成している要素を理解することは、正確な家族の問題をアセスメントするうえでとても大切である。図9-3は、親に影響している要素として「親業を形成する要素」（①生育史、②人生観、③家族観、④夫婦観、⑤育児知識・技術、⑥環境）と「家族に影響を与える環境」（①親族、②地域、③職場、④友人、⑤家屋、⑥その他）に分けている。

## 4　子ども家庭支援のプロセス

子どもと家族の自立支援のためには、「予防的家族支援」「家族・家庭再構築」「家族再統合」の3つの大きな視点がある。

ファミリーソーシャルワーカーが、地域のなかで子どもと家族の自立支援を行う目的として、先述したように家庭崩壊、虐待などの問題を未然に防ぐための予防的取り組みと、すでに家族から引き離されて社会的養護のなかで生活している子どもと家族の再統合の支援などがある。子どもと家族の自立支援のためには、「予防的家族支援」「家族・家庭再構築」「家族再統合」の3つの大きな視点がある。「予防的家族支援」としては、脆弱な家族が崩壊に至ることがないように健全な家族維持を支援

### 表9－8　予防的福祉または社会的養護のなかの子ども家庭支援の視点

**Ⅰ　家族機能の予防的支援（子どもの健全育成）**

①未成熟な親への支援：親として成長、子育て技術、就学援助、生活技術などの学びの場の提供を行う。
②孤立化防止支援：親子の孤立化、子育ての孤立化を防止する。子育て広場などの利用、相談、問題の早期発見体制の確立、社会関係的自立を支援する。
③健康支援：親子の身体的・精神的な健康を推進する医療との連携を行う。

**Ⅱ　家族・家庭機能の再構築支援（家族・家庭機能強化）**

①保護的技術の向上支援：生活技術の向上のためのアドバイスや学びの場の提供、ホームヘルパーなどによる支援を行う。
②経済的支援：労働的自立、家計運営的自立、生活保護による支援を行う。
③子育て・教育的支援：学校、保育所、地域子育て支援センター、保健センターなどとの連携による支援、子育て技術の向上のためのアドバイス。
④社会関係的自立支援：地域のなかの孤立化を防ぐ。

**Ⅲ　子どもと家族再統合支援（子どもの家庭復帰）**

①保護的技術の向上：親としての精神的な成長、子ども理解と子育て知識の学び、生活技術の向上、ホームヘルパーなどによる支援を行う。
②親の精神的・身体的回復：医療・保健との連携による病気の軽減を図る。
③親子関係の回復：臨床心理士、精神科医等との連携や親子関係再構築プログラムの活用を行う。
④地域社会からの孤立化の防止：地域社会の一員としての活動支援を行う。
⑤社会的養護のなかで生活する子どもの支援：基本的な生活保障・教育保障・自立支援、心理的ケアによる支援を行う。

するものである。家族・家庭機能の弱体化を補強し、孤立化している家族の支援、虐待や不適切な養育などに対する問題の早期発見・早期対応が重要な働きである。「家族・家庭再構築」の支援としては、一旦家庭崩壊が起きた家族に対して、家庭機能を回復することが支援の目的である。特に保護者に対する親業、子育て技術の習得、経済問題の回復、地域社会との良好な関係維持などの支援がある。「家族再統合」は、家族から引き離されて児童養護施設など社会的養護のなかで生活している子どもをできるだけ早く家族のもとに再統合することが目的である。「家族・家庭再構築」で説明した家族・家庭機能の再構築と連動して行い、親としての成長、親の精神的・身体的健康回復、親子関係の回復、子どもの支援においても、安定した生活の場の保障と心理的ケアを必要に応じて支援していくことなどである。**表9－8**は支援と方法の視点をさらに細かく述べたものである。

## 5　子ども家庭支援マネジメント

　子ども家庭支援には、制度化されているサービスやインフォーマルなサポートをサービスパッケージにし、さらには、家族の能力を適切に連結させて、クライエント家族のニーズを充足させる、子ども家庭支援マネジメントが必要である。

　地域のなかで子ども家庭支援を考えていくとき、大橋謙策は従来の所得保障中心の援助や入所型サービスの提供における援助とは異なる視点、

枠組み、方法が求められることになると指摘し、そのポイントの1つはケアマネジメントの手法であると述べている[5]。子どもと家族が地域のなかで自立した生活を営めるように支援していくためのファミリーソーシャルワークには、介護保険制度等で行われているケアマネジメント手法を応用していくことが必要である。本書では、子ども家庭支援の内容からして「子ども家庭支援マネジメント」としたが、その意味するところは、すでに高齢者福祉等で活用しているケアマネジメントと同じである。

　子ども家庭支援マネジメントとは、子どもと家族が地域で自立していくために必要な種々のニーズに対して、家族の抱えている課題や状況把握のためのアセスメントを行い、制度化されている複数のサービスやインフォーマルなサービスをパッケージにし、さらには、家族・家庭の能力を適切に連結させて、子どもと家族が地域で自立して生活していけるように一連の援助を行うことである。上野谷加代子は、ケアマネジメントには「調整機能」「対人支援・サービス提供機能」「開発機能」がある[6]と述べているが、子ども家庭支援マネジメント機能にも同じく、ニーズとサービスを充足させるための「調整機能」と、クライエントを支えるための受容的、心理的、代弁的な「対人支援・サービス提供機能」、さらに、必要なサービスなどを開発する「開発機能」がある。

## 6　子ども家庭支援マネジメントのプロセス

> 子ども家庭支援マネジメントで大切なことは、正確なアセスメントと確実な支援計画を作成することである。

　ケアマネジメントのプロセスは5領域からなっているが、子ども家庭支援マネジメントのプロセスも同じく、①ニーズの発見、②情報の収集、③アセスメント、④支援計画の作成、⑤計画の実施、⑥モニタリングなど、6領域の援助技術の一連の展開過程で行われる。子ども家庭支援マネジメントで大切なことは正確なアセスメントと確実な支援計画を作成することである（図9-4）。

### ❶　ニーズの発見（ニーズの提案）

　援助を必要としている子どもと家族を早期に発見し、そのために社会資源を活用したりネットワークを活用する。また、児童養護施設等で生活している子どもの家族再統合といった新たなニーズの提案等がある。

### ❷　情報の収集

　アセスメントと計画を正しく立てるためには、正確でより多くの情報を収集する必要がある。この情報の質によって支援の内容が適切になるかが決まるため、支援プロセスのなかで最も大切といえる。

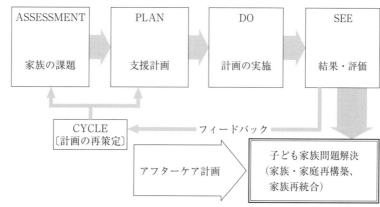

図9-4 子ども家庭支援の活動サークル

❸ アセスメント

利用者の家族の現状を把握し、課題、問題の分析を行い、利用者の意見・要望をふまえた専門的な問題の分析および対応の必要性を判断する。

❹ 支援計画の作成

アセスメントに基づいて主要なニーズを分類整理し、そのニーズを充足するための目標を設定し、さらにそれぞれの目標に即した具体的なサービスパッケージを計画する。

❺ 計画の実施

作成された計画を関係するサービス提供機関と連携して円滑かつ確実に実行する。

❻ モニタリング（監視または再評価）

計画通りのサービスが、質・量ともに適切かつ円滑に提供され、予定通り問題解決に進んでいるか確認する段階である。また、時間の経過に伴って変化が生じたために、当初の計画に変更が必要でないかを定期的にあるいは必要に応じて継続的に見守る。

## 7 子ども家庭支援と地域資源の統合化（ネットワーク化）

地域のなかの子ども家族支援には、サービスパッケージと地域の支援機関・資源のネットワーク化が必要である。

子ども家族支援を行うとき、ファミリーソーシャルワーカーによるケースマネジメントによって、どのような支援が必要なのかをアセスメントする。多問題家族には複数のニーズがあり、その支援を行う福祉サービスも複数（たとえば、経済的支援、就労支援、家事支援、育児支援、教育支援、保健支援、医療支援など）になるので、福祉サービスが乱雑に無秩序に提供されることを避け、効率的に提供することが必要である。効果的に福祉サービスを提供するためには、公的サービスやインフォー

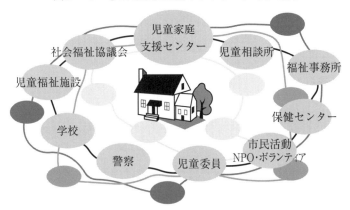

図9−5 子ども家庭支援ネットワークの参考例

マルなサービスを組み合わせた支援計画が立てられ、その計画に基づいて、必要なときに適切な福祉サービスを提供することが大切である。ニーズに対応して複数の福祉サービスがまとめられて統一的に提供することをサービスパッケージという。

　また、多問題家族を計画的に支援するには、複数の支援機関と複数のサービスを組み合わせて統一的に支援することが必要である。このとき、地域に散在している支援機関が各々ばらばらに支援することを避け、クライエント家族の情報を共有し効率的な支援体制をつくるため、**図9−5**に示したように、各支援機関のネットワーク化が必要である。ネットワークはクライエント家族の支援をするために、既存の枠を超えて、他機関との連携や協力体制を築いて解決を図る援助技術である。このネットワークの目的には、①同・異業種機関間の連携、②サービスの一元化、③情報の共有化が図られるなどがある。ファミリーソーシャルワーカーは、地域で活用できる資源をネットワークで結び、また、必要なものは開発していくなど、子ども家庭の効率的な支援をデザインしていくことが求められる。

　子どもとその家族が地域のなかで自立して生活していくための支援として、ファミリーソーシャルワーカーの働きを、子ども家族支援マネジメントの援助方法を交えて述べてきたが、これらは児童福祉分野においては、まだ始まったばかりである。今後、これらの援助技術が理論的、臨床的に成熟・発展していくことが求められている。

## 7．児童養護の課題と展望

### 社会的養護という場を取り巻く課題と展望

新しい社会的養育ビジョンや利用型児童福祉施設の変化を踏まえ、施設の専門職集団を活用して児童福祉施設が地域の子育て支援や里親等の支援における必要不可欠な機関としての役割を果たさなければならない。

**❶ 新しい社会的養育ビジョン**

2017（平成29）年8月、厚生労働省より「新しい社会的養育ビジョン」が発表され、社会的養育の今後の方向性が提示され社会的養育ビジョンの意義、骨格、実現に向けた工程が発表された。

① 新しい社会的養育ビジョンの意義

虐待を受けた子どもや、何らかの事情により実の親が育てられない子どもを含め、すべての子どもの育ちを保障する観点から、2016（平成28）年児童福祉法改正では、子どもが権利の主体であることを明確にし、家庭への養育支援から代替養育までの社会的養育の充実とともに、家庭養育優先の理念を規定し、実親による養育が困難であれば、特別養子縁組による永続的解決（パーマネンシー保障）や里親による養育を推進することを明確にした。

② 新しい社会的養育ビジョンの骨格

地域の変化、家族の変化により、社会による家庭への養育支援の構築が求められており、子どもの権利、ニーズを優先し、家庭のニーズも考慮してすべての子ども家庭を支援するために、身近な「市区町村におけるソーシャルワーク体制の構築と支援メニューの充実を図る」ことや「代替養育の全ての段階において、子どものニーズに合った養育の保障」を図ることにした。

③ 新しい社会的養育ビジョンの実現に向けた工程

2016（平成28）年改正児童福祉法の原則を実現するため、①市区町村を中心とした支援体制の構築、②児童相談所の機能強化と一時保護改革、③代替養育における「家庭と同様の養育環境」原則に関して乳幼児から段階を追っての徹底、家庭養育が困難な子どもへの施設養育の小規模化・地域分散化・高機能化、④永続的解決（パーマネンシー保障）の徹底、⑤代替養育や集中的在宅ケアを受けた子どもの自立支援の徹底などをはじめとする改革項目を示した（表9-9）。

**❷ 地域の子育て支援や里親子支援の専門施設として**

従来、社会的養護、特に乳児院や児童養護施設では家庭養護の代替的機能を中心として子どもの社会自立まで長期間養護する支援が行われてきており、現在でもこの考え方に基づく施設が多くある。しかし前述の

表9-9 新しい社会的養育ビジョン【要約編】

①意義

- 平成28年児童福祉法改正の理念を具体化
  ⇒ 「社会的養護の課題と将来像」(2011年7月)を全面的に見直し、「新しい社会的養育ビジョン」に至る工程を示す

＜平成28年児童福祉法改正＞
◆子どもが権利の主体であることを明確にする
◆家庭への養育支援から代替養育までの社会的養育の充実
◆家庭養育優先の理念を規定し、実親による養育が困難であれば、特別養子縁組による永続的解決（パーマネンシー保障）や里親による養育を推進

②骨格

- 市区町村におけるソーシャルワーク体制の構築と支援メニューの充実を図る

◆保育園における対子ども保育士数の増加、ソーシャルワーカーや心理士の配置
◆貧困家庭の子ども、医療的ケアを要する子どもなど、状態に合わせてケアを充実
◆虐待、貧困の世代間連鎖を断つライフサイクルを見据えたシステムの確立
◆虐待の危険が高く集中的な在宅支援を要する家庭に対する分離しないケアの充実

- 代替養育の全ての段階において、子どものニーズに合った養育を保障

◆代替養育は家庭での養育が原則、高度に専門的なケアを要する場合「できる限り良好な家庭的な養育環境」を提供し、短期の入所が原則
◆フォスタリング3業務の質を高める里親支援事業等の強化、フォスタリング機関事業の創設
◆児童相談所は永続的解決を目指し、適切な家庭復帰計画を立て市町村・里親等と実行、それが不適当な場合は養子縁組等のソーシャルワークが行われるよう徹底

③実現に向けた行程

- 29年度から改革に着手し、目標年限を目指し計画的に進める（市区町村支援の充実による潜在的ニーズの掘り起こし、代替養育を要する子どもの数の増加可能性に留意）

(1)市区町村の子ども家庭支援体制の構築
(2)児童相談所・一時保護改革
(3)里親への包括的支援体制（フォスタリング機関）の抜本的強化と里親制度改革
(4)永続的解決（パーマネンシー保障）としての特別養子縁組の推進
(5)乳幼児の家庭養育原則の徹底と、年限を明確にした取り組み目標
(6)子どものニーズに応じた養育の提供と施設の抜本改革
(7)自立支援（リービング・ケア、アフター・ケア）
(8)担う人材の専門性の向上など
(9)都道府県計画の見直し、国による支援

資料：長野県事務局作成「新しい社会的養育ビジョン【要約編】」一部抜粋・改変
https://www.pref.nagano.lg.jp/kodomo-katei/kateitekiyougosuishinkeikaku/documents/siryo1-03.pdf

ように、今日の社会的養護を必要とする子どもの大多数には親や家族が存在することから考えても、家族問題を解決し、親子の絆を結び直して家族を再生する支援が必要である。たとえば重篤な病気で一時的に入院するように、児童福祉施設を児童と家族が危機的な期間においてのみ支援する、脆弱な家庭が再生されるまでの子どもの一時的な滞在の場としてとらえることが必要である。旧来からの家庭養護の代替型養護から、親子関係、家族関係、家族機能の脆弱部分の改善を支援する「家族再構築型養護」への役割変化ととらえなければならない。このように家族の

危機が存在する期間のみ一時的に社会的養護を利用することから「利用型養護」といえる。しかし、まだ、児童福祉施設に入所すると児童福祉法の年齢超過に至るまで必要な支援がされず、長年にわたって施設生活を続ける実態がある。子どもの最善の利益の視点からも、社会的養護のニーズに合った支援が求められる。

また、乳児院や児童養護施設などの児童福祉施設には、ほとんど社会福祉養成校や保育士養成校を卒業した専門職員が在職している。また、社会福祉士、保育士等の国家資格をもつ者も多数活躍し、多くの子育て支援の実践をもつ専門職集団である。新しい社会的養育ビジョンや利用型児童福祉施設の変化を踏まえ、これらの専門職集団を活用して児童福祉施設が地域の子育て支援や里親等の支援における必要不可欠な機関としての役割を果たさなければならない。

【引用文献】
1) J.ボウルビィ(二木武監訳)『母と子のアタッチメント —心の安全基地』医歯薬出版　1993年　15頁
2) 河合隼雄『子どもと悪 —今ここに生きる子ども』岩波書店　1997年　209頁
3) 厚生省児童家庭局家庭福祉課監『児童自立支援ハンドブック』1998年　18頁
4) 大橋謙策『地域福祉論』放送大学教育振興会　1995年　26頁
5) 福祉士養成講座編集委員会編『新版社会福祉士養成講座　地域福祉論(第3版)』中央法規出版　2006年　25頁
6) 同上書　129頁

【参考文献】
1) 社会福祉士養成講座編集委員会編『新・社会福祉士養成講座　児童や家庭に対する支援と児童・家庭福祉制度〔第3版〕』中央法規出版　2012年
2) 柏女霊峰『子ども家庭福祉論』誠信書房　2009年
3) ピエーロ・フェルッチ(泉典子訳)『子どもという哲学者』草思社　1999年
4) 岡村重夫『地域福祉論』光世館　1974年
5) 大橋謙策『地域福祉論』放送大学教育振興会　1995年
6) 大橋謙策『地域福祉の展開と福祉教育』全国社会福祉協議会　1991年
7) 永田幹夫『地域福祉論』全国社会福祉協議会　1993年
8) 牧里毎治・野口定久・河合克義『地域福祉』有斐閣　2001年
9) 沢田清方・上野谷加代子編『日本の在宅ケア（明日の高齢者ケア）』中央法規出版　1993年
10) 白澤政和『ケースマネジメントの理論と実際』中央法規出版　1992年
11) デビット.P.マクスリー(野中猛・加瀬裕子監訳)『ケースマネジメント入門』中央法規出版　1995年
12) 千葉茂明『保育士養成シリーズ　社会的養護』一藝社　2014年
13) 千葉茂明『保育士養成シリーズ　社会的養護内容』一藝社　2014年

# 第10章 障害のある子どもの福祉

●キーポイント

障害のある子どもの福祉は、児童福祉法、母子保健法、障害者基本法、発達障害者支援法および障害者総合支援法（正式名：障害者の日常生活及び社会生活を総合的に支援するための法律）などを中心として、障害の早期発見・早期療育、相談体制、在宅・施設サービスなどの施策が実施されている。

本章では、障害のある子どもの現状や障害のとらえ方、変革期にある施策の現状について学び、福祉、医療、保健、教育、労働といった幅広い分野で、障害のある子どものライフステージに沿って福祉サービスを連携して行うことの重要性について理解する。

## 1. 障害の概念

### 1　障害児の定義

障害児の定義は、児童福祉法に定められているが、障害の範囲・定義、手帳制度については障害別の各福祉法が基本となる。

#### ❶ 障害児の定義

障害者基本法では、障害者（障害児を含む）を「身体障害、知的障害、精神障害（発達障害を含む。）その他の心身の機能の障害がある者であつて、障害及び社会的障壁により継続的に日常生活又は社会生活に相当な制限を受ける状態にあるもの」（第2条第1項）と定義している。これをふまえ、2012（同24）年4月から施行された改正児童福祉法では、障害児の定義を「身体に障害のある児童、知的障害のある児童又は精神に障害のある児童（（中略）発達障害児を含む。）」と定めた。また、障害者自立支援法（当時）では、「児童福祉法第4条第2項に規定する障害児」とされた。その後2013（同25）年4月施行の「障害者の日常生活及び社会生活を総合的に支援するための法律」（以下「障害者総合支援法」）では「難病」も福祉サービスの対象とされ[1]、これまでと同様に「てんかん」「高次脳機能障害」も障害として運用されることになった。なお、福祉サービスを受けるためには、障害手帳（身体障害者手帳、療育手帳、精神障害者保健福祉手帳）の取得が原則必要である。

#### ❷ 障害児数

厚生労働省が2014（平成26）～2016（同28）年に行った調査によると、

▶1
同様に児童福祉法における「障害児」の定義についても、難病等の児童が追加された。

表10−1　障害児数（推定値）
（単位：千人）

|  | 18歳未満総数 | 在宅者 | 施設入所者 | 総計 |
|---|---|---|---|---|
| 身体障害児 | 71 | 68 | 3 | 4,360 |
| 知的障害児 | 221 | 214 | 7 | 1,082 |
| 精神障害児 | 269 | 266 | 3 | 3,924 |

注：身体障害児と知的障害児は「生活のしづらさなどに関する調査」（平成28年）、精神障害児は「患者調査」（平成26年）による20歳未満の人数。
資料：内閣府「平成30年版　障害者白書」2018年より作成

18歳未満の身体障害児、知的障害児、精神障害児の推定値は**表10−1**の通りである。身体障害児と知的障害児の調査と精神障害児の調査は異なっていることに留意したい。

## 2　身体障害児の定義

身体障害児は、サービス受給のために必要となる「身体障害者手帳」の対象となる視覚障害、聴覚・言語障害、肢体不自由、内部障害のある児童である。2017（平成29）年現在、肢体不自由児が最も多い。

### ❶　身体障害児とは

身体障害児とは、児童福祉法で定義された「身体に障害のある児童」であり、身体障害者福祉法第4条で定義された身体障害者の種類に該当し、同法に規定された身体障害者手帳の交付の対象となる。

身体障害の種類には、「視覚障害」「聴覚・平衡機能障害」「音声・言語・そしゃく機能障害」「肢体不自由（上肢・下肢・体幹）」「内部障害（心臓・腎臓・呼吸器・ぼうこう又は直腸・小腸機能障害、ヒト免疫不全ウイルスによる免疫機能障害）」がある。

### ❷　身体障害者手帳

身体障害者手帳は、各種サービスを受給する際に必要となり、身体障害の種類と等級が重要な意味をもつ。手帳所持者に対しては、相談、指導、医療援助、税制上の優遇と各種手当ての給付、割引減免制度や福祉措置[2]、各種福祉サービスの保障などが行われている。

身体障害児の身体障害者手帳申請の手続きは、都道府県知事の指定する医師の診断書を申請書に添付して在住する福祉事務所長などを通じて都道府県知事に提出する。障害児が15歳未満の場合は、保護者が代わりにその手帳を申請し、交付も保護者に行われる。

### ❸　身体障害児の現状

厚生労働省「平成29年度福祉行政報告例」の身体障害者手帳交付台帳登載数によると、18歳未満の身体障害児は10万948人で、肢体不自由、内部障害、聴覚・平衡機能障害、視覚障害の順に多いが、近年、身体障

▶2
税制上の優遇には、所得税・住民税の障害者控除、障害者等の少額貯蓄非課税制度、自動車税・軽自動車税・自動車取得税の減免、身体障害者用物品の消費税の非課税などがある。割引減免制度・福祉措置には、JRや航空の運賃割引（障害の程度で適用が異なる）、有料道路の通行料金の割引、公営住宅の優先入居、不在者投票などがある。

表10－2　身体障害者手帳交付台帳登載数

|  | 18歳未満 | 18歳以上 | 総数 |
|---|---|---|---|
| 視覚障害 | 4,841 | 327,579 | 332,420 |
| 聴覚・平衡機能障害 | 15,863 | 431,511 | 447,374 |
| 音声・言語・そしゃく機能障害 | 836 | 59,919 | 60,755 |
| 肢体不自由 | 61,225 | 2,640,098 | 2,701,323 |
| 内部障害 | 18,183 | 1,547,469 | 1,565,652 |
| 総計 | 100,948 | 5,006,576 | 5,107,524 |

資料：厚生労働省「平成29年度福祉行政報告例」2018年

害者手帳の保持者は減少している。年齢構成では、0～9歳が3万9,800人、10～17歳が3万2,900人と推定されている。

## 3　知的障害児の定義

知的障害児は、法的な定義はなく、一般的には、知能検査による知能指数（IQ）がおおむね70以下で、日常生活能力に支障があるかが障害の有無の判定のポイントとなる。2017（平成29）年現在、在宅の知的障害児のうち、軽度の知的障害児が最も多い。

### ❶　知的障害児とは

知的障害児の定義は、法令上規定されていない。なお、2005（平成17）年度の「知的障害児（者）基礎調査」の定義では、知的障害児とは「知的機能の障害が発達期（おおむね18歳まで）にあらわれ、日常生活に支障が生じているため、何らかの特別の援助を必要とする状態にあるもの」とされている。

### ❷　療育手帳

療育手帳は、知的障害者福祉法に位置づけられているが、手帳の所持が法的な知的障害児・者の条件になっているわけではない。療育手帳の障害程度は、医学判定、心理判定、調査結果から総合的に決められる。障害程度では知能指数をもとに4段階あるが、手帳の障害程度の記載欄には、重度の場合（最重度・重度）は「A」、そのほかの場合は「B」などと表記されている[3]。一般的に知的障害の有無については、知能検査による知能指数（IQ）[4]がおおむね70以下で、同年齢の到達水準をもとに日常生活能力に支障があるかどうかが判定のポイントとなる。重度「A」の基準は知能指数がおおむね35以下であり、食事などの日常生活に介助を要することや異食、興奮などの問題行動があること、あるいは、知能指数がおおむね50以下であって、盲、ろうあ、肢体不自由を有するものとされ、重度「A」以外が「B」とされる。

療育手帳は、児童相談所で知的障害と判定された児童に対して居住地

[3] 1999（平成11）年の地方自治法の改正で、各地方公共団体独自の施策になる。そのため、例えば東京都は「愛の手帳」、埼玉県は「みどりの手帳」とそれぞれの名称でよばれている。障害程度の区分は地方公共団体によって異なり、A、Bの区分以外にも、A1、A2、B1、B2、あるいは1～4度などで表記されている。

[4]　知能指数（IQ）
日本では田中ビネー式知能検査、ウェクスラー式知能検査（WPPSI、WISC-Ⅳなど）により求められ、基準化された知的能力の程度を示す数値である。

表10−3　療育手帳交付台帳登載数（各年度末現在）

| 年　次 | 総　数 | | A（重度） | | B（中軽度） | |
|---|---|---|---|---|---|---|
| | 18歳未満 | 18歳以上 | 18歳未満 | 18歳以上 | 18歳未満 | 18歳以上 |
| 1985（昭和60）年度 | 122,300 | 183,867 | 59,814 | 93,192 | 62,486 | 90,675 |
| 1990（平成2）年度 | 115,602 | 273,075 | 55,892 | 131,930 | 59,710 | 141,145 |
| 1995（平成7）年度 | 113,700 | 363,576 | 53,604 | 175,068 | 60,096 | 188,508 |
| 2000（平成12）年度 | 131,327 | 438,291 | 61,173 | 209,436 | 70,154 | 228,855 |
| 2005（平成17）年度 | 173,438 | 525,323 | 73,761 | 248,047 | 99,677 | 277,276 |
| 2010（平成22）年度 | 215,458 | 617,515 | 73,455 | 282,879 | 142,003 | 334,636 |
| 2015（平成27）年度 | 254,929 | 754,303 | 71,455 | 322,791 | 183,474 | 431,512 |
| 2017（平成29）年度 | 271,270 | 808,668 | 71,653 | 335,487 | 199,617 | 473,181 |

注：平成22年度末は、東日本大震災の影響により、福島県を除いて集計した数値である。
資料：厚生労働省「福祉行政報告例」

または現在地を管轄する福祉事務所長か首長を経由して各都道府県知事（政令指定市長）に申請して交付され、原則2年ごとに再判定[▶5]を受ける必要がある。手帳の交付により知的障害児や家族に一貫した指導・助言や障害程度に応じて税制上の優遇、各種手当ての給付など福祉サービスの援護を受けることができる。

▶5　再判定の説明
子どもは、発達に伴って障害の程度が軽減し、区分が変わることがある。

### ❸　知的障害児の現状

厚生労働省によれば、療育手帳は、2017（平成29）年に107万9,938人、そのうち満18歳未満は27万1,270人が所持している（表10−3）。満18歳未満では、1990（同2）年に比べて15万人以上増えており、この30年間弱で約2.3倍になった。特に発達障害者支援法の施行以降、障害程度が中軽度である療育手帳「B」が約10万人増加している。

## 4　重症心身障害児の定義

重症心身障害児は、重度の知的障害および重度の肢体不自由が重複している児童であり、世界唯一の呼称で注目されている。現在は、医療を含めた地域での支援体制が充実してきたため、在宅で生活する重症心身障害児と濃厚な医療的ケアを必要とする超重症児が増えている。

### ❶　重症心身障害児とは

重症心身障害児とは、1967（昭和42）年の児童福祉法改正において重症心身障害児施設が定められたときに使用された用語で、「重度の知的障害及び重度の肢体不自由が重複している児童」と定義されている[▶6]。

重症心身障害児は、身体障害手帳と療育手帳の両手帳をもち、身体障害者手帳の1・2級、療育手帳の重度の障害程度と認定されている。なお、重症心身障害の名称は法律などの関係から胎生期から18歳までに発生する脳障害を対象にしている。

▶6
重症心身障害児は、学校教育用語における重度・重複障害の名称にあたる。

▶7
本章186頁参照。

▶8 超重症児
6か月以上継続して医療管理下に置かなければ、呼吸したり栄養をとることが困難な重症心身障害児をいう。

▶9 訪問看護ステーション
健康保険法の改正により、1994(平成6)年に始まった。訪問看護とは、看護師が主治医の指示箋による指示のもとで週3回まで家庭を訪問して看護にあたるサービスである。

▶10 教員の三介助
医師から研修を受けた特別支援学校の教員は、医療行為である留置管からの経管栄養、咽頭より手前の吸引、自己導尿の補助を行うことができる。

### ❷ 重症心身障害児の現状

　全国の重症心身障害児者は、愛知県の調査をもとに0.036%の有病率で推定され、2014（平成26）年現在、全国で4万7,000人と推定されている。そのうち、児童福祉法に基づく重症心身障害児が、医療型障害児入所施設▶7では2018（同30）年4月現在、209施設で約2万1,700人が在所し、約2万6,000人が在宅で生活していると推定されている。2018（同30）年度全国重症心身障害児施設実態調査によれば、公法人立施設に入所している18歳未満の重症心身障害児は約1,350人で、全施設入所児・者の約11%である。近年、周産期医療の発展に伴って、濃厚な医療ケアを必要とする超重症児▶8が増えており、新生児集中治療室（NICU）など医療機関で施設入所を待機している例もみられる。

　一方、地域の訪問看護ステーション▶9など医療を含めた支援体制の充実により、在宅の重症心身障害児も増えてきている。さらに、特別支援学校の教員による三介助▶10や看護師、学校介護職員の配置により教育環境も整ってきたことで、自宅から通学する重症児が多くなっている。

## 5　発達障害児の定義

　発達障害児は、脳の機能障害により低年齢で発現し、日常生活または社会生活に制限を受けるもののうち18歳未満のものをさす。

### ❶ 発達障害児とは

　2004（平成16）年に成立した理念法「発達障害者支援法」において、発達障害とは「自閉症、アスペルガー症候群その他の広汎性発達障害、学習障害、注意欠陥多動性障害その他これに類する脳機能の障害であってその症状が通常低年齢において発現するものとして政令で定めるもの」と定義され、それをふまえて児童福祉法第4条第2項も改正された。また、その障害のために日常生活や社会生活に制限を受ける18歳未満の者を発達障害児と定めている。

▶11 自閉スペクトラム症
2013（平成25）年、アメリカ精神医学会の診断基準（精神障害の診断と統計の手引き：Diagnostic and Statistical Manual of Mental Disorders）が改訂され、DMS-Vが発表された。この基準では、これまで使用されていた広汎性発達障害（自閉性障害、アスペルガー障害など）の名称は、その主徴が自閉性の連続体（スペクトラム）であることからこのように表記することになった。

　以前は、発達障害児のなかでも知能指数がおおむね70以下の場合に療育手帳が交付されており、自閉スペクトラム症▶11、学習障害など知的に高い発達障害児は公的な福祉サービスを受けにくい状況にあった。しかし、各法の改正により精神障害者に「発達障害を含む」ことが明記され、精神障害者保健福祉手帳を取得できるようになった。また、発達障害児者に対する障害者総合支援法や児童福祉法に基づく福祉サービスは、障害手帳を所持しない発達障害児者も適用されるようになり、発達障害児に対する福祉・教育などサービスやそのための支援体制が整ってきた。

### ❷ 発達障害児の現状

　2012（平成24）年に文部科学省が実施した「教員が学習指導をするう

えで問題がある児童・生徒」に関する全国調査の結果、発達障害が疑われる児童・生徒が通常学級に約6.5％在籍していることが判明した。この調査は、医学的な診断に基づいていないが、発達障害児が高率で存在することを示したため、このことが、発達障害者支援法の成立や学校教育法の改正による特別支援教育への転換を促す要因となった。近年、発達障害への関心が高まり、児童精神科などの外来診療や早期の療育指導を受ける幼児が増えてきている。

### ❸ 発達障害児の障害者手帳

厚生労働省「平成28年生活のしづらさなどに関する調査（全国在宅障害児・者等実態調査）結果の概要」では、医師から発達障害と診断された者は48万1,000人、そのうち18歳未満は21万1,000人で約44％を占めている。障害者手帳の所持者は、12万8,000人で全体の61％が何らかの障害者手帳を所持しているが、1万1,000人と少ない。そのうち、90％にあたる11万5,000人は療育手帳の所持者である。また、発達障害者支援法では、発達障害児に精神障害者保健福祉手帳の所持も認めている。

精神障害は、精神保健福祉法[12]第5条で「統合失調症、精神作用物質による急性中毒又はその依存症、知的障害、精神病質その他の精神疾患を有する者」とされており、申請者に精神障害者福祉手帳の交付と2年ごとに都道府県知事の認定を受けることが定められている。

▶12　精神保健福祉法
正式名：精神保健及び精神障害者福祉に関する法律。

## 6　国際生活機能分類（ICF）

障害の構造と概念を示した国際生活機能分類（ICF）は、人間の生活機能と障害の分類法について、これまでのマイナス面を分類するという考え方を、生活機能というプラス面からみるように視点を転換し、さらに環境因子等の観点を加えたことが特徴である。

「国際障害分類（ICIDH）」は、1980（昭和55）年に世界保健機関（WHO）で採択されて以来、人間の生活機能と障害の分類法として国際的な障害の考え方のモデルとされてきた。しかし、一定の評価はあったもののマイナス面を分類するという考え方が中心であったことなどから、2001（平成13）年に「国際生活機能分類（ICF：International Classification of Functioning, Disability and Health）」へと改定され、WHO総会で承認された。

ICFの主な特徴は、ICIDHの3つの次元について、機能・形態障害を「心身機能・身体構造」に、能力障害を「活動」に、社会的不利を「参加」という概念に変更し、肯定的に表現しなおしたことである。そして、これら人が生きることを意味する3つの次元のすべてを含む包括概念である「生活機能」の各々に、困難や問題が生じた状態を障害としてとらえた。さらに、これら3つの次元と、背景因子である「環境因子」と「個人因子」が影響し合う、相互作用モデルとしてとらえなおした。このよ

図10−1　国際障害分類と国際生活機能分類

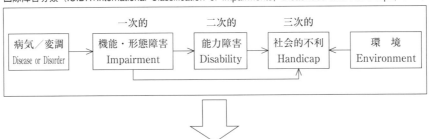

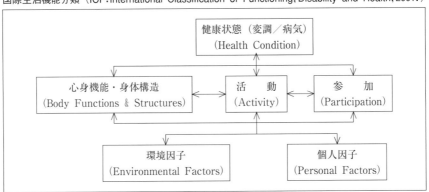

うに、ICIDHが障害の構造を直線的にとらえている点と大きな相違がある。ICFは中立的・相互作用的な視点を取り入れて、すべての人を対象とした分類であり、「人が生きることの全体像を示したもの」であることが大きな特徴である（図10−1）。

## 2．障害児福祉サービスの概要

### 1　近年における障害児・者福祉施策の変遷

第二次世界大戦後、約50年間続いてきた措置制度は、2003（平成15）年に支援費制度から契約制度に転換した。2005（同17）年に成立した障害者自立支援法は、障害者の日常生活や社会生活を支援する障害者総合支援法へと改称され、2013（同25）年4月から施行された。また、2011（同23）年の障害者基本法改正で示された障害児支援の強化が2012（同24）年より児童福祉法で実施されるようになった。

▶13　ノーマライゼーション
障害者と健常者がお互い特別に区別されることなく、同等に社会生活を送り、活動する社会をめざすことが正常で、本来の望ましい姿であるとする、1960年代に北欧諸国から始まった理念。

❶　障害児・者福祉施策の展開

ノーマライゼーション▶13の理念である「完全参加と平等」をテーマに掲げた国際障害者年（1981年）を機に、日本においては1982（昭和57）年に「障害者対策に関する長期計画」が策定され、障害児・者福祉施策の総合的な推進が図られた。1990（平成2）年には「老人福祉法等の一部を改正する法律」（福祉関係八法改正）が成立し、障害者福祉における在宅福祉サービスの法定化が行われた。1992（同4）年、「国連・障害

者の十年」の最終年を迎えるにあたり、これまでの評価を行い、新たな長期計画として1993（同5）年「障害者対策に関する新長期計画」が策定された。同年「障害者基本法」が制定され、さらに同法に基づき障害者施策を計画的に推進するために、1995（同7）年、「障害者プラン～ノーマライゼーション7か年戦略～」が策定された。乳幼児・学齢期に関するものとしては、「障害児の地域療育体制の整備」として、1996（同8）年に心身障害児（者）施設地域療育事業▶14の相談・療育部門が独立した「障害児（者）地域療育等支援事業」が創設された。

　2000（平成12）年、戦後に作られた社会福祉制度を見直し、社会福祉の共通基盤をつくる社会福祉基礎構造改革が実施された。まず、「社会福祉法」が制定され、サービスの質の向上、社会福祉事業の充実・活性化、地域福祉の推進が示され、障害児関連では、福祉に関する相談、指導、関係機関との連絡調整等の支援を行う事業として「障害児相談支援事業」が定められた。そして、「社会福祉法」成立に伴う「身体障害者福祉法」「知的障害者福祉法」の改正により支援費制度が定められ、2003（同15）年に施行された。一方、「障害者対策に関する新長期計画」「障害者プラン」の最終年にあたる2002（同14）年には「新障害者基本計画▶15」と、そのうち前期5年間（2003～2007年度）の重点的施策およびその達成目標、推進方策を定めた「重点施策実施5か年計画」が策定された。

### ❷ 措置制度から契約制度へ

　社会福祉基礎構造改革の目的のひとつに、福祉サービスを受ける人の権利の確保があった。その方策として、利用できる福祉サービスの内容、提供業者を行政側が決定する措置制度から、障害者の自己決定を尊重し、福祉事業者と対等な立場で関係・契約することで福祉サービスを利用する契約制度へと移行した。

　支援費制度における障害児の福祉サービスでは、「児童居宅介護等事業」「児童デイサービス」「児童短期入所事業」が居宅生活支援サービスとして制度の対象となった。しかし、障害種別間の格差、サービス水準の地域間格差の拡大、在宅サービスを中心とした利用者の増加に対応する財源の確保という課題が制度の開始から浮き彫りになった。そこで、2004（平成16）年10月、厚生労働省は「今後の障害保健福祉施策について（改革のグランドデザイン案）」で今後の改革の基本的な視点を示し、2005（同17）年、「障害者自立支援法」が成立した。改革の要点は、①三障害の福祉サービスを一元化、②利用手続きや基準の透明化と明確化、③サービス量と所得に応じた利用者負担、④社会資源活用のための規制緩和と利用者本位のサービス体系、⑤就労支援の抜本的な強化、⑥安定的な財源の確保と障害福祉計画によるサービスの確保であった。

▶14
心身障害児（者）施設地域療育事業は、障害児（者）施設の人的・物的機能を在宅の障害児（者）の福祉向上にも活用して多様なニーズに対応することを目的として1980（昭和55）年度から始められ、相談・療育事業や障害児（者）短期入所事業等を実施してきた。

▶15　新障害者基本計画
障害者の社会参加、参画に向けた施策の一層の推進を図るために、2003（平成15）年度から2012（同24）年度までの10年間に講ずべき障害者施策の基本的方向を定めた計画。「社会のバリアフリー化」「利用者本位の支援」など4つの横断的視点を取り上げた。

しかし、応益負担による利用者負担の増加などの批判を受け、2010（平成22）年に改正された障害者自立支援法では、発達障害をこの法律の対象とすること、原則応能負担にすること（2012（同24）年4月施行）、障害児支援は児童福祉法を基本として身近な地域での支援を充実することが明記された。

### ❸ 障害児支援の強化

2011（同23）年に改正された障害者基本法には、障害者の定義の見直し、身近な場所における療育や教育の重要性、そして障害児支援の強化などがうたわれた。これをふまえて、これまで障害者自立支援法で対応していた障害児施策の一部を2012（同24）年4月から児童福祉法に移行して障害児支援の強化をはかった。具体的には、①障害児施設の一元化、②障害児通所支援、③放課後等デイサービスと保育所等訪問支援の創設、④在園期間の延長措置の見直しが行われた。

障害者自立支援法を柱として2012（平成24）年6月に成立した「障害者総合支援法」では、障害範囲に難病の追加とサービス基盤の計画的整備など（2013（同25）年4月施行）、障害程度区分から支援の必要の度合いで示す障害支援区分への変更や、重度訪問介護の対象を重度知的障害や重度精神障害に拡大すること（2014（同26）年4月施行）がもりこまれ、「障害者及び障害児が日常生活又は社会生活を営むための支援は、すべての国民が、障害の有無にかかわらず、等しく基本的人権を享有するかけがえのない個人として尊重されるものである」ことを理念とした。

### ❹ 障害児・者の権利

2006（平成18）年、「障害者の権利に関わる条約」（障害者権利条約）が国連で採択された。日本においては、障害者基本法の改正、障害者虐待防止法（2012（同24）年施行）、障害者差別解消法[16]（2016（同28）年4月施行）など国内法が整備されたことを受けて、2014（同26）年1月に条約を批准した。これにより、障害のために差別されることがないように、合理的配慮で対応するなど差別禁止の取り組みの推進や人権の尊重と社会参加とソーシャル・インクルージョンが国民に求められ、具体的な福祉施策もこの理念に沿って行われるようになった。

▶16 正式名はそれぞれ「障害者虐待の防止、障害者の養護者に対する支援等に関する法律」「障害を理由とする差別の解消の推進に関する法律」。

## 2 早期発見・早期療育

障害の予防や早期発見・早期療育は、障害の軽減と就学後の学校教育や就労などの社会適応につながる素地をつくるうえで非常に重要である。

### ❶ 予防施策

母子保健法に基づき、妊娠をした女性のうち市町村長あるいは市の保健所長に申請した者に対して母子健康手帳が交付される。この手帳は、

妊娠中の健康状態、出産時の状況、乳幼児の発育などの記録であるだけでなく、保健指導の基礎資料や育児記録で、それに基づいて必要な指導と援助が行われる。

妊婦は、健康診査を少なくとも毎月1回（妊娠24週以降は2回以上、36週以降は毎週1回）、医療機関などで一般健康診査を、また、必要に応じて精密健康診査を受けることが求められている。さらに、出産予定日を35歳以上でむかえる妊婦を対象に超音波検査が行われている。また、保健婦などによる母親保健指導や両親教室などを通じて心理面や生活面での支援も行われている。

❷　早期発見

障害等の子どもを早期に発見する制度には、市町村が実施主体となり、保健所や医療機関で行う保健指導と健康診査がある。乳児は、3～6か月と9～11か月に1回ずつ健康診査を受け[17]、必要に応じて精密検査が受けられる。特に、フェニールケトン尿症と先天性甲状腺機能低下症（クレチン症）などの先天性代謝異常は、生後5～7日の新生児のときにマス・スクリーニング[18]を行うことで早期に発見でき、適切な治療を行うことで心身障害を回避できるようになった。また、難聴の早期発見のために新生児聴覚スクリーニング検査が普及したため、強度難聴の発見により、早期から人工内耳の使用例もみられる。障害のリスクを負う未熟児では保健婦などが訪問指導で子どもや家族の支援も行っている。

また、母子保健法により市町村が実施する1歳6か月児健康診査と3歳児健康診査も早期発見にとって重要である。1歳6か月児健診では、主に運動機能、視聴覚等の障害、精神発達の遅滞、3歳児健診では、健康・発達の個人差が比較的はっきりしてくることをふまえて心身障害に加えて発達障害児の早期発見にかかわる社会性にも留意して審査されている。障害が疑われる幼児は、専門機関での精密検査が求められる。

発達障害は、3歳児健診までに発見されないこともあり、また、社会性の障害もあることから就学前に4歳半、5歳児に健診を行っている自治体もあり、就学移行に効果を上げている。

❸　早期療育

健康診査により障害あるいは障害の疑いを指摘された幼児や保護者には、市町村保健センターなどの母子療育教室で子どもの発達促進や保護者向けの育児相談が行われている。その他、地域の医療・福祉施設で障害にかかわる診療や検査、発達の促進に向けた訓練・指導が受けられる。

また、障害児の通園施設では、障害状況にあわせて集団および個別指導により、発達促進や就学に向けた保育や療育・訓練を行っている。近年、発達障害児に対しては、療育的活動・指導に加えて、ソーシャルス

▶17
自治体により時期、回数は異なる。

▶18　マス・スクリーニング
第7章参照。重度の知的障害になるフェニールケトン尿症では早期からケトン食を利用することで発症を抑えられる。

▶19 ソーシャルスキル・トレーニング(SST)
困難を抱える状況の総体を「ソーシャルスキル」とよばれるコミュニケーション技術の側面からとらえ、その技術を向上させることによって困難を解決しようとする技法で認知行動療法の1つと位置づけられる。

▶20 ペアレント・トレーニング
行動変容の理論に基づき、子どものよい行動に注目し、子どものよい面を増やし広げるための具体的な方法で、少しの工夫と努力で、日常生活の中で身につけることができる。

キル・トレーニング（SST）[19]や学習指導などを小集団で行ったり、保護者に対してはペアレント・トレーニング[20]で、障害の理解、悩みの共有、子どもとのかかわり方を学ぶ取り組みなども行われている。この時期、保護者を支える相談や健康診査後のフォローは子どもの障害受容、子育て不安による虐待の防止、発達の促進にとって非常に重要である。

#### ❹ 障害児保育と幼児教育

1974（昭和49）年より障害児保育促進事業がはじまり、障害手帳所有の有無にかかわらず、障害のある幼児が保育所や幼稚園を希望する場合、保育士や幼稚園教員を加配して受け入れるようになってきた。しかし、障害児が、健常児とともに生活するだけではともに育つことはできない。さらに、行動障害を伴う発達障害幼児に職員や園児が振り回され、対応に悩む保育士等は多い。障害児だけでなく、教員や保育士に対する支援も重要になり、専門家が巡回指導など行なってきた。このような取り組みは、2012（平成24）年に改正された児童福祉法に保育所等訪問支援が盛り込まれたことで、今後一層、普及することが期待される。

#### ❺ 就学に向けた取り組み

就学前に障害児も、入学を希望する小学校の就学時健康診査を受けることになっている。それまでに療育を受けてきた幼児に対しては、教育センターなどで専門家によって知能検査や行動観察が行われる。就学時の健康診査で障害などを疑われた幼児は、教育センターなどで知能検査や行動観察が行われる。このような幼児は、就学支援委員会で就学先が判定され、家族に通知される。就学先は親の学習権に基づいて決められるが、子どもの障害の程度や教育効果を考慮した適切な教育の場が選択されることが望まれる。そのためには、家族が納得して就学先を選択することが必要であり、家族に寄り添う就学相談が重要になる。

近年、入学後に集団不適応や問題行動、学習についていけない児童が顕在化し、教育現場で問題になっている。これから、福祉領域から教育領域へ一貫した移行支援とその体制の構築がますます重要になっている。特に、子どもの成長や支援の記録として、幼稚園・保育所等の教職員や療育機関等の職員が保護者と一緒に作成する「就学支援ファイル」と「移行支援シート」などを教育や就労に生かすようになってきた。

### 3　障害者総合支援法に基づく福祉サービス

障害者総合支援法に基づく障害児・者へのサービスは、大きく分けて自立支援給付と地域生活支援事業である。

#### ❶ サービス体系

障害者総合支援法では、障害者自立支援法の体系を引き継ぎ、障害種

別に共通した総合的な自立支援システムを整備するために、大きく分けて、障害程度等に応じて提供される介護や就労支援等のサービスに関する個別給付などが効果的に提供される「自立支援給付」と、地域の実情に応じて柔軟に実施される「地域生活支援事業」がある（図10−2）。

障害児福祉サービスは、これまでの障害者総合支援法から一部が児童福祉法に移行し、地域で障害児を支援するために通所系と相談支援系が充実した。表10−4に各法律による障害児福祉サービス体系を示す。

### ❷ 介護給付

介護給付の対象となるサービスは9種類ある（図10−2）。そのうち障害児が対象となる訪問・通所系サービスは、「居宅介護」「同行援護」「行動援護」「重度障害者等包括支援」「短期入所」である（表10−4）。

### ❸ 訓練等給付

訓練等給付には、「自立訓練」「就労移行支援」「就労継続支援」「就労定着支援」「自立生活援助」「共同生活援助」がある。これらの障害福祉サービスは18歳以上が対象であるが、高校へ進学しない15歳以上の障害児も必要に応じて対象になる。

図10−2 障害者総合支援法における給付・事業

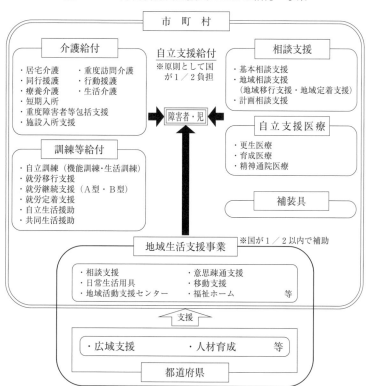

注：自立支援医療のうち、精神通院医療の実施主体は都道府県及び指定都市
資料：内閣府『平成30年版　障害者白書』2018年　100頁を一部改変

### 表10-4　障害児が対象となる福祉サービスの体系

〈障害者総合支援法〉（介護給付）
【訪問系】

| 居宅介護 | 自宅で入浴・排せつ・食事の介護等を行う。 |
|---|---|
| 同行援護 | 重度の視覚障害のある人が外出する際、必要な情報提供や介護を行う。 |
| 行動援護 | 自己判断能力が制限されている人が行動する際、危険を回避するために必要な支援、外出支援を行う。 |
| 重度障害者等包括支援 | 介護の必要性がとても高い人に、居宅介護等複数のサービスを包括的に行う。 |

【日中活動系】

| 短期入所（ショートステイ） | 自宅で介護する人が病気の場合などに、短期間・夜間も含め、施設で入浴・排せつ・食事の介護等を行う。 |
|---|---|

【相談支援系】

| 基本相談支援 | 地域の障害者、障害児やその保護者、障害者等の介護を行う者からの相談に応じ、必要な情報の提供や助言を行い、これらの者と市町村や指定障害福祉サービス事業者等との連絡調整等を総合的に行う。 |
|---|---|
| 計画相談支援 | 【サービス利用支援】<br>・サービス申請に係る支給決定前にサービス等利用計画案を作成<br>・支給決定後、事業者等と連絡調整等を行い、サービス等利用計画を作成<br>【継続利用支援】<br>・サービス等の利用状況等の検証（モニタリング）<br>・事業所等と連絡調整、必要に応じて新たな支給決定等に係る申請の勧奨 |

〈児童福祉法〉
【通所系】

| 児童発達支援 | 日常生活における基本的な動作の指導、知識技能の付与、集団生活への適応訓練などの支援を行う。 |
|---|---|
| 医療型児童発達支援 | 日常生活における基本的な動作の指導、知識技能の付与、集団生活への適応訓練などの支援および治療を行う。 |
| 放課後等デイサービス | 授業の終了後または休校日に、児童発達支援センター等の施設に通わせ、生活能力向上のための必要な訓練、社会との交流促進などの支援を行う。 |

【訪問系】

| 保育所等訪問支援 | 保育所等を訪問し、障害児に対して、障害児以外の児童との集団生活への適応のための専門的な支援などを行う。 |
|---|---|
| 居宅訪問型発達支援 | 重度の障害等により外出が著しく困難な障害児の居宅を訪問して発達支援を行う。 |

【入所系】

| 福祉型障害児入所施設 | 施設に入所している障害児に対して、保護、日常生活の指導および知識技能の付与を行う。 |
|---|---|
| 医療型障害児入所施設 | 施設に入所または指定医療機関に入院している障害児に対して、保護、日常生活の指導および知識技能の付与ならびに治療を行う。 |

【相談支援系】

| 障害児相談支援 | 【障害児利用援助】<br>・障害児通所支援の申請に係る給付決定の前に利用計画案を作成<br>・給付決定後、事業者等と連絡調整等を行うとともに利用計画を作成<br>【継続障害児支援利用援助】 |
|---|---|

出典：厚生労働省社会・援護局障害福祉課障害児・発達支援室作成資料をもとに作成

### ❹ 相談支援

自立支援給付における相談支援には、「基本相談支援」「計画相談支援」、および障害者を対象とする「地域相談支援」（地域移行支援・地域定着支援）がある。基本相談支援および地域相談支援のいずれも行う事業を「一般相談支援事業」、基本相談支援および計画相談支援のいずれも行う事業を「特定相談支援事業」という。法改正により、計画相談支援の対象は、障害福祉サービスを申請したすべての障害者等へと拡大された。

### ❺ 自立支援医療

自立支援医療は、医療機関の確保、透明化の促進、公費負担医療制度の対象者の判断基準と医療内容を明確にする観点から、従来の育成医療、更生医療、精神障害者通院医療費が一元化されたものである▶21。

自立支援医療費（育成医療）の支給対象は、障害手帳を所持している障害児で、生活能力を高めるために医療が必要となる場合に一定の条件のもとで医療保険の自己負担分を給付される。居住地の市町村に関係書類を提出し、支給が認定されると、有効期限、指定自立支援医療機関を定め、受給者証の交付を受ける。診療を受けるときに受給者証を指定自立支援医療機関に提出してサービスを受ける。

### ❻ 補装具費

補装具費は、身体障害者手帳の交付や療育指導を受けている身体障害児・者を対象に身体機能を補完または代替し、かつ長期間にわたって継続して使用される補装具の購入費と修理費のため支給される。なお、以前の補装具給付制度は現物給付であったが、自立支援給付のなかの補装具費として位置づけられ金銭給付になり、基本的には利用者の1割負担になった。対象となる種目には、視覚障害児・者の白杖、聴覚障害児・者の補聴器、肢体不自由児・者の車いすや座位保持装置、重度障害者用意思伝達装置などがある▶22。なお、法改正により利用者負担の合算の対象に補装具費が加わり、家族の経済的な負担軽減が図られている。

### ❼ 地域生活支援事業

「地域生活支援事業」では、地域の実情に応じて柔軟に実施されることが望ましい事業と位置づけ、市町村が主としてサービスを実施し、広域的な対応が必要な部分については都道府県がバックアップする▶23。

市町村地域生活支援事業における基本事業には、「相談支援事業」「意思疎通支援事業」「日常生活用具給付等事業」「移動支援事業」「地域活動支援センター」等がある▶24。相談支援の拠点として、基幹相談センターを市町村で設置できることになり、相談支援体制が強化された。

---

▶21 障害児は旧育成医療の対象であった。

▶22 「頭部保護帽」「点字器」などは日常生活用具給付等事業（地域生活支援事業）の支給対象である。

▶23 都道府県地域生活支援事業は大別すると、①専門性の高い相談支援事業（発達障害者支援センターの運営、高次脳機能障害支援普及事業等）、②広域的な支援事業（都道府県相談支援体制整備事業等）、③サービス・相談支援者、指導者育成事業等がある。

▶24 基本事業以外（任意事業）には、「福祉ホームの運営」「日中一時支援」「生活サポート事業」「レクリエーション活動等支援」などがある。「日中一時支援」は、障害者等の日中における活動の場を確保し、障害者等の家族の就労支援及び障害者等を日常的に介護している家族の一時的な休息を目的とした事業で、従来の障害児タイムケア事業の対象を「障害のある中高生等」から「障害者等」へと拡大した事業である。

## 4　児童福祉法に基づく福祉サービス

これまで障害者自立支援法（当時）と児童福祉法に基づいて行われた福祉サービスは、2012（平成24）年4月から児童福祉法を基本として、身近な地域での支援が充実をめざし、障害児施設の障害種別による区分をなくし、障害児通所支援と障害児入所支援で行うことになった。また、2018（同30）年から各自治体の福祉計画に初めて第1期障害児福祉計画が盛り込まれ、障害児の支援と相談、医療的ケア児に対する支援の一層の充実が図られるようになった。

### ❶　改正された児童福祉法の特徴

障害をもつ子どもが身近な地域でサービスを受けられる支援体制の必要性にこたえて、2012（平成24）年4月より、これまで障害者自立支援法（現：障害者総合支援法）で行っていたサービスが強化され、児童福祉法に基づいて行われるようになった。

支援強化の一つとして、障害種別に分類されていた障害児施設（通所・入所）が一元化されたことがある。また、介護給付の対象であった児童デイサービスなど障害児を対象とした入所・通所系サービスの根拠法が児童福祉法に変わり、通所サービスの実施主体が市町村になった。

その他、放課後や夏休みなど長期の休暇における児童生徒の居場所の確保のために「放課後等デイサービス」、保育所などに通う障害児に対して、集団生活への適応を支援するため、保育所を訪問して専門的な支援を行う「保育所等訪問支援」が創設され、この支援が一層充実することが求められている。

また、重度障害のため通所して福祉サービスを受けられない子どもに対して、訪問して発達を促す支援が行われるようになった。

### ❷　サービス体系

新しい支援体制では、一般的あるいはサービスなどにかかわる相談支援と障害児通所施設や障害児入所施設における支援が体系づけられた。これらのサービスは、利用者と国、都道府県、市町村から認定された指定事業者（障害児相談支援事業者）が利用者契約制度により提供する。したがって、満足を得られない支援に対してはその契約を解くこともできる。

### ❸　障害児入所支援

障害種別に設立されていた障害児施設は「障害児入所支援」として再編され、医療支援を必要としない「福祉型障害児入所施設」（旧知的、自閉、盲、ろうあ、肢体不自由児施設）と医療を必要とする「医療型障害児入所施設・指定医療機関」（旧自閉、肢体不自由、重症心身障害児施設）になった[25]。これらの入所施設では、個別支援計画をふまえた支援が求められる。

2017（平成29）年度は、福祉型障害児入所施設が263か所、医療型障害児入所施設が212か所となっている。今後、障害区分の壁が取り除か

▶25
第5章参照。

れた障害児支援施設に移行していくが、しばらくはこれまでの施設の特徴を生かした障害児支援が行われる。

❹ 障害児通所支援

それまでの知的障害児通園施設などの通園サービスや、市町村が対応していた児童デイサービスが、「障害児通所支援」として再編された。

①児童発達支援・医療型児童発達支援

児童発達支援は、「児童発達支援センター」と児童デイサービスなどの事業にあたる、その他の「児童発達支援事業」の2類型がある。児童発達支援センターは身近な地域の障害児支援の拠点として、地域の障害児や家族、地域の他の施設への支援を行うとともに、関係機関や身近な療育の場である児童発達事業と連携して地域支援体制を強化することが求められている。

また、従来の重症心身障害児（者）通所事業は、A型通園事業が児童発達支援センターの医療型児童発達支援事業に、B型通園事業は児童発達支援事業に移行することになった。

2017（平成29）年10月現在、児童発達支援センターの福祉型が528か所、医療型が99か所、児童発達支援事業所が5,981か所である。

②放課後等デイサービス

学校教育法に規定する学校（幼稚園と大学を除く）に就学している10名以上の障害児に対して、放課後や夏休み等の長期休暇中の居場所を提供し、生活能力の向上に必要な訓練や社会交流を促進する。また、学校と放課後等デイサービス事業所間の送迎も行う。このサービスは、2017（平成29）年10月時点で1万1,301事業所が行っており、この数年大幅に増えている。このような増加は、法人以外に民間企業がこの事業に参入したこともあり、障害児の支援サービスとしての質が問われている。

③居宅訪問型児童発達支援

濃厚な医療的ケアを必要とする在宅重症心身障害児などのなかには、通所しながら訓練や指導、相談を受けることができないままになっている子どももいる。そのため新たに、専門職が訪問して発達を促す取り組みを行うことが可能になった。

④保育所等訪問支援

さまざまな障害児が利用している保育所や幼稚園、特別支援学級などを訪問して、障害児に対する集団適応の訓練やそれらの施設スタッフに対して、支援方法などの指導を行う。訪問支援員は、障害児指導の経験がある児童指導員、保育士等の専門職が想定されている。2017（平成29）年10月時点の実施事業者は969か所である。就学移行支援にかかわるサービスであり、近年の増加に加え、2018（平成30）年の障害者総合支援法

一部改正で、乳児院・児童養護施設で生活する障害児も支援の対象となり、さらにサービス量が拡大すると予想される。

### ❺ 障害児相談支援事業

障害児相談支援事業では、障害児支援利用計画を作成する障害児支援利用援助と利用状況の検証などを行う継続障害児支援利用援助がある。

なお、従来の障害児（者）地域療育等支援事業は、「障害児等療育支援事業」として都道府県の地域生活支援事業に位置づけられている。

### ❻ 在園期間の延長措置

児童福祉法の対象年齢を超えて児童入所施設で生活をしている主に医療型障害児入所施設の利用者に対して、退所させられることのないよう障害者総合支援法で対応できるようになった。これまでの重症心身障害児施設など医療型障害児入所施設で生活する満18歳以上の利用者に対しては療養介護が行われ、児者一貫した支援が確保された。

### ❼ 利用契約制度の導入

障害児施設について、2006（平成18）年10月から利用契約制度が導入された。これに伴い、これまで措置により入所、通園していた障害児については、原則、保護者が施設と契約を結び、これに基づきサービスの提供を受け、都道府県（指定都市、児童相談所設置市を含む）はこれに係る費用について、福祉型施設の場合は障害児入所給付費、医療型施設の場合は障害児入所給付費と障害児入所医療費を支給することとなった[26]。

今後、障害児入所施設については、原則として措置事務を都道府県から市町村に段階的に移譲するとし、さらに、さまざまな年齢や障害程度の異なる児童が混在する等、本来の施設機能と入所児の実態の乖離を解消するため、サービス体系を機能に着目して、日中サービスと夜間サービスの施設に分けた。また、通所事業は市町村に主体が移行し、障害児の通所事業を行う施設に対して、障害児通所給付費が支給される。

▶26 虐待等のケースで利用契約になじまず、措置による入所等が適切であると児童相談所が判断した場合については、子どもの人権擁護のため、引き続き措置による入所等を行うこととなっている。

---

### 5　利用者負担

障害福祉サービスに対する利用者負担は、これまでの原則1割の定率負担から、2012（平成24）年4月より負担能力に応じた利用者負担（応能負担）とすることが法定化された。

### ❶ 障害福祉サービスの利用者負担

障害福祉サービスを利用した場合、その料金を事業者に支払わなければならない。これまで、サービス費のうち、市町村が9割を負担し、利用者が原則1割を支払っていたが、2012（平成24）年4月より「家計の負担」を軽減するため、家計の負担能力その他の事情を考慮して負担額を定める応能負担になった。なお、負担額よりも1割相当額が低い場合には、1割負担額とする。この利用者負担の規定は自立支援医療費、補

表10-5　障害児の利用者負担の上限と軽減措置

| | | 生活保護世帯 | 市町村民税非課税世帯 | 一般（市町村民税非課税世帯）市町村民税所得割 | | 世帯の範囲 |
| --- | --- | --- | --- | --- | --- | --- |
| | | | | 一般1（所得割28万円未満） | 一般2（一般1以外） | |
| 居宅・通所 | | 0円 | 0円 | 4,600円 | 3万7,200円 | 住民基本台帳上の世帯 |
| 入所施設等 | | 0円 | 0円 | 9,300円 | 3万7,200円 | |
| 補装具 | | 0円 | 0円 | 3万7,200円 | 全額負担 | |
| 光熱水費 | 通所 | 1日420円減額 | 1割負担 | | | |
| | 入所 | 特定障害者特別給付費の支給 | 1割負担 | | | |

注：施設入所児は18、19歳を含む。
資料：2018年厚生労働省資料を参考に作成

装具、障害児通所支援、障害児入所支援などに係わる利用者負担と給付費においても同様の扱いとなった。

また、高額障害福祉サービス等給付費は同一世帯あるいは利用者本人の障害福祉サービス、介護保険上のサービス、児童福祉法に基づく障害児支援にかかるサービスの合算額が基準額を超える場合、差額を償還する制度であるが、ここに補装具も合算できるようになった。しかし、自立支援医療、療養介護医療、肢体不自由児通所医療と障害児入所医療の個人負担は合算できない。

通所施設では食費、入所施設では食費と光熱水費が、原則として実費であるが、各種の負担軽減措置がある（**表10-5**）。

なお、自立支援医療費の支給を受けた場合の利用者負担についても、生活保護受給者や低所得者の支払いは免除されている。ただし、地域の通所施設に通う障害児の利用負担は、同一世帯の収入に応じるため、経済的な負担がそれまでに比べて増える例もある[27]。

### ❷　障害児施設の利用者負担

児童福祉法に基づく福祉型・医療型障害児入所施設は契約方式であり、障害者総合支援法による利用者負担の考え方と同様である[28]。

福祉型の障害児施設については、サービスにかかる費用は1割負担、食費、光熱水費は実費負担（ただし補足給付がある）となる。また、医療型については、医療分（医療費・障害児入所医療費）、福祉分（福祉サービス費）ともにサービスにかかる費用を1割負担するとともに、食費については入院時食事療養費の標準負担額分を負担する。なお、通所施設では、児童福祉法における通所施設、デイサービス利用者と同様の負担と軽減措置が講じられ、食費が実費負担となるが、所得割で医療費と食費の減免がある。

▶27
自立支援医療費の利用者負担にかかわる世帯については、住民票上は1つの世帯であっても異なる医療保険に加入している家族は別世帯として扱い、同じ医療保険に加入している家族を同一世帯とする。また、「個別減免」として医療型施設を利用する児童について、医療・食事療養とあわせて上限を設定し、さらに、教育費相当分として9,000円が加わる。

▶28
措置の場合については、従前と同様に応能負担となる。

## 6　サービス利用の仕組み

障害児が「居宅介護」「短期入所」「同行援護」「行動援護」「重度障害者等包括支援」を利用する場合の支給決定は、障害者の障害支援区分による方法とは異なる。法改正により、支給決定の前にサービス等利用計画案およびサービス実施内容の報告などの提出が義務づけられた。

### ❶　支給決定要否のプロセス

　障害福祉サービスの一般的な支給決定要否は、**図10－3**、**図10－4**によって行われる。2012（平成24）年に改正された障害者自立支援法（当時）では、指定特定相談支援事業者などが作成したサービス等利用計画案を支給の決定前に提出することになった。一方、障害児については、発達するにつれて障害の状況が変化する可能性があること、現在活用できる指標が存在しないことなどから、障害児の障害支援区分[29]はこれからの課題とされている。「居宅介護」「短期入所」「同行援護」「行動援護」「重度障害者等包括支援」は、別の方法で調査され、その後、サービスの利用意向聴取後に、居宅サービスは指定特定相談事業者、通所サービスは障害児相談支援事業者で作成されたサービス等利用計画案を提出する。このプロセスにより支給の要否や支給量が決められる。

### ❷　利用手続きと支払い[30]

　サービス支給が決定し、受給者証が交付された障害児の保護者は、指定特定事業者・指定施設とサービス利用契約を結んで障害福祉サービスを利用する。なお、サービス利用計画作成費には、サービス利用の調整、モニタリングも含まれている。

　支払いは、障害福祉サービスを提供した事業者・指定施設がサービスの種類に応じて、利用者の自己負担を除いた介護給付費や訓練等給付費を市町村に請求し、その内容を審査したのち市町村より支払いを受ける。

　なお、障害者自立支援法によって、さまざまなサービスが適切な組み合わせで、計画的に利用できるよう、市町村が行う地域生活支援事業の1つである相談支援事業によるケアマネジメントの仕組みが制度化された。また、2018（平成30）年4月に施行された改正障害者総合支援法では、都道府県にサービス事業者がサービス実施内容を報告するとともに、それを公開・閲覧できる制度が盛り込まれた。

### ❸　障害児入所給付費の仕組み

　障害児施設における契約制度の仕組みは、**図10－5**の通りである。

---

▶29　障害児の障害支援区分
通常、障害者は介護の必要度に応じて区分1から区分6の6段階で認定される。ただし、障害児は発達を考慮してこの区分は利用されない。

▶30
障害福祉サービス事業者へ支払われる障害福祉サービス報酬は、社会保障審議会障害者部会の提言を受けて、見直しが行われる。

第10章　障害のある子どもの福祉

図10－3　介護給付・訓練等給付の支給決定（障害者（満18歳以上）の場合）

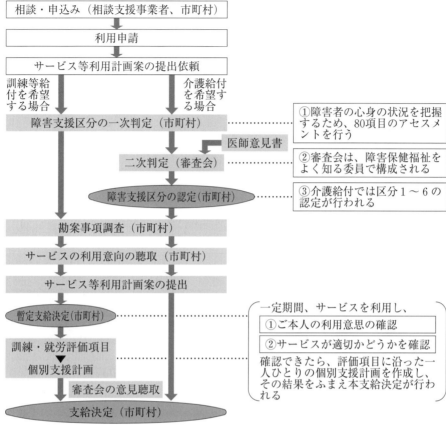

注：同行援護を除く。
資料：守谷市「障がい者福祉のしおり」を参考に作成

図10－4　障害児（満18歳未満）の支給決定について

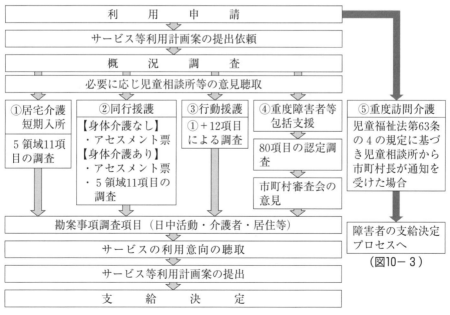

資料：図10－3に同じ

図10－5 障害児入所給付費の仕組み

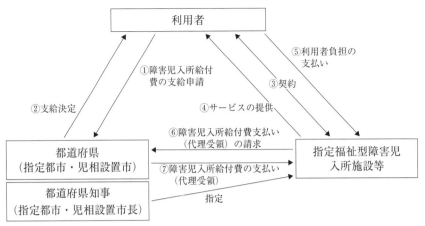

資料：厚生労働省障害保健福祉部「平成18年全国厚生労働関係部局長会議資料」障害者自立支援法施行関係　障害児施設の契約等についてを改変

## 3．障害児とその家族への経済的支援

### 公的経済支援

重度の障害児を扶養するためにかかる負担を軽減するために、特別児童扶養手当、障害児福祉手当と親亡き後の経済保障する共済制度がある。

❶ **特別児童扶養手当**[31]（20歳未満）

特別児童扶養手当は、障害児・者の福祉の増進を図ることを目的に精神または身体的に重度の障害を有する子どもに支給される手当である。具体的には、障害等級が1、2級の子どもを養育する父・母または養育者に対して支給される。2018（平成30）年4月現在では月額で1級が5万1,700円、2級が3万4,430円である。

❷ **障害児福祉手当**（20歳未満）

障害児福祉手当は、精神または身体的に重度の障害を有し、日常生活において常時特別な介護を要する障害基礎年金[32]が支給されない在宅障害児に支給される。2018（平成30）年度は月額1万4,650円である。

❸ **心身障害者扶養共済制度**

保護者が抱える障害児・者の将来に対する不安を軽減し、心身障害児・者の生活の安定と福祉の増進を図るため、加入資格に有する保護者が一定の掛金を都道府県に納め、保護者が死亡あるいは重度障害になったときに年金が支払われる制度である。

なお、その他にも、市町村によって事業内容は異なるが、心身障害児歯科診療事業、一定の年齢に達するまでの乳幼児医療費助成、心身障害児医療費助成等があり、保護者に経済的支援を行っている[33]。

[31] 第4章参照。

[32] 障害基礎年金
国民年金加入中、傷病により一定の障害程度に該当する障害者になったとき支給される年金。20歳前にケガなどで障害者になっても支給されるが、保険料納付期間と障害程度の支給要件がある。

[33] 地方公共団体によって助成の内容や運用は異なるが、いずれも自己負担分の助成を行う制度である。対象者は、身体障害者手帳の等級、療育手帳の障害程度などを基準にして決めている。

### 図10－6　特別児童扶養手当、障害児福祉手当、特別障害者手当の支給額

2018（平成30）年4月現在

|  |  | 特別障害者手当<br>2万6,940円 |
|---|---|---|
| 障害基礎年金2級<br>6万4,941円 | 障害基礎年金1級<br>8万1,177円 | 障害児福祉手当<br>1万4,650円 |
| 特別児童扶養手当2級<br>3万4,430円 | 特別児童扶養手当1級<br>5万1,700円 | |
| 中程度障害児(者)↑ | 重度障害児(者)↑ | 常時介護を要する　↑<br>在宅重度障害児(者) |

## 4．これからの課題と展望

### 1　ライフステージを見据えた支援の必要性

障害児の福祉サービスは、障害児のライフステージを見据えて地域の行政やさまざまな社会資源が一貫した施策を連携して実施することが必要である。

障害児支援では、子どもの将来の自立に向け、ライフステージに応じた一貫した支援と身近な地域で家族を含めた、トータルな支援が重要である（図10－7）。

#### ❶　就学前の障害児への支援（就学移行支援）

障害児福祉の対象期間は、心身の健全な育成にとって重要な時期であ

### 図10－7　ライフステージに応じた障害児の支援体制

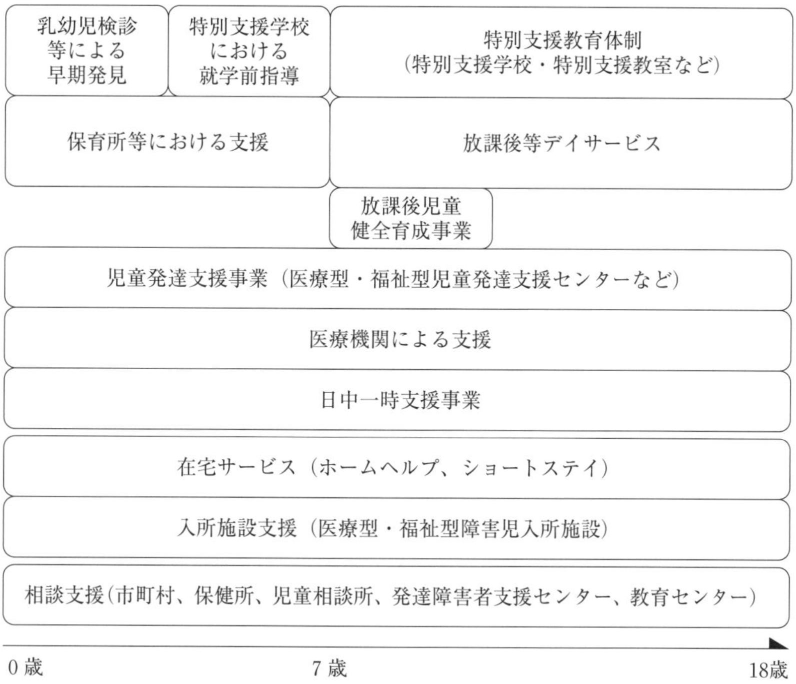

| 乳幼児検診<br>等による<br>早期発見 | 特別支援学校<br>における<br>就学前指導 | 特別支援教育体制<br>（特別支援学校・特別支援教室など） |
|---|---|---|
| 保育所等における支援 | | 放課後等デイサービス |
| | 放課後児童<br>健全育成事業 | |

- 児童発達支援事業（医療型・福祉型児童発達支援センターなど）
- 医療機関による支援
- 日中一時支援事業
- 在宅サービス（ホームヘルプ、ショートステイ）
- 入所施設支援（医療型・福祉型障害児入所施設）
- 相談支援(市町村、保健所、児童相談所、発達障害者支援センター、教育センター)

0歳　　　　　　　　7歳　　　　　　　　　　　　　　18歳

資料：厚生労働省「障害児支援の体系」(2012年児童福祉法改正資料)をもとに作成

る。特に就学前後の保育、療育、教育は将来の生活に大きく影響を与えるため、早期に障害や障害を疑われた子どもと親に対して充実した療育・子育て・指導システムを構築し、有機的に運用することが重要である。特に、健康診査で障害が見過ごされた発達障害児は、保育所などの集団生活で社会性などの問題が顕在化し、その対応に保育士等は苦慮している。発達障害児に対する療育的指導は専門性が求められるため、地域の保健センター、子育て支援センター、療育を行う医療・福祉施設、教育センター、児童発達支援センター、特別支援学校などの社会資源では、保育士等に対して助言、事例検討、障害理解の学習会や啓発による支援を行っている（児童発達支援センターにおける保育所等訪問支援事業）。

　子どもの障害状況にあった教育を行ううえで、保護者相談や就学前の育成にかかわった福祉分野における療育支援から学校における教育支援へ、スムーズに移行できる体制を構築することが重要になる。2007（平成19）年から文部科学省と厚生労働省が連携して行った発達障害早期総合支援モデル事業[34]の成果をふまえて市町村においても教育と福祉行政の連携が図られ、早期療育のシステムが構築されるようになってきた。

❷　特別支援教育制度

　1994（平成6）年に「個人差にかかわりなく、万人のための教育を受ける権利を保障する」などインクルーシブ教育をうたったサラマンカ宣言を受けて、文部科学省は「21世紀の特殊教育の在り方について～一人一人のニーズに応じた特別な支援の在り方について～」、および中央教育審議会は「特別支援教育を推進するための制度の在り方について」を検討した。これらをふまえ、2006（同18）年に学校教育法が改正され、2007（同19）年4月から一人ひとりのニーズを把握して適切な教育を行う特別支援教育が始まった。それに伴い、障害児が専門的に教育を受けていた心身障害児学級、盲・聾・養護学校は、それぞれ特別支援学級、特別支援学校に名称が変更され、複数の障害の種別、あるいは特定の障害別に対応した学校をめざしている。また、特別支援学校にコーディネーターを配置するとともに、センター機能をもたせることで、地域の学校に在籍する障害児と学校・教員を支援できるようになった。そのほか、児童・生徒の学区域の通常学校に籍をおき、健常児とかかわる機会をもつ副籍制度も導入され、次第に活用する障害児が増えてきている。

❸　障害児の就学先の選択と特別支援教育

　障害児の就学先は就学支援委員会の判定を参考に、保護者が学習権に基づいて、通常学校の通常学級、特別支援学級、通級学級あるいは特別支援学校を選択する。2016（平成28）年4月施行の障害者差別解消法で

---

[34] **発達障害早期総合支援モデル事業**
厚生労働省と連携して文部科学省が発達障害のある就学前の幼児に対して早期から十分な支援体制を構築するためのモデル事業。母子保健事業、健診後のフォロー事業、発達支援、就学支援、情報発信、地域啓発など教育、医療、保健、保育、福祉が一体となって総合的に行い、子どもが幼稚園・保育園、小学校へスムーズに移行することをめざした。

は、公教育の場も障害者の差別禁止と合理的配慮が義務化されるため、保護者のニーズに沿って教育環境を整備していく必要がある。

特別支援教育の場は、通常学級に在籍した障害児を一定の時間（週8時間など）だけ個別や小集団で指導を行う通級学級（自閉スペクトラム症児などが通う情緒障害学級、構音障害児などが通う言障学級、難聴学級など）、障害種別に通常学校内に設置された特別支援学級、そして特別支援学校がある。また、障害種には、盲・聾・知的障害・肢体不自由・病虚弱があるが、特別支援教育制度は障害種をなくす方向にあることから、地元の特別支援学校への重複障害児、盲児、ろう児の入学が認められるようになった。また、企業と連携した職業教育で高い就職率をめざす高等特別支援学校や、高等部への就業技術科などの設置が増えるなど、障害児の社会参加である就労につなげる教育が盛んになっている。

特別支援教育は障害児の障害特性を把握し、家族の意見を取り入れて情報の共有を図り、一貫した対応や指導をめざした個別教育支援計画を立てて教育を行うため保護者などの理解が深まり、少子化のなかにあって学校数と児童生徒数が毎年増加している。2018（平成30）年は、特別支援学校数が1,141校、在籍者数が約14万3,000人で過去最高を更新した。

一方、発達障害児などは通常学級にも在籍しており、各学校に特別支援教育コーディネーターやスクール・カウンセラーなども配置され、地域の医療福祉施設や療育施設、障害福祉課や教育委員会などと連携して障害児を支援する体制が整ってきている。特に、小学校の通級学級は在籍校から親が送迎するなど負担があったため、自治体によっては在籍校に特別支援教室を設置し、そこに通級学級の教員が行って指導する取り組みが始まり、中学でも行うことが予定されている。

❹ 学齢期における福祉的支援

障害児が学校に通う期間も福祉領域の支援が必要である。その1つに放課後や長期休暇に家族の負担を軽減することがある。厚生労働省の放課後児童健全育成事業（放課後児童クラブ）は学童保育・学童クラブ等と呼ばれ、在籍期間は原則3年生までであるが、障害児は4年生以上も受け入れるクラブが次第に増えてきている。また、文部科学省による学校の空き教室を利用した放課後子ども教室も年々増加しており、地域でさまざまな名称を付けて小学生から高校生までの障害児に対して工夫した余暇活動や集団活動を通じて成長を支えている。

一方、障害者総合支援法に基づく短期入所、タイムケアや、児童福祉法による児童デイサービスの活用も増え、少しずつ地域で家族を支える体制ができてきている。特に、家族のレスパイトとして短期入所とタイムケアの利用が多くなってきた。

❺ 障害児の卒業後の進路と支援（就労移行支援）

　2017（平成29）年度に特別支援学校高等部を卒業した生徒の約62％が低い工賃で働く福祉就労で社会福祉施設（入所や在宅）を利用する状況にある。その他、一般就労は約30％、職業訓練校などの教育訓練機関などが0.2％で、近年は大学などへの進学も増えて1.9％である。

　高等部では企業で実習したり、地域の企業とネットワークに参加したりするなど一般就労に向けた職業教育に力を入れている。近年は障害者雇用の基盤整備も推進され、2017（平成29）年度には、全国の特例子会社[35]464社に2万9,769人が働いており、障害児の就労と企業における法定雇用率の達成に貢献している。障害児などの就職希望者も増えたことから、2018（同30）年に民間企業の法定雇用率がこれまでの2.0％から2.2％へと0.2％上げられたこと、就職に際して障害者差別解消法により差別の禁止や合理的配慮が求められることから、さらに障害児が就職しやすい環境になりつつある。また、職業意識を早くから育てるために、小学生のころから地域の企業で短時間仕事をする実践的な取り組み、プレ・ジョブも始まり、仕事への意識と就労した企業への定着率の向上につながることが期待されている。

　このように、自立・就労に向けた移行支援には、ライフステージの視点から教育と福祉の連携ときめ細かな支援が重要である。

　また、障害児が受験する際に配慮する大学も増え、2017（同29）年には高等教育機関（大学・短大・高等専門学校）1,170校中914校（78.1％）に3万1,204人（0.98％）の障害学生が在籍している。障害学生は、病弱虚弱、精神障害、発達障害（診断書あり）、肢体不自由、聴覚障害の順に多くなっている（集計の変更により、これまでと異なる）。

　近年、障害者権利の観点から障害者の生涯学習の重要性が指摘され、文部科学省も学校卒業後における障害者の学びの推進に取り組み始めている。また福祉法人によっては、障害者総合支援法が定める「自立訓練事業」と「就労移行支援事業」を組み合わせ、知的障害者などの「4年制大学」的福祉施設として活動を行っており、注目される。

▶35　特例子会社制度
国、地方公共団体、民間企業等に一定割合の障害者の雇用を義務づける雇用率の達成にあたって、事業主が障害者の雇用に特別の配慮をした子会社を設立し、一定の要件を満たしていると厚生労働大臣（公共職業安定所長）が認定した場合に、その子会社に雇用されている労働者を親会社に雇用されているものとみなし、実雇用率を計算できる制度。

## 2　発達障害児などの子どもと家族の支援

特に発達障害や精神障害といったとらえにくい障害のある子どもと将来に不安を抱える家族の支援を充実するとともに、地域住民の理解が必要である。

### ❶　発達障害者支援法と支援体制の整備

　都道府県に設置されていた自閉症・発達障害支援センターが、2002（平成14）年から発達障害者支援法の成立により発達障害者支援センター[36]に衣替えし、2017（同29）年10月までには47都道府県・20政令指

▶36 発達障害者支援センター
発達障害者支援法で位置づけられた発達障害児・者とその家族に対する相談支援にかかわる拠点。社会福祉法人などが都道府県知事の指定で運営できる。

定都市で計94か所（ブランチを含む）に設置された。そこでは、自閉スペクトラム症や注意欠如・多動症などの発達障害児とその家族や施設職員に対し、専門家による相談や助言、医療・教育・保健・福祉などの諸機関への情報提供や、連携・調整による支援が行われている。

　また、障害者基本法、発達障害者支援法、学校教育法の一部改正などにより、発達障害児に対する環境が整備されてきた。2008（同20）年、国立障害者リハビリテーションセンター内に発達障害情報センターと国立特別支援教育総合研究所に発達障害教育情報センターが置かれ、各ライフステージにおける一貫した支援と教育、啓発、研究が行われている。

　また、行動問題などをかかえる発達障害児者の精神障害者保健福祉手帳の所得が可能になり、また、障害者手帳の取得を希望しない障害児も児童福祉法および障害者総合支援法に基づく福祉サービスを受けることができるようになった。そのため、いわゆる気になる子どもも就学前から障害に応じた療育や指導、相談など福祉サービスの対象となった。

　発達障害児に対して、かれらのもつ学習面、行動面、社会性、コミュニケーションなどの課題を医療・保健・福祉・教育・労働などの分野で、早期発見から療育や教育までつながる枠を超えた連携によって、総合的に支援する体制が必要である。

❷　子どもと家族に対する支援の充実

　障害児とその家族は、子どもの障害と子育てに多くの不安を抱きながら生活している。そのため、親が子どもの障害を疑ったり気づいたりした段階で、情報の提供や、親の気持ちを親身に受け止めて継続して相談ができる地域の子ども家庭支援センター、安心して子どもを任せることができる療育の施設、そして、インフォーマルで身近な相談者の存在などが、子どもと家族に充実した支援を行うために重要である。

　発達障害児の療育的支援や家族支援で最も重要であるのが、二次障害の予防である。行動障害を伴う場合、その行動が目立つため、いじめ、叱責、虐待の対象になり自己肯定感を失いがちである。そのため、引きこもりや不登校など非社会的行動、暴力行為など反社会的行動をおこしやすい。このような場合、教師のほかに、児童相談所、教育センター、医療・福祉センターなどの臨床心理士やスクールソーシャルワーカーなど専門職や児童精神科など医療機関による早期の対応が重要である。

　各自治体で発達障害者支援法に基づく支援が模索されているが、相談や療育活動が行える施設の増設、相談事業の充実と専門職の養成が不可欠であり、制度的には整いつつあるなかで残されている課題は多い。

❸　地域住民の理解

　子どもの障害が地域や学校など集団生活の場で理解されないことも親

の不安の大きな要因になっている。ノーマライゼーションとインクルージョン▶37の理念のもと、地域でともに助け合い理解し合いながら安心して生活できる共生社会をつくるためには、市町村における「障害者計画」における啓発事業のほかに、社会教育として福祉的素養を養う教育を積極的に展開することも重要である。しかし、障害児の家族も行政や療育・教育機関などに支援を求めるだけではなく、地域の障害理解に向けて啓発活動などに参加しながら地域の住民に積極的に働きかけることも大切であり、お互いの安全ネットの構築につながるといえる。

近年、障害者の犯罪や再犯の問題が指摘されている。子どもの頃より、地域で障害児を守る取り組みが重要であり、特別支援学校の保護者と警察、自治体を含む「障害児者が犯罪にあわない、罪を犯させない」地域の安全ネットの取り組みも行われはじめている。

一方、2007（平成19）年12月の国連総会で毎年4月2日を「世界自閉症啓発デー」とすることが決議されたことをうけて、日本政府も2009（平成21）年から、「世界自閉症啓発デー」より一週間を「発達障害啓発週間」とするなど、関連団体がさまざまなイベントを行うようになり、国民に障害全般の理解が広がることも期待されている。

▶37 インクルージョン
1980年代以降、米国の障害児教育において注目された考え方で、「包み込む、包括」などと訳される。障害の有無や能力の差異にかかわらず、すべての子どもが地域社会における学校教育の場において「包み込まれる」ように教育がなされていくことを意味する。

### 3　障害児福祉の課題

改正児童福祉法が施行され、障害児支援の強化につながる施策が実施され始めた。今後、障害者差別解消法をふまえて、地域で障害児と保護者を支える体制作りが急がれる。また、法改正により自治体で児童福祉計画が作成され、障害児支援が充実していくことが期待される。

#### ❶　障害児の子育て支援の充実

2012（平成24）年の改正児童福祉法で、障害児支援の強化がうたわれ、さまざまな施策が実施され始めた。特に、障害児通所支援、放課後デイサービス、保育所等訪問支援、相談支援により、地域で早期からの多様な障害児を支援していく体制が整いつつある。

一方、障害者権利条約などの施行後、ソーシャル・インクルージョンの観点から、認定こども園、幼稚園、保育所においても障害児の受け入れが増加してきているが、職員加配など施設が受け入れやすい法整備を含めて環境を整える必要がある。

また、障害児の保護者を支援することも重要である。児童虐待の防止をめざして児童福祉法が改正されたが、障害児の育てにくさが児童虐待につながるおそれがある。そのため、保護者が子どもの障害に「気づき始めた」段階から、身近な社会資源で丁寧に相談でき、虐待につながることのない仕組み、たとえばペアレント・トレーニング、ＳＳＴなどを提供できる、また共感をもって相談できる資源やそれに対応できる人材

養成が求められている。

### ❷ 地域支援体制の構築

障害児支援は、障害児が生活する地域において、ライフステージに応じた切れ目のない支援が重要であり、乳幼児期から卒後に至るまで法制と社会資源は整いつつあるが、それらを縦横に、そして重層的に連携できる地域社会の支援体制を構築するまでには至っていない。そのためには、相談支援の推進、児童相談所との連携、支援にかかわる情報の共有化、支援者の専門性の向上など課題が多い。児童発達支援センター、医療福祉センター、地域の発達支援事業所、教育と枠を越えて連携していくことが重要である。

また、このような連携にかかわることのできるコーディーターや障害児支援利用計画を作成できる相談支援員の養成も急務といえる。

### ❸ 障害者差別解消法と障害児福祉

2016（平成28）年4月から障害者差別解消法が施行された。この法律により、障害児者やその家族などに対して障害ゆえに「不当な差別的取扱をすること」、「合理的配慮をしないこと」が禁止された。特に、公的機関では法的義務、民間企業などでは努力義務が定められている。

これにより、今後は障害児の療育、保育、教育、就職などで、障害を理由に入学や就職などを拒むことが禁止され、入学や就職するために環境を整備することが求められる。教育では、障害特性にあわせた配慮、例えば、認知に偏りのあり黒板に書かれた字などの書写が苦手な発達障害児でも、パソコンを使うことが可能であれば、支援機器としてパソコンの導入を認めることになり、障害児が学びやすくなる。

障害児やその家族の人権を守り、社会生活を送る上でのバリアを下げる努力と意識の変革を社会に求めた法律であり、障害児が生活しやすく、学びやすく、社会参加しやすくなることにつながることが期待される。

さらに、2020年には、オリンピック・パラリンピックが開催され、障害者スポーツにも光が当たり関心をもたれているなかで、障害児者も積極的にそこにかかわることで、社会の障害児者に対する理解が深まることが期待される。

【参考文献】
1）厚生労働省「平成29年社会福祉施設等調査結果の概況」2018年
2）文部科学省「平成29年度学校基本調査（確定値）」2018年
3）内閣府編『平成30年版　障害者白書』2018年
4）内閣府「平成30年度障害者施策に関する基礎データ集」
5）日本重症心身障害福祉協会「平成30年度全国重症心身障害児施設実態調査」2018年

## コラム② 障害のある子どもの意見表明権を支える援助

「障害のある子ども」と聞いて、どのようなイメージを持ちますか？　知的障害や発達障害、身体障害など、知的・身体的なハンディキャップによって「できないことが多い子ども」というイメージが先行するのではないでしょうか。たしかに健常の子どもであればできることも、障害によっては難しさが伴う場合があります。

「子どもが自分の意見を表明すること」について考えてみましょう。子どもの権利条約第12条では、子どもの「意見表明権」が認められています。日本ユニセフ協会によれば、「子どもは、自分に関係のあることについて自由に自分の意見を表す権利を持っています。その意見は、子

どもの発達に応じて、じゅうぶん考慮されなければなりません」とされています。しかし、子どもに障害がある場合、自分の意見を言葉で表現することが難しい場合があります。どうしたら意見を表明することができるでしょうか。

例えば、「ICT機器を活用する」ということが考えられます。ICTとは「Information and Communication Technology」の略称のことで、情報通信技術のことです。具体的には、近年普及しているiPadなどのタブレット端末やノートパソコンをイメージするとよいでしょう。このICT機器の活用は、特別支援教育[*1]のなかで積極的に行われています。

「トーキングエイド」というコミュニケーションアプリは、音声や筆談によるコミュニケーションが苦手な人のために開発されました。かな文字や英数字、絵文字等のキーボードをタッチして作成した文章を合成音声で読み上げたり、メール送信したりすることができます。さらに、文章の作成だけではなく、絵やシンボル、写真などの画像を利用してメッセージを作成することもできます（参考：https://www.talkingaid.net/products）。

今後は、保育や福祉の現場においてもICT機器を積極的に活用することが求められています。また、「ピクチャーカード」を用いて、視覚的な情報をわかりやすく伝えていくなどの工夫によって、子どもの言葉によらない意見表明を保育者が理解することもできます。保育者は、子どもの障害特性に合

---

[*1] **特別支援教育**
障害のある幼児児童生徒の自立や社会参加に向けた主体的な取組を支援するという視点に立ち、幼児児童生徒一人ひとりの教育的ニーズを把握し、そのもてる力を高め、生活や学習上の困難を改善又は克服するため、適切な指導および必要な支援を行うもの。

*2 能動的権利
能動的とは、自ら他者に働きかけることを意味しており、能動的権利は人として認められる基本的人権、すなわち市民的権利を子どもであっても当然保障されるべきであるとする考えに基づき、人として主張し、行使する自由を得ることをいう。

わせて意見を表明しやすくするための具体的な援助を行っていく必要があります。

　障害のある子どもが、意見表明をすることができるように工夫したり、配慮したりすることは、子どもが自らの権利を行使する主体となる能動的権利*2を保障することにほかなりません。保育者は、子どもの言葉にできない思いを汲み取り、それを整理しながら子どもの気持ちになって思いを確認し、代弁していく援助を根気強く繰り返していくことが大切です。

●ピクチャーカードの例

# 第11章 ひとり親家庭の福祉

● キーポイント

ひとり親家庭（母子家庭と父子家庭）では、子育てと生計の担い手という2つの役割をひとりで担うことになるため、両親のいる家庭に比べて、生活上の困難に直面することが多い。このため、母子家庭を中心にひとり親家庭への生活の援助が行われてきた。

2012（平成24）年の厚生労働省の調査では、ひとり親家庭の子どもの貧困率が54.6％と高いことが明らかになり、社会問題化された。

本章では、ひとり親家庭の現状と生活問題を把握し、そのために講じられてきた施策や今後必要な援助について学ぶ。

## 1. ひとり親家庭の現状

### 1 子どもの貧困問題とひとり親家庭

2017（平成29）年、厚生労働省が発表した『国民生活基礎調査』によると2015（同27）年の子どもの相対的貧困率は13.9％であり、約7人に1人の子どもが「貧困ライン」を下回っており、子どもの貧困はまだまだ深刻な状態にあるといえる。特に、ひとり親世帯の相対的貧困率は50.8％と高く、母子世帯の82.7％が「生活が苦しい」と答えている。

▶1
本書第4章参照。

深刻化する子どもの貧困に対応するため、2014（平成26）年1月に子どもの貧困対策推進法が施行され、同年8月には「子供の貧困対策に関する大綱」（以下、「大綱」）が策定された[1]。大綱には、ひとり親家庭の親に対する就業支援や経済的支援、子どもの居場所づくりに関する支援なども重点施策として掲げられている。

しかし、2017（平成29）年、厚生労働省が発表した『国民生活基礎調査』によると2015（同27）年の子どもの相対的貧困率は13.9％であり、前回（2012年）の16.3％に比べ改善したものの、約7人に1人の子どもが「貧困ライン」[2]を下回っており、子どもの貧困はまだまだ深刻な状態にあるといえる。特に、ひとり親世帯の相対的貧困率は50.8％と高く、母子世帯の82.7％が「生活が苦しい」と答えている。

▶2 貧困ライン
貧困ラインは等価可処分所得の中央値の半分という算出方法をとる。2012年、2015年とも貧困ラインは122万円/月（月約10万円）であり、2人世帯173万円/年（月に14.4万円）、3人世帯211万円/年（月に17.6万円）、4人世帯244万円/年（月に20万円）である。

さらに、社会保障・人口問題研究所の2017年の『生活と支え合いに関する調査』では、過去1年間に経済的な理由で家族が必要とする食料が買えなかった経験を持つ世帯は、「よくあった」では1.6％、「ときどきあった」では4.5％、「まれにあった」では、7.6％であり、計13.6％の世帯が食料の困窮を経験していることが明らかにされている。そのなかでも二世帯のひとり親世帯は、「よくあった」とする世帯が6.9％、「と

きどきあった」とする世帯が12.5％、「まれにあった」とする世帯が16.7％とさらに高い割合を示している。

これらの調査からもわかるように、ひとり親家庭の生活は非常に厳しい状況に置かれている。

## 2　ひとり親家庭の現状と生活問題

ひとり親家庭の困りごとの1位は家計である。

▶3
母子及び父子並びに寡婦福祉法第6条第3項で「この法律において「児童」とは、20歳に満たない者をいう」とされており、児童福祉法における児童とは年齢が異なるので注意すること。

ひとり親家庭とは、母親と20歳未満の子ども▶3からなる母子家庭と、父親と20歳未満の子どもからなる父子家庭の総称として使われている言葉である。親がふたりいることが当然とされる価値観においては、母子家庭や父子家庭は「欠損家庭」として差別的に扱われる傾向があった。そこで、両親のいる家庭に対置させ、中立的にひとり親家庭という言葉を用いるようになった。一般的にはまだ母子家庭や父子家庭という言葉を使用していることが多いが、1980年代ごろから、行政の窓口等はひとり親家庭を使用するようになった。

「平成28年度全国ひとり親世帯等調査結果報告」によると、母子以外の同居者がいる世帯を含めた全体の母子世帯数は123.2万世帯、父子世帯は18.7万世帯と推計されている。

また、同報告によれば、収入の面では、母子世帯の母自身の2015（平成27）年の年間の平均収入金額▶4は243万、父子世帯の父自身の平均収入金額は420万円となっている。母子世帯に比べると父子世帯の収入は多いようにも見えるが、児童のいる世帯の2016（平成28）年平均収入739.8万円（平成29年国民生活基礎調査）に比べると母子家庭、父子家庭とも少ないことがわかる。また、注意しなければならないのは、あくまでも「平均収入」ということであり、母子世帯全ての年間収入金額が一律に243万円というわけではない。

▶4
生活保護法に基づく給付、児童扶養手当等の社会保障給付金、就労収入（手取り）、別れた配偶者からの養育費、親からの仕送り、家賃・地代などを加えたすべての収入の額である。

母子世帯の母の年間就労収入は、100～200万円未満が35.8％、100万円未満が22.3％であり、200万円未満が58.1％と過半数となっている。さらに200～300万円は21.9％であるので、母子世帯の8割の年間就労収入が300万円未満であることがわかる。

母子家庭の収入が少ない理由は働いていないからではない。母子世帯の母の81.8％が就業しているが、その半数近い43.8％が「臨時・パート」を占める（表11－1）。

父子世帯の父の就業率は85.4％であり、「正規の職員・従業員」が68.2％と母子世帯より高い割合を占める（表11－2）。

ひとり親家庭等の困っていることとして、母子世帯の場合、「家計」が50.4％、「仕事」が13.6％、「自分の健康」が13.0％となっている。父

表11-1 母子世帯の母の就業状況

単位：千世帯（％）

| | 総数 | 就業している | 従業上の地位 | | | | | | | 不就業 | 不詳 |
|---|---|---|---|---|---|---|---|---|---|---|---|
| | | | 正規の職員・従業員 | 派遣社員 | パート・アルバイト等 | 会社などの役員 | 自営業 | 家族従業者 | その他 | | |
| 平成23年 総数 | (100.0) | (80.6)<br>(100.0) | (39.4) | (4.7) | (47.4) | (0.6) | (2.6) | (1.6) | (3.7) | (15.0) | (4.4) |
| 平成28年 総数 | 2,060<br>(100.0) | 1,685<br>(81.8)<br>(100.0) | 745<br>(44.2) | 78<br>(4.6) | 738<br>(43.8) | 16<br>(0.9) | 57<br>(3.4) | 9<br>(0.5) | 42<br>(2.5) | 193<br>(9.4) | 182<br>(8.8) |
| 死別 | 165<br>(100.0) | 116<br>(70.3)<br>(100.0) | 37<br>(31.9) | 2<br>(1.7) | 58<br>(50.0) | 3<br>(2.6) | 5<br>(4.3) | 2<br>(1.7) | 9<br>(7.8) | 28<br>(17.0) | 21<br>(12.7) |
| 生別 | 1,877<br>(100.0) | 1,559<br>(83.1)<br>(100.0) | 702<br>(45.0) | 76<br>(4.9) | 676<br>(43.4) | 13<br>(0.8) | 52<br>(3.3) | 7<br>(0.4) | 33<br>(2.1) | 162<br>(8.6) | 156<br>(8.3) |

資料：厚生労働省雇用均等・児童家庭局「平成28年度全国ひとり親世帯等調査結果報告」2017年一部抜粋

表11-2 父子世帯の父の就業状況

単位：千世帯（％）

| | 総数 | 就業している | 従業上の地位 | | | | | | | 不就業 | 不詳 |
|---|---|---|---|---|---|---|---|---|---|---|---|
| | | | 正規の職員・従業員 | 派遣社員 | パート・アルバイト等 | 会社などの役員 | 自営業 | 家族従業者 | その他 | | |
| 平成23年 | (100.0) | (91.3)<br>(100.0) | (67.2) | (2.0) | (8.0) | (1.6) | (15.6) | (1.4) | (4.3) | (5.3) | (3.4) |
| 平成28年 総数 | 405<br>(100.0) | 346<br>(85.4)<br>(100.0) | 236<br>(68.2) | 5<br>(1.4) | 22<br>(6.4) | 6<br>(1.7) | 63<br>(18.2) | 9<br>(2.6) | 5<br>(1.4) | 22<br>(5.4) | 37<br>(9.1) |

資料：表11-1に同じ

子家庭の場合、「家計」が38.2％、「家事」が16.1％、「仕事」が15.4％となっており、ともに1位は「家計」で収入が大きな問題となっていることがわかる。

なお、生活保護受給率は、母子世帯の母が11.2％、父子世帯の父が8.0％とさほど高い割合ではない。

## 2．ひとり親家庭に関する施策の変遷

### 1 母子家庭に関する施策の変遷

母子家庭に関する施策は、戦争を遂行するために始まり、戦後も戦争未亡人対策として展開された。

ひとり親家庭に対する施策は、母子家庭を中心に展開されてきた。
1937（昭和12）年に公布された母子保護法は、13歳以下の子どもの貧

困母子家庭を対象として、生活扶助、教育扶助、生業扶助、医療扶助を定めたもので、当時の不況下において多発した母子心中に対応して制定された。一方、同年に公布された軍事扶助法は、軍人の家族や遺族（多くは母子家庭）対象に扶助を行ったものであり、母子保護法より貧困の要件は緩く、夫が軍人であったならば、そうでない母子家庭よりも少しではあるが、手厚く扶助が行われていた。母子生活支援施設の前身である母子寮は母子保護法にも軍事扶助法にも設置されていたが、軍事扶助法の母子寮のほうが立派であったという。

1945（昭和20）年の敗戦直後、戦災者や引揚者をはじめとする多くの人々が悲惨な生活を送った。1946（同21）年に制定された旧生活保護法の制定により、救護法や母子保護法、軍事扶助法は廃止され、母子寮は1947（同22）年に制定された児童福祉法に位置づけられることとなった。その理由は「母を離れて子の福祉はあり得ない」とする「母子一体の原則」である。男性ですら働き口に困る時期に、子どもを抱えた女性の働き口をみつけることは困難を極めた。敗戦後の混乱期に、母子家庭が生き延びるための資金を低金利で長期に貸す法律の制定が急がれ、1952（同27）年には母子福祉資金の貸付等に関する法律が制定される。この法律によって母子相談員（2003（平成15）年に母子自立支援員、2014（同26）年10月１日に母子・父子自立支援員へと改称▶5）制度が生まれた。

1959（昭和34）年には国民年金法が制定され、この時点で母子家庭であった女性（多くは戦争で夫を亡くした女性）のために、無拠出の母子福祉年金が実施された（1986（同61）年に廃止）。遅れて1961（同36）年に生別母子家庭への児童扶養手当法が制定され、母子家庭への経済的な支援が行われた。

1964（昭和39）年に母子家庭を総合的に支援するための母子福祉法が制定され、母子福祉資金の貸付等に関する法律はここに吸収されたが、母子寮は児童福祉法に規定されたままとなった。現行の母子及び寡婦福祉法に改正されたのは、1982（同57）年であり、寡婦▶6を法の対象に含めるのに18年もの歳月を要した。

2002（平成14）年３月、厚生労働省により「母子家庭等自立支援対策大綱」が制定された。これは「昭和27年に戦争未亡人対策から始まり50年の歴史を持つ我が国の母子寡婦対策を根本的に見直し、新しい時代の要請に的確に対応できるよう、その再構築を目指す」ものである。これを受け母子及び寡婦福祉法は、同年11月に改正された（施行は翌年４月）。主な改正点は、子育て・生活支援、就業支援、養育費の確保、経済的支援など総合的に母子家庭等対策を推進することである。また、この法改正によって「母子家庭及び寡婦の生活の安定と向上のための措置に関す

▶5
母子家庭の母、父子家庭の父および寡婦の自立に必要な情報提供や相談援助等を行うとともに、職業能力の向上および求職活動に関する支援を行うことを目的として設置されている。

▶6
「寡婦」とは、配偶者のない女子であって、かつて配偶者のない女子として児童を扶養していたことのある者をいう。

▶7
母子及び父子並びに寡婦福祉法第11条に「厚生労働大臣は、母子家庭及び寡婦の生活の安定と向上のための措置に関する基本的な方針を定めるものとする」と規定されている。

る基本的な方針（基本方針）」を定めるものとするとなった[7]。

## 2　父子家庭に関する施策の変遷
父子家庭に関する施策は1979（昭和54）年の父子福祉対策要綱に始まる。

　一方、父子家庭に関する施策は、その数の少なさから母子家庭に関する施策より、かなり遅れての出発となる。全国社会福祉協議会と全国民生委員児童委員協議会が1977（昭和52）年に行った父子家庭実態調査が、わが国初の父子家庭の実態調査であり、そこで父子家庭の深刻な状態が浮き彫りになり、1979（同54）年、父子福祉対策要綱が公表された。

　1982（昭和57）年度に、父子家庭の父が病気などの場合にヘルパーを派遣する事業が始められた。1985（同60）年度には子どもが病気などの場合に、1989（平成元）年度からは同居している祖父母の病気などの場合にも対象が拡大された。1995（同7）年度からは子育て短期支援事業が行われており、1996（同8）年度には父子家庭等支援事業が創設され、大学生が父子家庭の子どもを訪問し相談できる児童訪問援助事業や、父子家庭が定期的に集まり、情報交換や相談し合える派遣家庭相談支援事業が行われるようになった。

　2002（平成14）年の母子及び寡婦福祉法の改正において、法の対象が「母子家庭等及び寡婦」となり、「母子家庭等」に父子家庭が含まれ、ようやく父子家庭への援助が明記された[8]。

[8] 母子及び寡婦福祉法第6条第4項（当時）に「この法律において「母子家庭等」とは、母子家庭及び父子家庭をいう」と規定され、同5項に「この法律において「母等」とは、母子家庭の母及び父子家庭の父をいう」と規定された。

## 3　「母子及び寡婦福祉法」から「母子及び父子並びに寡婦福祉法」へ
母子家庭中心であったひとり親家庭施策に父子家庭も含まれ、法律名も変更された。

　長年、母子家庭を中心に行われてきたひとり親家庭施策であるが、近年、前述をはじめ父子家庭に対しても支援の幅が徐々に拡大されてきている。

　2010（平成22）年5月、児童扶養手当法が改正され、同年8月より父子家庭の父についても児童扶養手当が支給されることになった。

　また2012（平成24）年9月には「母子家庭の母及び父子家庭の父の就業の支援に関する特別措置法」が公布された。これは母子家庭の母、および父子家庭の父の就業支援に関する特別の措置をとり、ひとり親家庭の福祉を図ることを目的としている。内容は、就業支援に関する施策の充実、民間事業者に対する協力の要請、母子・父子福祉団体等の受注機会の増大への努力等である。

　さらに2014（平成26）年4月から、これまで母子家庭に限られていた遺族基礎年金の支給対象が父子家庭にも拡大されることになった。

　また同年4月に公布された「次代の社会を担う子どもの健全な育成を

図るための次世代育成支援対策推進法等の一部を改正する法律」に伴い、2014（平成26）年10月から「母子及び寡婦福祉法」が「母子及び父子並びに寡婦福祉法」に改称、つまり法律の名称に「父子」も明記されるようになった。第4章「父子家庭に対する福祉の措置」が新設され、父子家庭への支援がより明確になっている。

厚生労働省によると法改正の趣旨は、ひとり親が就業し、仕事と子育てを両立しながら経済的に自立するとともに、子どもが心身ともに健やかに成長できるよう、また、「子どもの貧困」対策にも資するよう、ひとり親家庭への支援施策を強化するものであるとされている。

## 3．経済的支援に関する施策

### 1　遺族基礎年金・遺族厚生年金

遺族基礎年金・遺族厚生年金は、死別母子家庭等の生活を経済的に支えるものである。

死別母子家庭が受給できる年金として、遺族基礎年金（国民年金制度）と遺族厚生年金（厚生年金制度）がある。

遺族基礎年金は、被保険者または老齢基礎年金の資格期間を満たした者▶9が死亡したときに、子のある配偶者または子に支払われるものである。2018（平成30）年度の年金額は、年額77万9,300円＋子の加算（第1子・第2子各22万4,300円、第3子以降各7万4,800円）である。

また、遺族厚生年金は、遺族の範囲が遺族基礎年金と異なり、年金額も受け取る人によって異なる。

▶9
保険料納付済期間、保険料免除期間などを合算した受給資格期間が25年以上ある者。ただし、死亡した者について、保険料納付済期間（保険料免除期間を含む）が加入期間の3分の2以上あること。

### 2　児童扶養手当

児童扶養手当は、遺族基礎年金・遺族厚生年金が支給されないひとり親家庭の生活を経済的に支える手当である。

児童扶養手当とは、児童扶養手当法▶10に定められており、離婚などによるひとり親家庭に対して、児童の福祉の増進を図るために支給されるものである。母子福祉年金の補完的制度として離別母子家庭を対象とし、1961（昭和36）年に制度が創設され、2010（平成22）年8月に父子家庭にも対象が拡大された。条件にあてはまる児童▶11を監護している母、父または父母にかわってその児童を養育している養育者（児童と同居し、監護し、生計を維持している人）が受給できる。受給するためには市町村への申請が必要になる。

なお、この制度でいう「児童」とは、18歳に達する日以後の最初の3月31日までの児童をいい、児童に政令で定める程度の障害がある場合は、

▶10
「父又は母と生計を同じくしていない児童が育成される家庭の生活の安定と自立の促進に寄与するため、当該児童について児童扶養手当を支給し、もつて児童の福祉の増進を図ること」を目的とする（法第1条）。

▶11
①父母が婚姻を解消、②父または母が死亡、③父または母が一定程度の障害の状態にある、④父ま

20歳未満の児童をいう。

　従来、支給額は全部支給と一部支給の2段階であったが、2002（平成14）年8月から、一部支給の額が所得に応じて細かく設定されることになり、この結果、多くの母子家庭の児童扶養手当が減額した。

　支給額は所得や子どもの数で変わり、所得制限がある。2018（平成30）年8月分から、全部支給所得制限限度額を収入ベースで130万円から160万円に引き上げられた（子ども一人の場合）。手当額は2018（同30）年現在、児童1人の場合は月額4万5,000円（一部支給の場合は4万2,490円～1万30円）であり、児童2人目は1万40円が加算され、3人目以降は1人につき3,000円が加算される▶12。児童扶養手当の支給額の計算には、物価スライド制が適用されるため、毎年それにあわせて改定される。毎年4月、8月、12月の3回に分けて手当が支給されていたが、2019年11月から、奇数月の隔月支給（年6回）に変更されることとなった。

　2003（平成15）年度から、手当の受給開始後（同年4月現在すでに受給している場合は同年4月から）5年を経過した場合または手当の受給要件に該当してから7年が経過した場合、手当の一部が支給停止になることになった。また、手当の認定請求時に3歳未満の児童を養育している場合、一部支給停止は、児童が3歳になった月の翌月から5年経過ごとになる▶13。

　なお、これまで公的年金を受給している場合、児童扶養手当は受給できなかったが、2014（平成26）年12月より、公的年金等を受給していても年金額が児童扶養手当額よりも低い場合には、その差額分の手当を受給できるようになった。

たは母の生死が明らかでない、⑤父または母が1年以上遺棄、⑥父または母が裁判所からのDV保護命令を受けた、⑦父または母が1年以上拘禁されている、⑧婚姻によらないで生まれた、⑨棄児などで父母がいるかいないかが明らかでない。ただし、日本に住んでいない場合や、児童が里親に委託されている場合など受給できない場合も細かく定められている。

▶12
加算額について、2016（平成28）年8月から2人目の子に対して1万円、3人目以降の子に対して6,000円に増額された。

▶13
ただし、次の場合は一部支給停止が適用除外となる。①就業している、②求職活動等の自立を図るための活動をしている、③身体上または精神上の障害がある、④負傷または疾病等により就業することが困難である、⑤監護する児童または親族が障害、負傷、疾病、要介護状態等にあり、介護する必要があるため、就業することが困難である。

### 3　母子福祉資金・父子福祉資金・寡婦福祉資金の貸付け

母子福祉資金・父子福祉資金・寡婦福祉資金の貸付けとは、母子家庭や父子家庭、寡婦に必要な資金を長期に、低金利および無利子で貸し付ける制度である。

　母子福祉資金の貸付けは母子及び父子並びに寡婦福祉法第13条に、父子福祉資金の貸付けは同法第31条の6に、寡婦福祉資金の貸付けは同法第32条に規定されている。

　これらの制度は、ひとり親家庭や父母のいない児童または寡婦の経済的自立を支援するための貸付け制度である。資金の種類としては、修学資金、就学支度資金、技能習得資金、修業資金、住宅資金、転宅資金、生活資金、事業開始資金、事業継続資金、就職支度資金、医療介護資金、結婚資金等があり、無利子および低金利で貸し付ける。原則として連帯保証人が必要だが、連帯保証人なしでも申請することは可能である。

## 4．就業支援に関する施策

### 1　マザーズハローワーク

マザーズハローワークでは再就職に向けた総合的な支援を行う。

　　　　2006（平成18）年度から全国にマザーズハローワークが設置されている（2018（同30）年7月現在21箇所）。これは子育て女性等に対する再就職支援を実施するハローワークである。子育て女性等とは、子育て中の女性のほか、子育て中の男性、子育てをする予定のある女性も含まれている。また、マザーズハローワークが未設置の地域であって、県庁所在地等中核的な年のハローワーク内にマザーズコーナーが設置されている（2018（同30）年度新設箇所を含む178箇所）。

　　　　支援の内容は「予約制・担当性によりきめ細かな職業相談・職業紹介」「仕事と子育てが両立しやすい求人の確保等」「地方公共団体等との連携による保育サービス関連情報の提供」「子ども連れで来所しやすい環境の整備」である。

### 2　母子家庭等就業・自立支援事業

母子家庭の母、および父子家庭の父等に対し、就業相談から就業支援講習会、就業情報の提供等までの一貫した就業支援サービスや養育費相談など生活支援サービスを提供する事業である。

　　　　母子家庭等就業・自立支援事業には、都道府県・指定都市・中核市が行う母子家庭等就業・自立支援センター事業と一般市・福祉事務所設置町村が行う一般市等就業・自立支援事業がある。

　　　　母子家庭等就業・自立支援センター事業の支援メニューには、就業相談、助言の実施、企業の意識啓発、求人開拓の実施等の就業支援事業や就業準備等に関するセミナーや資格等を取得するための就業支援講習会の開催を行う就業支援講習会等事業などがある。

　　　　一般市等就業・自立支援事業は母子家庭等就業・自立支援センター事業のなかから利息の実情に応じ適切な支援メニューを選択し、実施するものとなっている。

### 3　母子・父子自立支援プログラム策定等事業

個々のひとり親家庭の実情に応じた自立支援プログラムを策定し、ハローワークや母子家庭等就業・自立支援センターと連携して支援等を行う。

　　　　2014（平成26）年10月、それまでの「母子自立支援プログラム策定等事業」が「母子・父子自立支援プログラム策定等事業」に改称された。これは福祉事務所等に自立支援プログラム策定員を配置し、児童扶養手

当受給者に対し、個別に面接を実施し、本人の生活状況、就業への意欲、資格取得への取組等について状況把握を行い、個々のケースに応じた自立支援プログラムを策定し、自立促進を図る母子自立支援プログラム策定事業である。また、母子・父子自立支援プログラムの一環としてハローワークに就労支援ナビゲーター等を配置し、ハローワークと福祉事務所等とが連携して個々の児童扶養手当受給者等の状況、ニーズ等に応じたきめ細かな就労支援を行う「生活保護受給者等就労自立促進」支援事業を実施している。

## 4　母子家庭自立支援給付金および父子家庭自立支援給付金事業

母子家庭自立支援給付金および父子家庭自立支援給付金事業とは、資格取得を希望するひとり親家庭の親に、その受講料の一部を支給するものである。

母子家庭の母は、生計を支えるための十分な収入を得ることが困難な状況におかれている場合が多く、2003（平成15）年度より母子家庭自立支援給付金事業が行われてきた。また父子家庭においても所得の状況や就業の状況などから同様の困難を抱える家庭もあることから、2013（同25）年度からは父子家庭の父も対象となり、2014（平成26）年10月1日より「母子家庭自立支援給付金及び父子家庭自立支援給付金事業」となった。この事業は「自立支援教育訓練給付金」と「高等職業訓練促進給付金等事業」からなり、各都道府県・市・福祉事務所設置町村において実施されている。

「自立支援教育訓練給付金事業」は、母子家庭の母および父子家庭の父の主体的な能力開発の取組を支援し、自立を促進するため、雇用保険の教育訓練給付の受給資格のない母子家庭の母および父子家庭の父が、教育訓練講座を受講し、修了した場合に、その経費の60％（1万2,000円以上、20万円を上限）を支給する事業である。

「高等職業訓練促進給付金等事業」は、経済的な自立に効果的な資格の取得により、母子家庭の母および父子家庭の父が、児童扶養手当から早期脱却することを支援するため、養成機関で1年以上修学する場合に、高等職業訓練促進給付金を支給する事業である。

高等職業訓練促進給付金の支給を受けるものに対して、養成機関への入学時に入学準備金として50万円以内を貸付、修了しかつ資格を取得した場合に20万円以内を貸し付ける「ひとり親家庭高等職業訓練促進資金貸付事業」が2015（平成27）年度より実施されている[14]。

▶14　貸付を受けた者が養成機関の修了から1年以内に資格を生かして就職し、貸付を受けた都道府県または指定都市の区域内において5年間引き続きその職に従事した場合、貸付金の返還が免除される。

## 5．養育・家庭生活支援に関する施策

### 1　ひとり親家庭等日常生活支援事業

ひとり親家庭や寡婦が生活に困ったとき、その家庭に家庭生活支援員を派遣するなどの事業である。

　2002（平成14）年の母子及び寡婦福祉法改正により、「母子家庭寡婦及び父子家庭介護人派遣事業」が改められ、母子家庭等日常生活支援事業、および寡婦日常生活支援事業が規定された。さらに2014（同26）年の母子及び父子並びに寡婦福祉法への改正に伴い、父子家庭等日常生活支援事業も規定された。

　これらは、ひとり親家庭等日常生活支援事業と呼ばれ、ひとり親家庭の親や寡婦が、修学等自立を促進するために必要な事由や疾病、生活環境の激変等により、一時的に子どもの養育ができないときや日常生活を営むのに支障が生じているとき等に家庭生活支援員を派遣するものである。利用料は所得に応じて負担し、低所得者は無料で利用できる。支援内容は、生活援助と子育て支援の2種類があり、以下の①から⑧のうち必要なものを提供する。なお、生活援助の支援員は、訪問介護員（ホームヘルパー）の資格を有する者等、子育て支援の支援員は、保育士等の資格を有する者等が行う。

①　乳幼児の保育
②　児童の生活指導
③　食事の世話
④　住居の掃除
⑤　身のまわりの世話
⑥　生活必需品等の買い物
⑦　医療機関等との連絡
⑧　その他の必要な用務

この事業の実施主体は、都道府県または市町村である。

### 2　ひとり親家庭等生活向上事業

ひとり親家庭等生活向上事業とは、ひとり親家庭の生活を地域で総合的に支援するものである。

　ひとり親家庭やその子どもが直面する諸問題の解決や子どもの精神的安定を図るため、地方公共団体が、ひとり親家庭の地域での生活について総合的に支援を行うひとり親家庭等生活向上事業を市町村が実施している。実施自治体は2016（平成28）年度現在、852か所である。

#### ❶　ひとり親家庭等相談支援事業

　ひとり親家庭は、平日や日中に就業や子育てを抱えており、また健康

面において不安を抱えていても働かなければ生活を維持することが困難な状況にあり、こうした負担等が要因となって、体調を崩したり、親子関係に問題が生じるなどして、生活に困難が生じている場合も少なくない。こうしたひとり親家庭が直面する課題に対応するため相談支援を実施する。

❷ 生活支援講習会等事業

ひとり親家庭が、就労や家事等日々の生活に追われ、育児や母親・児童の健康管理などに十分に行き届かない面があることを補うため、生活支援に関する講習会を開催する。

❸ 児童訪問援助事業

ひとり親家庭の児童が気軽に相談することのできる児童訪問援助員（ホームフレンド）を児童の家庭に派遣し、児童の悩みを聞くなどの生活面の支援を行う。

❹ 学習支援ボランティア事業

ひとり親家庭の児童等の学習を支援したり、児童等から気軽に進学相談等を受けることができる大学生等のボランティアを児童等の家庭に派遣する。

❺ ひとり親家庭情報交換事業

ひとり親家庭が定期的に集い、お互いの悩みを打ち明けたり相談し合う場を設ける。

### 3　子育て短期支援事業

子育て短期支援事業には短期入所生活援助（ショートステイ）事業と夜間養護等（トワイライト）事業がある。

▶15
「子育て短期支援事業とは、保護者の疾病その他の理由により家庭において養育を受けることが一時的に困難となつた児童について、厚生労働省令で定めるところにより、児童養護施設その他の厚生労働省令で定める施設に入所させ、その者につき必要な保護を行う事業をいう」（法第6条の3第3項）。

▶16　子ども・子育て関連3法
「子ども・子育て支援法」「就学前の子どもに関する教育、保育等の総合的な提供の推進に関する法律の一部を改正する法

子育て短期支援事業は、児童福祉法第6条の3第3項に規定されている▶15。なお、2012（平成24）年8月に成立した子ども・子育て関連3法▶16に基づき、2015（同27）年より子ども・子育て支援新制度が開始され、子育て短期支援事業も同制度における地域子ども・子育て支援事業に位置づけられた。

児童を養育している家庭の保護者が疾病等の社会的な理由によって、家庭における児童の養育が一時的に困難となった場合や、母子が夫の暴力により緊急一時的に保護を必要とする場合等に、母子生活支援施設のほか児童養護施設、乳児院、保育所等において一定期間、養育・保護する事業であり、短期入所生活援助事業と夜間養護等事業がある。この事業の実施主体は、市町村である。

短期入所生活援助（ショートステイ）事業は、児童を養育している家庭の保護者が疾病等の社会的な事由によって家庭における児童の養育が

第11章　ひとり親家庭の福祉

律」「子ども・子育て支援法及び就学前の子どもに関する教育、保育等の総合的な提供の推進に関する法律の一部を改正する法律の施行に伴う関係法律の整備等に関する法律」。

一時的に困難となった場合や母子が夫の暴力により、緊急一時的に保護を必要とする場合等に、前述の児童福祉施設等において一時的に養育・保護することにより、これらの児童およびその家庭の福祉の向上を図ることを目的とする。

夜間養護等（トワイライト）事業は、児童を養育している父子家庭等が、仕事等の事由によって帰宅が恒常的に夜間にわたるため、児童に対する生活指導や家事の面等で困難を生じている場合に、その児童を児童福祉施設等に通園・通所させ、生活指導、夕食の提供等を行うことにより、父子家庭等の生活の安定、児童の福祉の向上を図ることを目的とする。

### 4　その他の施策

ひとり親家庭への特別の配慮として、公営住宅への入居や保育所への入所などが規定されている。

母子及び父子並びに寡婦福祉法第27条において母子家庭の、第31条の8において父子家庭の公営住宅の供給に関する特別の配慮が規定されている。

公営住宅は一般に家賃が低額となっており、多くの地方公共団体では、住居に困るひとり親家庭を対象に優先入居や家賃の減免等特別措置を行っている。入居に関しては、離婚が成立していることなどの条件を定めている所も多いが、DV被害者に関しては、条件を緩和している地方公共団体もある。

また、母子及び父子並びに寡婦福祉法第28条において、市町村は保育所等の利用について、相談、助言などを行う場合や、調整もしくは要請を行う場合には、母子家庭の福祉が増進されるように特別の配慮をしなければならないとされている。また保育所等の設置者も児童を選考するときは、母子家庭の福祉が増進されるように特別の配慮をしなければならないと規定されている。

## 6．ひとり親家庭に関する福祉施設

### 1　母子生活支援施設

母子家庭の住居を提供するとともに、日常生活を見守り、支援する児童福祉施設が母子生活支援施設である。

▶17
「母子生活支援施設は、配偶者のない女子又はこれに準ずる事情にある女子及びその者の監護すべき児童を入所させて、これらの者を保護するとと

児童福祉法第38条に定められている児童福祉施設の1つである[17]。

母子家庭の保護や自立促進を目的として、その生活全般にわたりさまざまな支援をしている。母子の居室のほかに、集会・学習室等があり、母子指導員、児童指導員等の職員が配置されている。施設であるが、外観はアパートやマンションのようにみえる。2017（平成29）年10月1日

現在、215か所に8,100世帯が入所している。

1997（平成9）年の児童福祉法改正までは、「母子寮」という名称であった。また、2000（同12）年の改正により、母子生活支援施設への入所方式は、措置制度から利用者が希望する施設を自ら選択し、都道府県等と契約する制度へと変更された。

また、「配偶者からの暴力の防止及び被害者の保護に関する法律（DV防止法）」に定められている緊急一時保護でのドメスティック・バイオレンス（DV）被害当事者を受け入れ、同時にその子どもを受け入れることもある。

2003（平成15）年度からは、小規模分園型（サテライト型）母子生活支援施設の運営事業が創設された。これは、母子生活支援施設から一般社会へ出る前の一定期間、地域社会のなかの小規模な施設で生活することによって、施設退所後もスムーズに一般社会で自立した生活を送ることができるようにするためである。

側注：もに、これらの者の自立の促進のためにその生活を支援し、あわせて退所した者について相談その他の援助を行うことを目的とする施設とする」（法第38条）。

## 2　母子・父子福祉センター

母子家庭の悩み相談に応じる施設が、母子福祉センターである。

母子・父子福祉センターは、母子及び父子並びに寡婦福祉法第39条において規定されている母子・父子福祉施設の1つである[18]。

母子・父子福祉センターでは、母子家庭等の子どものことや生活一般の悩みごと、児童扶養手当のこと、仕事のこと等、さまざまな相談に応じている。

2017（平成29）年10月1日現在、全国に54か所設置されている。

[18]「母子・父子福祉センターは、無料又は低額な料金で、母子家庭等に対して、各種の相談に応ずるとともに、生活指導及び生業の指導を行う等母子家庭の福祉のための便宜を総合的に供与することを目的とする施設」（法第39条第2項）。

## 3　母子・父子休養ホーム

母子家庭等のレクリエーションなどのための施設が母子休養ホームである。

母子・父子休養ホームは、母子及び父子並びに寡婦福祉法第39条において規定されている母子福祉施設の1つである[19]。

無料または低額な料金で、母子家庭等がレクリエーション・休養等に利用できる施設であり、2017（平成29）年10月1日現在、全国に2か所設置されている。

単独の施設としてあるだけではなく、公共の保養施設などが母子休養ホームとして指定されている。なお、利用する際には福祉事務所で利用券を発行してもらう必要がある。

[19]「母子休養ホームは、無料又は低額な料金で、母子家庭等に対して、レクリエーションその他休養のための便宜を供与することを目的とする施設とする」（法第39条第3項）。

## 7．これからの課題と展望

### 子どもの生活を保障するために
子どもはどのような家庭に生まれても、ひとしくその生活を保障されなければならない。

　ひとり親家庭への支援の中心は就労支援であるが、その前提として安定した生活が保障されなければならない。8割を超える母子家庭の母親が就業しているにもかかわらず、その収入が低いことからもわかるように、女性がひとりで子どもを抱えながら安定した収入が得られる仕事に就くのは非常に困難である。

　また、母子家庭の母親すべてが働ける状態にあるわけではないことを忘れてはならない。離婚直後や子どもの状況によっては働きたくても働けない場合もある。特に、DVの被害を受けていた女性などは夫との離婚が成立したあとは、体調や精神的なバランスを崩すことも多い。

　そのため、経済的に自立することがすべての母子家庭に求められた場合、そのことに自信のない女性は、離婚を選択することが難しくなる。

▶20
内閣府男女共同参画局「男女間における暴力に関する調査報告書」2018年。

　2015（平成27）年の内閣府の調査[20]によると、配偶者からの暴力被害を受けた女性の約6割が、「別れたい（別れよう）」と思っているが、別れることができたのはそのうちの1割しかないことが報告されている。その理由は、1位が「子どもがいるから、子どものことを考えたから」（65.8％）、2位が「経済的な不安があったから」（44.7％）であった。

　離婚したいのに、ひとりで子どもを抱えて生活することが不安で、離婚しないことを「自己決定」という言葉で片付けることはできない。逆に、暴力から逃れるためや自分らしく生きていくために離婚を選んだ女性に、「自己決定」したのだからといって自分の力でのみ生きていくことを強制することもできないはずである[21]。

▶21
しかし、現実には2002（平成14）年に岡山県倉敷市で、母子家庭の子どもが餓死するという事件が、2005（同17）年には埼玉県さいたま市で、母子家庭の母親が餓死するという事件が起きている。さらに2013（同25）年には大阪市で母子家庭の母と子どもが餓死する事件が起きている。

　そもそも、憲法第25条で「健康で文化的な最低限度の生活」が保障されており、また、母子及び寡婦福祉法第2条では「すべて母子家庭等には、児童が、その置かれている環境にかかわらず、心身ともに健やかに育成されるために必要な諸条件と、その母子家庭の母、および父子家庭の父の健康で文化的な生活とが保障され」ているのだから、ひとり親家庭が健康で文化的な生活が送れるような支援を充実させていかなければならない。

　また、児童福祉法第1条では「全て児童は、児童の権利に関する条約の精神にのっとり、適切に養育されること、その生活を保障されること、愛され、保護されること、その心身の健やかな成長及び発達並びにその自立が図られることその他の福祉を等しく保障される権利を有する」と

謳っており、子どもの福祉という視点でみれば、ひとり親家庭であろうとなかろうと、子どもの生活がひとしく保障されるということが大切なのである。

【参考文献】
1）林千代『母子寮の戦後史　―もう一つの女たちの暮らし』ドメス出版　1992年
2）鯉渕鉱子『母子福祉の道ひとすじに』ドメス出版　2000年
3）林千代『女性福祉とは何か　―その必要性と提言』ミネルヴァ書房　2004年
4）神原文子編著『ひとり親家庭を支援するために―その現実から支援策を学ぶ―』大阪大学出版会　2012年
5）芦田麗子監　シンママ大阪応援団編『シングルマザーをひとりぼっちにしないために～ママたちが本当にやってほしいこと～』日本機関紙出版センター　2017年
6）沖縄県子ども総合研究所編『沖縄子どもの貧困白書』かもがわ出版　2017年

# 第12章 心理的困難・非行問題のある子どもの福祉

●キーポイント

本章を通して、特に2つのことを考えてほしい。

1つは、心理的困難・非行問題を抱える子どもの実像である。あなたは、心理的困難・非行問題のある子どもにどのようなイメージをもっているだろうか。本章を読み終え、心理的困難・非行問題のある子どもの実像を適切にとらえつつ、自分のイメージとの差異とその差異がどこからくるのかを考えてほしい。

もう1つは、情緒・非行問題のある子どもへの福祉サービスにはどのようなものがあるのかである。これらを整理し、理解したうえで、福祉サービスの課題を自分自身で考え、自分なりの意見をもてるようになってほしい。

## 1. 心理的困難・非行問題のある子どもとは

### 1 心理的困難のある子どもとは

心理的困難がある状態とは、感情の不安定さが強く、自ら統制できなくなった状態を意味するが、大切なことは、情緒障害というイメージでとらえるのではなく、その行動の意味をとらえることである。

心理的困難はいわば誰もが抱えるものであるといってよいだろう。これが、福祉の対象となるとはどういうことか、あえて「心理的困難」とした理由について説明したい。

2017（平成29）年4月に児童福祉法が改正され、これまでの「情緒障害児短期治療施設」が、機能は変更されることなく名称のみ「児童心理治療施設」へと改称された。なぜ変更されたのだろうか。心理的困難という言葉を用いた理由はここに関係している。

そこでここでは、変更の経緯をみていく。まずは、「情緒障害」という用語が用いられた歴史的経緯をおさえるところから始めたい。

#### ❶ 厚生労働省の見解

「情緒障害」という言葉が児童福祉に最初に登場したのは、「情緒障害児短期治療施設」という児童福祉施設が1961（昭和36）年に設置されたことによる。

この際、施設に入所させるべき児童として、「家庭、学校、近隣での人間関係のゆがみによって生活に支障を来たし、社会適応が困難になった児童、たとえば、登校拒否、緘黙、引込み思案等の非社会的問題を有する児童、反抗、怠学、金品持ち出し等の反社会的問題行動を有する児童、どもり、夜尿、チックなどの神経性習癖を有する児童」[1]とされた。

上記の整理のなかで注目すべきことは2点ある。1点は、情緒不安定さが行動に多様な「問題」、登校拒否や反抗、どもりなどとしてあらわれると考えられていることである。情緒不安定さを自らではコントロールできない状況になった際の行動面への表れ方が適切ではないということが、情緒に問題のあるという理解の仕方の1つなのである。
　もう1点は、情緒障害児短期治療施設に入所させるべき児童を定義づけた際に、「自閉症児および自閉的傾向を有する児童については、別の施設体系を考慮すべき」と述べている点である。自閉症になる原因はまだ明確にはなっていないが、脳の気質等に原因があると考えられている。つまり、情緒に問題を抱える理由が本人の身体的特性にある場合は、情緒障害と考えないという理解である[1]。

❷　「児童心理治療施設運営ハンドブック」にみる記述
　次に「情緒障害児短期治療施設（児童心理治療施設運営）ハンドブック」による記述をみておきたい。そこには以下のように示されている[2]。

　　（略）暴力を振るってしまうとしても、他の子どもとうまく関われず、孤立して脅かされているように感じている子どもたちで、どちらかというと被害を受けていると感じている精神的に脆い子どもたちが対象になります。
　　実際は、「外の世界で傷つくことを怖れて自分の世界に閉じこもっている」、「外の世界から脅かされることに対して、考えるより動いて何とかしようとしてしまう」、「自分を受け止めてくれる存在を切実に求めながら、人に身を委ねられない」などのために、不登校やひきこもり、落ち着きのなさ、大人への反抗、暴言暴力、情緒不安定、パニックなどの状態を見せる子どもたちが入所してきます。虐待やいじめの被害を受け、PTSDの症状が出ている子どももいます。

　つまり心理的困難とは、むろんそれだけでは福祉の対象になるわけではなく、そこに何らかの生きづらさがあり、社会にうまく適応できない場合を意味するものと考えられる。

❸　本書でいう「心理的困難」のある子ども
　ではなぜ、「情緒障害」という用語を用いないようにしたのだろうか。これも前述のハンドブックに示されている[3]。

　　「情緒障害児短期治療施設」という名称に関しては、本来「情緒をかき乱されている状態」といった意味の英語emotionally disturbanceを「情緒障害」と訳したため、原語とは異なるニュアンスに

▶1
2002（平成14）年に文部科学省から出された「障害のある児童生徒の就学について」において、情緒障害のある子どもに自閉症も含むとの見解が出された。このことが情緒障害の理解を混乱させてきたといえるのかもしれない。このような事情からか、文部科学省は、2006（同18）年3月「通級による指導の対象とすることが適当な自閉症者、情緒障害者、学習障害者又は注意欠陥多動性障害者に該当する児童生徒について」という通知において、自閉症者と情緒障害者として分類して示した。

なってしまいました。日本語の「障害」という言葉が、心理的な困難を抱えるというより、何か情緒面で欠損があるかのような印象を与えてしまっています。そのため、子どもたちや家族がその名称を嫌うなどの問題があります。

「情緒障害」という言葉のわかりづらさも相まって、本人自身に欠損があるかのような印象を与えるため、名称を変更したというものである。本章ではこれを踏まえ、「心理的困難」と表記したい。ただし後述するように、教育分野では現在も「情緒」という言葉が用いられている。そのため、教育分野における状況を説明する際には、そのまま「情緒」を使用することとする。

## 2　非行問題のある子どもとは

> 非行問題のある子どもとは、その行為が道徳上許されない状態に達している場合をさし、法律でいえば触法および虞犯少年ということができるが、大切なことは、子どもが行動で示していることの意味をとらえることである。

「非行」という言葉の意味も、まずは『広辞苑（第4版）』からみてみたい。そこには、「①道義にはずれた行い。不正の行為。②少年法などにふれる行為」とある。つまり、社会において犯してはならないルールを破った行為をした少年を非行少年といっているのである。だが、社会においてどのようなルールを破ると非行といわれるのか、もう少し具体的にみていきたい。

### ❶　少年法による定義

少年法第3条第1項では、少年法における審判に付すべき少年、つまり非行少年を以下のように分類している。

```
1　罪を犯した少年（犯罪少年）
2　14歳に満たないで刑罰法令に触れる行為をした少年（触法少年）
3　次に掲げる事由があつて、その性格又は環境に照して、将来、罪を犯し、
　又は刑罰法令に触れる行為をする虞のある少年（虞犯少年）
　イ　保護者の正当な監督に服しない性癖のあること。
　ロ　正当の理由がなく家庭に寄り附かないこと。
　ハ　犯罪性のある人若しくは不道徳な人と交際し、又はいかがわしい場所に
　　出入すること。
　ニ　自己又は他人の徳性を害する行為をする性癖のあること。
```

### ❷　児童相談所における非行の定義

次に、児童相談所における非行の定義をみておきたい。児童相談所においては、非行相談を受け付けている。非行相談は「虚言癖、家出、乱暴、性的逸脱等のぐ犯行為、飲酒、喫煙等の問題行動のある子ども、触

法行為があった子どもに関する相談」[4]と定義されている。

ここで注目しておきたいのは、触法行為および浮浪、乱暴などの虞犯少年に限定していることである。つまり、上記の少年法における触法および虞犯少年こそが福祉の対象となる少年なのである。逆にいえば、犯罪少年は福祉の対象というより更生保護の対象とすべき少年なのである。

### ❸ 本書でいう「非行問題のある子ども」

つまり、本書でいう非行問題のある子どもとは、その行為が道徳上許されない状態に達している場合をさし、法律でいえば触法および虞犯少年ということができる。

ただし、ここで注意したいことがある。上述した情緒に問題のある子どもも時に非行問題を犯すこともある。つまり、情緒に問題のある子どもと非行問題のある子どもとは、そのあらわれ方が違うだけなのである。情緒障害の部分で説明したように、子どもの示す非行といった現象にとらわれるのではなく、その背景にあるもの、子どもが行動で示していることの意味をとらえることが必要なのである。

## 2．心理的困難・非行問題の現状

### 1 心理的困難の現状

不登校状態にある子どものうち約3割以上が不安を理由として不登校が続いている。また、ひきこもり状態になっている人の約4割が子ども家庭福祉の対象者である。

心理的困難がある子どもの場合、そのあらわれ方は多様である。情緒の不安定さが、単に反社会的な行動としてとらえられる場合もあり、その現状をとらえることはとても難しい。

心理的困難のある子どもは、教育の対象になっている。文部科学省の「特別支援教育資料」によると、2017（平成29）年度の自閉症・情緒障害特別支援学級の在籍児童生徒数は、小学校8万403人、中学校3万49人、合計11万452人となる。これは、特別支援学級在籍児童生徒全体の46.9％を占めている。情緒障害により、通級による指導を受けている児童生徒数は、小学校1万2,308人、中学校2,284人、合計1万4,592人となっている。これをあわせると、約12万5,000人の子どもたちが情緒障害という枠組みのもと教育を受けている。ただし、このなかには、自閉症の子どもたちも含まれていることを考えておかなければならない。

次に、情緒の不安定さが問題、つまり、放置してはおけない介入が必要な状態になった場合の代表として、不登校と社会的ひきこもりを取り上げたい。

ただし、何点か明記しておきたいことがある。1点目に、不登校に陥っ

第12章　心理的困難・非行問題のある子どもの福祉

た子どもすべてに情緒に問題があるわけではないという点である。2点目に、社会的ひきこもりは、20代後半まで続く場合があるといわれ、児童福祉の対象範囲を超えているとも考えられる。しかし、10代後半の青年期における重要な社会問題にもなっており、後述するように児童相談所におけるサービスの1つにもなっているという現状を鑑み、ここに取り上げることにした点である。

まず、不登校の現状である。義務教育就学における不登校児童は14万4,031人と過去のピーク、2001（平成13）年の人数を上回った（図12－1）。

ここで重要なことは、不登校状態にある子どもとその情緒との関連である。表12－1は文部科学省「平成29年度児童生徒の問題行動・不登校等生徒指導上の諸課題に関する調査結果について」で示された「不登校の要因」である。「不安の傾向がある」の項をみていただきたい。これがまさしく不登校が情緒の問題と関連している部分であり、2017（同29）年度段階で4万7,887人の子ども、全体の33.2％がこうした課題を抱えているのである。

次にひきこもりであるが、まずその定義である。厚生労働省が2010（平成22）年にまとめた「ひきこもりの評価・支援に関するガイドライン」によると、「様々な要因の結果として社会的参加（義務教育を含む就学、非常勤職を含む就労、家庭外での交遊など）を回避し、原則的には6ヵ月以上にわたって概ね家庭にとどまり続けている状態（他者と交わらない形での外出をしていてもよい）を指す現象概念」と定義されている。

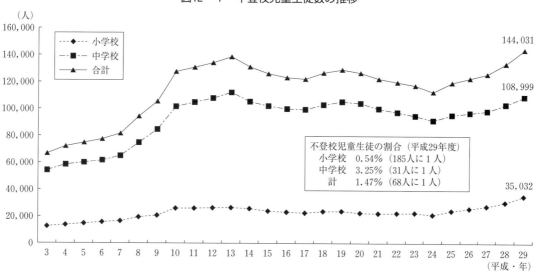

図12－1　不登校児童生徒数の推移

注：中学校には、中等教育学校前期課程を含む。
資料：文部科学省「平成29年度児童生徒の問題行動・不登校等生徒指導上の諸課題に関する調査結果について」2018年を一部改変

表12-1 不登校の要因

| | 分類別児童生徒数 | 学校に係る状況 | | | | | | | | 家庭に係る状況 | 左記に該当なし |
|---|---|---|---|---|---|---|---|---|---|---|---|
| | | いじめ | いじめを除く友人関係をめぐる問題 | 教職員との関係をめぐる問題 | 学業の不振 | 進路に係る不安 | クラブ活動・部活動等への不適応 | 学校のきまり等をめぐる問題 | 入学・転編入学・進級時の不適応 | | |
| 「学校における人間関係」に課題を抱えている。 | 23,752 | 548 | 16,562 | 1,796 | 2,434 | 550 | 979 | 407 | 1,654 | 3,871 | 760 |
| | | ― | 69.7% | 7.6% | 10.2% | 2.3% | 4.1% | 1.7% | 5.7% | 16.3% | 3.2% |
| | 16.5% | 75.8% | 44.3% | 46.8% | 8.5% | 9.7% | 32.1% | 9.1% | 15.1% | 7.4% | 3.3% |
| 「あそび・非行」の傾向がある。 | 5,665 | 3 | 572 | 155 | 1,458 | 200 | 67 | 1,708 | 157 | 2,514 | 603 |
| | | ― | 0.1% | 10.1% | 2.7% | 25.7% | 3.5% | 1.2% | 30.2% | 2.8% | 44.4% | 10.6% |
| | 3.9% | 0.4% | 1.5% | 4.0% | 5.1% | 3.5% | 2.2% | 38.0% | 1.7% | 4.8% | 2.6% |
| 「無気力」の傾向がある。 | 43,018 | 21 | 4,914 | 505 | 12,437 | 1,606 | 708 | 1,162 | 2,123 | 19,342 | 6,793 |
| | | ― | 0.0% | 11.4% | 1.2% | 28.9% | 3.7% | 1.6% | 2.7% | 4.9% | 45.0% | 15.8% |
| | 29.9% | 2.9% | 13.1% | 13.2% | 43.4% | 28.4% | 23.2% | 25.9% | 23.6% | 36.8% | 29.5% |
| 「不安」の傾向がある。 | 47,887 | 131 | 13,526 | 1,089 | 10,197 | 2,837 | 1,073 | 838 | 4,259 | 14,950 | 7,751 |
| | | ― | 0.3% | 28.2% | 2.3% | 21.3% | 5.9% | 2.2% | 1.7% | 8.9% | 31.2% | 16.2% |
| | 33.2% | 18.1% | 36.2% | 28.4% | 35.6% | 50.1% | 35.1% | 18.7% | 47.4% | 28.5% | 33.7% |
| 「その他」 | 23,709 | 20 | 1,806 | 292 | 2,130 | 468 | 227 | 376 | 1,098 | 11,839 | 7,103 |
| | | ― | 0.1% | 7.6% | 1.2% | 9.0% | 2.0% | 1.0% | 1.6% | 4.6% | 49.9% | 30.0% |
| | 16.5% | 2.8% | 4.8% | 7.6% | 7.4% | 8.3% | 7.4% | 8.4% | 12.2% | 22.5% | 30.9% |
| 計 | 144,031 | 723 | 37,380 | 3,837 | 28,656 | 5,661 | 3,054 | 4,491 | 8,991 | 52,516 | 23,010 |
| | 100.0% | 0.5% | 26.0% | 2.7% | 19.9% | 3.9% | 2.1% | 3.1% | 6.2% | 36.5% | 16.0% |

注1:数値は、国公私立の小・中学校の合計。
注2:「本人に係る要因（分類）」については、「長期欠席者の状況」で「不登校」と回答した児童生徒全員につき、主たる要因一つを選択。
注3:「学校、家庭に係る要因（区分）」については、複数回答可。「本人に係る要因（分類）」で回答した要因の理由として考えられるものを「学校に係る状況」「家庭に係る状況」より全て選択。
注4:「家庭に係る状況」とは、家庭の生活環境の急激な変化、親子関係をめぐる問題、家庭内の不和等が該当する。
注5:中段は、各区分における分類別児童生徒数に対する割合。下段は、各区分における「学校、家庭に係る要因（区分）」の「計」に対する割合。
資料:文部科学省「平成29年度児童生徒の問題行動・不登校等生徒指導上の諸課題に関する調査結果について」2018年

▶2
同調査では、普段の外出について家や部屋から出ない場合にあわせ、「近所のコンビニなどには出かける」程度を狭義のひきこもり、「趣味の用事のときだけ外出する」場合を準ひきこもり、両者を併せて広義のひきこもりと定義している。15～39歳の広義のひきこもり推計数は54.1万人、狭義のひきこもりは17.6万人とされている。

ではその実態はどうなっているのだろうか。ひきこもりになっていること自体、家族が恥ずかしさを感じ、問題として表面化しにくいので、正確な実態は把握しづらい。

内閣府「若者の生活に関する調査報告書」(2016年)によると、ひきこもりの状態[2]になった年齢は約43％が19歳未満であり、ひきこもりが子ども家庭福祉の対象であることがわかる（**図12-2①**）。また、現在の状態について関係機関に相談したいかを尋ねる設問には、「思わない」が65.3％であった（**図12-2②**）。ひきこもりという問題の根底には、他者とのつながり・関係を作ることの難しさがあるということが示されている。

### 図12-2　ひきこもりに関する実態調査結果

①ひきこもりの状態になった年齢
Q　現在の状態になったのは、あなたが何歳の頃ですか（数字で具体的に）

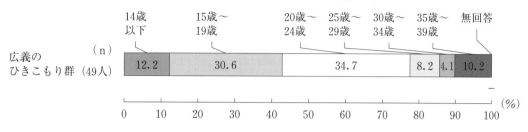

②ひきこもりの状態について、関係機関に相談したいか
Q　現在の状態について、関係機関に相談したいと思いますか（○はひとつだけ）

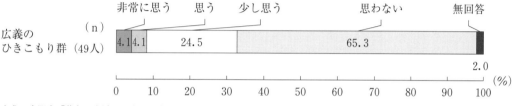

出典：内閣府「若者の生活に関する調査報告書」2016年を一部改変

## 2　非行問題の現状

非行問題は、とかく「凶悪化、低年齢化している」といわれているが、統計的には、刑法犯少年のうち凶悪犯は、ここ10年で最も少なく、また触法少年（刑法）はここ数年横ばいの状況である。

反社会的な問題を示す子どもの状況はどうなっているのだろうか。前述した少年法による非行概念に基づいて、その現状をまず概観してみたい。**表12-2**は、非行少年等の補導状況の推移である。

全体的にみると、犯罪少年の実数は微減していることがわかる。それぞれの特徴をみてみると、最も多いのは「不良行為少年」である。その内訳のなかでさらに多いのは、深夜徘徊と喫煙である。次に多いのが「刑法犯少年」であり、その大半を占めるのは「窃盗犯」である。また、凶悪化しているというイメージはあるが、「凶悪犯」は538件で、ここ10年で最も多かった2007（平成19）年の1,042件に比べ半減している（**表12-3**）。また、刑法にふれる行為を犯した14歳未満の少年、つまり「触法少年」であるが、イメージとして低年齢化ということがいわれている。しかし、**表12-4**をみると、12、13歳が中心であることがわかる。ちなみに、このなかで最も多いのが、やはり窃盗犯である。「ぐ犯少年」も微減傾向にあるが、このなかで最も多いのは、「保護者の正当な監督に服しない性癖のある少年」である。年齢が低かったり、家庭に主な非行原因がある場合、児童相談所で非行相談として取り扱う。

厚生労働省「福祉行政報告例」によると、2017（平成29）年度に児童

表12-2　非行少年等の検挙・補導人員の推移

（平成20～29年）

| 区分＼年 | 20 | 21 | 22 | 23 | 24 | 25 | 26 | 27 | 28 | 29 |
|---|---|---|---|---|---|---|---|---|---|---|
| 刑法犯少年 | 90,966 | 90,282 | 85,846 | 77,696 | 65,448 | 56,469 | 48,361 | 38,921 | 31,516 | 26,797 |
| 特別法犯少年 | 6,736 | 7,000 | 7,477 | 8,033 | 6,578 | 5,830 | 5,720 | 5,412 | 5,288 | 5,041 |
| 触法少年（刑法） | 17,568 | 18,029 | 17,727 | 16,616 | 13,945 | 12,592 | 11,846 | 9,759 | 8,587 | 8,311 |
| 触法少年（特別法） | 720 | 920 | 787 | 977 | 1,076 | 941 | 801 | 800 | 743 | 730 |
| ぐ犯少年 | 1,199 | 1,258 | 1,250 | 1,016 | 993 | 959 | 1,066 | 1,089 | 1,064 | 1,107 |
| 不良行為少年 | 1,361,769 | 1,013,840 | 1,011,964 | 1,013,167 | 917,926 | 809,652 | 731,174 | 641,798 | 536,420 | 476,284 |

資料：警察庁生活安全局少年課「平成29年中における少年の補導及び保護の概況」2018年を一部抜粋

表12-3　刑法犯少年の包括罪種別検挙人員の推移

（平成20～29年）

| 罪種＼年 | 20 | 21 | 22 | 23 | 24 | 25 | 26 | 27 | 28 | 29 |
|---|---|---|---|---|---|---|---|---|---|---|
| 総数（人） | 90,966 | 90,282 | 85,846 | 77,696 | 65,448 | 56,469 | 48,361 | 38,921 | 31,516 | 26,797 |
| 凶悪犯 | 956 | 949 | 783 | 785 | 836 | 786 | 703 | 586 | 538 | 438 |
| 粗暴犯 | 8,645 | 7,653 | 7,729 | 7,276 | 7,695 | 7,210 | 6,243 | 5,093 | 4,197 | 3,619 |
| 窃盗犯 | 52,557 | 54,784 | 52,435 | 47,776 | 38,370 | 33,134 | 28,246 | 23,015 | 18,298 | 15,575 |
| 知能犯 | 1,135 | 1,144 | 978 | 971 | 962 | 878 | 987 | 936 | 833 | 899 |
| 風俗犯 | 389 | 399 | 437 | 466 | 566 | 523 | 445 | 528 | 573 | 565 |
| その他の刑法犯 | 27,284 | 25,353 | 23,484 | 20,422 | 17,019 | 13,938 | 11,737 | 8,763 | 7,077 | 5,701 |
| 　占有離脱物横領 | 20,594 | 18,971 | 17,268 | 14,674 | 11,658 | 9,128 | 7,602 | 5,584 | 4,143 | 3,313 |

資料：表12-2に同じ

表12-4　触法少年（刑法）の男女別補導人員及び人口比の推移

（平成20～29年）

| 区分 | | 年 | 20 | 21 | 22 | 23 | 24 | 25 | 26 | 27 | 28 | 29 |
|---|---|---|---|---|---|---|---|---|---|---|---|---|
| 男子 | 総数（人） | | 13,407 | 14,245 | 14,086 | 13,359 | 11,479 | 10,537 | 9,985 | 8,196 | 7,189 | 6,756 |
| | 8歳以下 | | 618 | 681 | 674 | 747 | 643 | 639 | 656 | 745 | 820 | 967 |
| | 9歳 | | 461 | 485 | 520 | 519 | 478 | 415 | 420 | 430 | 506 | 516 |
| | 10歳 | | 555 | 700 | 648 | 627 | 583 | 577 | 580 | 555 | 533 | 622 |
| | 11歳 | | 949 | 993 | 922 | 917 | 872 | 872 | 794 | 734 | 683 | 693 |
| | 12歳 | | 2,567 | 2,706 | 2,646 | 2,515 | 2,150 | 1,978 | 1,864 | 1,521 | 1,374 | 1,308 |
| | 13歳 | | 8,257 | 8,680 | 8,676 | 8,034 | 6,753 | 6,056 | 5,671 | 4,211 | 3,273 | 2,650 |
| | 人口比 | | 5.5 | 5.8 | 5.8 | 5.5 | 4.8 | 4.5 | 4.3 | 3.6 | 3.3 | 3.1 |
| 女子 | 総数（人） | | 4,161 | 3,784 | 3,641 | 3,257 | 2,466 | 2,055 | 1,861 | 1,563 | 1,398 | 1,555 |
| | 8歳以下 | | 168 | 192 | 197 | 206 | 203 | 186 | 190 | 190 | 211 | 279 |
| | 9歳 | | 131 | 135 | 121 | 137 | 128 | 108 | 116 | 142 | 147 | 183 |
| | 10歳 | | 171 | 204 | 164 | 211 | 143 | 153 | 145 | 147 | 169 | 224 |
| | 11歳 | | 264 | 220 | 245 | 236 | 191 | 180 | 170 | 179 | 174 | 184 |
| | 12歳 | | 656 | 579 | 565 | 510 | 375 | 350 | 330 | 265 | 197 | 215 |
| | 13歳 | | 2,771 | 2,454 | 2,349 | 1,957 | 1,426 | 1,078 | 910 | 640 | 500 | 470 |
| | 人口比 | | 1.8 | 1.6 | 1.6 | 1.4 | 1.1 | 0.9 | 0.8 | 0.7 | 0.7 | 0.7 |
| 触法少年（刑法）に占める女子の割合（％） | | | 23.7 | 21.0 | 20.5 | 19.6 | 17.7 | 16.3 | 15.7 | 16.0 | 16.3 | 18.7 |

注：ここでいう人口比は、10歳～13歳の少年人口1,000人当たりの補導人員をいう。
資料：表12-2に同じ

相談所が非行相談として取り扱った件数は、1万4,110件である。約10年前の2006（同18）年の1万7,166件から減少傾向にある。

本節では、心理的困難・非行問題の現状を統計的に概観したが、その現状からみた課題としてあげられることは、私たちはイメージで物事をとらえやすいということである。確かに、理解不可能な少年事件が頻発している。しかし、そのことにとらわれすぎると、事実を見落としやすい。少年事件は社会が問題視するほど深刻化しているのか、そのこと自体を議論する必要があるだろう。

同時に私たちは「ひきこもりが増えている」といった数字で全体を理解しがちであるが、本節で社会的ひきこもりの引き起こす問題を紹介したように、その内実の苦しみ、家族や本人が背負う苦しみを個別に理解できるように迫っていかねばならない。

## 3．心理的困難・非行問題の背景的要因

心理的困難・非行問題を示す子どもの状況をとらえる際に重要なことは何だろうか。それは、前述した全体像を把握することだけではなく、その背後に潜む課題をとらえることではないだろうか。そこで本節では、その背景にあるものを考察していきたい。

心理的困難、および非行問題のある子どもの背景には例えば、前述した虐待等によってトラウマを抱えることがまず考えられる。そこで、厚生労働省が示した「児童養護施設入所児童等調査結果」（2013（平成25）年2月現在）を通して、そのことについて考えてみたい。

児童心理治療施設（調査当時は「情緒障害児短期治療施設」の名称）に措置されている児童において、特に構成割合として高いのがやはり虐待である。被虐待経験のある児童が71.2％と、7割がなんらかの虐待を受けた経験をもっている。虐待の種類としては、身体的虐待が約6割、ネグレクトが約4割となっている。

児童自立支援施設に入所する児童についてみてみると、約6割が虐待を受けている。虐待の種類としては、身体的虐待が約6割、ネグレクトが約5割となっている。

またさらに注目したいのが、発達障害的な傾向を有している子どもが多いことである。同調査の心身の状況別児童数では、ADHD、LD、広汎性発達障害をあわせると3割近い数となる。

虐待による影響なのか、子どものもっている特性なのかはわからないが、子ども自身の生きづらさが親による虐待体験と相まって、非行という状況を生み出している可能性も考えていく必要があるだろう。

本節から、まずいえることの1つは、心理的困難も非行もその背景的要因はとても似通っているということである。つまり、親との関係、特に、虐待といった不適切な養育環境が関連している。

　ただし、その背景に周囲の影響、特に家族との関係があることも忘れてはならない。虐待する親自身も経済的課題や社会的孤立といった課題を抱えている場合もあり、「どうしようもない親」という認識だけでは、問題を深刻化させてしまうことに留意したい。

## 4．心理的困難を抱える子どもへの福祉サービス

### 1　児童相談所における対応

児童相談所における対応としては、各種相談事業やひきこもり等児童宿泊等指導事業がある。

#### ❶　ふれあい心の友訪問援助・保護者交流事業

　不登校等の子どもに対して、児童相談所の児童福祉司による指導の一環として、子どもの兄または姉に相当する世代で児童福祉に理解と情熱を有する大学生等（メンタルフレンドまたはふれあいの心の友）を児童福祉司等の助言・指示のもとにその家庭に派遣し、その子どもとのふれあいを通じて、子どもの福祉の向上を図るものである。

#### ❷　ひきこもり等児童宿泊等指導事業

　ひきこもり等の子どもを児童相談所等の指導の一環として、夏休み等を利用して、児童相談所および児童福祉施設に宿泊または通所させ、集団的に生活指導、心理療法、レクリエーション等を実施し、子どもの福祉の向上を図るものである。

### 2　保健・福祉サービス

保健サービスとしては、保健所、精神保健福祉センターによるサービスがある。また、ひきこもり対策として、ひきこもり地域支援センターが整備されている。

#### ❶　保健所によるサービス

　児童福祉法第12条の6に保健所の児童福祉における業務が規定されている。第1項第2号には「児童の健康相談に応じ、又は健康診査を行い、必要に応じ、保健指導を行うこと」と規定されている。

#### ❷　精神保健福祉センターによるサービス

　精神保健福祉センターは、「精神保健及び精神障害者福祉に関する法律」に位置づけられた相談機関であり、都道府県がこれを置くと定められている。特に、精神保健および精神障害者の福祉に関する相談・指導のうち、複雑または困難なものを行うこととされている。

### ❸ ひきこもり地域支援センター

　厚生労働省は、2012（平成24）年度予算に、ひきこもり対策推進事業として、都道府県・指定都市にひきこもり対策を推進するための核となる「ひきこもり地域支援センター」を整備し、第一次相談窓口としての役割を担うこととした（図12－3）。本センターには、社会福祉士、精神保健福祉士、臨床心理士等ひきこもり支援コーディネーターを中心に、地域における関係機関とのネットワーク構築や、ひきこもり対策にとって必要な情報を広く提供するといった地域におけるひきこもり支援の拠点としての役割を担うものとされた。

### ❹ ひきこもりサポーター養成研修・派遣事業

　2013（平成25）年より、「ひきこもりサポーター養成研修・派遣事業」が開始された。これは、ひきこもりの経験者（ピアサポーター）を含む「ひきこもりサポーター」を養成し派遣することにより、地域に潜在するひきこもりを早期に発見し、適切な支援機関に早期につなぐことで、自立を促進することをねらいとした事業である。

### ❺ ひきこもり対策推進事業の強化

　2018（平成30）年度より、生活困窮者自立支援制度において、訪問支援等の取り組みを含めた手厚い支援を充実させるとともに、ひきこもり地域支援センターのバックアップ機能等の強化を図り、相互の連携を強化し、市町村でのひきこもり支援を充実・強化させ、隙間のない支援をめざすとされた。

図12－3　ひきこもり地域支援センター設置運営事業

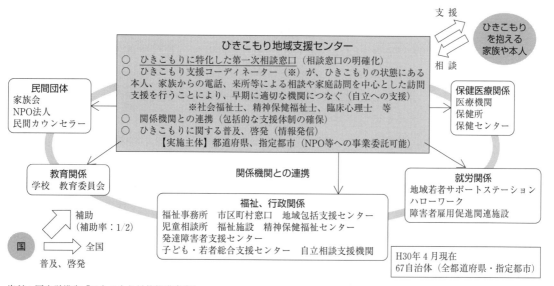

資料：厚生労働省「ひきこもり対策推進事業」
https://www.mhlw.go.jp/stf/seisakunitsuite/bunya/hukushi_kaigo/seikatsuhogo/hikikomori/index.html

図12-4 ひきこもり対策推進事業の強化（平成30年度～）

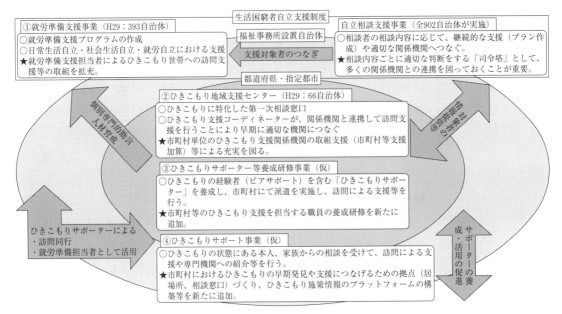

資料：図12-3に同じ

## 3　児童心理治療施設における対応

児童心理治療施設とは、家庭環境、学校における交友関係、その他環境上の理由により社会生活への適応が困難になった児童を短期間入所させ、または保護者のもとから通わせて、その情緒障害を治すことを目的とする施設で、施設全体が治療の場としての機能がある。

### ❶　児童心理治療施設とは

　在宅での対応に限界があり、親と離れ施設に入所することで得られる福祉サービスとして、児童心理治療施設（以下「児心」）がある。児心とは、児童福祉法第43条の2に規定されており、その条文には、「短期間、入所させ、又は保護者の下から通わせて、社会生活に適応するために必要な心理に関する治療及び生活指導を主として行い、あわせて退所した者について相談その他の援助を行うことを目的とする施設とする」とされている。

　施設数は、2017（平成29）年10月現在で全国に44か所あり、1,374人の子どもたちが入所している。

　入所している子どもの年齢は、**表12-5**の通りであり、小学校の時期にある子どもと中学校の段階にある子どもとほぼ同数となっている。

　前述の「児童養護施設入所児童等調査結果」(2013（平成25）年2月現在）によると、児心入所児童の入所期間は、1年未満が33.8％であり、1年以上2年未満が25.7％となっている。2年経つと6割近くが退所していることになる。なお、1997（同9）年の児童福祉法の改正で、従来

表12-5　児童心理治療施設の年齢別入所児童数

2013（平成25）年2月現在

|  | 総数 | 0～6歳 | 7～12 | 13 | 14 | 15 | 16 | 17 | 18歳以上 |
|---|---|---|---|---|---|---|---|---|---|
| 児童数（人） | 1,235 | 6 | 568 | 166 | 175 | 159 | 68 | 54 | 39 |
| 割合構成（％） | 100.0 | 0.5 | 46.0 | 13.4 | 14.2 | 12.9 | 5.5 | 4.4 | 3.2 |

注：調査当時は、「情緒障害児短期治療施設」の名称である。
資料：厚生労働省「児童養護施設入所児童等調査結果」2015年

おおむね12歳未満とされていた入所制限が撤廃され、入所期間も満20歳まで延長することができるようになっている。

❷　児童心理治療施設の人員配置基準

児心には、医師、心理療法担当職員、児童指導員、保育士、看護師、栄養士、調理員および2012（平成24）年からは個別対応職員、家庭支援専門相談員を置かねばならないとされている。心理療法担当職員は、おおむね児童10人につき1人以上とされている。生活支援を行う児童指導員および保育士の総数は、おおむね児童4.5人につき1人以上とされている（2013（同25）年4月1日施行）。また、家族へのかかわりを主として行い家庭復帰をめざす家庭支援専門相談員並びに、虐待の増加に伴う被虐待児個別対応職員を配置しなければならないとされた。

❸　児童心理治療施設の機能

次に児心の機能について、前述の「情緒障害児短期治療施設（児童心理治療施設）運営ハンドブック」を参考に考えたい。その特質を表す用語として、「総合環境療法」という用語がある。これは、施設全体が治療の場であり、施設内で行われているすべての活動が治療であるという立場であるとされている。上記ハンドブックでは、以下のように述べている。

「総合環境療法の基盤は、治療的に配慮された日々の生活です。生活支援は治療的観点からそれぞれの子どものニーズに沿った生活日課などを整え、その子どもに合った関わりや支援を行います」[5]。

筆者の理解を加えさせていただくと、児心にはさまざまな職員がいる。子どもを理解するためには、さまざまな視点が必要である。その視点を活かし、子どもの示す行動の意味に対する理解を深め、生活のあらゆる場面をその子どもの成長のために活用するという考えなのではないだろうか。そのためには、チームで総合的にかかわる必要があると思われる。

# 5．非行問題を抱える子どもへの福祉サービス

## 1　児童相談所等における対応

非行問題は、年齢によって、児童相談所と家庭裁判所とで対応する機関が異なる。

　非行問題を抱える子どもへの対応は、**図12－5**の通りとなる。家庭環境に問題のある非行傾向のある子どもは、児童相談所がこれに対処する。必要な調査を行い、本人および保護者に指導を行う。一時的に親と分離することが必要であると判断された場合には、児童自立支援施設もしくは児童養護施設に措置することになる。ちなみに、罪を犯した14歳未満の子どもへの対処は、最初の時点での対応は児童相談所がこれを行うが、必要に応じて、家庭裁判所に送致することになる。他方、罪を犯した14

▶3　少年法改正法案
日本弁護士連合会は、ホームページ上で以下の立場を表明した。とても重要な指摘であると考えられるため紹介しておく。「今回の法案の主たる内容は、①触法少年（14歳未満で刑罰法令に触れる行為をした少年）や「犯罪をおかすおそれの疑いのある少年」にまで警察官の調査権限を拡大する、②14歳未満の少年も少年院に入れる、③保護観察中の遵守事項を守らない少年を少年院に入れる、④国選付添人制度を一定程度拡大する、などというものです。法案の基調は、「罰」と警察権限の拡大・強化であり、2000年少年法「改正」の「厳罰化」路線を14歳未満の子どもにも拡げようとするものです。なかでも、警察官の調査権限を大幅に拡大していること、警察官の権限行使の対象となる少年の防禦権の定めがないことは、重大な問題です」。

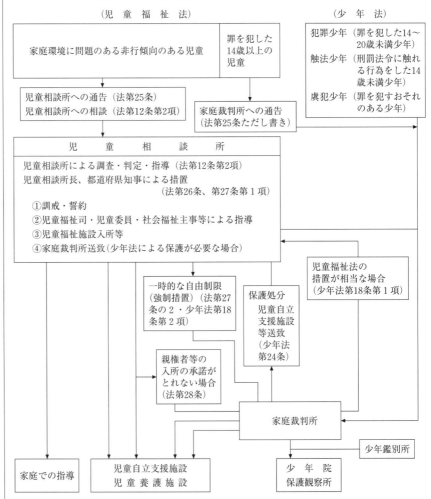

図12－5　非行傾向のある子どもへの福祉的対応

資料：厚生労働統計協会編『国民の福祉と介護の動向2018/2019』厚生労働統計協会　2018年　103頁を一部改変

歳以上の子どもの場合は通常家庭裁判所で対応する。

　児童相談所以外にも福祉事務所における家庭児童相談室において非行問題が対応される場合もある。家庭児童相談室は、そもそもが少年の非行問題が社会問題として取りざたされ、その要因に家庭における養育機能の脆弱化がいわれはじめた1964（昭和39）年に設立されたものである。ここでは家庭相談員が配置され、家庭や子どもの相談に応じることとなっている。

　なお2007（平成19）年に、少年法改正が行われた。これまで少年法改正法については、2006（同18）年の通常国会および臨時国会でいずれも継続審議となった。本改正の背景には、少年非行が増加・深刻化しているため厳罰化が必要であるといった考えが基底にあるとの指摘がある。前述したように果たしてそう言い切れるのか、また、非行少年に重たい罪を科すことが更生につながるのか、慎重な検討が必要である▶3。

## 2　家庭裁判所における対応

　家庭裁判所が下す審判には、①審判不開始決定、②不処分決定、③児童相談所所長送致決定、④検察官送致決定、⑤保護処分決定があり、そのうち保護処分には、①保護観察、②児童自立支援施設、児童養護施設送致、③少年院送致がある。

　家庭裁判所では、必要に応じて、非行少年を少年鑑別所に措置する。ここでは「資質鑑別」といって、なぜ非行に陥ったのかを判別する。そうした調査をふまえ、家庭裁判所は、子どもに対して必要な審判を下す。その審判は5種類あり、その5つとは、①審判不開始決定、②不処分決定、③児童相談所所長送致決定、④検察官送致決定、⑤保護処分決定である。

　①および②は、その非行内容が、審判そのものを下す必要がないと判断されたものである。③の児童相談所所長送致について後藤弘子は、「少年の更生には、少年を物理的に拘束せずに、必要な方策を福祉的観点から検討することが望ましいと判断された場合である」[6]としている。逆に、④の検察官送致は、成人と同じ裁判を受けさせるというものであるから、重い処罰ということになる。

　⑤の保護処分には、さらに、①保護観察、②児童自立支援施設、児童養護施設送致、③少年院送致がある。保護観察とは、保護観察所という更生保護機関が、社会生活を通して指導・監督しながら少年の立ち直りを支援するものである。これを行うのが保護観察官であり、それを支援するのがボランティアである保護司である。

## 3 児童自立支援施設における対応

児童自立支援施設には、入所児童の立ち直りを促進するための機能があり、学校教育と家庭的生活が重視されている。

### ❶ 児童自立支援施設とは

次に、居住型施設福祉サービスとして、児童自立支援施設を取り上げる。児童自立支援施設とは、児童福祉法第44条に規定されており、その条文には「不良行為をなし、又はなすおそれのある児童及び家庭環境その他の環境上の理由により生活指導等を要する児童を入所させ、又は保護者の下から通わせて、個々の児童の状況に応じて必要な指導を行い、その自立を支援し、あわせて退所した者について相談その他の援助を行うことを目的とする施設とする」とされている。

「児童養護施設入所児童等調査結果」によれば、2013(平成25)年2月現在での施設数は、全国に59か所(公営56、私営3)である。また、入所している子どもの総数は1,524人である。そのうち、入所している子どもの平均年齢は14.1歳であり、中学生の時期にいる子どもたちの入所が圧倒的に多い(表12-6)。

また、同概要によると、児童自立支援施設入所児童の入所期間は、1年未満が59.6%と約6割を占めている。次いで、1年以上2年未満が30.6%と多く、2年間であわせて9割近い子どもが退所していることになる。これは、中学卒業と同時に退所する場合が多いことと関連していると思われる。

### ❷ 児童自立支援施設の人員配置基準

児童自立支援施設には、児童の自立支援を行う「児童自立支援専門員」、生活支援を行う「児童生活支援員」、嘱託医および精神科の診療に相当の経験を有する医師または嘱託医、栄養士並びに調理員を置かなければならない。児童自立支援専門員および児童生活支援員の総数は、おおむね児童4.5人につき1人とされている。また、情短と同様、児童自立支援施設にも家庭支援専門相談員および被虐待児個別対応職員が配置できる。

表12-6 児童自立支援施設の年齢別入所児童数

2013(平成25)年2月現在

|  | 総数 | 0～6歳 | 7～12 | 13 | 14 | 15 | 16 | 17 | 18歳以上 |
|---|---|---|---|---|---|---|---|---|---|
| 児童数(人) | 1,670 | 0 | 188 | 254 | 514 | 569 | 80 | 40 | 25 |
| 構成割合(%) | 100.0 | 0.0 | 11.3 | 15.2 | 30.8 | 34.1 | 4.8 | 2.4 | 1.5 |

資料:厚生労働省「児童養護施設入所児童等調査の結果」2015年

### ❸ 児童自立支援施設の機能

次に児童自立支援施設の機能について説明する。入所してくる子どもの立ち直りを促進するための役割として重視されているのが、学校教育と家庭的な生活である。

児童自立支援施設の源流をたどっていくと、そこには創設者の留岡幸助の思いがあるといってよいだろう。留岡は、子どもたちが非行行為に陥る背景にあるものとして、学力の低さと愛情に恵まれた家庭的環境が提供されていないことにあると考えた。したがって、必要なのは学校教育と家庭的な生活だと考えられたわけである。

学校教育については、1997（平成9）年の児童福祉法改正において、「公教育」が導入された。ここでいう教育とは、単純に知的能力を向上させることだけを意味していない。畑仕事等の作業、スポーツ、芸術といった課外活動を通し、汗を流し何かをやりとげる達成感、自分にもできることがあるという体験を積み重ねることが大切なのである。

家庭的生活という意味でいえば、児童自立支援施設の特質であった「夫婦小舎制」を指摘できるだろう。実際の夫婦が実子とともに、入所している子どもたちと寝起きするわけである。職員が子どもにおいしい食事をつくるといった行為のなかで、「大切にされている」という実感と、生活のなかにはルールがあること、それを守ることで自由が広がるという体験を積み重ねることで、自らの衝動を抑制する手段を獲得していく。

## 6．これからの課題

### 1　心理的困難・非行問題につきまとう無理解・偏見

心理的困難・非行問題につきまとう無理解や偏見が、時に彼らを追い込むことさえある。

私たちは事情がよくわからない場合、イメージだけで理解したようなつもりに陥ってしまうという危険性をもっている。心理的困難・非行問題も、その実情がよくわからないまま、さまざまな「勝手な」理解がなされていないだろうか。

たとえば、個人・家族に原因があるという理解である。心理的困難も、それが不登校に進展した場合、本人が「弱い」、つまり学校のきつい現実に「負けた」のだといったような理解の仕方である。非行についても「怠けている」から非行に陥るのだと理解されてしまう。このような理解の怖さは、そのように理解した時点で、理解した方は「正しい」場所にいて、心理的困難や非行問題を抱える子どもを排除する論理が生まれる可能性があることである。

### 2　対応上の課題

心理的困難・非行問題を「困った問題」として扱うような対応は、子どもをさらに追い込むことさえある。

　心理的困難や非行問題は、行動面に「困った問題」としてあらわれやすい。そうなると行動面を修正するという方法、特に、罰を与えて行動を改めさせるというアプローチがとられやすいと思われる。

　ここに1つ課題が生まれる。罰は、それを反省できる素地、「悪いことをしてしまった」と受けとめられる場合は効果があると思われる。しかし、罰を自分への非難、攻撃としか受けとめられない場合、罰は彼らの行動を改めるどころかエスカレートさせる場合すらある。非行を犯す子どもの背景に虐待があると考えたとき、彼らもまた傷ついた体験を背負っている。傷ついているがゆえに、「どうせ自分のことなんて理解してもらえない」という思いを強固に抱いている可能性は高い。したがって、その罰は、職員の反省してほしいという思いとは裏腹に非難と転化されてしまう可能性がある。

　しかし、それでも「悪いことをしているのに叱らなくてよいのか」反論があるだろう。無論、叱ってもよいだろう。大切なことは、それでも「あなたを見捨てない」といった態度をどう維持し、伝えていくかである。子どもの問題行動を職員が叱っても叱っても子どもが繰り返すとき、職員は「この子はもう駄目だ、もうどうなってもよい」という気持ちを抱いてしまうものである。それでもなお、職員が子どもを見捨てないという姿勢を維持できたとき、子どもは「そこまで自分のことを考えてくれた」という思いを感じ取れる。そのとき、子どもの不信感は信頼感へと変わっていく芽が育まれるのである。職員がそうした姿勢を維持できるかどうかが問われている。

### 3　心理的困難・非行問題の早期発見・対応システムの課題

要保護児童対策地域協議会が設置された意義は大きく、また今後、児童心理治療施設の設置促進と児童自立支援施設の機能のあり方が問われている。

　最後に、心理的困難・非行問題を早期発見・対応するシステムと施設体系の課題についてふれておく。

　本章で指摘したように、心理的困難・非行問題の背景は、極めて児童虐待問題と連鎖している。したがって、児童虐待を早期発見・介入する体系を整えることが心理的困難・非行問題を発見・予防することにつながることになる。

　厚生労働省は2016（平成28）年、「新しい社会的養育ビジョン」を示

した。この報告書において注目すべき事の一つは、市町村単位とした子どもの養育体制を整備することが述べられている点にある。虐待を受けた子どもの約95％が在宅に戻っているという現状のなかで、そうした子どもたちを養育・支援するシステムの構築がなされることは、心理的困難・非行問題の予防において重要な意味をもつといってよいだろう。そうした意味において、市町村子ども家庭総合拠点のありようが問われている。

また、このビジョンにおいて主張されていることに家庭養育の原則がある。できるだけ施設に在所している期間を短くし、家庭に戻り生活する方向をめざすというものである。元来、児心も児童自立支援施設も入所期間が短く、比較的多くの子どもたちが家庭に戻っている。重篤な課題を抱えた入所する子どもたちを短期間で自立、もしくは社会適応させるためには、施設のもつ機能をさらに高度化していく必要があるだろう。さらにいえば、児心は本章で触れた心理的困難を抱えた子どもたちが増加している現状のなかで、その機能を地域にいかにして展開していくかがますます問われてきている。

【引用文献】
1）全国情緒障害児短期治療施設協議会・杉山信作編『子どもの心を育てる生活―チームワークによる治療の実際』星和書店　1990年　4頁
2）厚生労働省雇用均等・児童家庭局家庭福祉課「情緒障害児短期治療施設（児童心理治療施設）運営ハンドブック」2014年　14頁
3）同上書　13頁
4）厚生労働統計協会『国民の福祉と介護の動向2018／2019』厚生労働統計協会　238頁
5）前掲書2）　16頁
6）後藤弘子『少年犯罪と少年法』明石書店　1997年　138頁

【参考文献】
1）内閣府政策統括官（共生社会政策担当）「若者の生活に関する調査報告書」2016年
2）厚生労働省雇用均等・児童家庭局家庭福祉課「情緒障害児短期治療施設（児童心理治療施設）運営ハンドブック」2014年
3）全国児童自立支援施設協議会編『児童自立支援施設（旧教護院）運営ハンドブック　新訂版』三学出版　1999年
4）厚生労働省新たな社会的養育の在り方に関する検討会「新しい社会的養育ビジョン」2017年

# 第13章 子ども家庭福祉サービスの担い手

●キーポイント

子ども家庭福祉サービスは、専門機関・施設および関連領域の機関・施設、さらにはボランティア、民間団体、企業等の多岐、多職種の担い手によって支えられている。

そこで、まず、子ども家庭福祉の専門職に共通する役割と資格制度をふまえたうえで、具体的な専門職種の業務内容、任用要件を理解する。

また、今後ますます関連分野の機関・団体とのネットワークおよび連携が重要になることから、関連分野における専門職の業務内容等を確認し、あわせてボランティア、NPO、民間企業等についての概略をつかむ。

## 1. 子ども家庭福祉にかかわる専門職の役割と資格制度

### 1 子ども家庭福祉の専門職に求められる役割

子ども家庭福祉の専門職は職種も所属する場も多岐にわたっているが、共通に求められる役割（機能）について考える。

第1に「発達と生活の保障」と「ウェルビーイングの実現」が挙げられる。この2つの視点は子どもの権利そのものを示すと同時に、子どもの福祉を支える職員が果たすべき基本的役割といえる。従来の福祉の概念であるウェルフェア（welfare）が「福祉に欠ける状態」に対する救済・保護の性格が強かったのに対し、ウェルビーイング（well-being）は、個人の人権の尊重を前提とした自己実現の促進を目的とした権利性の強い積極的な意味を含んでいる。

第2に「子どもの最善の利益」の実現である。子どもの最善の利益とは、子ども家庭福祉実践の基盤となる価値であり、子どもの福祉を支える職員にとっては具体的実践における基本的視点（判断の基準）を示すものである。なお、2017（平成29）年の児童福祉法改正で、国民の責任として明記された。

第3は「専門性に裏づけられた実践」の展開である。具体的実践は専門性（知識、技能、価値）に裏づけられたものでなければならない。なぜならば、子どもあるいは家族は、自分たちの日常的な人間関係や活用可能な社会資源の範囲では解決できない問題を抱えているために、善意や思いやりを超えた高度の専門性を求めて相談に来るからである。ゆえに、子どもの福祉に携わる職員は子ども家庭福祉についての高度な専

門性を確保している責務がある。

さらに、専門職が実践を展開するレベルとして、子ども、家族等への直接的対応（ミクロレベル）はもちろんのこと、子どもや家族の代弁者として、所属する機関・施設（メゾレベル）、あるいは行政、地域・社会（マクロレベル）に対して改善・改革を働きかける役割を担っている。

## 2 子ども家庭福祉の専門職に求められる専門性

専門性を支える3つの柱である「価値（倫理）」「知識」「技能」について考える。

### ❶ 価値（倫理）

「子どもの最善の利益」を守り実現するための実践基盤となる価値として、まず「人間尊重」があげられる。ブトゥリム（Butrym,Z.）は、人が尊重されるのは、人間のもって生まれた価値によるもので、その人が実際に何ができるかとか、どのような行動をするかということではなく、「人間が尊重に値するのは、ただ人間であることによっている」と述べている。「人間尊重」とは、他のすべての価値が引き出される中心的な価値であり、対人援助の専門職は、子どもが人として尊重されるための確固たる人権意識をもつことが求められる。

もう1つの重要な価値は、子どもの変化・成長の可能性や可塑性についての信念をもつことである。子どもが心身ともに健康に成長・発達することは子どもの権利であり、その権利を保障しようとするときに、子どもにかかわる職員がその可能性を確信していなければ、子どもの福祉の実現はおろか実践の意味さえ失いかねない。

こうした価値は普遍的な価値でありながら侵害されやすく、専門職といえども権利を侵害する可能性は否定できない。そこで重要なのが「倫理」[1]である。倫理とは、価値を実現するために職務を遂行する際の態度のあり方（行動規範）といえる。子どもの福祉を支える職員は福祉的価値を信念としてもち、かつ倫理に従って実践しなければならない。

なお、対人援助の専門職にとって、利用者（子ども・家族・関係者等）との信頼関係の形成は問題解決に向けての協働作業にとって重要かつ不可欠な要素である。サービスを提供し社会資源につなげるといった物理的なサポートや環境調整等の現実問題へのサポートに加え、人が人にかかわるからこそなし得る心理的側面へのサポート（受容・共感等）は、この関係性ゆえに成立するといえる。よって、利用者との信頼関係を形成するために専門職に求められる態度（性質）として「誠実であること」（全米ソーシャルワーカー協会の倫理綱領に示された6つの価値のうちの1つ）も重要な倫理規範として踏まえておく必要があろう。

▶1 倫理
全国保育士会をはじめとする専門職能団体は、原則として倫理綱領を策定している。なお、日本ソーシャルワーカー協会、日本社会福祉士会、日本医療社会事業協会（現：日本医療社会福祉協会）、日本精神保健福祉士会の社会福祉専門職能団体が合同で策定した倫理綱領（2005（平成17）年制定）には『価値と原則』と『倫理基準』が以下の通り明記されている（項目のみ記載）。【価値と原則】Ⅰ人間の尊厳、Ⅱ社会正義、Ⅲ貢献、Ⅳ誠実、Ⅴ専門的力量【倫理基準】Ⅰ利用者に対する倫理責任、Ⅱ実践現場における倫理責任、Ⅲ社会に対する倫理責任、Ⅳ専門職としての倫理責任。

❷　知識

　社会福祉が対象として取り扱う問題は、人と環境との相互作用の間で起こる問題である。よって、"人"と"環境"との双方に対する深い理解と洞察が必要であり、これらを保証するのが知識である。
　子ども家庭福祉に携わる職員に求められる知識は極めて広範であるが、あえて以下の4点に整理して説明する。

① 環境としての社会を理解するための知識

　私たちが生活している環境としての社会がどのように成り立っているか（社会構造・社会システム）、いま何が起こっているか（社会現象、社会問題）、その背景に何があるか（歴史・文化）について、社会学、心理学、経済学、法学、社会病理学等から学ぶとともに、その社会が共有する一般常識やモラル、一般教養に至る知識をもつ必要がある。

② 子どもや家族等の利用者（対象）を理解するための専門知識

　「子ども」についての発達的、心理的、情緒的、行動的側面からの理解、「家族（家庭）」についての役割機能、「家族関係（家族システム、相互作用）」に関する理解、「病気や障害」についての知識が求められる。具体的には発達心理学、児童精神医学、愛着理論、非行・犯罪心理学、家族社会学、家族関係論等が挙げられる。

③ 援助実践を支える専門技術に関する知識

　子ども家庭福祉領域の問題が複雑・深刻化し、業務内容が拡大するなか、実際の相談では個人の主観を排し、社会福祉専門援助技術（ソーシャルワーク）を用いて、個人、家族、所属する小集団・組織、地域社会にいかに働きかけるかが重要となる。
　そのため従来の個別援助技術（ケースワーク）においてはアセスメントやプランニング等に関する技量が必要とされ、さらに、ファミリーソーシャルワーク、ケースマネジメント、コーディネーション・ネットワーキングおよび他専門職とのチームアプローチ、専門性確保のためのスーパービジョン、ケースカンファレンス技術、施設運営管理（ソーシャルアドミニストレーション）、社会資源の活用・調整・開発（ソーシャルアクション）等の技術が求められている。

④ 社会資源に関する情報

　公的な社会福祉サービスの根拠となる法律・制度・政策についての基本的知識と、その地域で活用可能な社会資源・サービスメニューについての具体的情報を把握しておくことが重要である。このことは、単に利用者のニーズと社会資源を結びつけるためだけでなく、制度やサービスを適正に運用し、それらに不備や不足があった場合には是正したり創設する等の働きかけ（ソーシャルアクション）をしていく際に必要となる。

### ❸ 技能

上述した知識を単に理解しているだけではなく、社会福祉の専門的価値に基づいて、「人」「問題」「状況」の個別性を踏まえ、利用者のニーズにあわせて適切に活用することのできる力量（資質を含む）をいい、専門的な訓練を前提として獲得されたものということができる。また、こうした専門職としての技能を支えるコミュニケーション能力や対人関係形成力、判断力、分析・考察（洞察）力等も重要である。

## 3　子ども家庭福祉分野の専門資格制度

福祉専門職の資格は、国家資格と任用資格、法人等による認定資格があり、任用資格は法律（児童福祉法、社会福祉法等）によるもの、厚生労働省令（児童福祉施設の設備及び運営に関する基準）によるもの、厚生労働省通知（設置要綱）によるものに分けられる。

### ❶ 国家資格

国家資格とは、法律で規定されている資格で、国が専門性について一定水準に達していることを認定するものである。取得には、国が実施する試験（国家試験）に合格するか、厚生労働大臣指定の養成施設（養成校）で所定の単位を取得して卒業する等の必要がある。

国家資格には、有資格者以外は業務をすることができない業務独占資格と、有資格者のみがその名称を名乗ることが認められる名称独占資格がある。子ども家庭福祉に係る国家資格である保育士[2]、社会福祉士[3]は名称独占資格のため、資格がなくても子ども家庭福祉サービスの仕事につくことはできるが、近年、専門性の確保の観点から、有資格者採用が加速し、各種の任用資格の要件にもなっている。

### ❷ 任用資格

任用資格とは、特定の職務に就く（任用される）際に必要とされる資格で、根拠法令等に規定されている要件を満たすことで認定される。ただし、その職務を離れると職名を名乗ることはできない。

任用資格は、子ども家庭福祉に係る高度な専門性が求められる職務に必要とされ、児童福祉司等の行政機関の任用資格は法律に、児童指導員等の児童福祉施設等の職員については厚生労働省令等に規定されている。

### ❸ 自治体や法人等による認定資格

自治体、子ども家庭福祉に関する学会や団体等により、養成課程や研修を修了した者に対して与えられる認定資格がある。子育て支援員は指定の講習を受けた後、都道府県知事等によって認定される。スクールソーシャルワーカーは、「スクール（学校）ソーシャルワーク教育課程[4]」を修了し、かつ社会福祉士等の資格を有する者に対し、日本ソーシャルワーク教育学校連盟により「スクール（学校）ソーシャルワーク教育課

▶2　保育士
保育士資格の取得は、養成施設（養成校）を卒業する他に都道府県知事等が実施する保育士試験に合格する方法がある。なお、2015（同27）年の「国家戦略特別地域法及び構造改革特別地域法の一部を改正する法律」の制定により、地域限定保育士（資格を取得した自治体のみで保育士として働くことができる。ただし、3年間働いた後、もしくは就業しなかった場合も登録後3年が経過すれば全国で「保育士」として働くことができる）が創設された。

▶3　社会福祉士
1987（昭和62）年に国家資格として制定された。他に精神保健福祉士、介護福祉士がある。

▶4
2008年（平成20）年度に文部科学省により「スクールソーシャルワーカー活用事業」が開始され、翌年度には「社会福祉士等ソーシャルワークに関する国家資格有資格者を基盤としたスクール（学校）ソーシャルワーク教育課程認定事業」が創設された。

表13-1 子ども家庭福祉に係る主な資格

| 種類 | 名称 | 根拠法令等 |
|---|---|---|
| 国家資格 | ・保育士<br>・社会福祉士 | 児童福祉法<br>社会福祉士及び介護福祉士法 |
| 任用資格　【法律による】 | ・児童福祉司<br>・児童相談所長<br>・社会福祉主事<br>・母子・父子自立支援員<br>・婦人相談員 | 児童福祉法<br>児童福祉法<br>社会福祉法<br>母子及び父子並びに寡婦福祉法<br>売春防止法 |
| 【厚生労働省令による】 | ・児童指導員<br>・児童自立支援専門員<br>・児童生活支援員<br>・母子支援員<br>・少年を指導する職員<br>・児童の遊びを指導する職員<br>・乳児院・母子生活支援施設・児童養護施設・児童心理治療施設・児童自立支援施設の長<br>・放課後児童支援員 | 児童福祉施設の設備及び運営に関する基準<br><br>放課後児童健全育成事業の設備及び運営に関する基準 |
| 【厚生労働省雇用均等・児童家庭局長通知による】 | ・家庭支援専門相談員※<br>・里親支援専門相談員<br>・個別対応職員<br>・職業指導員<br>・家庭相談員<br>・子ども家庭支援員<br>・虐待対応専門員 | 家庭支援専門相談員、里親支援専門相談員、心理療法担当職員、個別対応職員、職業指導員及び医療的ケアを担当する職員の配置について<br>家庭児童相談室の設置運営について（家庭児童相談室設置運営要綱）<br>市区町村子ども家庭総合支援拠点の設置運営等について（「市区町村子ども家庭総合支援拠点」設置運営要綱） |
| 自治体・法人等による認定資格 | ・子育て支援員<br>・スクールソーシャルワーカー<br>・児童養護福祉士 | 研修を受講した自治体の長（子ども・子育て支援法）<br>一般社団法人日本ソーシャルワーク教育学校連盟<br>一般社団法人日本児童養護実践学会 |

※：家庭支援専門相談員は「児童福祉施設の設備及び運営に関する基準」においても規定されている。

程修了者」として修了証が交付される。その他、日本児童養護実践学会が認定する児童養護福祉士等がある。

## 2. 子ども家庭福祉分野の行政機関における専門職

### 1　児童相談所の専門職

児童相談所は子ども家庭福祉の専門行政機関であり、児童福祉司、児童心理司等の専門職員の配置が義務づけられている。

▶5　社会診断
児童相談所が行う診断（その他として心理診断、医学診断、行動診断）のうち、児童福祉司が担当するもので、面接（所内面接、訪問面接）、電話、照会、委嘱、立入調査等の方法により、子どもや保護者の置かれている環境、問題と環境との関連、

❶　児童福祉司

児童福祉司は、児童福祉法に規定された職種で、子ども家庭福祉分野におけるソーシャルワークの中核的な役割を担っている。職務内容は、①子ども、保護者等から子どもの福祉に関する相談に応じること、②必要な調査、社会診断[5]を行うこと、③子ども、保護者、関係者等に必要な支援・指導を行うこと、④子ども、保護者等の関係調整（家族療法など）を行うこと、と児童相談所運営指針に示されている。

第13章　子ども家庭福祉サービスの担い手

任用資格は、①都道府県知事が指定する児童福祉司もしくは児童福祉施設の職員を養成する学校その他の施設を卒業し、または都道府県知事の指定する講習会の課程を修了した者、②大学（大学院、外国の大学を含む）において、心理学、教育学もしくは社会学を専修する学科またはこれらに相当する課程を修めて卒業した者で、厚生労働省令で定める施設において１年以上児童等の相談、助言、指導その他の業務に従事した者、③医師、④社会福祉士、⑤社会福祉主事として２年以上児童福祉事業に従事した者であって、厚生労働大臣が定める講習会の課程を修了したもの、⑥①～⑤に掲げる者と同等以上の能力を有すると認められた者であって、厚生労働省令で定める者[6]、とされている。

「児童虐待防止対策体制総合強化プラン」（平成30年12月18日、以下「新プラン」）に基づき、児童福祉司の配置基準が見直され増員計画[7]が打ち出された。また、専門性の強化を目的として任用後の研修受講が義務化され、国家資格化も検討されている。

❷　児童心理司

児童心理司は、児童福祉法において「判定をつかさどる所員」と規定されている心理専門職である。

具体的な職務内容は、①子ども、保護者等の相談に応じ、診断面接、心理検査、観察等によって子ども、保護者等に対する心理診断[8]を行うこと、②子ども、保護者、関係者等に心理療法、カウンセリング、助言指導等の指導を行うことと児童相談所運営指針に規定されている。

児童心理司の任用資格は、①医師であって精神保健に関して学識経験を有する者、②大学において心理学を専修する学科等の課程を修めて卒業した者、③①、②に準ずる資格を有する者[9]とされている。なお、新プランで虐待等により心の傷を負った子どもへのカウンセリング等の充実を図るために、児童福祉司２人に対し１人の配置が規定され、増員が図られている。

❸　その他の専門職

児童相談所に配置されるその他の主な専門職とその職務内容は、児童相談所運営指針により以下の通りとなっている。

医師（精神科医・小児科医）は、①診察、医学的検査等による子どもの診断（虐待が子どもの心身に及ぼした影響に関する医学的判断）、②子ども・保護者等への医学的見地からの指示・指導、③医学的治療、④脳波測定・理学療法等の指示および監督、⑤児童心理司・心理療法担当職員等が行う心理療法等への必要な指導、⑥一時保護している子どもの健康管理、⑦医療機関や保健機関との情報交換や連絡調整の業務を担う。

また、一時保護所には児童指導員および保育士が配置されており、一

---

側注：

社会資源の活用等の可能性を明らかにし、どのような援助が必要かを判断するために行われる。

▶6　厚生労働省令で定める者
保健師、助産師、教員（一種免許状）であって指定施設で１年以上、また、保育士、看護師、教員（２種免許状）、児童指導員であって指定施設で２年以上、相談援助業務に従事し、かつ厚生労働大臣が定める講習会の課程を修了したものなどが含まれる。

▶7　児童福祉司の増員計画
2019年度から、各児童相談所の管轄地域の人口３万人に１人以上配置することを基本とし、あわせて、児童福祉司の指導・教育を行う児童福祉司（スーパーバイザー）の増員、新たに里親養育支援児童福祉司と市町村支援児童福祉司が配属された。

▶8　心理診断
面接、観察、心理検査等をもとに心理学の観点から援助の内容、方針を定めるために行われる。また、心理診断にあたっては、医師との協力関係を保ち、医学診断の必要性があると認められる場合には医師の診察等を求めることができる。

▶9　準ずる資格を有する者
公認心理師となる資格を有する者、大学院において心理学を専修する研究科またはこれに相当する課程を修めて卒業した者等。

241

▶10　弁護士の業務
児童福祉法第28条の措置、親権喪失または停止の審判や、同法第33条第5項の一時保護承認の申立等の手続きや法的知識を前提に、反対している保護者に説明を行うなど、法的知識を要する業務を行う。

時保護している子どもの生活指導、学習指導、行動観察、行動診断、緊急時の対応等の一時保護業務全般に関すること、児童福祉司や児童心理司等と連携して子どもや保護者等への指導を行うことを業務としている。なお2001（平成13）年度より、一時保護所に心理職も配置された。

このほか、児童福祉司スーパーバイザー、児童心理司スーパーバイザー、弁護士▶10、保健師等が配置されている。

## 2　市町村の専門職

子どもや家庭の最も身近な相談機関である市町村の相談支援体制の強化と専門性の向上を目的に全国の市町村に「市区町村子ども家庭総合支援拠点」が設置され、子ども家庭支援員と虐待対応専門員が配置されることとなった。

### ❶　子ども家庭支援員

子どもとその家庭及び妊産婦等を対象に、一般的な子育て相談からより専門的な相談対応、調査、訪問等による継続的なソーシャルワーク業務までを担う専門職で、主な業務は、①実情の把握、②相談対応、③総合調整、④調査、支援および指導等、⑤他関係機関等との連携である。

資格要件は、社会福祉士、精神保健福祉士、医師、保健師、保育士等で、当面は厚生労働大臣が定める研修の受講者も認められる▶11。

▶11
子ども家庭支援員、および虐待対応専門員の資格要件は、厚生労働省雇用均等・児童家庭局長通知「市区町村子ども家庭総合支援拠点の設置運営等について」（平成29年3月31日）に詳しい。

### ❷　虐待対応専門員

虐待や不適切な養育が認められる要支援児童（家庭）及び要保護児童等への支援業務を担う専門職で、主な職務は、①虐待相談、②虐待が認められる家庭等への支援、③児童相談所、保健所、市町村保健センターなど関係機関との連携および調整である。

資格要件は、社会福祉士、精神保健福祉士、医師、保健師等で、当面は厚生労働大臣が定める研修の受講者も認められる▶11。

その他の専門職として、心理担当支援員の配置、必要に応じて安全確認対応職員、事務処理対応職員を置くことができる。

## 3　福祉事務所の専門職

福祉事務所は社会福祉六法を担当する総合福祉行政機関であり、社会福祉主事、母子・父子自立支援員のほか、福祉事務所内に設置される家庭児童相談室には、家庭児童福祉主事、家庭相談員が配置されている。

### ❶　社会福祉主事

福祉事務所▶12において相談援助にあたる現業員で、子ども家庭福祉関係の主な業務は、地域の児童および妊産婦等の福祉に関する実情把握、児童および妊産婦等の相談、調査、指導、児童相談所との連携に基づく指導や児童相談所から委嘱された調査の実施、助産施設・母子生活支援

施設への入所手続等である。

任用資格は、満20歳以上の者であって、①大学等で厚生労働大臣の指定する社会福祉に関する科目を修めて卒業した者、②都道府県知事の指定する養成機関または講習会の課程を修了した者、③社会福祉士、④厚生労働大臣が指定する社会福祉事業従事者試験に合格した者、⑤①～④と同等以上の能力を有すると認められる者として厚生労働省令で定める者とされている。

なお、任用にあたっては、住民に身近な福祉の総合窓口機関である利点を最大限に生かすために、専門性の確保のための専門職（福祉職）採用や現任研修の充実が進められている。

### ❷ 母子・父子自立支援員

母子及び父子並びに寡婦福祉法に基づき、福祉事務所に配置されているひとり親家庭や寡婦の福祉に関する専従職員である。業務は、ひとり親家庭および寡婦に対し、生活相談、就労支援等の自立に必要な相談指導、母子父子寡婦福祉資金の貸付に関する相談指導等を行う。

任用は、都道府県知事等が「社会的信望があり、かつ、（中略）職務を行うに必要な熱意と識見を持っている者」のうちから委嘱する（同法第8条）。なお、人材確保や資質の向上を図るため、都道府県等に研修等の行う努力義務[13]が課され、非常勤規定が削除[14]された。

### ❸ 家庭児童福祉主事

福祉事務所に設置される家庭児童相談室[15]において、家庭児童福祉の業務に従事する社会福祉主事をいう。業務内容は、福祉事務所職員に対して家庭児童福祉に関する技術的指導を行うこと、福祉事務所が行う家庭児童福祉に関する業務のうち専門的な技術を必要とする相談で、主として訪問による指導および法的措置を必要とするケースを担当する。

任用資格は、社会福祉主事の任用資格を有するものであって、あわせて①児童福祉司の資格を有するか、もしくは②児童福祉事業に2年以上従事した者となっている。

### ❹ 家庭相談員

福祉事務所に設置される家庭児童相談室に配置されている専門職員であり、家庭児童福祉に関する専門的技術を必要とする相談指導、主として所内における相談指導で解決されるケースを担当している。

任用要件は、家庭児童相談室設置運営要綱により、人格円満で、社会的信望があり、健康で、家庭児童福祉の増進に熱意をもち、①大学において、児童福祉、社会福祉、児童学、心理学、教育学もしくは社会学を専修する学科またはこれに相当する課程を修めて卒業した者、②医師、③社会福祉主事として2年以上児童福祉事業に従事した者、④これらに

---

▶12　**福祉事務所**
社会福祉法第14条に規定される公的機関で、福祉六法（生活保護法、老人福祉法、身体障害者福祉法、知的障害者福祉法、児童福祉法、母子及び父子並びに寡婦福祉法）に基づく業務を行っている（都道府県福祉事務所は生活保護法、児童福祉法、母子及び父子並びに寡婦福祉法を所管）。都道府県および市（特別区を含む）に設置が義務づけられ、町村については任意設置となっている。なお、福祉事務所を設置しない町村でも社会福祉主事を置くことができる。

▶13
2014（平成26）年の母子及び父子並びに寡婦福祉法改正により規定された。

▶14
2016（平成28）年の児童福祉法等改正法を受け、翌年4月1日に母子及び父子並びに寡婦福祉法第8条第3項が削除された。本来、任用にあたっては都道府県知事等により判断されるべきものであることから、安定的就労の確保とモティベーションの向上をはかるために常勤職員採用の道が拓かれた。

▶15　**家庭児童相談室**
社会福祉の総合行政機関である福祉事務所における児童家庭福祉に関する専門機能を充実させるために、1964（昭和39）年に福祉事務所に付設することができるようになった（任意設置）。

準ずる者であって、家庭相談に必要な学識経験を有する者、とされている。なお、原則非常勤となっている。

## 4　その他の福祉機関の専門職

子ども家庭福祉に関連する行政機関として、母子保健の中核的な役割を果たす保健所・市町村保健センターには保健師が、またドメスティック・バイオレンス被害者への相談支援を担う婦人相談所・配偶者暴力相談センターには婦人相談員が配置されている。

### ❶　保健師

都道府県および指定都市、中核市、その他政令で定める市および特別区に設置が義務づけられている保健所や市町村保健センター、児童相談所、子育て世代包括支援センター等に配置されている。

保健所では、児童および妊産婦の保健について衛生知識の普及、健康相談、健康診査、保健指導、児童福祉施設に対する助言指導、未熟児に対する訪問指導、医療援護、身体障害児の療育指導等を行っている。また、市町村保健センターでは、育児学級等の開催による健康相談や保健指導、妊産婦・新生児訪問指導、各種健康診査等を行っている。

育児不安や育児ストレスの問題、虐待問題等が深刻化するなか、行政機関における保健師の役割は、母子保健サービスにとどまらず、健康診査や訪問指導等を通して、こうした問題の発生予防、早期発見、相談支援へと拡大している。なお、保健師の資格は、看護師資格をもつ者で、保健師養成所等を卒業し、保健師国家試験に合格することで取得できる。

### ❷　婦人相談員

都道府県に設置義務が課せられている婦人相談所（売春防止法）と配偶者暴力相談支援センター[16]（配偶者からの暴力の防止及び被害者の保護等に関する法律（以下「DV防止法」）に配置されている。

婦人相談所における主な業務は、性行または環境に照らして売春を行うおそれのある女子（要保護女子）の発見、相談・指導等を行うこととされているが、相談実態はDV・離婚・生活困窮等の問題を抱えているケースが増大している。配偶者暴力相談支援センターにおいては、配偶者からの暴力被害相談、被害者に対する支援、相談機関の紹介、緊急一時保護、自立のための就業促進、住宅確保、各種制度利用等の情報提供・助言等の業務を行うものとされている。DVの目撃による子どもへの心理的影響の重大さから子ども虐待と規定されたことにより、家庭で日常的に暴力にさらされている母子への支援を担う重要な役割が期待される。

任用は、「社会的信望があり」「熱意と識見を持っている者」のうちから、都道府県知事等が委嘱する（売春防止法第35条[17]）。

▶16　配偶者暴力相談支援センター
DV防止法に基づき、都道府県が設置する婦人相談所のほかに、女性センターや福祉事務所に設置されている。

▶17
2017（平成29）年4月1日の同法改正により、同条第4項の原則非常勤規定が削除された。常勤職員採用を可能とすることで、安定的就労とモティベーションの向上による相談・指導等の質と量の拡充を図ることを目的としている。

## 3. 児童福祉施設における専門職

### 1　児童福祉施設の設備及び運営に関する基準等に規定された専門職

児童福祉施設の設備及び運営に関する基準では、職員の一般的要件を「健全な心身を有し、豊かな人間性と倫理観を備え、児童福祉事業に熱意のある者であつて、できる限り児童福祉事業の理論及び実際について訓練を受けた者」とし、各施設の専門職種（任用要件）や配置基準を示している。

#### ❶ 保育士

児童福祉施設の直接処遇職員として子どもの日常的なケアにかかわる代表的な職種で、ほとんどの児童福祉施設に配置されている。児童福祉法では、「登録を受け、保育士の名称を用いて、専門的知識及び技術をもつて、児童の保育及び児童の保護者に対する保育に関する指導を行うことを業とする者」（第18条の4）と定義されている。

具体的な業務は施設の種別によって異なり、保育所では乳幼児の保育が中心的な活動となるが、児童養護施設等の生活施設においては子どもへの日常的ケアや学習指導など、障害児施設においては療育・訓練なども行う。なお、地域の子育て支援の専門職として保護者への相談支援の役割を担っている。

保育士資格は、①都道府県知事の指定する保育士を養成する学校その他の施設を卒業した者、②保育士試験[18]に合格した者が得られるが、業務につくためには都道府県の保育士名簿に登録しなければならない。2001（同13）年の国家資格化に伴い、名称独占規定、信用失墜行為の禁止[19]、秘密保持義務[20]規定等が設けられている。

#### ❷ 児童指導員

児童養護施設をはじめとするほとんどの児童福祉施設に配置され、保育士と同様に施設の中核的な役割を担う職種である。業務内容は、施設の種別によって異なるが、保育士と連携して子どもの生活全般にわたる日常的ケアや学習指導等、処遇計画の作成、家族関係調整、家庭復帰支援、就労指導などの自立支援、学校・児童相談所等の関係機関との連絡調整等を行っている。

任用資格は、①都道府県知事が指定する児童福祉施設の職員を養成する学校その他の養成施設を卒業した者、②社会福祉士、③精神保健福祉士、④大学の学部で、社会福祉学、心理学、教育学もしくは社会学（以下「社会福祉学等」）を専修する学科またはこれらに相当する課程を修めて卒業した者、⑤大学の学部で社会福祉学等に関する科目の単位を優秀な成績で修得したことにより、大学院への入学を認められた者、⑥大学院で社会福祉学等を専攻する研究科、またはこれらに相当する課程を修めて卒業した者、⑦外国の大学において、社会福祉学等を専修する学科

---

▶18　保育士試験
受験資格は、大学に2年以上在学して62単位以上修得した者、短期大学および高等専門学校を卒業した者、高校等を卒業した者等で2年以上児童の保護に従事した者、児童福祉施設で5年以上の実務経験がある者等に与えられる。筆記試験と実技試験があり、科目ごとに合否が判定され、合格すると3年間有効のため、複数年かけて取得することができる。なお、「地域限定保育士」についてはp.239参照。

▶19　信用失墜行為の禁止
児童福祉法第18条の21に、「保育士は、保育士の信用を傷つけるような行為をしてはならない」と規定されている。

▶20　秘密保持義務
児童福祉法第18条の22に、「保育士は、正当な理由がなく、その業務に関して知り得た人の秘密を漏らしてはならない。保育士でなくなつた後においても、同様とする」と規定されている。

表13-2 「児童福祉施設の設備及び運営に関する基準」に規定された主な専門職

| | 子ども家庭福祉の専門職 | | | | | | | | | | その他の主な専門職 | | | | | | |
|---|---|---|---|---|---|---|---|---|---|---|---|---|---|---|---|---|---|
| | 保育士 | 児童指導員 | 児童発達支援管理責任者 | 児童自立支援専門員 | 児童生活支援員 | 母子支援員 | 少年を指導する職員 | 児童の遊びを指導する者 | 家庭支援専門相談員 | 個別対応職員 | 里親支援専門相談員 | 職業指導員 | 心理療法担当職員 | 心理指導担当職員 | 医療的ケアを担当する職員 | 看護師 | 理学療法士 | 作業療法士 | 機能訓練担当職員 | 言語聴覚士 |
| 乳児院 | (◎) | (◎) | | | | | | | ◎ | ◎ | ☆1 | | ☆2 | | | ◎ | | | | |
| 母子生活支援施設 | (○) | | | | | ◎ | ◎ | | | ◎ | | | ☆1 | | | | | | | |
| 保育所 | ◎ | | | | | | | | | | | | | | | | | | | |
| 児童厚生施設 | | | | | | | | ◎ | | | | | | | | | | | | |
| 児童養護施設 | ◎ | ◎ | | | | | | | ◎ | ◎ | ☆1 | ☆2 | ☆3 | | ☆4 | ☆5 | | | | |
| 福祉型障害児入所施設 | ◎ | ◎ | ◎ | | | | | | | | | (◎) | | (◎) | | | | | | |
| 医療型障害児入所施設 | ◎ | ◎ | ◎ | | | | | | | | | | | ☆1 | | | | | | |
| 福祉型児童発達支援センター | ◎ | ◎ | ◎ | | | | | | | | | | | | | | | | | |
| 医療型児童発達支援施設 | | ◎ | ◎ | | | | | | | | | | ◎ | | | ◎ | ◎ | ◎ | | |
| 児童自立支援施設 | (○) | | | ◎ | ◎ | | | | ◎ | ◎ | | ☆1 | ☆2 | | | | | | | |
| 児童家庭支援センター | | | | | | | | | | | | | | | | | | | | |

◎:「児童福祉施設の設備及び運営に関する基準」に配置が規定されている職種
☆:一定の要件をみたしている施設に対し配置が規定されている職種
○:その資格名での配置規定はないが、その施設の職員の任用要件になっている職種

(◎) 保育士・児童指導員は看護師に代えて置くことができる
 ☆1 里親支援を行う場合
 ☆2 心理療法が必要な乳児または保護者が10人以上いる場合

(○) 保育士は母子支援員の任用要件の一つ
 ☆1 心理療法が必要な母子または子が10人以上いる場合

(○) 保育士は児童の遊びを指導する者の任用要件の一つ

 ☆1 里親支援を行う場合
 ☆2 実習設備を設けて職業訓練を行う場合
 ☆3 心理療法が必要な児童が10人以上いる場合
 ☆4 医療的ケアを必要とする児童が15人以上いる場合
 ☆5 乳児が入所している場合

(◎) 障害別で配置職員規定が異なるので確認すること

(◎) 障害別で配置職員規定が異なるので確認すること（心理指導を担当する職員）
 ☆1 重症心身障害児を通わせる施設

(◎) 1 重症心身障害児を通わせる施設
    2 機能訓練を設けて職業指導を行う場合
    3 難聴児を通わせる施設

(○) 保育士は児童生活支援員の任用要件の一つ
 ☆1 実習設備を設けて職業指導を行う場合
 ☆2 心理療法が必要な児童が10人以上いる場合

児童福祉司要件（児童福祉法第13条第2項）のいずれかを満たす職員を置く

出典:「児童福祉法の設備及び運営に関する基準」をもとに著者作成

またはこれらに相当する課程を修めて卒業した者、⑧高校等を卒業した者で２年以上児童福祉事業に従事した者、⑨教諭となる資格を有する者で、都道府県知事が適当と認めた者、⑩３年以上児童福祉事業に従事した者であって、都道府県知事が適当と認めた者と規定されている。

### ❸ 児童自立支援専門員・児童生活支援員

児童自立支援施設において、児童自立支援専門員は子どもの生活指導および自立支援、学科指導、職業指導および家庭環境調整、アフターケア等の業務を担当し、児童生活支援員は子どもの生活支援を中心に児童自立支援員と協力して同様の業務を行っている。非行問題等の背景に虐待・ネグレクト体験のある子どもの入所が増加しており、問題行動への対応、日常生活支援に加え心理的ケアの役割も求められている。

児童自立支援専門員の任用要件は、①医師であって、精神保健に関して学識経験を有する者、②社会福祉士、③都道府県知事の指定する児童自立支援専門員を養成する学校その他の養成施設を卒業した者、④大学の学部で、社会福祉学等を専修する学科もしくはこれらに相当する課程を修めて卒業した者、または大学の学部で社会福祉学等に関する科目の単位を優秀な成績で修得したことにより大学院への入学を認められた者で、１年以上児童自立支援事業に従事した者、または、児童福祉司となる資格を有し児童福祉事業に従事した期間等[21]の合計が２年以上である者、⑤大学院において、社会福祉学等を専攻する研究科またはこれらに相当する課程を修めて卒業した者で１年以上児童自立支援事業に従事した者、⑥外国の大学において、社会福祉学等を専修する学科またはこれらに相当する課程を修めて卒業した者で１年以上児童自立支援事業に従事した者、または児童福祉司となる資格を有し児童福祉事業に従事した期間等の合計が２年以上である者、⑦高校等を卒業した者等で３年以上児童自立支援事業に従事した者、または上記④の期間が５年以上である者、⑧教諭となる資格を有する者で１年以上児童自立支援事業に従事した者、または２年以上教員として勤務した者となっている。

児童生活支援員の任用要件は、①保育士、②社会福祉士、③３年以上児童自立支援事業に従事した者と規定されている。

### ❹ 母子支援員・少年指導員

母子生活支援施設において、母子支援員は母の生活を尊重しながら、就労や家庭生活、子どもの養育などの相談・助言指導を通して母子の社会的自立を支援する役割を担っている。近年、DVが原因で入所してくる母子が増加し、DV被害に対する心理的ケアの役割も大きい。

母子支援員の任用要件は、①都道府県知事の指定する児童福祉施設の職員を養成する学校その他の養成施設を卒業した者、②保育士、③社会

▶21
その他、社会福祉主事となる資格を有し社会福祉事業に従事した期間、社会福祉施設の職員として勤務した期間。後述⑥も同じ。

福祉士、④精神保健福祉士、⑤高校等を卒業した者等で2年以上児童福祉事業に従事した者である。

少年指導員は、「少年を指導する職員」として配置が規定され、子どもの日常生活支援、学習支援を行う。任用要件の明確な規定はなく、事務員との兼務が認められており、専門職としての位置づけは曖昧となっているが、採用にあたって児童指導員の任用資格が求められるようになってきている。

### ❺ 児童の遊びを指導する者

児童厚生施設である児童館等で、子どもの健全育成を目的とし、遊びを通して子どもの心身の健康増進や情緒の安定を図る役割を担う職員のことをいう。具体的には音楽、絵画等のクラブ活動やレクリエーション指導、ボランティア活動や地域交流活動等の企画・運営等を行っている。

児童の遊びを指導する者[22]の任用要件は、①都道府県知事の指定する児童福祉施設の職員を養成する学校その他の養成施設を卒業した者、②保育士、③社会福祉士、④高校等を卒業した者等で2年以上児童福祉事業に従事した者、⑤教諭となる資格を有する者、⑥大学・大学院等において、社会福祉学等、芸術学もしくは体育学を専修する学科またはこれらに相当する課程を修めて卒業した者等であって、児童厚生施設の設置者が適当と認定した者とされている。

### ❻ 保育教諭

「就学前の子どもに関する教育、保育等の総合的な提供の推進に関する法律の一部を改正する法律」（改正認定こども園法）による、教育と保育を一元的に提供する「幼保連携型認定こども園」の創設に伴い、幼稚園教諭免許と保育士資格の両方を有する職員として位置づけられた[23]。

▶22 児童の遊びを指導する者
1997（平成9）年の児童福祉法改正以前は、「児童厚生員」という名称で専門職として規定されていたが、規制緩和の流れを受けて名称が変更され、職種ではなくなった。児童館や放課後児童クラブ等で現在も児童厚生員という名称が使われていることもある。

▶23
改正認定こども園法施行（2015(平成27)年4月）後5年間は経過措置として、いずれか一方を有していれば保育教諭として勤務することができる。ただし、この間に特例制度を利用して、もう一方の免許または資格を取得する必要がある。

## 2 施設の機能強化を図るための専門職

社会的養護施策の大幅な見直しにともない、従来の機能を充実させるのみならず、新たに機能強化を目的とした職員配置が進められている。

### ❶ 家庭支援専門相談員（ファミリーソーシャルワーカー）

虐待等の家庭環境上の理由により入所している子どもの早期家庭復帰等を図るために、入所から退所後のアフターケアにいたる総合的な親子関係の再構築・調整を担っている。資格要件は、社会福祉士、精神保健福祉士、児童養護施設等で5年以上の養育経験を有する者、児童福祉司資格に該当する者のいずれかとなっている。

業務は、①保護者等への早期家庭復帰のための相談援助業務として面接や家庭訪問による養育相談・指導、家庭復帰後の相談・支援、②退所後の児童に対する継続的な相談援助等、③里親委託促進のための業務と

して、里親希望家族への面談・訪問による調整、委託後の相談・支援、里親の新規開拓、④養子縁組促進のための業務、⑤地域の子育て家庭に対する育児不安解消のための相談・支援、⑥要保護児童の状況把握や情報交換を行うための協議会への参画、⑦施設職員への助言・指導および処遇会議への出席、⑧児童相談所等関係機関との連絡・調整等である。

### ❷　個別対応職員

　増加する被虐待児の処遇の充実を図ることを目的に、必置された専門職員である。配置施設は規定されているが資格要件はないため、豊富な知識と経験を有する主任児童指導員か、それに準じた職員１人を直接処遇勤務から外して担当する処遇体制が組まれている。

　業務内容は、①被虐待児童等、特に個別の対応が必要とされる児童への個別面接、②当該児童への生活場面１対１の対応、③当該児童の保護者への援助、他の児童指導員等への助言等である。

### ❸　里親支援専門相談員（里親支援ソーシャルワーカー）

　社会的養護における里親の比率を大幅に引き上げるために、里親およびファミリーホームを支援する地域拠点としての機能をもたせることを目的として、加算職員としての配置が進められている。

　業務内容は、①里親の新規開拓、②里親候補者の週末里親等の調整、③里親への研修、④里親委託の推進、⑤里親家庭への訪問及び電話相談、⑥レスパイト・ケアの調整、⑦里親サロンの運営、⑧里親会の活動への参加奨励及び活動支援、⑨アフターケアとしての相談となっている。

　資格要件は、社会福祉士もしくは精神保健福祉士の資格を有する者、児童福祉司資格に該当する者、または児童養護施設等（里親を含む）において児童の養育に５年以上従事した者で、里親制度への理解及びソーシャルワークの視点を有するものとされている。

### ❹　職業指導員

　実習設備を設けて職業指導を行う児童養護施設または児童自立支援施設を対象に加算職員として配置することができる。業務内容は、①児童の職業選択のための相談、助言、情報の提供等、②実習、講習等による職業指導、③入所児童の就職の支援、④退所児童のアフターケアとしての就労及び自立に関する相談支援である。

　なお、その他に医療的ケアを担当する職員（看護師）、心理療法担当職員等の専門職が一定要件のもとに配置されている。

## 4. 関連分野における専門職

### 1　司法分野の専門職

児童福祉に関連が深く、連携・協力体制が強く求められる司法関係の専門職として、家庭裁判所調査官、法務教官等があげられる。

#### ❶　家庭裁判所調査官

裁判所法に基づき、非行や問題行動等の少年保護事件、あるいは養子縁組の許可、親権喪失宣言や親権の変更、後見人の選出等、保護者が同意しない場合の入所措置の承認等の家事事件の審判に必要な調査を行う専門職として家庭裁判所に配置されている。

具体的には、審判に必要な資料となる事件の背景や生活環境、人間関係、少年や保護者または関係者等の経歴・行状・素行等について、面接や調査を行って明らかにする。また、家庭裁判所が必要と認めるときは試験観察により経過をみることもある。

子ども虐待問題や少年犯罪の深刻化に伴い、2004（平成16）年の児童福祉法改正で、要保護児童に関する司法関与が強化され、家庭裁判所の承認を得て行う施設入所措置の期限を原則2年以内とすること（更新可）、児童相談所の行う保護者への指導等について必要に応じて家庭裁判所が関与できること、児童相談所長の親権喪失請求権を18歳まで拡大することが盛り込まれた。また、2000（同12）年の少年法改正で、刑事処分可能年齢を14歳以上とし、16歳以上での殺人等の重大犯罪については家庭裁判所から検察官送致されることになった。こうした経緯からも、児童相談所（児童福祉司）との連携の強化が重要となっている。

#### ❷　法務教官

少年鑑別所や少年院において、非行問題を抱える少年に対して、社会不適応を起こした原因を排除し、更生・自立・社会復帰のために、専門知識に基づいた矯正教育や相談援助等を行う直接処遇の専門職員である。なお、法務教官は国家行政組織法に基づく官名である。

少年鑑別所では、審判のための鑑別を行う期間、審判を受けるために心情の安定を図るとともに、少年の問題性、改善可能性等を探り、その資質の鑑別に役立てるために、面接、相談助言等の業務を行う。

少年院では、収容された少年が円滑な社会復帰を図るための矯正教育として、健全なものの見方、考え方、行動を身につけるために個々の問題性に着目した集団活動、面接、相談助言等による生活指導、社会的自立のための職業指導、その他教科教育、特別活動としてのクラブ活動やレクリエーション、社会適応訓練等を行っている。

## 2　教育分野の専門職

不登校、いじめ、校内暴力、非行や家出、学級崩壊等、また、障害児の統合教育や発達障害児への特別支援、また児童虐待対応等の多岐にわたる問題に対応するために連携がますます重要になっている。

### ❶　スクールソーシャルワーカー

文部科学省は、「いじめ、不登校、暴力行為、児童虐待など生徒指導上の課題に対応するため、教育分野に関する知識に加えて、社会福祉等の専門的な知識・技術を用いて、児童生徒の置かれた様々な環境に働きかけて支援を行う、スクールソーシャルワーカーを配置し、教育相談体制を整備する」ことを目的に、2008（平成20）年度よりスクールソーシャルワーカー活用事業を実施している。なお、スクールソーシャルワーカーが介入し問題解決へ向かうケースが全体の40～60％を占めることから、2015（同27）年度に実施要領が改訂され、全国で配置が推進されている。

スクールソーシャルワーカーの職務内容は、①問題を抱える児童生徒が置かれた環境への働きかけ、②関係機関等とのネットワークの構築・連携・調整、③学校内におけるチーム体制の構築・支援、保護者、教職員等に対する支援・相談・情報提供、⑤教職員等への研修活動等である。

### ❷　スクールカウンセラー

複雑・深刻化するいじめや不登校等の各種問題に対応するため、学校におけるカウンセリング機能等の充実を目的に1995（平成7）年から配置された。具体的には、児童生徒への相談・助言、教職員・保護者に対する相談、専門機関との調整・連携、校内での研修や講話の実施、事件・事故等に対する心のケア等を行う。なお、非常勤職員であり、また8割以上が臨床心理士である。

### ❸　養護教諭

「保健室の先生」として児童生徒から親近感をもたれる存在であり、子どもの心身の問題や問題行動の兆し、虐待等をいち早く察知できる立場にあり、児童生徒との個別対応、校内のスクールカウンセラー等との連携、福祉機関等と学校の連携等を担っている。

さらに文部科学省は、児童生徒の不登校、暴力行為やいじめ等の問題行動の未然防止、早期発見・早期対応、児童虐待への対応を強化するため、退職教員や児童・民生委員、保護司、青少年団体指導者等の地域の人材を活用して、小学校に「子どもと親の相談員」を、中学校に「心の教室相談員」を配置する事業を実施している。

### 3 その他の分野における専門職

その他、子ども家庭福祉と連携をとることの多い分野として、医療関係、警察関係がある。

**❶ 医療機関の専門職**

医療機関は、被虐待児の発見機関となることも多く、また、児童相談所や児童福祉施設等が専門的判断や治療を求めることも増えてきている。保健・医療分野には、医師、助産師、看護師のほか、心理療法士、理学療法士、言語療法士、作業療法士等が、また、福祉専門職として、医療ソーシャルワーカー、精神科ソーシャルワーカー等がいる。

**❷ 警察関係**

警察の行う業務のうち子ども家庭福祉にかかわる事項は、触法少年やぐ犯少年の補導・保護、被虐待児等の発見と通告、DV家庭への介入等が挙げられる。また、児童虐待防止法により、児童相談所が虐待のおそれがあると認められる際に行う立入調査等に警察官の援助を求めることができる。非行問題や虐待問題、DV問題等において警察官の果たす役割は強化されてきている。なお、非行防止活動を行っている少年補導センター等にはボランティアではあるが少年補導員がいる。

## 5．ボランティア、NPO、民間団体、企業

### 1 ボランティア

子ども家庭福祉の専門職と協力して多種多様なボランティアが実践を支えており、ボランティア活動のもつ自主性、主体性、親和性、機動性、創造性、柔軟性、先駆性等の特性を最大限に生かした活動を展開している。

**❶ 行政委嘱ボランティア**

行政委嘱ボランティアは、法制度に規定された行政の協力機関（制度）と位置づけられている。原則無給のためボランティアとされているが、その業務内容は法律や要綱に規定されており、業務を担う適正を認められて委嘱されることから、準専門職的役割を担っている。

① 児童委員・主任児童委員

児童委員は、厚生労働大臣から委嘱を受けた一般市民であり、行政の協力機関と位置づけられ、市町村の区域ごとに置かれている。無報酬の活動であるが、身分は非常勤の特別職地方公務員で、児童委員は民生委員が兼務している。2001（平成13）年の児童福祉法改正で、職務が明確化された[24]。

児童委員（民生委員）は、市町村に設置された民生委員推進会が推進した者について、都道府県に設置された地方社会福祉審議会の意見聴取

▶24 児童委員の職務
第5章参照。

を経て都道府県知事が推薦した者に対し、厚生労働大臣より委嘱される。

主任児童委員は、子ども家庭問題の複雑・多様化に伴い、地域に密着した子育て支援活動への期待が高まる一方、民生委員としての活動が職務の大半を占めている実情から、子ども家庭福祉に関する事項を専門的に担当することを目的に、1994（平成6）年に設置された。2001（同13）年の児童福祉法改正で法定化され、子ども家庭福祉分野に豊富な経験をもつ児童委員のなかから厚生労働大臣が指名することとされた。なお、担当地区はもたず、主な業務として、①市町村、児童相談所、福祉事務所、保健所、学校等の関係機関との連携、子どもを取り巻く環境の情報収集、②地域ぐるみの子育て啓発活動の企画・運営、③健全育成活動への地域住民の参加の促進、④ボランティア活動や地域活動等への子どもの参加の促進、健康診査等の受診の奨励、各種相談支援、⑤児童の権利侵害等について関係行政機関への連絡、通報、意見具申等がある。

② 身体障害者相談員・知的障害者相談員

身体障害者相談員は、身体障害者福祉法に基づく相談員制度により設置され、身体障害者の生活相談に応じ、必要な福祉サービスを受けられるように支援し、関係機関や福祉事務所等との連絡調整、地域住民の理解を深めるための啓発活動等を行う。身体障害のある者に委嘱される。

知的障害者相談員は、知的障害者福祉法に基づく相談員制度により設置されており、知的障害者自身や保護者から在宅での療育や生活に関する相談に応じ、福祉事務所等の関係機関との連絡調整等が役割となっており、原則、知的障害児・者の家族に委嘱される。

③ 里　　親

里親とは、民法上の親権を持たず、保護者のいないあるいは保護者の養育が望めず他に養育できる親族等がいない子ども、将来は家庭引取りが見込めるが当面保護者による養育が望めない子どもを、自らの家庭において養育することを希望し要件を満たして認定された者をいう。法令等により里親の種類、要件、有効登録期間、委託児童の最大人数、養育期間等が定められている[25]。

里親の種類は「養育里親」「専門里親」「養子縁組里親」「親族里親」で、各里親には子どもの食費や被服費等の一般生活費、教育費、医療費等が支給される。なお、養育里親、専門里親にはそれぞれ里親手当てが支給されるが、養子縁組里親、親族里親には支給されない（ただし、扶養義務のない叔父・叔母等の場合は支給される）。

養育里親認定までの流れは、里親を希望する者が児童相談所に登録申請し、研修等を修了（この間に家庭訪問・調査）した後に、児童福祉審議会（里親認定部会）での意見聴取（審議）を受け、里親として登録す

▶25
里親の詳細（後述の、それぞれの里親の具体的な認定要件を含む）については第9章参照。

ることができる。

　2016（平成28）年の児童福祉法改正で、里親や特別養子縁組等による家庭養育優先の原則が法的に規定されたことにより、実親による養育が困難な場合の代替養育の中核的制度に位置づけられ、厚生労働省は「新しい社会的養育ビジョン」（2017年8月）を基本方針として、里親委託を強力に推進▶26している。

④　保護司

　保護司法に基づき、法務大臣から委嘱された非常勤の一般職国家公務員であるが、実費以外は無給で実質的にボランティアである。主な活動内容は、地域の実情をよく把握しているという特性を生かし、家庭裁判所で保護観察を受けた少年に対して、保護監察官と協力して、更生を図るための遵守事項を守るよう指導するとともに、生活状況や就労等に関する助言を行う。その他、スムーズに社会復帰するための環境調整や就労支援、非行・犯罪予防活動等も行っている。

⑤　その他の行政委嘱のボランティア

　ひとり親家庭福祉推進委員、人権擁護委員、青少年指導員、スポーツ推進委員、少年指導員、少年補導員、少年警察協助員等がある。

　また、行政から委嘱を受ける者ではないが、行政の実施する事業のボランティアとして、ふれあい心の友愛訪問活動のメンタルフレンド▶27や障害者地域生活支援事業における支援「意思疎通支援事業」の一環として手話奉仕員（市町村養成）、手話通訳者・要約筆記者（都道府県養成）等が活動している。

❷　民間ボランティア

　子ども家庭福祉領域のボランティア活動は、民間団体・NPO法人による固有名称をもつものから、自主的なサークルやグループによるもの、個人によるものまでさまざまであり、その地道な活動が子ども家庭福祉の裾野の広がりとなり、また支えとなっている。

　要保護児童を支援するものとしては、各種児童福祉施設での学習ボランティア・遊びのボランティア、また組織的な活動としては、非行のある子どもの兄や姉のような存在として個別の相談相手になるBBS活動（Big Brothers and Sisters）▶28等があげられる。

　子どもの健全育成を支援するものとしては、青少年育成推進指導員、スポーツ指導員、VYS（Voluntary Youth Socialworker）▶29等がある。

　子育て支援サークルを支援するボランティア、障害のある子どもを支援するボランティアも地域を拠点として活躍している。その他、病院（小児病棟）、おもちゃ図書館、障害児キャンプ、障害児のガイドヘルパー等、多岐にわたるボランティア活動が展開されている。

---

▶26　「新しい社会的養護ビジョン」において、就学前の子どもの原則里親委託（施設への新規措置入所を停止）、3歳未満児は概ね5年以内に、それ以外の就学前の子どもは概ね7年以内に里親委託率75％を実現、学童期以降は概ね10年以内に里親委託率50％以上とする目標年限が示された。また、施設在籍期間は原則乳幼児が数か月以内、学童期以降は1年以内（特別なケアが必要な場合は3年以内）となっている。

▶27　メンタルフレンド
児童相談所が関わっている不登校傾向のある子どもの相談相手、学習指導、遊びや料理づくり等を行っている。活動場所、回数、内容等について児童相談所職員の指導助言を受ける。18歳以上30歳未満の者で、主に大学生が担当している。特に資格は問われないが、ボランティア登録前に研修がある。

▶28　BBS活動
非行問題を抱える子どもたちに対し、兄や姉の立場から同じ目の高さに立つ話し相手、相談相手となる友だち活動、グループワーク活動、保護観察中の少年の社会奉仕活動への参加の協力、非行防止活動等を行っている。

▶29　VYS
地域の子ども会等の支援、キャンプ等の企画運営、子どもの遊び場づくりと企画、福祉キャンペーン活動等を行っている。

## 2　NPO、民間団体、企業

　子ども家庭福祉サービスは、公的なサービスのみならず、NPOをはじめとする民間団体や民間企業によって支えられている。また、2003（平成15）年の地方自治法改正により、「公の施設」の管理・運営をNPOや民間企業に委託できる「指定管理者制度」が導入され、ますます公民の連携が重視されてきている。

### ❶　NPO、民間団体

　民間団体には、公益法人（財団法人と社団法人）、または社会福祉法人等によるもの、特定非営利活動法人（NPO▶30）、法人格をもたない民間の任意団体に至るまでさまざまなものがある。なお、非営利な社会貢献活動を行う民間団体の活動を支援・活性化することを目的に、1998（平成10）年に「特定非営利活動促進法」が施行され、一定の要件を満たしていれば比較的容易に法人格を取得することができるようになった。

　内閣府によると認証済みのNPO法人のうち、「保健、医療又は福祉の増進を図る活動」「子どもの健全育成を図る活動」（複数回答可）にかかわるものは全国に5万4,770団体（2018（平成30）年3月末現在）ある。

　子ども家庭福祉に関連する法人格をもった民間団体のうち代表的なものは、法律に基づく社会福祉協議会、中央共同募金会、日本赤十字社等、業種別組織等として全国民生委員児童委員連合会、児童健全育成推進財団、日本おもちゃ図書館財団、全国学童保育連絡協議会、全国私立保育園連盟、全国保育士養成協議会、日本保育協会、日本社会福祉士会、日本介護福祉士会、全国児童心理治療施設協議会、全国児童自立支援施設協議会、母子保健推進会議、全国保育サービス協会、ボーイスカウト日本連盟等、企業関係では資生堂社会福祉事業財団、三菱財団等、当事者組織では全国母子寡婦福祉団体協議会、日本知的障害者福祉協会、全国手をつなぐ育成会連合会、日本肢体不自由児協会、日本重症心身障害福祉協会、全国里親会、がんの子どもを守る会、政府系組織として児童育成協会、日本家族計画協会、国際組織として国際協力NGOジョイセフ、日本ユニセフ協会がある。

　また、子ども虐待防止活動に取り組む団体として、各種の専門職集団の連携により結成された、社会福祉法人子どもの虐待防止センター、特定非営利活動法人児童虐待防止協会等がある。

### ❷　企業によるサービス

　種々の規制緩和により民間企業の福祉分野への参入が進み、福祉産業として大きな市場を形成している。子ども家庭福祉分野では、保育サービスの需要の拡大・多様化、また子育て相談ニーズが高まる状況に対応するかたちで、ベビーシッター、認可外保育施設（ベビーホテル・ベビールーム）の運営、子育て情報をインターネット等で提供する育児相談・

▶30　NPO
NPO（Non-Profit Organizationの略）で非営利組織・団体をさす。狭義には特定非営利活動促進法による法人格を得た団体（NPO法人）をさす。

情報提供等の民間サービスが増加している。

しかし、一方で認可外保育施設での事故や障害致死事件等の多発する状況から、2001（平成13）年の児童福祉法改正で、認可外保育施設の自治体への届出や運営状況の報告等が義務づけられ、行政による指導監督が行われるようになった。今後ますます民間企業の参入が見込まれるが、サービスの質の確保、特に職員の専門性の確保が課題となっている。

## 6．子ども家庭福祉にかかわる専門職・組織間の連携

### 1　連携の重要性

複雑・多様化する子ども家庭問題に対応するためには、組織内はもとより他の専門機関、ボランティアやNPO等の民間団体との連携（チームアプローチやネットワークづくり）が重要である[31]。

[31] 第2章参照。

社会福祉の取り扱う問題は、人と環境との相互作用の間で起こる生活問題である。そもそも人は多面的な側面をもち、かつ、環境と複雑重層的な関係をもつ存在である。ゆえに、子ども家庭福祉においても、対象となる子どもや家庭を、置かれている環境や状況の全体性のなかでとらえ、理解していく視点が重要となる。

また、ソーシャルワーク機能の特性は、子どもおよび家庭に対する直接援助だけではなく、置かれている環境を調整し、適切な社会資源につなげていくことにある。子ども虐待問題や非行問題等を例にとれば、子どもや家庭を取り巻く社会資源として、児童相談所、保育所、学校、警察、児童委員、児童虐待防止センター、医療機関等があげられる。

深刻・重症な事例あるいは支援が困難な事例では、1つの機関だけでの対応による問題解決は困難であり、また複数の社会資源がかかわり複数のサービスを提供しても、社会資源の相互協力がなければ、それぞれの機関が提供するサービスが有効に機能しない。そのため、関係する機関間の連携・調整によるネットワークづくりは重要である。

子ども家庭福祉分野においても、特に虐待問題が深刻化するなか、機関間の連携・ネットワークづくりが緊急の課題となり、厚生労働省は、2000（平成12）年に「児童虐待防止市町村ネットワーク事業」を創設した。2004（同16）年に市町村へ第一義的相談窓口が移行した際には、「要保護児童対策地域連絡協議会」（以下「要対協」）、もしくは「児童虐待防止ネットワーク」を設置することができるとし、法制度として位置づけた。さらに2008（同20）年度には設置が努力義務化され、2017（同29）年度の要対協の設置率は99.7％となっている。

## 2　多職種間の連携とネットワーキング

多職種（機関・団体）間の連携のためのネットワーキングの重要性の認識とともに、実際の連携・ネットワークが有機的に機能するための基本的要件を理解していることが必要である。

ネットワークについての基本的理解を先に確認する。金子郁容は『ネットワーキングへの招待』のなかで、「結ばれるものがそれぞれ『違う』ということがネットワーキングの前提である。お互いの違いを認識し、積極的に評価し合い、協力できるところでは協力し、対立するところでは対立しながら、自発性を基本に交流することが（中略）ネットワークの原則である」と述べ、さらに「ネットワークは互いに違うもの同士を引き合わせ、それぞれが互いの知識と技術を補完することで1人ずつではできないことを可能にするシステムである」と指摘している。

専門職間のネットワークは、大きく組織間のネットワークと実務者レベルのネットワークに大別できる。ここでは、後者の連携・ネットワークづくりの基本的要件について述べる。

実際に直接サービスを提供する実務者レベルにおいて、初期の段階で重要な要件としてあげられるのは、ネットワークの構成メンバーそれぞれが、自らの専門性あるいは所属する機関（団体）の特性を、自主的かつ主体的に発揮できる環境づくりであろう。ネットワークの重要性や必然性を理解していたとしても、メンバー自身に戸惑いや不安が生じていれば参加意欲は低下しやすい。それをさけるために、それぞれの専門性や所属機関（団体）の機能や仕組みおよび関連制度等についての的確な相互理解を前提に、役割や権限、提供可能なサービスの範囲を明らかにすることも重要である。

ただし、ここで留意しなければならないのは、他の専門職に期待するあまり、限界やできないこと等に批判的になりがちなことである。それによって生じる対立・葛藤はネットワークの存在自体に危機的な影響を及ぼすばかりか、相談当事者の利益を侵害するおそれがある。しかし一方で、それを乗り越えようとする不断の努力と工夫により共通理解へと発展的に解決できたとき、より柔軟かつ強固なネットワークとなり得る可能性も秘めている。ネットワークは突き詰めれば、「人と人とのつながり」ということができる。メンバーそれぞれがコミュニケーションをあきらめずにとり続けること、お互いを尊重し対等な関係であることを常に意識することがネットワーキングの底流に必要となる。

また、相談当事者の混乱をさけ、それぞれの機関等の専門性や特性を生かしたサービスを提供するには、関係する機関・団体がその事例についての情報を共有し、共通の援助方針をもつことが重要である。特に、

「援助のゴール（目標）」を明確化し共有化することで、常にそれを確認しながら援助計画を立てることを念頭におく必要がある。

さらに、複数の機関が連携しながら相談援助を進める場合、事例の問題点や課題等の把握、分析、あるいは全体の進捗状況や援助の適否等について、特定の機関が責任をもって調整（ケアマネジメント）することが重要であり、どの機関がこれを行うのかを常に明らかにしておく必要がある。こうした連携・ネットワークづくりにおいて、子ども家庭福祉の専門職はケアマネジャーおよびコーディネーターとしての役割が期待されている。

【参考文献】
1）吉澤英子・西郷泰之『児童家庭福祉論』光生館　2003年
2）社会福祉士養成講座編集委員会編『新・社会福祉士養成講座15　児童や家庭に対する支援と児童・家庭福祉制度』中央法規出版　2009年
3）須藤進編『子どもの福祉　―最善の利益のために』八千代出版　2004年
4）ゾフィア・T・ブトゥリム（川田誉音訳）『ソーシャルワークとは何か』川島書店　1986年
5）仲村優一、一番ヶ瀬康子、右田紀久子監修『エンサイクロペディア社会福祉学』中央法規出版　2009年
6）文部科学省「児童生徒の教育相談の充実について―生き生きとした子どもを育てる相談体制づくり―（報告）」2007年
7）全国民生委員児童委員連合会ホームページ
　　http://www2.shakyo.or.jp/zenminjiren/index.html
8）全国里親会ホームページ　http://www.zensato.or.jp/gallery2.html
9）内閣府NPOホームページ　http://www.npo.homepage.go.jp/
10）金子郁容著『ネットワーキングへの招待』中公新書　1986年
11）児童養護施設等の社会的養護の課題に関する検討委員会・社会保障審議会児童部会・社会的養護専門委員会「社会的養護の課題と将来像」（平成23年7月）、同平成24年1月委員会資料、「社会的養護の課題と将来像への取組」（平成24年10月）
12）厚生労働省子ども家庭局家庭福祉課「社会的養育の推進に向けて」（平成29年12月版）
13）厚生労働省雇用均等・児童家庭局長「児童福祉法の一部を改正する法律の公布について（通知）」（平成28年6月3日）
14）新たな社会的養育の在り方に関する検討会「新しい社会的養育ビジョン」2017年
15）内閣府男女共同参画局「男女共同参画白書　平成29年版」2017年
16）厚生労働省雇用均等・児童家庭局長「市区町村子ども家庭総合支援拠点設置運営等について」（平成29年3月31日）
17）児童虐待防止対策に関する関係省庁連絡会議決定「児童虐待防止対策体制強化プラン」（平成30年12月18日）

# 第14章 子ども家庭への相談援助活動

●キーポイント

本章では子ども家庭への相談活動の基本について、児童福祉といわれている保護的な理念にとどまらず、ウェルビーイングという子どもの主体性を尊重した視点を加えて学んでいく。

そこで、子ども家庭に対する相談援助活動の方法として、個別援助技術、集団援助技術、地域援助技術について学びを進め、さらにその具体的な援助事例を紹介し、それぞれの事例に関する援助をふり返る視点をあげ、事例への考察を深める。

## 1．子ども家庭への相談援助の基本

### 1　子ども家庭に対する相談援助活動の視点

「相談援助」は、1987（昭和62）年の社会福祉士及び介護福祉士法に位置づけられ、福祉に関する相談に応じて助言・指導その他の援助を行う専門的な援助技術の1つである。子ども家庭への相談援助の視点は、2016（平成28）年の児童福祉法改正からも強調された子どもの主体的な権利の尊重、育成される子どもの存在をはじめとし、ウェルビーイングの尊重、自立への支援がある。

子ども家庭という用語自体、児童福祉の理念の変換がこめられている。その第一人者である高橋重宏[1]は、子ども家庭福祉について「ウェルフェア（救貧的・慈恵的・恩恵的歴史を有し、最低生活保障としての事後処理的、補完的、代替的な児童福祉）からウェルビーイング（人権の尊重・自己実現・子どもの権利保護の視点からの予防、促進、啓発、教育・問題の重度化、深刻化を防ぐ支援的、協働的プログラムの重視）」への理念の変化であるとしている。

子ども家庭に対する相談援助の視点を、2016（平成28）年に改正された児童福祉法に照らし合わせ、以下の4点を挙げて確認する[2]。

第1に児童福祉法の理念の明確化等である。ここでは、児童に権利の主体があることを明確に位置づけ、家庭と同様な環境での養育に向けて、保護者支援とともに、養子縁組や里親・ファミリーホームへの委託を積極的に推進することが重要であるとしている。市町村は、基礎的な地方公共団体として、児童の身近な場所における児童の福祉に関する支援等に係る業務を適切に行うこととし、市町村、都道府県・国の役割分担と責務を位置づけた。

第2は、子ども虐待の発生予防である。市町村は、子育て世代包括支

援センター(母子保健法上は「母子健康包括支援センター」)を法定化し、妊娠期からの母子への支援とともに、適切な情報提供を図っている。母子保健施策とともに子ども虐待発生予防に尽力する事が注視されている。

第3は、子ども虐待発生時の迅速・的確な対応である。ここでは、虐待対応における市町村の責務を明確にした。市町村で特に在宅ケースを中心とする支援体制を一層充実するため、実情の把握、情報提供、相談・指導、関係機関との連絡調整等の支援を一体的に提供する拠点の整備を進めることである。児童相談所設置の拡大や市町村の要保護児童対策地域協議会の機能強化、児童相談所の体制強化が挙げられている。

第4は、被虐待児童の自立支援である。親子関係再構築支援、里親委託の推進、養子縁組里親の法定化、自立援助ホームについて、22歳の年度末までの間にある大学等就学中の者を対象に追加するとした。社会的養護の下で育つ18歳以上の者に対する支援の継続となり、対象年齢の拡大に取り組む。

## 2 ニーズ理解

ここでは、ニーズを子ども家庭において何らかの改善や解決が必要とされる問題としてとらえる。子どもの攻撃性や母親たちの孤立や育児不安などは潜在的なニーズといえる。

### ❶ 子どもを取り巻く現状

一般的な子どもとその家庭に対する実態調査等から、現状の子ども家庭の動向を知り、その傾向からニーズ理解を深めることができる。

子どもの実態調査は、文部科学省の保健統計や学力調査、運動能力などの調査が定期的で実施されている。また、時間の過ごし方等も地方公共団体やインターネットでの調査などで提供されている。加えて子ども自身から生活に関するニーズを聴き取る際にも、言語的なやりとりにおける理解力や表現力等の個人差の問題もあり、聴き取った内容に一定の限界があることを考慮しておくべきである。

古い研究であるが、三沢直子の研究は、子どもの心理的な推移を知るうえで役に立つ。1981(昭和56)年と1997(平成9)年、小学生高学年を対象に、東京都と長野県における家庭をイメージする描画テストの比較研究を行った。その研究結果では、1997年の東京都の小学生の絵は、現実感が乏しく破壊性や攻撃性を表現した絵が多かったり、家が小さかったりする特徴が指摘され、母親や家族に温かみがなくなっているなど、子どもたちの内面の変化を指摘する衝撃的な結果を述べている[3]。

また、内閣府「平成25年度小学生・中学生の意識に関する調査」(満9～14歳の小学生・中学生に対する意識調査)では、「あなたは、悩みや心配なことがありますか」という問いに対し、小・中学生ともに「勉強

第14章　子ども家庭への相談援助活動

や進学のこと」（小：32.8％、中：65.4％）という回答が最も多く、小学生では「友達や仲間のこと」(12.4％)、中学生では「性格のこと」(16.8％）が続いた[4]。次に就学前の子どもたちの行動観察などから、現状とそのニーズへの理解を深めたい。

### ❷　子育て期の親の現状やニーズ

①乳幼児の親のニーズ

最初に、乳幼児の子育て中の母親の現状やニーズについて考える。

第1の特徴として、母親の孤立化が進んでいる。こうした傾向は、子育て中の母親への20年前と現在とを比較した実態調査をまとめた原田正文らの研究[5]からも指摘されていた。近隣に子育て仲間となる話し相手が「いない」と答えた母親は、20年前と比較すると4か月児と1歳半児をもつ親では、約2倍に増えていた。基本的に日常的に話し合える子育て仲間がいることは、精神的な安定にきわめて大きな影響があるといえるが、現代の母親は、同世代同士で安心して子育ての悩みを相談し、教え合う等の人間関係上の交流がもちにくくなっているといえる。

第2の特徴として、子どもの年齢とともに、育児の負担感が増加している傾向がある。筆者の「母親の育児不安要因の現状分析と対応に関する一考察」[6]では、育児でイライラすることが多いかについて尋ねたところ、「はい」が1歳半児をもつ親で33％、3歳児をもつ親で46％と月齢の上昇とともに増加しており、子どもの年齢とともに育児のイライラが上昇していることがわかる（**図14−1**）。また、注意しておきたいのは、「どちらともいえない」と答えた母親が、どの年齢でも約5割弱存在していることである。これは、状況によっては、育児でイライラする親が半数近く存在していると考えらえる。

第3の特徴として、乳幼児について知らないことや育児の経験不足も、

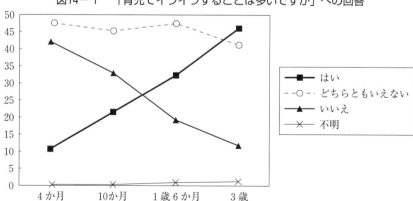

図14−1　「育児でイライラすることは多いですか」への回答

資料：中川千恵美「母親の育児不安要因の現状分析と対応に関する一考察」『平成16年度厚生労働科学研究（子ども家庭総合研究事業）服部祥子班報告書』2005年

現代の母親たちの現状を反映する特徴といえる。少子高齢社会が進行している現在、乳幼児との接触経験の減少は当然かもしれない。また、上述した原田の調査でも、食事を食べさせることや子どもと遊ぶ等、乳幼児を知らず接触経験がないまま"親"になるケースが急増しており、育児不安やイライラにも影響すると考察されていた。

②学童期以降の親のニーズ

学童期以降になると、学校教育に関する親のニーズが読み取れる。たとえば、文部科学省の「学校教育に関する意識調査」(2003 (平成15) 年)では、保護者が学校生活に望むこと（複数回答）について尋ねたところ、「友達をつくること」が84.2％と最も多く、次いで「ふだんの生活に必要な知識や技能を得ること」が76.9％となっていた。

学童期以降の母親の役割の難しさも、親の心理的なニーズといえる[7]。母親が孤立して子育てをする現代では、学童期後半から思春期に、子どもが学校で問題行動を起こした際には、母親自身の責任が問われると受け止めている場合が多い。また、子どもの行動が問題に至らなくても、子育ての失敗を恐れてしまう心情を抱いているために、子どもに過剰な期待をしたり、閉塞した子育てに至る場合がある。

❸ 相談援助内容

子ども家庭での相談援助の対象や分野は広範で、子どもの家庭の生活全般に及ぶものである。子ども家庭福祉サービスは、さまざまに分かれているが、その相談内容から、母子保健、保育、健全育成、養護・非行・情緒障害などの要保護児童、障害児、ひとり親家庭などの支援に分かれる。

これらの相談援助内容に関して、相談ニーズ（その問題で困っている）のある子どもや親の生活について全体像、各側面の相互関連性に配慮しつつ、総合的な解決を図っていくことが必要である。

子どもの相談活動の「主訴」であるニーズが相談機関に持ち込まれて援助活動が開始される。そのニーズは、通常子どもの親か学校の教師、病院の医師、児童委員など子どもを取り巻く地域の人々から通報される。

その問題は誰のニーズか？ 誰が困っているのかをアセスメントするうえでも、受理の段階で相談の経路に着目しておくことは重要である。親の抱えた問題や子どもを取り巻く学校をはじめとした周囲の問題等、別のニーズが隠れていることも考慮しておく必要がある。

### 3　援助者の価値観

子ども家庭福祉サービスを提供する援助者は、ウェルビーイングを尊重し、福祉専門職倫理として人権尊重と秘密保持義務が重要である。

#### ❶ 基本的な価値観

子どもの支援は、受動的な権利と能動的な権利を意識しつつ、子どもにとっての最善の利益を図る、つまりウェルビーイングを尊重することが、援助者の価値観の中心に置かれなければならない。

虐待やその傾向がある親への対応時に、「親なのに、どうしてこんなにひどいことをわが子にするのか…」と親への不信感や、やりきれなさを感じるかもしれない。まさしく虐待対応では上記のような猶予すらなく、親との対決も迫られることもある。

児童虐待は、本来子どもの法定代理人である親が子どもの権利を侵害している状況であり、その際は、親と対抗して子どもの権利保障・最善の利益を優先しなければならない。

#### ❷ 専門職としての職業倫理

専門職の職業倫理として、第1に人権の尊重、第2に秘密（プライバシー）保持が重要となる。これは子ども家庭福祉現場だけでなく、社会福祉現場に従事する援助者に共通するものである。人権の尊重とは、いかなる問題状況を呈している利用者であっても、人間として尊重する態度で臨むことである。秘密保持義務は、相談援助の過程で知り得た情報を、相談にやってきた子どもや親の了解なしに漏らしてはならないことである。また、専門職間で援助を実施するときに情報を共有した場合も、同様に秘密保持義務を果たさなければならない。

## 2．個別援助

### 1　子ども家庭への個別援助

子ども家庭を対象とした個別援助では、子ども家庭が抱える問題に対する主体的な解決をめざすために、対人関係のあり方を見直すようにかかわると同時に、その子ども家庭が置かれている社会環境の調整を行う。

#### ❶ 個別援助技術とは

個人や家族を対象とした社会福祉援助技術の方法で、「ケースワーク」と呼ばれている。社会福祉辞典[8]に書かれた定義には「クライエント（個人や家族）が抱えている社会生活上の困難やニーズに対して、その問題解決を図るために、ケースワーカーによって用いられる専門的技術である。クライエントの自立を促進し、主体性を支えると同時に、問題とか

かわる社会生活機能を高めていこうとする、個別的な援助関係を意味する」となっている。

つまりケースワーカーとクライエントとなる個人や家族との個別な援助関係を機軸にしつつ、クライエントを取り巻く環境へも働きかけるという両面を統合していく技術といえる。

ケースワーク[1]の目的は、生活上の社会心理的なさまざまな困難を、個人や家族が主体的に解決できるように援助していくことである。子ども家庭と照らし合わせて考えると、子どもやその親（個人）、さらに家族という「人」と「社会資源」、そして両者の関係性に働きかける。つまり、子どもや親自身とその家族の主体性や自立を支援し、問題が生じている子どもとその家族の対人関係のあり方を見直すようにかかわる。同時に、子どもと家族の置かれている環境条件を調整・改善するために、ケースワーカーが社会資源と連携し、活用できるよう働きかける。

❷ 子ども家庭における個別援助のニーズ

経済不況の長期化・自然環境破壊等の側面からも、子ども家庭を取り巻く生活環境は悪化しているといえる。核家族化、少子高齢社会の進行は、家族構造を確実に変化させている。子ども家庭に対する援助を展開する際のニーズとして次の2点があげられる。

第1に少子高齢社会が浸透し、厚生労働省の人口動態統計では2007、2008（平成19、20）年は出生数より死亡数が上回り、自然減が続いており、確実に人口減少社会に突入している。合計特出生率の推移をみると、2005（同17）年は1.26（出生数：約106万3,000人）で最低値、2006（同18）年以降、少しずつ上昇しているが、年間出生数でみると、2016（同28）年に約97万7,000人となり、年々確実に減少している。

核家族の進行ともあいまって、子育ての孤立化が増え、そのことは母子密着の度合いを高くしている。さらに、家庭や学校、地域において人とのかかわりが希薄になっている。

第2に家庭における養育機能の低下があげられる。戦後の急激な産業化、都市化を経て、上述した超少子高齢社会の進行と、核家族化・単身世帯の増加により、家族形態の変化は顕著となり、家庭のあり方や家族に対する価値観や役割の多様性をもたらしている。

加えて、養育機能の低下につながる要因として、子どもの貧困の重要性を改めて認識する必要がある[2]。

❸ 個人や家族にかかわる相談援助と子どもの権利の尊重

早くから指摘されてきたが、子ども家庭の援助を考えるときには、子どもの権利条約の観点からとらえ直すことが重視されている。「権利の主体としての子ども」という基本的な視点に始まり、「子どもの最善の

▶1 ケースワークの原則
個別援助におけるクライエントとの援助関係を形成するための原則としてバイスティックの7原則がある。それらは①クライエントを個人としてとらえる、②クライエントの感情表現を大切にする、③援助者は自分の感情を自覚して吟味する、④受けとめる、⑤クライエントを一方的に非難しない、⑥クライエントの自己決定を促して尊重する、⑦秘密を保持して信頼感を醸成する、である。

▶2
第11章参照。

利益」「子どもの意見表明権」などの能動的な権利、さらに「子どもは家族とともに暮らす」「保護される」などの受動的な権利も、今日の虐待問題の増加の現象をみれば、子どもたちにとって十分に保障されているとはいいがたい。改めて2016（平成28）年に改正された児童福祉法の具体化に向けて、すべての子どもの権利の尊重を検討する必要がある。

#### ❹ 実践現場

子ども家庭への援助の窓口としては、従来から児童相談所があり、専門職員として児童福祉司が配属されている。

2016（平成28）年の児童福祉法改正によって、市町村での子どもや家庭への包括的な子育て相談体制を強化するために、市町村が窓口となって子育て相談事業を実施している。加えて福祉事務所に設置されている家庭児童相談室、妊娠期から母子への切れ目ない支援として、子育て世代包括支援センター（母子健康包括支援センター）が設置されている。

また、保育所では、利用する母親への相談活動と在宅支援の一環として保育対策等促進事業における子育て支援のなかで相談業務も実施されている。さらに、児童養護施設においても、2005（平成17）年から家庭支援専門相談員（ファミリーソーシャルワーカー）を配置し、退園児童に向けて家族再統合を実践する試みがなされている。

## 2　個別援助の展開過程

子ども家庭における個別援助の1つの展開過程は、児童相談所における「受理（インテーク）」「社会調査」「社会診断」「社会的援助」「評価」である。

子ども家庭の相談援助活動に関しては、児童福祉法に基づく児童福祉施設入園や里親委託などの措置による援助を実施するケースがある。その場合の個別援助の展開過程の基本は、受理（インテーク）―社会調査―社会診断（アセスメント）―社会的援助―評価へと展開する。この援助過程は、児童相談所での相談援助業務における基本的な展開といえる。また、各段階は明確に区切られているわけではなく、相互に循環している。

#### ❶ 受理（インテーク）

受理は、相談にやってきた親や子どもと対応するワーカーとの最初の出会いとなる段階である。通常の受理は1回であるが、相談された内容に応じて数回必要な場合もある。

この受理段階では、子どもや親の主訴、問題の概略を把握し、打診された機関で対応できる問題かどうかを判断する。児童相談所をはじめ、児童福祉施設では、その問題を当該現場で受理するかどうかの受理会議を実施している。

さらに主訴や問題の概略を判断する際に、どういった経路で相談が始

められたか、誰が訴えている問題か等、受理の経緯に着目しておくことが重要である。

**❷ 社会調査**

社会調査とは、子ども家庭を取り巻く現状、特に生活環境に着目して、問題、内容、経過について明確にするために情報を収集していく段階である。その問題がなぜ・どのような経過で生じているのか、必要に応じて問題にかかわる現場からも聴き取り、問題の全体像を理解することが大切である。

もちろん各相談機関の調査票には、家族構成や現住所などの属性のほか、子どもの発達状態、情緒状態、現在の適応状態、対人関係、社会（生活）環境、家庭状況（経済状況含む）などの項目がある。これらの内容をそのケースにあわせて、どのように聴いていくのかについては吟味して臨む必要がある。

以上の情報収集をしながら、「子どもの主訴は何か」「親の主訴は何か」を再度検討しつつ、「この問題やニーズを解決するためには何が必要か」「まず取りかかる問題は何か」等について改めて情報収集することも必要である。

**❸ 社会診断（アセスメント）**

社会診断とは、社会調査で得た事実をもとに、子どもとその家庭の問題およびその背景、子どもと親を取り巻く社会環境の状況、また、問題とその社会環境との関係、さらに問題解決に向けた社会資源の利用の可能性などを明確にして、援助方針を決定する段階である。

子ども家庭への援助を進めていく過程では、親の養育上の問題や家庭の経済問題への対応、また、家族調整が必要なケースがある。社会診断の際には、たとえば、近年その意義が認められている家族ケースワークの視点を導入して社会診断をする際にも、問題を子どもか親かと分けてしまうのではなく、子ども家庭の生活状況とそれを取り巻く社会環境のなかで総合的に判断することが重要である。つまり、子どもの側の発達・情緒の状態、子どもの問題行動の経過、子どもと社会環境との関係性だけでなく、親子関係、親の養育態度、夫婦関係等の家庭を取り巻く状況が、当該の問題にどのように影響しているのかについて留意することが重要である。

**❹ 社会的援助**

上記のように、調査、診断に基づき、子ども家庭を取り巻く問題解決に向けての目標を設定し援助計画を作成した後に、援助技術や社会資源を活用し、具体的に援助活動を実施する段階である。

カウンセリング技法などの心理的な援助だけでなく、経済的援助、児

童福祉施設への通所・入所措置となる援助もある。援助は、児童福祉に関する制度とサービス、社会資源への理解が必要である。

### ❺ 評　価

援助の経過を評価し、終結へと展開していく段階である。かかわった子ども家庭の問題が解決に至ったと評価できて、援助の終結を迎えるのが望ましい。また、評価の段階で必ずしも効果的な援助でない場合もあるため、その経過を的確にモニタリングすることが重要である。相談現場でのスーパービジョンや事例検討によって、実践力を研鑽する必要がある。

## 3．集団援助

### 1　子ども家庭への集団援助

子ども家庭を対象とした集団援助は、子どもの発達面と親の孤立防止の観点において、大きな意義がある。

#### ❶ 集団にかかわる相談援助

私たちは成長の過程でさまざまな集団生活を経験する。集団にかかわる相談援助は、その集団の相互作用や影響力を意図的に活用していく社会福祉援助技術の方法で、「グループワーク」とよばれている。

集団援助[3]の目的は、利用者と援助者との間に結ばれる援助関係、メンバー同士に形成される相互関係、プログラム活動を媒介として、対象者の能力を高め、個人・集団・地域の問題解決を促進することである。また、集団援助は、利用者（グループ成員）、援助者、集団援助を実施する施設・団体・機関、プログラム活動から構成されている。

▶3　集団援助の原則（G.コノプカ、1967年）
コノプカの定義によれば、①個別化の原則、②受容の原則、③葛藤解決の原則、④参加の原則、⑤経験の原則、⑥制限の原則、⑦継続評価の原則となっている。

#### ❷ 子ども家庭における集団援助のニーズ

第1に、子どもにとっての集団の意義から検討する。

発達面からも、児童にとって仲間集団の影響は大きい。幼児期であれば、成長とともに他児への関心も広がり、仲間の存在が大きな位置を占めてくる。仲間といっしょに遊んだり、さまざまな活動に挑戦するなかで、他児との関係のとり方、相手に対する理解も深まっていく。また、ギャングエイジとよばれる学童期になると、集団内で種々の体験をする必要性がますます重みを増してきている。

第2に、限られた人間関係の側面から考える。

網野武博は、その多面的な調査（「子どもと社会」『子ども家庭白書』1996年）において、子どもの生活時間の過ごし方、団体活動や社会参加への機会等を含む傾向を明らかにした。生活時間のなかで、必要な家事や子どもの世話等をする経験がほとんどなくなってきている。乳幼児期以降、

年々塾や習いごとに通う割合が増加し、ゆとりのない生活をしている子どもたちの姿があるなど、"限られた人間関係"となっている。

なお、2009（平成21）年に厚生労働省が実施した調査によれば、終業後に塾等へ行っている18歳未満の子どもの割合は、「中学生」56.8%、「小学校4～6年生」53.6%、「小学校1～3年生」44.0%の順で高くなっており、5割弱が小学生から塾や習いごとに通っている（表14－1）。

第3に、集団活動への参加の観点から説明する。

集団活動への参加には、子どもたちを取り巻く社会環境面の推移にも着目しなければならない。近年、都市化により、空き地や遊び場が減少し、幼児や低年齢の子どもたちが屋外で安全に過ごせる自然環境や居場所が少なくなってきている。こうした物理的な環境面の変化に加え、前述した核家族化、少子社会の進行により、人間関係が限定され、希薄化している。つまり、子どもたちがその成長過程において、重要な仲間との集団経験を得ることが難しくなっているといえる。

### ❸ 子ども家庭における集団援助の意義

現代では、子どもたちが発達・成長過程において、仲間と遊ぶ経験や機会がもちにくくなってきている。その一方で、限定した人間関係のなかで、友達づくりができない、他者への無関心、陰湿ないじめ、社会的な不適応等、他児（者）との対人関係で悩み支障をきたしている。

子どもを対象として集団援助技術を地域や種々の機関等で導入することは、集団内で相互の人間関係を体験することになり、その意義は大きい。こうした集団の相互作用を通して、子ども個人の健全育成、問題解決、さらに子ども集団の成長を促すことが重要である。

表14－1　終業後のクラブ活動・塾等の状況の構成割合

（単位：%）

| 学年 | クラブ活動 | している | していない | 塾等 | 行っている | 行っていない |
|---|---|---|---|---|---|---|
| 平成16年 | 100.0 | 50.1 | 49.9 | 100.0 | 45.4 | 54.6 |
| 平成21年 総数 | 100.0 | 49.2 | 50.8 | 100.0 | 46.5 | 53.5 |
| 小学校1～3年生 | 100.0 | 23.9 | 76.1 | 100.0 | 44.0 | 56.0 |
| 小学校4～6年生 | 100.0 | 42.3 | 57.7 | 100.0 | 53.6 | 46.4 |
| 中学生 | 100.0 | 70.7 | 29.3 | 100.0 | 56.8 | 43.2 |
| 高校生等 | 100.0 | 61.7 | 38.3 | 100.0 | 24.4 | 75.6 |

注）1.「クラブ活動」には、地域のスポーツクラブなどを含む。
　　2.「塾等」とは、塾のほか、スポーツ以外の習いごと（英会話、ピアノ等）を含む。
　　3.「高校生等」とは「高校生」、「各種学校・専修学校・職業訓練校の生徒」の合計である。

資料：厚生労働省「平成21年度全国家庭児童調査」

親を対象とした集団援助に関しても、子育て支援の観点から大きな意義があると考えられる。今後の子ども家庭福祉分野では、子どもの養育に際して、地域で孤立し、育児不安を強く訴える親たちを対象とした親支援プログラムとなる集団援助が着実に展開されていく必要がある[9]。

❹　子ども家庭への集団援助実践現場

集団援助のニーズから子どもの健全育成と要保護性への問題解決に分けて実践現場について説明する。

第1に、健全育成に関する集団援助である。保育所や幼稚園では、集団援助が代表的な実践として活用されている。保育所等では、通常の日常生活活動（朝の会・排泄・昼食等）をはじめとし、設定保育（製作や運動等）の課題活動、自由活動、行事（運動会、生活発表会、季節の行事）等、種々の保育プログラム活動を通して、子どもたちが仲間同士の交流や相互のかかわりを経験し、個々人と集団の成長を促している。

第2に、児童館や子ども会、YMCA・ボーイ（ガール）スカウト等の組織においても、自然環境が整った環境下での遊びやキャンプ活動、ボランティア活動で同様の目的に向けた実践がなされている。これらは、異年齢集団で構成された集団援助の展開である。

## 2　集団援助の展開過程

集団援助の展開過程は、「準備期」「開始期」「発展期」「成熟期」「終結期」という集団の発展段階に即して考えることができる。

集団援助は、通常、次のような過程で進められる。第1に、集団援助技術を必要とする利用者のニーズを把握し、援助目標と計画を立てる。第2に、その目標に沿って集団を構成し、その目標達成に向けて個々のメンバーへの援助を実施する。第3に、その援助結果を評価する。こうした援助過程は、援助者から利用者への一方通行ではなく、利用者同士も含めて相互に影響を与えている。

以下に、集団援助過程を、「準備期」「開始期」「発展期」「成熟期」「終結期」という集団の発展段階に即して説明する。

❶　準備期

準備期は、集団援助を必要とする利用者一人ひとりのニーズを援助者が把握し、目標を設定した後、集団への波長あわせをする段階である。この段階から集団への参加を促しておく。

❷　開始期

開始期は、最初の集まりから集団として動き始めるまでの段階である。援助者は、個々の利用者がもつ参加への緊張を緩和し、信頼関係を築いていくことが求められる。

❸ 発展期

発展期は、集団内の利用者が自分たちの課題に取り組み、それを展開できるようになる段階である。この時期に援助者は、集団援助過程に馴染みにくい利用者への個別の援助を集団が自主的に行うように促す。

❹ 成熟期

成熟期は、集団が安定し、目標達成のためにエネルギーを集中していく段階であり、利用者の自主的なプログラム参加がみられる。

❺ 終結期

終結期は、援助が終わる段階である。終結する理由として以下の3つがあげられる。第1に、集団援助の目標が十分に達成された場合である。第2に、当初計画していた予定回数や期間が終了した場合である。第3に、利用者間に援助目的や活動内容に一致がみられず、継続しても集団援助の効果が得られない場合である。いわゆる中断となる場合ともいえる。これ以外には、援助者や利用者の転勤や異動、利用者の激減なども終結要因となる。

❻ 援助過程での留意点

第1に、子ども集団の選定についてである。対象となる集団の年齢や人数、性別、性格等に配慮して、集団援助を行う必要がある。たとえば、同年齢では共通の話題がみつけやすいであろうし、異年齢集団では、多様な人間関係を経験できることを生かした集団を運営することができる。

第2に、プログラムの立案についてである。プログラムは、子ども集団の特徴やニーズを理解し組み立てていく。特に子どもの発達や興味、関心への注意、季節行事や活動の導入、子ども側の活動への参加の促進等を考慮しプログラムを立案していくことが大切である。

第3に、ソーシャルワーカーの援助のあり方である。個々の子どもが集団に参加するよう促す援助を行う。その際、同年齢であっても、個人差を十分考えることが大切である。つまり、集団であっても利用者を個別化すること、同時にその集団内で生じている相互作用にも注意する必要がある。

## 4．地域援助

### 1　子ども家庭への地域援助

子ども家庭に対する地域援助では、子育ての社会化の意義からも、子育て支援や健全育成のあり方を考える必要がある。

❶ 地域にかかわる相談援助

従来「コミュニティワーク」とよばれており、その地域社会に暮らす

住民に共通する生活問題の解決や特定の住民への援助において、その人を取り巻く多様な人間関係や地域資源との結びつきを重視して地域全体に働きかけ、ニーズの充足を図る援助方法である。

### ❷ 子どもと地域社会

子育ての孤立化に始まり、いじめや不登校問題にみられる学校現場の行きづまり、家庭や地域のあり方が問われている。

子どもたち、特に中学・高校生は、地域の○○センターや公民館などの公共施設の利用が３割未満という現状も報告されている。地域社会が子どもたちにとって、よき居場所となるために、児童館等の建設にあたって、中学・高校生に意見を求めることや、地域での職場体験的な実地教育が展開されている。今後、さらに地域で生活する子どもたちの意見をどのように集約していくのかについて考慮する必要がある。

地域での子どもたちへの支援だけでなく、子どもの養育の主たる担い手である母親たちの居場所を地域社会のなかでどのように位置づけていくかは、重要な問題である。

また、地域における子育て支援や健全育成を考えていくうえで、子育ての社会化の意義を基盤に考えておく必要がある。

子育ての責任は、まず第１に親にあるが、その親とともに国、地方公共団体、関係団体、そして社会全体が子どもの養育に責任を負うものであることは、児童福祉法をはじめ、子どもの権利条約にも明記されている。それぞれの地域のニーズに応じた子育て支援を検討し、子ども家庭に対して全面的に支援するための多様な施策やサービスを展開していくことが求められている。

### ❸ 実践活動および担い手

子ども家庭への地域援助を実践する担い手は、第１に、児童委員と主任児童委員である。児童委員は民生委員が兼務し、2017（平成29）年３月現在、全国で23万2,041人（うち女性61.0％）が、地域に根ざした活動を実施している（平成25年度福祉行政報告例）。

第２に、保育所などの児童福祉施設である。特に、地域子育て支援センター事業は、地域の子育て家庭に対する支援を充実することを目的としており、保育対策等促進事業として位置づけられている。

第３に、社会福祉協議会である。社会福祉協議会は、地域福祉の推進を目的とした公共性や公益性の高い民間福祉団体である。地域での子育て支援に関しては、小学校区単位の地域活動として子育てサロンなどを実施している。

### 2　地域援助の展開過程

地域援助の展開過程は、「地域の福祉ニーズの把握」「計画の策定・実施」「組織化」「社会資源の活用・開発」によって構成されており、そのすべての過程において、地域で生活する子どもと親の積極的な参加が重要である。

❶　地域の福祉ニーズの把握

地域住民がどのようなニーズをもっているかを把握する。住民座談会、住民の個別相談、統計調査などさまざまな方法がある。

❷　計画の策定・実施

地域の生活問題の把握、計画の策定、実施、評価を行う。その際には、住民が参加し、住民の声を反映させるようにする。策定した計画は、公表して住民の協力を得ていくようにする。

❸　組織化

地域住民のニーズを住民自らが明確にし、そのニーズを充足することができるように住民を組織化することである。組織化には、地域住民を主体とした組織化と福祉施設・機関・団体等を中心とした組織化を行う。

❹　社会資源の活用・開発

地域の問題を解決するために、地域の社会資源を把握し、どのように活用するのかを考える。地域の社会資源がニーズを充足するのに不十分な場合には、行政などの関係機関に働きかけて開発する。

こうした援助過程を考えていくと、地域住民の積極的な参加と自己決定の促進が重視されている。計画の立案や実施の際には、関係機関・団体との連絡調整や社会資源および予算の確保が必要となり、そのためにも行政機関、福祉施設、各種団体等と連携し、ネットワークの形成を促すことが重要である。

## 5．虐待傾向のある母親への個別援助事例

### 1　個別援助事例

子どもへの障害受容が難しく、小学校3年生まで放任などの虐待傾向のある母に個別援助を実施した事例である。市町村への相談体制につなげていくことが今後の課題となった。

3歳児健診未受診で、その後の地区担当保健師の家庭訪問の後に育児相談を紹介され、発達検査を受けた結果、言葉の遅れや情緒行動面の問題があり経過観察となる。母親の養育態度は、感情に任せたかかわりと放任的な面があったため、保健師の勧めもあって、市役所（福祉事務所）を経由して、地域の保育所に入所となった。保育所時代は、朝食は食べてきたことが少なく、衣服の乱れやお迎え時間の遅れも目立っていたが、園長のおおらかな保育方針に支えられていた。

小学校入学に際して、本児の就学適性検査では、学習面から障害児学級への通級を勧められる。しかし、両親は、今まで保育所でみんないっしょに過ごせたことから拒否する。学校側も両親の主張を受け入れ、低学年の間という条件で状況をみながら対応することとした。

　入学後の教室での様子については、当初から1時間も集中して過ごすことができず、教室を飛び出すことも多々あった。その度に、担任をはじめとした管理職が安全確保に時間を割いていた。母親は学級懇談会に出席した際、他児が本児をからかうことや、ばかにしていることに強い口調で攻撃する場面があった。

　また、本児の起床時間が母親の生活リズムや体調等に左右されることも多く、その結果、欠席となるなど生活面の乱れも目立つようになった。

　平日、本児が昼間から自宅付近の公園で遊んでいたという情報を児童委員が数回受け取り、学校と児童相談所に連絡していた。父親が一緒にいるときに家庭訪問を実施するために、担任が連絡をとったが母親が応じなかったり、また、約束した日に不在であったりして連絡がとれない状態が続いた。

　1学期の経緯を学校側も重視し、母親が本児の状況を理解できるように学校が主となって指導していくことと、母親の養育負担の軽減や子育てのあり方について、市の子育て相談および児童相談所との連携をとっていくことを検討する。学校から母方祖母の協力を求めるために連絡をとり、担任と市の子育て相談員が家庭訪問し、祖母を交えた面談の場を設定するが、母親はどこかに外出してしまっていた。最近、本児は祖母宅で食事をとることが多い。ただ、祖母も病弱であるため、継続した養育は難しい。

　その面談時に、母親自身が小学校在学時に、障害児学級への入学を打診された経緯があったことが祖母の口から判明した。祖母はそれを断り、母親は普通学級で小学校時代を過ごした。母親自身に知的障害があり、助言内容の理解が難しい点や、他者からの助言を多くの場合、自分への非難と受けとめ、警戒してしまうことなどが明らかになった。

　今後、祖母の協力を得ながら、市の子育て相談員が家庭訪問をして様子を見守ることにし、母親との関係づくりを優先すること、また、近隣や学校関係者からの情報収集に努めながら相談体制につなげていくことを当面の目標とした。

## 2　援助の視点

子育て支援事業が市町村で実施され、子育て相談の最初の窓口として個別援助を展開する。特に虐待傾向のある子ども家庭の問題では、健診未受診者への対応とその後の関係機関（保育所・学校等）から児童相談所への連携が重要となる。

以下の視点から、事例の援助の展開について検討していきたい。

### ❶　健診等の未受診者への対応

子どもの成長・発育は、親にとっても重要な関心事であり、心配事でもある。健康診査といわれる母子への健診は、妊娠期・乳幼児期・1歳6か月・3歳で行われている。利用者の身近な地域でのサービスの仕組みが整備され、市町村での健診が実施されている。

本事例のように、家庭訪問として、健診未受診者へのフォローを保健所が実施したことは、次の点から意義がある。

〈子どもの早期支援について〉

障害児支援において、早期発見・早期療育という視点は大切である。子どもの発達への理解を促し、その発育状態に応じた支援をしていく必要があるという考え方であり、そこには親が子どもの障害をいかに受容していくかを支援する過程も含まれている。

〈虐待予防の視点について〉

子ども虐待においてネグレクト（養育放任）は、時には、子どもの命や、養育保護される保障を危うくする事態に陥る結果となる。そのため、虐待対応システムの構築は、昨今、緊急な課題であると同時に、虐待発生の予防に向けた体制として重要である。

本事例のように、ネグレクトへの予防の観点から、健診未受診者へのフォローは意義があると考えられる。特に保健師が家庭訪問をし、受診しなかった事情を理解し、その母子の現状を把握してアセスメントを行うことは、課題に対応していくためのよい機会となる。

### ❷　保育所でのフォローについて

本事例では、地域の保育所への入所によって、本児の日中の保育環境が整った保育所の利用に関する母親自身のニーズは、どうであっただろうか。非常に警戒心の強い母親にとっては、保育所に来ることが第一義的な目的となっていたといえる。保育所在籍3年半の間、登園時間に間に合わなかったり、かなり遅くなるなどの問題に対しては母親に指導が行われたが、「もういい、子どもが起きないし…」などで終わってしまい、改善が難しかった。また、母親は担任等とのかかわりを拒否する傾向があったため、母親が本児への子育ての何に困っているか確認が難しく、この保育所では積極的にかかわることができなかった。主任の先生も送迎時に母親に声かけをし、関係づくりを試みたが、本児に対する養

育上の生活改善等に向けての支援に至らなかった。援助者が保護者から信頼を得ることは、支援の第一歩である。

柏女霊峰[10]は、ある虐待死事例の分析の考察のなかで、援助者が保護者との信頼関係づくりを意識して行うことは、子どもの命を危険にさらさないことになると指摘している。

### ❸ スクールソーシャルワーク

スクールソーシャルワークの歴史は浅く、始まったばかりである。障害のある子どもの適性指導や、本事例でみられるように、障害を正しく受容することができるようにするための親への支援などにかかわる専門職といえる。子ども本人に障害があるために他児からいじめを受けるなど、学校場面での子どもを取り巻く問題は深刻化している。

子どもへの虐待問題を考えるとき、教育との連携は不可欠である。教育と福祉との連携や適切な社会資源の紹介など今後の展開が期待される。

### ❹ 児童家庭支援センターや児童養護施設でのショートステイ等の活用

児童家庭支援センターは、児童福祉法第44条の2に定められており、児童相談所等の関係機関と連携しつつ、地域に密着したよりきめ細かな相談支援を行う児童福祉施設である。児童養護施設や母子生活支援施設等に設置されている特性を生かして、24時間365日体制で相談業務を行っており、夜間や休日における対応が可能である。しかし、2017（平成29）年10月末現在、全国で114か所と設置が進んでいないのが現状である。

## 6．児童福祉施設での集団援助事例

### 1　集団援助事例

児童養護施設内での子ども間のいじめに対して、早期に介入した事例である。

小学3年生のA君は父子家庭で、父親がアルコール依存の治療で専門病院に入院するために児童養護施設に入所してきた。本児が5歳のときに母親が蒸発して父子家庭となり、さらに父親は仕事をリストラされたためか、飲酒量が増えて再就職も決まらず、生活保護費の支給申請をしていた。その給付以降から父親にかかわっていた福祉事務所のケースワーカーは、こうした養育環境は子どもに不適切であると判断し、児童養護施設への本児入所を検討していた。しかし、父親が納得せず入所に至らなかった。父親は普段はおとなしい人柄だが、飲酒が伴うと蓄積したストレスや鬱積した思いからか、本児に暴言や暴力をふるっていた。

本児は、児童養護施設に入所した当初は小柄であったが、食事や排泄の習慣が定着していないため、他児から「汚い」「くさい」などと言われ

てからかわれることが多かった。

　そうして約2か月が経過したが、ある日、洗濯物を取り込んだ際に本児のズボンのポケットの奥に100円玉とくしゃくしゃになった紙切れが入っていた。紙切れの全容は不明だが、「お金もって」までが太字で書かれていた。本児に問いただすと、すぐには言わず「わからない」「忘れた」の一点張りであった。その場は「思い出したら話してほしい」と言って、強要せずにその場を終わらせた。

　担当職員間で上記内容を申し送り事項で共有した。その際、本児の最近の他児との接点やかかわりをふり返ると、5、6年生の数名が本児を公園で囲んで座り込んでいた場面が報告されていた。

　同じ学年同士ではからかわれると力で応戦し、けんかでは負けていない本児である。1～2歳年上に対してもカーッとなると向かっていき、生意気なやつという受けとめられ方が定着していた。

　数日後、本児が担当指導員に「話がある」と切り出し、「お金を自動販売機からとってきた」と言い出した。ただし、その動機などについては話さなかった。こうした経緯を職員会議で報告し、引き続き本児と上級生との関係に職員間で注目し、直接、けんかやいじめの場面に遭遇した際は、毅然と対処することが確認された。

### 2　援助の視点

　児童養護施設での集団援助を実践するうえでは、入所児童への個別援助、子ども集団の特徴、児童養護施設のチーム内での連携を検討することが重要である。

#### ❶　入所児への個別な自立援助ケア

　施設生活は、個々の成長が集団活動を通して図られていく。前述したように、子ども一人ひとりの個別的な理解と他のグループメンバーとの関係性を考慮し、集団に対して働きかけをしていく。

　そのために児童養護施設では、入所児を受け入れる前に現状の子ども集団に対して新規入所予定児が与える影響などを検討するなど個別の自立支援プランが検討されていくことになる。本事例では、食事指導や排泄訓練などA君の身辺自立に向けた個別の対応プログラムが考慮されていた。なお、児童養護施設での支援は、入所している子どもに対して多くの関心事をもってかかわっていることが、表14-2の調査からもうかがえる。

#### ❷　子ども集団の特徴

　基本的にグループ力動とよばれるグループの力関係、リーダーの存在や雰囲気、凝集性など、施設生活では重要な要素となる。

　子ども集団は、個々の子どもと他児との関係性や相互作用をよく観察

表14-2 「特に指導上留意している点」別にみた児童の割合

| 種別 | 総数 | 留意している点あり | 留意点（重複回答） | | | | | | | |
|---|---|---|---|---|---|---|---|---|---|---|
| | | | 心の安定 | 友人との関係 | 家族との関係 | 学習の興味・関心 | しつけ | 心理的対応 | 社会規範 | 職員（里親）との関係 |
| 児童養護施設入所児 | 100.0% | 99.1% | 66.9% | 41.1% | 56.1% | 35.1% | 32.3% | 20.2% | 25.3% | 37.8% |

資料：厚生労働省「児童養護施設入所児童等調査結果（平成25年2月1日現在）」一部抜粋

することが支援者に求められている。そうした相互作用の方向性が、どのような力関係になっているかを把握しておくことが大切である。

### ❸ 児童養護施設チーム内の連携

本事例においても、同年齢の指導者間で、また施設内での引き継ぎ会議で、本児がお金を取得した状況について申し送りされた。24時間体制の入所型の施設においては、交代勤務者間の引き継ぎは不可欠である。こうした体制を経て、今回の本児への観察状況は深まったと考えられる。

## 7. 地域子育て支援の地域援助事例

### 1 地域援助事例

地域で孤立していた母親に対して、育児講座の受講から地域でのサークル活動への参加に展開した事例である。

Yさんは夫の転勤に伴って、1歳児と3歳児を抱えてB市に引っ越してきた。双方の実家から遠く、友人や知り合いもB市にはいない状況であった。当初、親子ともども友達がいないので公園に出向くが、人の輪にも入りづらかった。

買い物へ行く途中の通りがかりの保育所で、何度か園庭開放をみかけた。その日、保育所の出入り口を眺めていると、スタッフが近寄って来て「どうぞ」と声かけをしてくれたことがきっかけで、親子で参加することができた。

その際スタッフが、「初めての参加ですか」と来場時に確認し、この地域での子連れで参加できる育児講座や、B市の子育て支援サービスなどの社会資源を書いた冊子と、近くの地域子育て支援センターのちらしを配布した。その後、育児講座に参加するようになり、同年齢の親同士が交流できる機会となった。数回行われた講座の最後に、子育てサークルの紹介や登録について、社会福祉協議会の職員から説明があった。さらにこうした各育児サークルが交流するネットワーク活動にかかわっている母親の体験談も紹介され、Yさんにとっては、地域の子育て資源や今後の仲間づくりの様子が少し理解できた。

その後、講座で出会った親子数名でお互いの家にも行き来し、子育ての情報交換をするなかで、自分たちのグループもサークルに登録してみようとの意見が出た。今後、登録に関して相談するために、社会福祉協議会に出向いていくことになった。

## 2 援助の視点

地域での子育て支援に対する地域援助の実践においては、地域で核となる保育所をはじめとした社会資源の役割と親同士のネットワークづくりに対するサポートが大切である。

### ❶ 地域子育て支援と保育所の役割

保育所は、園庭開放を入り口として、地域における在宅支援の拠点的な役割を担っている。また、保育対策等促進事業の実施により、従来の子どもへの支援に加えて、子どもと来所する親へのさまざまな支援を実施することになった。

全国で2万4,000を超える保育所は、地域での子育て支援の中核的な存在として新たな役割が求められてきている。そのためには、地域の社会資源についての理解や関係機関との定期的な連絡協議を行う体制づくりが必要になってくる。

それは保育所が、保育所を利用する子どもの保育だけでなく、その保護者の支援や、保育所を直接利用していない地域の人たちへの支援など、地域社会で子育て環境づくりを進めていく取り組みにおいて、その専門性を発揮していく必要性が高まってきているということである。つまり、保育所は、地域の子育て支援の拠点としてどのように相談・助言・支援の機能を備え、地域に向けたさまざまな活動をしていくべきなのか、実践からの検証と検討が必要である。

### ❷ 地域での親のネットワーク活動への支援

地域の子育てサロンやサークルづくりなど、社会福祉協議会等が中心となって支援していく必要がある。

【引用・参考文献】
1) 高橋重宏・才村純編『子ども家庭福祉論』建帛社　1999年
2) 厚生労働省「児童福祉法等の一部を改正する法律案の概要」2016年
https://www.mhlw.go.jp/topics/bukyoku/soumu/houritu/dl/190-31.pdf
3) 三沢直子『殺意をえがく子どもたち　―大人への警告』学陽書房　1998年
4) 内閣府政策統括官「平成25年度小学生・中学生の意識に関する調査報告書」2014年
5) 原田正文『子育ての変貌と次世代育成支援　―兵庫レポートにみる子育て現場と子ども虐待予防』名古屋大学出版会　2006年
6) 中川千恵美「子育て期母親の就労状況と育児不安定要因の現状分析に関する一考察」『児童虐待発生要因の解明と児童虐待の地域における予防的支援方法に関する研究』(平成14〜16年度　厚生労働科学研究（こども家庭総合研究事業）分

## 第14章 子ども家庭への相談援助活動

担研究報告書） 2005年3月 143-152頁
7）東山弘子「母親はなぜ悩み、あせるのか ―現代の子育てと育児不安をめぐって」『児童心理』53巻15号 1999年 2-11頁
8）秋元美世・大島巌・芝野松次郎・藤村正之・森本佳樹・山縣文治編『現代社会福祉辞典』有斐閣 2003年
9）中川千恵美「児童福祉とソーシャルワーク」大野光彦編『改訂 児童福祉論』八千代出版 2002年
10）柏女霊峰『子ども家庭福祉・保育のあたらしい世界―理念・仕組み・援助への理解』生活書院 2006年

# 索　引

## あ―お

ICIDH　→　国際障害分類
ICF　→　国際生活機能分類
赤沢鐘美　42
アセスメント　266
新しい社会的養育ビジョン　169
新たな少子化社会対策大綱　98
育児休業、介護休業等育児又は家族介護を行う労働者の福祉に関する法律　116
育成相談　74
意見を表明する権利　20
石井十次　42
石井亮一　42
遺族基礎年金　207
遺族厚生年金　207
一時預かり事業　137
1.57ショック　24
一般市等就業・自立支援事業　209
糸賀一雄　44
医療型児童発達支援センター　83、86、187
医療型障害児入所施設　83、86、186
医療機関　81
インテーク　265
NPO　255
エリクソン,E.H　31
エリザベス救貧法　35
エンゼルプラン　→　今後の子育て支援のための施策の基本的方向について
延長保育事業　138
オーエン,R　36
岡山孤児院　42

## か―こ

介護給付　183
学習支援ボランティア事業　212
家族再統合　155
片山潜　42
家庭学校　42
家庭裁判所　79、231
家庭裁判所調査官　250
家庭支援専門相談員　162、248
家庭児童相談室　76、243
家庭児童福祉主事　243
家庭相談員　243
家庭的保育　136
家庭的養護　146
家庭養育　145
家庭養護　146
寡婦　64、205
寡婦福祉資金　208
感化院　42
感化事業　41
季節保育所　141
技能　239
虐待対応専門員　242
救護法　43
教育機関　80
行政委嘱ボランティア　252
居宅介護　184
居宅訪問型児童発達支援　187
居宅訪問型保育　136
キングスレー館　42
訓練等給付　183
ケイ,E.　37
計画相談支援　184
経済的暴力　158
警察　80
健康診査　122
合計特殊出生率　24
公定価格　90
行動援護　184
高等職業訓練促進給付金等事業　210
高度経済成長　28
高齢化　26
高齢化率　26
国際障害分類　177
国際生活機能分類　177
子育て安心プラン　143
子育て援助活動支援事業　137
子育て支援事業　54
子育て短期支援事業　138、212
国家資格　239
子ども・子育て支援給付　100
子ども・子育て支援新制度　47、96、132
子ども・子育て支援法　69
子ども・子育て新システム　96
子ども・子育てビジョン　47、96
子ども家庭局　70
子ども家庭支援員　242
子ども家庭支援マネジメント　166
子ども家庭福祉　14
子ども虐待　81、152
子どもの権利条約　14、17、18、103
子どもの心の診療ネットワーク　124
子どもの最善の利益　17、20
子どもの貧困対策の推進に関する法律　68
子どもの貧困率　68
子どもを守る地域ネットワーク機能強化事業　139
個別援助　265
個別対応職員　249
今後の子育て支援のための施策の基本的方向について　94
こんにちは赤ちゃん事業　→　乳児家庭全戸訪問事業

## さ―そ

再興感染症　115
再構築的養護　146
里親　53、253
里親委託ガイドライン　151
里親支援専門相談員　249
里親支援ソーシャルワーカー　→　里親支援専門相談員
里親制度　150
支援的養護　146
事業所内保育　136、141
思春期対策　119
次世代育成支援対策推進法　67、95
施設型給付　97
市町村　242
市町村保健センター　78、244
実費徴収に係る補足給付を行う事業　139
児童　53
児童委員　53、78、252
児童家庭支援センター　79、84
児童館　84、87、106
児童虐待　→　子ども虐待
児童虐待の防止等に関する法律　64、154
児童憲章　17、103
児童健全育成　103
児童厚生施設　84、87、106
児童指導員　245
児童自立支援施設　83、232
児童自立支援専門員　247
児童心理司　241
児童心理治療施設　83、228

索 引

児童生活支援員　247
児童相談所　72、147、230、240
児童手当　62、105
児童手当法　62
児童の遊びを指導する者　248
児童の権利に関する条約　→　子どもの権利条約
児童買春、児童ポルノに係る行為等の規制及び処罰並びに児童の保護に関する法律　65
児童発達支援　184、187
児童発達支援事業　187
児童発達支援センター　187
児童福祉　13
児童福祉司　53、240
児童福祉施設　56、82
児童福祉施設の設備及び運営に関する基準　88、132、245
児童福祉審議会　71
児童福祉文化　107
児童福祉法　16、44、52、186
児童扶養手当　60、207
児童扶養手当法　60
児童法　37
児童訪問援助事業　212
児童遊園　144
児童養護施設　83、149
社会診断　266
社会調査　266
社会的援助　266
社会的養護　145
社会福祉基礎構造改革　15、179
社会福祉主事　242
社会福祉法　45
社会保障審議会　53、72
社会保障法　39
シュア・スタート　38
就学移行支援　193
就学前の子どもに関する教育、保育等の総合的な提供の推進に関する法　139
就業率　115
周産期医療　125
重症心身障害児　175
集団援助　267
重点施策実施5か年計画　179
重点的に推進すべき少子化対策の具体的実施計画について　95
重度障害者等包括支援　184
就労移行支援　196
恤救規則　41
主任児童委員　78
受理　266

障害児　53、172
障害児相談支援給付　55、91
障害児相談支援事業　184、188
障害児通所給付費　90
障害児通所施設　187
障害児入所給付費　55、90、190
障害児入所支援　186
障害児福祉手当　192
障害児保育　182
障害者差別解消法　→　障害を理由とする差別の解消の推進に関する法律
障害者総合支援法　→　障害者の日常生活及び社会生活を総合的に支援するための法律
障害者の権利に関わる条約　180
障害者の日常生活及び社会生活を総合的に支援するための法律　180、183
障害者プラン〜ノーマライゼーション7か年戦略〜　179
障害相談　74
障害福祉サービス　54
生涯を通じた女性の健康づくり　121
障害を理由とする差別の解消の推進に関する法律　199
小規模保育　136
少子化社会対策基本法　67
少子化社会対策推進法　95
少子化社会対策大綱　98
少子化対策　92
少子高齢社会　24
情緒障害　217
小児慢性特定疾病医療費　54
小児慢性特定疾病児童等自立支援事業　123
少年　53
少年鑑別所　80
少年指導員　247
少年法　66
食育　121
職業指導員　250
職業倫理　263
助産施設　83、86
自立支援医療　185
自立支援給付　183
自立支援教育訓練給付金事業　210
新エンゼルプラン　→　重点的に推進すべき少子化対策の具体的実施計画について
新興感染症　115
新障害者基本計画　179

心身障害者扶養共済制度　192
新生児健康診査　122
親族里親　150
身体障害児　173
身体障害者手帳　173
身体障害者福祉法　173
身体的虐待　153
身体的暴力　158
心理的虐待　153
心理的困難　217、220
スクールカウンセラー　251
スクールソーシャルワーカー　251
健やか親子21　119、125
健やか親子21(第2次)　120、127
生活支援講習会等事業　212
生活保護受給者等就労自立促進事業　210
生殖補助医療制度　124
精神的暴力　158
成長　30
性的虐待　153
性的暴力　158
セーフティ・ネット　154
専門里親　150
早期発見　181
早期療育　182
相談援助　259
相談支援（自立支援給付）　185
ソーシャル・インクルージョン　38
措置費制度　89

## た—と

待機児童解消加速化プラン　135、141
代替的養護　146
滝乃川学園　42
多様な事業者の参入促進・能力活用事業　139
短期入所（自立支援給付）　184
短期入所生活援助事業　212
地域援助　270
地域型保育給付　97、136
地域型保育事業　136
地域子育て支援拠点事業　137
地域子ども・子育て支援事業　100、137
地域裁量型保育事業　90
地域生活支援事業　185
地域組織活動　108
知識　238
知的障害児　174
治療的養護　146
DV　→　ドメスティック・バイオ

レンス
DV防止法 → 配偶者からの暴力の防止等及び被害者の保護等に関する法律
低出生体重児　123
同行援護　184
特定教育・保育施設　135
特定不妊治療費助成事業　123
特別支援教育　194
特別児童扶養手当　61、192
特別児童扶養手当等の支給に関する法律　61
特例子会社制度　196
留岡幸助　42
ドメスティック・バイオレンス　157

## な―の

ニーズ理解　260
日本国憲法　15
乳児　53
乳児院　83、148
乳児家庭全戸訪問事業　139
乳児死亡率　114
乳幼児健康診査　122
認可保育所　132
妊産婦　53
妊産婦健康診査　122
妊産婦死亡率　114
認証保育所　141
妊娠・出産包括支援事業　124
妊娠高血圧症候群　123
認定こども園　85、136、140
認定資格　239
妊婦健康診査　138
任用資格　239
ネグレクト　153
ネットワーキング　257
ノーマライゼーション　178
野口幽香　42

## は―ほ

バーナード・ホーム　36
パーマネンシー・プランニング　38
配偶者からの暴力の防止等及び被害者の保護等に関する法律　66、158
配偶者暴力相談支援センター　159、244
売春防止法　65
発達　30
発達障害児　176、196
発達障害者支援センター　196
発達障害者支援法　176、196

発達段階　31
晩婚化　26
ひきこもりサポーター養成研修・派遣事業　227
ひきこもり対策推進事業　227
ひきこもり地域支援センター　227
ひきこもり等児童宿泊等指導事業　226
非行　219
非行相談　74
非行問題　219、223
被措置児童等虐待の防止　55、157
ひとり親家庭　203
ひとり親家庭高等職業訓練促進資金貸付事業　210
ひとり親家庭情報交換事業　212
ひとり親家庭等生活向上事業　211
ひとり親家庭等相談支援事業　211
ひとり親家庭等日常生活支援事業　211
評価　267
病児保育事業　138
貧困ライン　202
ファミリー・サポート・センター事業　137
ファミリーソーシャルワーカー　162、248
ファミリーソーシャルワーク　162
福祉型児童発達支援センター　83、86、187
福祉型障害児入所施設　83、86、186
福祉事務所　75、242
父子家庭　203、206
父子福祉資金　208
婦人相談員　244
婦人相談所　159
二葉幼稚園　42
不登校　221
不妊治療　123
不妊に悩む方への特定治療支援事業　123
ふれあい心の友訪問援助・保護者交流事業　226
ベヴァリッジ報告　37
へき地保育所　141
ヘッド・スタート　40
ベビーホテル　141
保育　131
保育教諭　248
保育士　53、239、245
保育士確保プラン　142
保育所　83、85、131
保育所等訪問支援　184、187

保育所保育指針　131
保育の必要性　132
放課後児童健全育成事業（放課後児童クラブ）　108、138
放課後等デイサービス　184、187
法務教官　251
訪問指導　121
補完的用語　146
保健師　244
保健指導　119、121
保健所　77
保健相談　74
保護司　254
保護者　53
母子・父子休養ホーム　214
母子・父子自立支援員　205、243
母子・父子自立支援プログラム策定等事業　209
母子・父子福祉センター　214
母子及び父子並びに寡婦福祉法　63、206
母子家庭　203、204
母子家庭自立支援給付金及び父子家庭自立支援給付金事業　210
母子家庭等就業・自立支援センター事業　209
母子家庭等就業・自立支援事業　209
母子健康手帳　120
母子支援員　247
母子生活支援施設　83、86、213
母子福祉資金　208
母子保健法　62
母子保健法　117
母子保護法　204
補装具費　185
補装具費給付　91
ボランティア　252
ホワイトハウス会議　14、39

## ま―も

マザーズハローワーク　209
マス・スクリーニング　117、187
マタニティマーク　121
未婚化　26
未熟児養育医療　123
民間団体　255
民間ボランティア　254
森島峰　42

## や―よ

夜間養護等事業　213
養育里親　150

養育支援訪問事業 139
養護教諭 251
養護相談 74、147
幼児 53
養子縁組里親 150
幼稚園 135
要保護児童対策地域協議会 59
幼保連携型認定こども園 83、140
幼保連携型認定こども園教育・保育要領 140
予防・支援的養護 146

## ら―ろ

療育手帳 174
利用契約制度 188
利用者支援事業 137
利用者負担(障害福祉サービス) 188
倫理 237、263
連携 256
労働力率 115

## わ

ワーク・ライフ・バランス 96、114

●編者紹介

**千葉茂明**（ちば　しげあき）

　1997年、日本社会事業大学大学院社会福祉学研究科博士課程前期修了。現在、目白大学人間学部人間福祉学科名誉教授。
　著書に、『四訂　新・社会福祉概論』（共編著、みらい）、『EC諸国における児童ケア—里親養護・施設養護に関する各国別紹介』（共訳、学文社）、『改訂　保育士養成講座2006　養護原理』（共著、全国社会福祉協議会）、『社会福祉士試験合格指導講座　児童福祉論』（東京コア）などがある。

新Essential エッセンシャル 子ども家庭福祉論

| | |
|---|---|
| 2019年4月1日 | 初版第1刷発行 |
| 2022年3月1日 | 初版第4刷発行 |

| | |
|---|---|
| 編　集 | 千葉茂明 |
| 発行者 | 竹鼻均之 |
| 発行所 | 株式会社みらい |
| | 〒500-8137　岐阜市東興町40　第5澤田ビル |
| | TEL 058-247-1227(代) |
| | http://www.mirai-inc.jp/ |
| 印刷・製本 | サンメッセ株式会社 |

ISBN978-4-86015-476-9　C3036
Printed in Japan　　　乱丁本・落丁本はお取り替え致します。